Hans-Ulrich Wehler

Das Deutsche Kaiserreich 1871-1918

Deutsche Geschichte

Herausgegeben
von Joachim Leuschner

Band 9

Hans-Ulrich Wehler
Das Deutsche Kaiserreich
1871-1918

VANDENHOECK & RUPRECHT IN GÖTTINGEN

HANS-ULRICH WEHLER

Das Deutsche Kaiserreich

1871–1918

VANDENHOECK & RUPRECHT IN GÖTTINGEN

Hans-Ulrich Wehler

geboren 11. 9. 1931, Studium der Geschichte und der Soziologie an den Universitäten Köln, Bonn, Athens/Ohio, USA, Promotion 1960, Habilitation 1968 in Köln. 1968–70 Privatdozent, 1970/71 Professor an der Freien Universität Berlin, seit 1971 Professor für Allgemeine Geschichte an der Universität Bielefeld; 1972 Gastprofessor an der Harvard University, Cambridge/Mass., 1976 an der Princeton University, Princeton N. J., USA.
Veröffentlichungen: Sozialdemokratie und Nationalstaat, 1840–1914 (1962, 2. Aufl. 1971); Bismarck und der Imperialismus (1969, 4. Aufl. 1976); Krisenherde des Kaiserreichs 1871–1918 (1970, 2. Aufl. 1979); Geschichte als Historische Sozialwissenschaft (1973, 2. Aufl. 1977); Der Aufstieg des amerikanischen Imperialismus 1865–1900 (1974); Modernisierungstheorie und Geschichte (1975); Nationalitätenpolitik in Jugoslawien (1980). Herausgeber von Sammelwerken, u. a. Historische Reihe der Neuen Wissenschaftlichen Bibliothek (1966 ff.); Deutsche Historiker (1971 ff.); Arbeitsbücher zur modernen Geschichte (1976 ff.). Mitherausgeber der Kritischen Studien zur Geschichtswissenschaft (1972 ff.).

CIP-Kurztitelaufnahme der Deutschen Bibliothek

Deutsche Geschichte / hrsg. von Joachim Leuschner. – Göttingen : Vandenhoeck und Ruprecht.
(Kleine Vandenhoeck-Reihe ; ...)
NE: Leuschner, Joachim [Hrsg.]
Bd. 9 → Wehler, Hans-Ulrich: Das Deutsche Kaiserreich

Wehler, Hans-Ulrich
Das Deutsche Kaiserreich : 1871–1918 / Hans Ulrich Wehler. – 4., durchges. u. bibliographisch erg. Aufl. – Göttingen : Vandenhoeck und Ruprecht, 1980.
(Deutsche Geschichte ; Bd. 9) (Kleine Vandenhoeck-Reihe ; 1380)
ISBN 3-525-33447-8

4., durchgesehene und bibliographisch ergänzte Auflage 1980

Kleine Vandenhoeck-Reihe 1380

VORWORT DES HERAUSGEBERS

Eine Deutsche Geschichte scheint ein Anachronismus zu sein, unzeitgemäß in einer Zeit, in der die Nationen in neue historisch-politische Gebilde eingehen: wirtschaftliche, kulturelle, politische Einheiten, soziale und gewiß ideologische, in denen die älteren Staaten aufgehoben sind. Diese großräumigen Formen gewinnen bereits eigene Geschichte; es entsteht in ihnen ein Bewußtsein ihrer selbst. Mit den Nationalstaaten schwinden Nationen und nationales Bewußtsein. Was soll da eine Deutsche Geschichte?

Ist diese nicht auch methodisch zweifelhaft geworden? Selbst wenn man das Problem beiseite schiebt, ob es jemals eine einheitliche Geschichte der Deutschen gegeben habe, ist die Frage aufgeworfen, ob nicht an die Stelle der älteren historischen Gegenstände sozioökonomische getreten seien, die eher sozialwissenschaftlich als historisch zu analysierende „Strukturen" wären. Es wird behauptet, daß dem Schwund des nationalen Bewußtseins ein Schwinden des historischen folge. Abermals also: was soll da eine Deutsche Geschichte?

Verfasser, Herausgeber und Verleger haben die hier nur skizzierten Probleme mehrfach bedacht; sie fühlten sich am Ende in dem einmal gefaßten Plane grundsätzlich ermutigt. Das historische Interesse ist nicht nur vorhanden, sondern ein neues Geschichtsbedürfnis offensichtlich im Wachsen begriffen.

Freilich kann Deutsche Geschichte nicht mehr als Nationalgeschichte geschrieben werden. Weder Historie der aufeinanderfolgenden Dynastien noch Entwicklung von Volk und Nation im älteren Sinne können die Grundgedanken des Ganzen sein; nicht Macht und Glanz der Herrscher, auch nicht Elend und Untergang des Volkes, weder Ruhm und Verklärung noch Klage und Selbstmitleid. Vielmehr versucht diese Deutsche Geschichte zu Belehrung und Diskussion allgemeine Erscheinungen am deutschen Beispiel zu zeigen. Diese Deutsche Geschichte setzt universalhistorisch ein und mündet in Weltgeschichte, deren Teil sie ist. In allen Perioden wird der Zusammenhang mit der europäischen Geschichte deutlich, soll dem allgemein-historischen Aspekt der Vorrang vor dem eng-„nationalen" gegeben werden.

Deutsche Geschichte als einen Teil der europäischen zu schreiben, wird hier also versucht. Aber noch in anderem Sinne ist deutsche

Geschichte fast niemals im engen Begriff „Nationalgeschichte" gewesen: sie war und ist vielmehr Partikulargeschichte. Die Vielfalt ihrer Regionalgeschichten macht ihren Reichtum aus. Wer mit der Forderung ernst machen will, die historisch-politischen „Strukturen" und Grundfiguren, rechts-, verfassungs- und sozialgeschichtliche Phänomene stärker als herkömmlich zu berücksichtigen; wer die bleibenden und weiterwirkenden Erscheinungen hervorheben will, muß sich der Ergebnisse moderner landesgeschichtlicher Forschung bedienen. Nicht so sehr ob, sondern wie heute eine Deutsche Geschichte gewagt werden könne, ist Gegenstand unseres Nachdenkens gewesen.

Die politische Geschichte im weitesten Sinne hat den Vorrang; sie bestimmt die Periodisierung. Politik: das heißt nicht „Haupt- und Staatsaktionen", sondern umfaßt die gesellschaftlichen, wirtschaftlichen und rechtlichen Erscheinungen, ein Geflecht aus wechselseitigen Beziehungen. Daß der Historiker sich auch sozialwissenschaftlicher Methoden bedient, ist selbstverständlich. Dennoch bleibt Geschichte eine Erkenntnisweise eigener Art. Politische Geschichte in dem hier gemeinten Sinne integriert das alles und lehrt den Wandel der Dinge erkennen.

Diese Deutsche Geschichte ist von Verfassern der sogenannten mittleren Generation geschrieben worden, sowohl dem Alter wie der politischen Erfahrung und Auffassung nach. Selbstverständlich trägt jeder Einzelne Verantwortung für seinen Band, hat er für diesen Freiheit. Verfasser und Herausgeber, gebrannte Kinder durch Geschichte allesamt, haben ein kritisches Verhältnis zu ihrem Gegenstand. Darin stimmen sie ebenso überein wie in dem Vorhaben, Geschichte zu schreiben. Weder ein Bündel von Einzelstudien noch positivistische Sammlung, weder Kompilation noch bloße Problemanalysen oder Ereignisgeschichte werden geboten, sondern eine geformte Darstellung des heute und für uns historisch Wichtigen. Insofern verfolgt diese Deutsche Geschichte eine pädagogische Absicht. Indem sie sich an Studenten und Lehrer, ebenso an alle wendet, die etwas von deutscher Geschichte wissen und aus ihr lernen wollen, versucht sie, Probleme in Erzählung, Begriffe in Anschauung umzusetzen. Sie setzt nichts voraus als das Interesse ihrer Leser; sie breitet Stoff und Probleme aus, indem sie analysiert *und* erzählt. Wo immer möglich, wird der gegenwärtige Stand der Forschung erkennbar, ohne im einzelnen belegt zu sein.

Das Ziel also ist weit gesetzt: den Stoff zugleich ausbreitende, ordnende und durchdringende Geschichtsschreibung, und das heißt allemal auch: Reflexion, Urteil und Aufklärung.

Straßburg, 19. September 1973 Joachim Leuschner

INHALT

Für Markus, Fabian und Dominik

EINLEITUNG

Eine Geschichte des Deutschen Kaiserreichs von 1871 kann heute meines Erachtens nicht mehr im Stil der herkömmlichen Ereigniserzählung geschrieben werden. Denn wenn man weiter auf den Darstellungs- und Interpretationskonventionen der deutschen Geschichtsschreibung seit dem 19. Jahrhundert beharrt, wenn man sich fügsam innerhalb der dominierenden Zunfttradition mit ihrem verengten Begriff „der" Politik bewegt, wenn man die nur historisch erklärbaren Grenzzäune zwischen den historisch-sozialwissenschaftlichen Fächern respektiert – dann kann man schwerlich berechtigten Ansprüchen an ein neues Buch, in dem hundert Jahre nach der Reichsgründung eine kritische Bilanz zu ziehen versucht wird, gerecht werden. Richten sich diese Ansprüche doch darauf, daß Information mit Erklärung verbunden wird, daß die Entwicklungslinien in Wirtschaft und Gesellschaft verfolgt und auch von daher politische Entscheidungsprozesse transparent gemacht werden, daß nach den Bedingungen und den Folgen dieser Entwicklungen und Entscheidungen gefragt wird. Da aber die überkommene historische Darstellung: der chronologische Bericht über die Ereignisgeschichte, nicht nur anfechtbar ist, sondern auch dem analytischen historischen Interesse unserer Zeit zuwiderläuft, wird man einen legitimen Weg aus diesem Dilemma heraus in der problemorientierten historischen Strukturanalyse der deutschen Gesellschaft und ihrer Politik in den fünfzig Jahren zwischen 1871 und 1918 erblicken dürfen.
Die Auswahl der Probleme und Strukturelemente, die dabei in den Mittelpunkt rücken, wird selbstverständlich durch erkenntnisleitende Interessen bestimmt. Auf einige ist hier vorab hinzuweisen. Sie sind

1. mit dem Fundamentalproblem der modernen deutschen Geschichte seit den Revolutionen des ausgehenden 18. Jahrhunderts verknüpft, mit der Erklärung des verhängnisvollen Sonderwegs der Deutschen, vor allem seit dieser Zeit. Immer wieder wird es daher, ohne daß die westeuropäisch-nordamerikanische Entwicklung mit ihren vergleichbaren Problemen zu positiv gezeichnet werden soll, um die Frage nach den eigentümlichen Belastungen der deutschen Geschichte gehen, nach den schweren Hemmnissen, die der Entwicklung zu einer

Gesellschaft mündiger, verantwortlicher Staatsbürger entgegengestellt worden sind – oder sich ihr entgegengestellt haben –, nach dem zielstrebigen und nur zu erfolgreichen Widerstand erst gegen eine liberale, dann gegen eine demokratische Gesellschaft, einem Widerstand mit fatalen Folgen, sofort oder später. Ohne eine kritische Analyse dieser historischen Bürde, die namentlich im Kaiserreich immer schwerer geworden ist, läßt sich der Weg in die Katastrophe des deutschen Faschismus nicht erhellen. Und so wenig auch die neuere deutsche Geschichte ausschließlich unter diesem Gesichtspunkt von Aufstieg und Untergang des Nationalsozialismus beurteilt werden soll, so unausweichlich ist es doch, vorrangig von diesem Problem auszugehen. Nur ein Dutzend Jahre nach dem Ende des Kaiserreichs stand die „Machtergreifung" Hitlers bevor. Wie könnte man bei einem Erklärungsversuch ohne die historische Dimension und das heißt auch immer: die Geschichte des Kaiserreichs auskommen?

2. Zum zweiten aber – und das hängt aufs engste mit der Problemwahl zusammen – wird hier die Geschichtswissenschaft als eine kritische Gesellschaftswissenschaft verstanden, die zwar den verschiedenen „Temporalstrukturen" (R. Koselleck) der Geschichte voll Rechnung trägt, aber vor allem auch bewußt zur Schärfung eines freieren, kritischen Gesellschaftsbewußtseins beitragen möchte. Anders gesagt: Hier wird sowohl nach dem Sinn gefragt, an dem historische Akteure im Erfahrungshorizont ihrer Zeit sich orientiert haben, als auch nach demjenigen Sinn, den historische Aktionen unter theoretischen Gesichtspunkten von heute annehmen können. Beiden Aufgaben muß sich der Historiker stellen, nicht nur der ersten, wie es einer Illusion des späten Historismus entsprach. Die emanzipatorische Aufgabe einer derart verstandenen Geschichtswissenschaft besteht dann darin, ideologiekritisch den Nebel mitgeschleppter Legenden zu durchstoßen und stereotype Mißverständnisse aufzulösen, die Folgen von getroffenen oder die sozialen Kosten von unterlassenen Entscheidungen scharf herauszuarbeiten und somit für unsere Lebenspraxis die Chancen rationaler Orientierung zu vermehren, sie in einen Horizont sorgfältig überprüfter historischer Erfahrungen einzubetten. In diesem Sinn wird sich das Wort von der „Historia Magistra Vitae" erneut bewähren können: für das Verhalten demokratischer Bürger in einem Gemeinwesen, zu dessen Geschichte noch immer spürbar auch das Kaiserreich gehört. Der Standpunkt, von dem aus bestimmte Probleme herausgegriffen und beurteilt werden, sollte mithin dem Leser nicht unklar bleiben, obwohl der vorläufig noch sehr allgemeine Umriß erst bei der Problemanalyse schärfere Kon-

turen gewinnen kann. Von jener esoterischen Schule, die Geschichte „um ihrer selbst willen“ betreibt, unterscheidet er sich ebenso wie vom gegenwärtigen Neohistorismus mit seiner verfeinerten Apologie des jeweiligen Status quo.
Es ist ein verbreiteter Irrtum, der zeitliche Abstand als solcher eröffne bereits automatisch die Perspektiven, die ein sicheres Urteil begünstigen. So wird zwar häufig eine pseudotheoretische Grundlage der Geschichtsschreibung beschrieben. Diese Rede von der zeitlichen Distanz verschleiert aber nur die Notwendigkeit historischer Theorie, ganz gleich, wie weit die zu interpretierende Vergangenheit zurückliegt. Das ist ein Tatbestand, über den sich die wissenschaftliche Zeitgeschichte, die Historische Soziologie und die Politikwissenschaft weniger Täuschungen leisten können. Global formuliert besteht das Koordinatensystem, in das die folgende Strukturanalyse eingespannt ist, aus drei miteinander verzahnten Komplexen:

1. dem ungleichmäßigen, oft gestörten, seinem Säkulartrend nach aber anhaltenden industrie- und agrarwirtschaftlichen Wachstum;

2. dem sozialen Wandel der Gesamtgesellschaft, ihrer Gruppen und Klassen — auch innerhalb dieser und im Verhältnis zueinander — als Voraussetzung, Begleiterscheinung und Folge der ökonomischen Entwicklung;

3. der Politik als Kampf um Machtchancen und als Resultat der gesellschaftlichen Kräftekonstellationen unter dem Primat der Systemerhaltung oder -veränderung. Auch die Wirksamkeit handlungsbestimmender Ideologien läßt sich innerhalb dieses Dreiecks hinreichend genau bestimmen, handle es sich nun um Antisemitismus und Sozialdarwinismus, Pangermanismus oder Anglophobie. Und ganz wie die Gegenwart aus der Vergangenheit, so kann auch oft die Vergangenheit mit Hilfe der Gegenwart, d. h. moderner sozialwissenschaftlicher Kategorien und Modelle (z. B. Rolle, Status, Bezugsgruppe, Persönlichkeitstyp) erklärt werden. Diese besitzen einen so hinreichend hohen Allgemeinheitsgrad auch für die Analyse von historischen Sozialstrukturen, daß der berechtigte Ruf nach zeitadäquater Begriffsbildung den heuristischen Nutzen dieser theoretischen Instrumente nicht zu entwerten vermag.
Damit ist noch nichts über die Priorität eines dieser Bereiche gesagt. Logisch zwingend kann auch vorab nicht darüber entschieden werden: Erst der „Aufstieg vom Abstrakten zum Konkreten“,[1] vom theoretischen Orientierungsschema zur empirischen Analyse kann sowohl die unterschiedlichen Schwerpunkte, als aber auch den interdependenten Zusammenhang dieser Komplexe deutlich machen. Mit Ab-

sicht steht jedoch das politische Herrschaftssystem im Mittelpunkt. Nicht nur, weil das die erklärte Intention dieser Reihe ist. Hier greifen vielmehr die sozialökonomischen und politischen Entwicklungsprozesse besonders folgenreich für die Gesamtgesellschaft ineinander. Ein Zentralproblem bildet dabei in unserem Zusammenhang die Verteidigung tradierter Herrschaftspositionen durch vorindustrielle Eliten gegen den Ansturm neuer Kräfte — ein Defensivkampf, der mit der Erosion der ökonomischen Fundamente dieser privilegierten Führungsschichten nicht nur immer schroffer geworden ist, sondern langfristig dank der erzielten Erfolge immer gefährlichere Spannungen erzeugt und ein böses Erbe angesammelt hat.
Diesem Bündel von Leitperspektiven sind noch drei hinzuzufügen: die Frage nach dem „Gründungs"-Problem, nach der Kontinuität von 1871 bis 1945 und nach dem Gegenmodell als einem der Wertmaßstäbe, mit denen der Geschichtsverlauf beurteilt wird.

1. Aus der Individual- und Sozialpsychologie, aber auch aus der Geschichte zeitgenössischer Entwicklungsländer ist die buchstäblich grundlegende Bedeutung der formativen Anfangsperioden in der Geschichte der Individuen und Gruppen bekannt. In dieser Phase werden oftmals die Weichen für die spätere Entwicklung gestellt, Verhaltensmuster eingeschliffen, Sozialideologien fest verankert. Diese Prägung erfahren auch gesellschaftliche Großgruppen wie Nationen, vor allem in Epochen der Revolution oder der staatlichen Neugründung, mithin auch das Deutsche Reich von 1871. „Über den Ländern bilden sich" dann, um es in der Metapher von Eugen Rosenstock-Huessy auszudrücken „geistige Klimata", die lange Zeit über ihnen „stehen bleiben".[2] Unverkennbar hat auch die Gründungsperiode des neuen deutschen Staates von 1866 bis 1879 diesen Charakter einer Inkubationsphase, in der über vieles entschieden, vieles festgemacht wurde, das dann lange gehalten hat. Auf den eigentümlichen Charakter der Konstellation der Reichsgründungszeit: die Überschneidung von Agrarrevolution, Industrieller Revolution und Staatsbildung wird sogleich im I. Kapitel eingegangen, und der mühsame, vielfach blockierte Weg in die moderne Industrielle Welt wird in den drei folgenden Kapiteln unter wechselnden Aspekten nachgeschritten werden. Jedoch muß dazu unverzüglich eine grundsätzliche Überlegung zu bedenken gegeben werden. Unstreitig ist, auch in universalgeschichtlicher Perspektive, die Industrialisierung eine der großen Bewegungskräfte der modernen Welt, aber es ist die Frage, ob nicht von (und in) der Agrargesellschaft langfristig wirksame Vorentscheidungen getroffen worden sind, die die Entwicklung der Industrialisierung fundamental, jedenfalls auf lange Zeit, mitbein-

flußt haben. Diese Auffassung ist unlängst allgemein in vergleichenden Studien von Barrington Moore, im Hinblick auf die reichsdeutsche Geschichte besonders von Hans Rosenberg pointiert vertreten worden.[3] Um es vorweg zu sagen: Es spricht in der Tat sehr viel dafür, daß gerade auch in Deutschland nach 1866/71 wichtige ökonomische, gesellschaftliche und politische Entscheidungen im Interesse der agrargesellschaftlichen Führungseliten gefällt worden sind, die dann aufs Nachhaltigste die Entfaltung der reichsdeutschen Industriegesellschaft mitbestimmt haben. Ja, ein Gutteil der auffälligen Diskrepanzen und „Verwerfungen" dieser Gesellschaft läßt sich eben darauf zurückführen. Als einer der Grundkonflikte des Kaiserreichs: der Status-quo-Verteidigung gegen die unaufhaltsame politische Mobilisierung von Bürgern eines Industriestaats wird diese Problematik mehrfach thematisiert werden. Es mag Friedrich Engels aufs Ganze gesehen mit seinem Urteil ja durchaus Recht haben, daß „alle Regierungen, seien sie noch so unabhängig, . . . ‚en dernier lieu' nur die Vollstrecker der ökonomischen Notwendigkeiten der nationalen Lage" sind. „Sie mögen diese Aufgabe in verschiedener Weise – gut, schlecht oder leidlich – besorgen; sie mögen die ökonomische Entwicklung und ihre politischen und juristischen Konsequenzen beschleunigen oder hemmen, aber schließlich müssen sie ihr folgen".[4] Nur wird man sich hüten müssen, unter ökonomisch allein industriewirtschaftlich zu verstehen, denn es kann eine Staatsleitung fraglos als „ökonomische Notwendigkeit" auch die Bedürfnisse einer niedergehenden Agrarwirtschaft verstehen – und politisch danach handeln, in dem sie bemerkenswert „à la longue" keineswegs dem Niedergang „folgt". Das gilt bis heute.

2. Das Kontinuitätsproblem in der modernen deutschen Geschichte wird im Grunde erst wieder seit der Debatte über die Kriegszielpolitik im Ersten Weltkrieg ernsthaft diskutiert. Bis dahin war es konservativen Historikern gelungen, eine selbstkritische Diskussion zu ersticken – man denke nur an die Abwürgung der Militarismusdiskussion durch Gerhard Ritter oder an die ursprüngliche Reaktion auf Karl-Dietrich Brachers Sezierung des Weimarer Zerfalls –, um die, verglichen mit Weimar und Hitlers Deutschland, angeblich heile Welt vor 1914 zu verteidigen. Mit einer gewissen Kurzatmigkeit wurden auch von anderen Sozialwissenschaftlern die Hauptursachen für den Nationalsozialismus überwiegend in der Zeit nach 1918 gesucht. Nun steht es der Geschichtswissenschaft, der die historische Kontinuität zu Recht als Kernbegriff gilt, ohnehin schlecht an, diese Kategorie nurmehr mit tausend Vorbehalten anzuwenden oder statt ihrer die Diskontinuität zu kultivieren, obwohl es natürlich

Brüche und neues Beginnen gibt. Welche Gründe auch immer für diese Scheu verantwortlich waren – meist handelte es sich doch um einen mehr oder weniger bewußten oder explizit gerechtfertigten Eskapismus, der die nationalsozialistische Politik als angeblich illegitimes Ergebnis der deutschen Geschichte verdrängen wollte, statt sie zuerst einmal als ein Resultat tief verwurzelter Kontinuitäten eben dieser Geschichte anzuerkennen. Die beliebte Formel von der allgemeinen Krise *des* Nationalstaates, *der* Demokratie, *der* Industriegesellschaft half hier, genau gesehen, auch nicht weiter, als den Vergleich mit weniger bedrohlichen Fehlentwicklungen in anderen Ländern zu einer beruhigenden Apologie zu mißbrauchen. Das Problem des deutschen Radikalfaschismus mit seiner Kriegspolitik im Inneren und nach außen ist unstreitig nicht ein allgemeines Problem okzidentaler Gesellschaften, „sondern zunächst eins der besonderen Bedingungen der deutschen Gesellschaft vor 1933".[5] Die Mehrzahl dieser Bedingungen, wenn auch nicht alle wichtigen, ist im Kaiserreich zu finden oder als Ergebnis seiner Politik aufzufassen. Man wird es ja verstehen können, daß einer älteren Generation das kleindeutsche Großpreußen von 1871 als Erfüllung nationaler Wünsche galt; daß nach 1918 für viele ein kritisches Urteil so bald schwer möglich war; daß auch ein starkes psychisches Bedürfnis nach 1945 bestand, die Epoche der kaiserlichen Reichseinheit zu idealisieren und von der „Verfallsgeschichte" seit 1918, zumindest des „Dritten Reiches" scharf abzuheben. Die Folgen dieser Haltungen sind jedoch nachweisbar unheilvoll gewesen. Heute tritt in einem kritischen Rückblick die Kontinuität von 1871 bis 1945 – auf einigen Gebieten auch noch darüber hinaus – klar hervor; einzelne Entwicklungsstränge dieser Kontinuität, vor allem die eigentlichen „Krisenherde"[6], werden im folgenden näher analysiert werden.

Unverkennbar jedoch hingen – und hängen – die Bedenken gegenüber dieser Kontinuitätsdiskussion auch mit der Theoriefeindschaft und Theoriearmut der deutschen Historiographie zusammen. Ohne die Ausnutzung von Theorien benachbarter Sozialwissenschaften läßt sich aber weder die politische Ereignisgeschichte, noch ein zu wenig reflektierter historischer Verstehensbegriff positiv überwinden. Die traditionale Haltung der politisch meist konservativ oder nationalliberal eingestellten deutschen Historiker verdichtete sich nach 1871 zu einer Kollektivmentalität, die mit Hilfe effektiver Zulassungs- und Verteidigungsmechanismen Andersmeinende aus der „Zunft" fernhielt und ihnen dann ein „wissenschaftliches" Geschichtsbild absprach; ihre wissenschaftstheoretisch konservative Haltung, die auf sozialkonservativem Nährboden ohnehin bevorzugt gedeiht, verhinderte andererseits die Rezeption neuer Forschungsansätze. Diese beiden sich gegenseitig verstärkenden Prozesse haben jedenfalls das Resultat gehabt, jahrzehntelang eine kritische Analyse deutscher Kontinuitätsprobleme zu blockieren. Nur beiläufig sei erwähnt, daß sie auch die völlige Wehrlosigkeit der Universitätshistoriker gegenüber dem Nationalsozialismus und ihre fast reibungslose Anpassung mit herbeigeführt haben. Vor 1914 war hier angelegt, was zwischen 1933 und 1945 unübersehbar deutlich wurde.[7]

3. Der kritischen Bewertung des realhistorischen Verlaufs der deutschen Geschichte liegt die Auffassung zugrunde, daß zu der fortschreitenden ökonomischen Modernisierung der deutschen Gesellschaft eine Modernisierung der Sozialverhältnisse und Politik gehört hätte. Der Industrialisierung mit ihrer permanenten technologischen Revolution, institutionellen Umformung und sozialen Veränderung hätte eine Entwicklung in Richtung auf eine Gesellschaft rechtlich freier und politisch verantwortlicher, mündiger Staatsbürger mit Repräsentativkörperschaften entsprochen, von deren Vertretern die Verantwortung für die Politik zu tragen war. Alle Parlamentarisierungs- und Demokratisierungsfragen vor 1918 hingen hiermit zusammen. Die eigentliche Aufgabe der deutschen Politik nach dem Durchbruch der Industriellen Revolution zwischen 1850 und 1873 bestand mithin darin, Deutschland „bewußt und endgültig auf die Bahn der modernen Entwicklung zu leiten, seine politischen Zustände seinen industriellen Zuständen anzupassen" (F. Engels). Das hat aber von den „beiden stärksten politischen Köpfen Deutschlands" seit 1870 allein Engels bejaht, Bismarck dagegen mit schlimmen Ergebnissen nur zu wirksam bekämpft[8]. Dabei sollte Industrialisierung nicht im Sinne einer ökonomistisch-technokratischen Auffassung als autonomer, allein das Entwicklungstempo bestimmender Faktor verstanden, sondern in den sozio-politischen Kontext eingebettet werden. Demokratisierung gilt daher auch nicht als nahezu automatisches, nur mit einem gewissen „Lag" nachfolgendes Ergebnis der Industrialisierung, sondern sie muß von gesellschaftlichen Kräften erkämpft werden, da sie am ehesten eine der sozialökonomischen Entwicklung und den politischen Ideen der Moderne adäquate Verfassung darstellt.
Diese notwendige Synchronisierung von sozialökonomischer und politischer Entwicklung ist im Kaiserreich bis zuletzt vereitelt worden. Ob sie freilich im Kräftefeld der Zeit überhaupt zu realisieren war, wird noch eingehender zu prüfen sein. Vielleicht liegt hierin: im realen Stärkeverhältnis der gesellschaftlichen Antagonisten das eigentliche Dilemma der deutschen Politik. Eine partielle Modernisie-

rung unter konservativer Ägide ist auch im Gehäuse des Kaiserreichs möglich gewesen, jedoch um den Preis ungeheurer Disparitäten in der Sozial- und Machtstruktur, mit Konsequenzen bis 1945. Gerade eine ökonomisch erfolgreiche Modernisierung ohne die Ausbildung einer freiheitlichen Sozial- und Staatsverfassung wirft aber auf die Dauer Probleme auf, die auf dem Wege friedlicher Evolution kaum mehr gelöst werden können. Daran, und nicht nur an dem verlorenen Weltkrieg, den seine Führung auf der Flucht vor innerer Veränderung bewußt riskiert hat, ist das Kaiserreich zerbrochen. Kriegsauslösung, Niederlage und Revolution, die sein Ende besiegelt haben, resultierten aus der Unfähigkeit, im Frieden die Staats- und Gesellschaftsstruktur den Bedingungen eines modernen Industriestaates anzupassen.

I.

DIE KONSTELLATION VON 1871

Agrarrevolution, Industrielle Revolution und Staatsgründung

Als einziger von allen okzidentalen Nationalstaaten ist das Deutsche Kaiserreich von 1871 nicht nur im Zuge der preußischen militärischen „Revolution von oben" aus drei Kriegen innerhalb von sechs Jahren hervorgegangen, sondern auch in einer Zeit begründet worden, die zugleich mit dem Abschluß der deutschen Agrarrevolution den Durchbruch der deutschen Industriellen Revolution erlebte. Sozialökonomische Umwälzungen von tiefgreifender Bedeutung überschnitten sich mit den vielfältigen inneren und äußeren Auswirkungen einer staatlichen Neugliederung in Mitteleuropa. Hier liegt die eigentliche, die historisch folgenreiche Problematik dieses Staatswesens — nicht aber in erster Linie im Krisenfeld eines „verspäteten" oder „unvollendeten" Nationalstaates. Denn jede dieser Entwicklungen hätte allein für sich schon reichlich Probleme aufgeworfen, zusammen aber schufen sie außergewöhnliche Komplikationen. Vor sechzig Jahren schon hat der amerikanische Soziologe Thorstein Veblen diese Gründungskonstellation scharfsinnig beschrieben: In eine 1867/71 nur zum Teil institutionell umgebaute, weithin noch traditionale, jedenfalls von vorindustriellen Eliten beherrschte Gesellschaft drang mit damals beispielloser Geschwindigkeit die fortgeschrittenste Technologie des Westens ein und beschleunigte die soziale Veränderung. Wie die Repräsentanten der traditionalen Gesellschaft auf diesen sozial-ökonomisch-politischen Strukturwandel in den folgenden fünfzig Jahren reagiert und wie ihre Gegenspieler gehandelt haben, das stellt ein Zentralthema der Reichsgeschichte dar. Dabei wird man durchaus von Alexander Gerschenkrons allgemeinem Erklärungsmodell ausgehen können, daß nämlich, je schneller und vollständiger der „große Spurt" der Industriellen Revolution aus einer Agrar- hinein in eine Industriegesellschaft erfolgt, die Auswirkungen und Folgeprobleme desto komplizierter und komplexer sind. Wenn also Deutschland einerseits durchaus einige „Vorteile der Rückständigkeit" bei der Übernahme von Elementen der hochentwickelten britisch-westeuropäischen Industriewirtschaft genoß, so präsentierte andererseits gerade der Erfolg seiner wirtschaftlichen Revolution die offenbar unvermeidbare Rechnung ungemein verschärfter gesellschaftlicher Probleme.[1] Wie wurden sie zu lösen versucht? Wem wurden auf kurze oder lange Sicht die Kosten dieser Transformation aufgebürdet? Wem kam der Gewinn zustatten? Was bedeuteten sie überhaupt damals mit ihren Folgen, und wie kann man im Rückblick darüber urteilen?

Geht man von der oben skizzierten Gründungsproblematik aus, so wird man zunächst nach den wichtigsten Einflüssen: der Entwicklung der Agrarwirtschaft, der Industrie und der preußisch-deutschen Innenpolitik fragen müssen.

1. Agrarrevolution und landadelige Führungsschicht

Die deutsche Agrarrevolution, die hierzulande meist unter dem irreführenden Begriff der „Bauernbefreiung" verborgen wird, hatte im ausgehenden 18. Jahrhundert eingesetzt, war durch die Rechtsreformen seit 1807/11 beschleunigt worden und mündete in ihrer Schlußphase in die lang andauernde Hochkonjunktur von 1840/47 bis 1876. Ihr Ergebnis war ein struktureller Umbau der Agrarwirtschaft, der – rechtlich formalisiert und begünstigt – zusammen mit Modernisierungs- und Rationalisierungsmaßnahmen im Bereich der Bodenkultur zu einer immensen Leistungssteigerung führte. Auf dem Wellenkamm der abschließenden Konjunktur stieg auch noch einmal das Selbstbewußtsein und Kraftgefühl der machtgewohnten traditionellen Elite des grundbesitzenden Adels empor. Vom scheinbar stabilen ökonomischen Fundament einer florierenden Landwirtschaft aus operierte er in den inneren Auseinandersetzungen der Reichsgründungszeit und bekräftigte seinen historisch verankerten Führungsanspruch gegenüber den rivalisierenden bürgerlichen Exponenten der zweiten, der Industriellen Revolution.

Zahlreiche neue Rechtsvorschriften hatten seit der Jahrhundertwende die überkommenen grund-, guts-, gerichts-, leib- und schutzherrlichen Bindungen und Beschränkungen der wirtschaftlichen und rechtlichen Verfügungsfreiheit allmählich formell beseitigt oder doch gemindert, mit anderen Worten: Die Herrenrechte aus der Zeit einer feudalistisch-personalistischen Herrschaftsstruktur auf dem Gebiete des Bodenrechts (Besitz, Fron, Abgabe), der Personenrechte (Leibeigenschaft bzw. Erbuntertänigkeit) und der Konfliktregelung (Gerichtsbarkeit) wurden verändert, ja manchmal sogar schon aufgehoben, ohne daß die nicht minder drückende informelle Abhängigkeit der Landbevölkerung beseitigt wurde. Dieser langwährende Veränderungsprozeß wurde von mehreren Zielvorstellungen bestimmt. Der unmittelbare Antrieb zu seiner Beschleunigung entsprang der Notlage im Gefolge der napoleonischen Kriege: Reparationszahlungen und Kriegsfinanzen verlangten gebieterisch eine Steigerung des staatlichen Einkommens, die nur durch eine von oben gesteuerte Modernisierung der Wirtschaft, und das hieß zunächst der Agrarwirtschaft erzielt werden konnte. Um die Ertrags- und Profitmaximierung zu fördern, wurde die Landwirtschaft als Konkurrenzwirtschaft umorganisiert, da die staatliche Wirtschaftspolitik von der Freisetzung von Arbeitsenergien, den neuen Anreizen für das Gewinnstreben und der Unterstützung der Leistungsfähigkeit die stärksten Vorteile für sich erhoffte. Zur selben Zeit gewann dann auch die Vorstellung an Boden, daß die Modernisierung überhaupt eine unabdingbare Voraussetzung bildete, wenn die großen deutschen Staaten, vor allem Preußen, im Wettbewerb der Mächte mit Aussicht auf Erfolg mithalten wollten. Vom Standpunkt der einflußreichsten Interessengruppe, des Grundadels, gegen dessen Willen die Agrargesetze gar nicht formuliert werden konnten, boten diese mehrere Vorteile: die Aufhebung des Bauernschutzes, das Abstoßen lästiger Pflichten, die Steigerung der Effektivität durch Lohnarbeit, vor allem aber die Ausdehnung des direkt verfügbaren Besitzes, wobei der spätabsolutistische Staat mit subventionierten Kreditinstituten und Steuerbegünstigungen seiner „staatstragenden" Schicht in größtem Umfang zur Hilfe kam, während sich die bis 1850 nicht unterstützten Bauern durch Geld- und Landabtretung von den herrschaftlichen Ansprüchen teuer befreien mußten — oder eben das nicht konnten. Das System der weitflächigen landwirtschaftlichen Großbetriebe, das nun allmählich auf Kosten der Bauerbesitzungen besonders in Ostelbien entstand — von 1811 bis 1890 vergrößerte sich das Gutsareal um zwei Drittel! —, das auch aus den Landeskulturmaßnahmen und Rationalisierungsschüben den meisten Nutzen zog, erwies sich nicht nur imstande, eine rapide wachsende Inlandsbevölkerung leidlich zu versorgen, sondern auch als fähig, in steigendem Maße Agrarprodukte in den ungleich lukrativeren Export — namentlich nach England, besonders nach der 1846 erfolgenden Aufhebung der Kornzölle — zu leiten. Diesen ausfuhrorientierten landwirtschaftlichen Großproduzenten erschien der Freihandel als optimale Außenhandelspolitik, „der Schutzzoll galt in den feudalen Kreisen" dagegen „als ein Irrtum der städtischen Bourgeoisie, die man bekämpfte".[2] Nicht nur am Preisgefüge der Agrarprodukte ließ sich der Wohlstand seit den frühen 1840er Jahren ablesen; auch die Bodenpreise stiegen in den fünf Jahrzehnten vor 1875 auf das Dreifache an. Die quantitativen Auswirkungen der Agrarrevolution wurden weiter buchstäblich sichtbar an der Verdoppelung des preußischen Ackerlands in dem halben Jahrhundert zwischen 1816 und 1866 (von 26.5 auf 51.4 Prozent des Gesamtgebiets), wogegen das Unland von 40.3 auf 7.1 Prozent sank. Und während sich die Erträge auf dem im Verhältnis von 100 zu 194 vermehrten Nutzboden vervielfachten, stieg die Bevölkerung „nur" im Verhältnis von 100 zu 173 an.[3] Dieser sichtbaren Versorgungs- und Exportleistung lag eine sprungartige Produktivitätssteigerung zugrunde, die die Großgrundbesitzer von 1840 bis 1876 auf „den historischen Höhepunkt ihrer ökonomischen Kraft" (H. Rosenberg) führte. Verbunden war damit sowohl ein Anstieg der Kaufkraft: Der agrargesellschaftliche Markt wurde aufnahmefähiger für gewerbliche und industrielle Erzeugnisse, als auch ein Wachsen der Sparkraft: Die Kapitalakkumulation dank dem Exportgeschäft kam direkt der stets kapitalbedürftigen Landwirtschaft zugute, zugleich trug jedoch auch die Agrarwirtschaft indirekt, vornehmlich wohl durch Vermehrung von Privatvermögen, Geldfonds des Fernhandels und Erhöhung des Steueraufkommens, zur Kapitalbildung für die frühe Industrie bei. Es bedurfte nur noch der ingeniösen Rechtskonstruktion der Aktiengesellschaft, um aus diesen Kapitalien einen Investitionsstrom in den Industrialisierungsprozeß zu kanalisieren.

Und schließlich — um nur noch ein wichtiges Ergebnis herauszugreifen — entband die qualitative Veränderung der Rechtsverhältnisse mit dem Übergang von der Arbeitsverpflichtung zum individuellen Eigentum, von der Untertänigkeit oder gar Leibeigenschaft zur formellen Selbständigkeit, vom Frondienst zur Lohnarbeit und vom Gesindezwang zur Aufhebung vor allem des Ehekonsens', ein ungeheures generatives Wachstum der nicht mehr schollenpflichtigen, klein- und unterbäuerlichen Schichten gerade im deutschen Nordosten. Die preußische Bevölkerung etwa vermehrte sich von 1815 bis 1840 um 37 Prozent, von 1840 bis 1860 um 26 Prozent (von 25 auf 38 Millionen). Wegen der geringfügigen Vermehrung der Arbeitsstellen in den traditionellen Berufen und zugleich wegen des Absinkens des Stellenwerts auf Grund des Überschusses an Arbeitskräften, wanderten vor 1850 nicht nur Hunderttausende von Deutschen — von 1850 bis 1870 sogar zwei Millionen — aus, sondern weit mehr noch strömten seither in die frühindustriellen Ballungszentren und Gewerbezonen: Sie bildeten die mobile industrielle Reservearmee an zunächst ungelernten Arbeitskräften, deren die Fabrikbetriebe neben den Facharbeitern zunehmend bedurften. Bevölkerungswachstum, Konsumanstieg, Kapitalakkumulation, Urbanisierung und frühe Binnenwanderung hingen mithin in einem engen Funktionsnexus mit der Agrarrevolution zusammen. In diesem Sinn

gehört der Erfolg der deutschen Agrarrevolution zu den wesentlichen Vorbedingungen der deutschen Industriellen Revolution.
Erst nach dem Schock der Revolution von 1848 wurde die Ablösung der alten feudalrechtlichen Verpflichtungen abgeschlossen. Hatten sich von 1811 bis 1848 rund 70 000 preußische Bauern durch Landabtretung und rund 170 000 durch Geldzahlungen befreit, so waren es allein von 1850 bis 1865 rund 640 000, die sich von 6,3 Millionen Spanndienst- und 23,4 Millionen Handdiensttagen loskauften. Hatten bisher nur Großgrundbesitzer auf die Kredite der ritterschaftlichen „Landschaften" zurückgreifen können, so standen jetzt die neuen staatlichen Rentenbanken den Bauern bei; sie vermehrten aber auch gleichzeitig mit den Ablösungssummen das mobile Kapital der Großgrundbesitzer. Diese waren zwar im Gefolge der Rechtsveränderungen seit 1807 aus einem „adeligen Erbstand" zu einer „Aristokratie des beliebig übertragbaren Bodeneigentums, einer mobilen Wirtschaftsklasse von Kapitalbesitzern, Gutswirtschaftsunternehmern und Arbeitgebern geworden". Die adelige Kernschicht bildete aber weiter „zugleich einen exklusiven feudalen Berufsstand", der nach 1849 unverändert bevorzugt Staatshilfe genoß: 1852 wurde ein neues Fideikommißrecht eingeführt, 1853 das preußische Herrenhaus zur Adelsdomäne; im selben Jahr wurden die Ansätze zur ländlichen Selbstverwaltung für weitere vier Jahrzehnte rückgängig gemacht, 1856 das Polizeirecht der Gutsherrn erneuert. Von den 12 339 ritter- und kreistagsfähigen Gütern dieses Jahres mit je rd. 500 Hektar waren noch 7023, die Latifundien mit mehr als 5000 Hektar durchweg adelig. Mochte sich auch die allmähliche „Umwandlung der Bodenaristokratie in eine moderne Unternehmerklasse von landwirtschaftlichen Geschäftsleuten" sozusagen schleichend durchsetzen — 1885 gehörten nur 13 Prozent der ostpreußischen Güter länger als 50 Jahre einer Familie —, so verteidigte doch die traditionelle Herrenschicht der adeligen Agrarier, des Offiziers- und Beamtenadels ganz so vehement und äußerst effektiv ihre gesellschaftlichen und politischen Privilegien, wie sie in ökonomischen Fragen ihre Interessen wahrte: Bis 1861 blieb die völlige Grundsteuerfreiheit der Rittergüter, bis 1879 der Freihandel für den Agrarexport erhalten.[4] Sie besaß direkten Zugang zum Hof als einem der formellen Entscheidungszentren, sie kontrollierte dank ihres ungefährdeten Übergewichts in den oberen Rängen der Ministerialbürokratie, der Diplomatie und des Heeres die „drei Säulen" auch des nachrevolutionären Staates, damit aber die Hebel der Macht zusammen mit den wichtigsten Instrumenten zu deren Verteidigung. Ohne die ökonomische Grundlage der Agrarrevolution wäre diese Behauptung der alten Herrenstellung schwer denkbar gewesen. Wirtschaftlich erfolgreich, trotz der Revo-

lution gesellschaftlich und politisch wieder ziemlich sicher im Sattel, ging die adelige Führungsschicht in die 1860er Jahre. Die Leistungserfolge des preußischen Militärstaates und der Bismarckschen Politik kamen einer prosperierenden, macht- und prestigegewohnten, ihre 1848 verstärkten Zweifel verdrängenden vorindustriellen Elite zugute, die dem Bürgertum nur in der Industriewirtschaft den ersten Platz einräumte.

2. Industrielle Revolution und städtisches Bürgertum

Auch die frühe deutsche Industrialisierung hatte sich zum Teil, wie die Agrarwirtschaft, naturwüchsig entwickelt, zum Teil aber bildete auch sie das Ergebnis bewußter Modernisierungsmaßnahmen im Dienste der Selbstbehauptung und des Erfolgsstrebens der den Staat leitenden Führungsgruppen nach der Zäsur von 1807/15. Wichtige Impulse gingen von Anfang an von den staatlichen Modellbetrieben bzw. von den staatlich unterstützten Unternehmen aus, da sie moderne Maschinen, langfristige Aufträge, Abnahmegarantien usw. besaßen. Sie bildeten vereinzelte Inseln der Planwirtschaft in dem allmählich größer werdenden See der jungen Privatindustrie. Anfang der 1840er Jahre zogen die industriellen Wachstumsraten erstmals scharf an, aber infolge der Agrar- und Gewerbekrise von 1845 bis 1847, der Revolution von 1848/49 und der Nachkriegsdepression bis 1850 kann man mit Gewißheit den Durchbruch der Industriellen Revolution in Deutschland erst auf den Beginn der 1850er Jahre datieren. Unter Revolution soll hier, dem üblichen Sprachverständnis entsprechend, ein hektischer, beschleunigter, kurzlebiger Prozeß verstanden werden, nicht aber — wie in irreführenden Leitartikelfloskeln, wo ständig Industrielle Revolution statt Industrialisierung gebraucht wird —, eine mehr als hundertjährige Entwicklung. Damit wird die Frage der Periodisierung für einen derartig wichtigen Abschnitt der Entwicklung besonders dringend. An welchen Kriterien kann man sich orientieren, um diese „spezifische Komprimierung des Industrialisierungsprozesses in eine Periode rasanten Wachstums" (Gerschenkron)[5] aus der unbestreitbaren Kontinuität des Industrialisierungsprozesses herausheben zu können?
Wirtschaft ist ein sozialer Interaktionsprozeß. Folglich entscheiden soziale Kriterien darüber, ob die Produktionsmittel so eingesetzt und genutzt werden können, daß der historische Sonderfall des Industriekapitalismus entsteht. Sozialstruktur und soziale Verhaltensnormen gestatten es, daß die moderne Technologie und Fabrikproduktion sich durchsetzen können. Den fundamentalen technischen Verbesserungen: der Ersetzung menschlicher Geschicklichkeit und Kraft durch

mechanisch-maschinelle, der Verbesserung der Materialbearbeitung durch maschinelle Werkzeuge usw. wohnt als solchen nur eine latent revolutionäre Wirkung inne, die erst unter gewissen gesellschaftlichen Umständen freigesetzt wird. Diese bestimmen darüber, ob politische Herrschaft im Betrieb imitiert werden und kraft staatlicher Privilegierung unaufgeklärten Absolutismus reproduzieren darf; ob Unternehmen zum Ort rein ökonomischen Erwerbstrebens werden dürfen; ob die Bereitschaft vorhanden ist, empirisch-handwerklich gewonnene oder wissenschaftliche Innovationen dauerhaft in technologische Fortschritte umzusetzen; ob die Industriearbeiterschaft rekrutiert und für die neuartigen industriellen Arbeitsmethoden diszipliniert werden darf usw. Gerade dieser entscheidende Vorgang der Schaffung eines Reservoirs geübter Arbeitskräfte, aber auch die Expansion des inneren und äußeren Markts, die Förderung der Kapitalakkumulation ist nirgendwo ohne die Hilfe des Staats — als Teils der Sozialstruktur — vonstatten gegangen. Auf all diese zentralen Vorentscheidungen kann hier nur hingewiesen werden, sie werden u. a. Gegenstand des vorhergehenden Bandes sein. Auch auf andere wichtige, wenn auch zum Teil diffuse Bedingungen gesteigerten Industrialisierungstempos braucht deshalb hier nicht näher eingegangen zu werden: z. B. auf die Veränderung kultureller Normen und des Sozialprestiges der Unternehmer, das Anwachsen der Innovationsfreudigkeit und die Veränderung der technologischen Prozesse selber, die rechtliche Privilegierung von Kapital und Kapitaleignern, während Arbeit lange Zeit kein schutzwürdiges Eigentum darstellte, der Risikogedanke (samt dem Gewinn als Entgelt) nur aufs Kapital, statt auch auf Arbeitsplatz und Kräfteverschleiß bezogen wurde usf. Von derartigen Bedingungen sei hier nur soviel gesagt, daß sie um die Jahrhundertmitte hinreichend erfüllt zu sein schienen, mithin günstige gesamtgesellschaftliche: soziale, institutionelle und ideelle Voraussetzungen entweder schon bestanden oder bald geschaffen wurden, um den Prozeß der Modernisierung entscheidend zu beschleunigen.

Beschränkt man sich auf ökonomische Kriterien in einem engeren Sinn, so kann man von einer Art Konsensus der Wachstumsforschung und Wirtschaftsgeschichte ausgehen, für die in der Industriewirtschaft (d. h. abgesehen vom agrarischen Sektor) mindestens drei Prozesse im Mittelpunkt stehen: (1) eine ruckartige Steigerung des Bruttosozialprodukts und damit des Pro-Kopf-Einkommens; (2) ein außergewöhnliches Hochklettern der Wachstumsraten in den strategisch wichtigen Industrien (in graphischer Darstellung der „kink in the curve", der Aufwärtsknick der Wachstumskurve); (3) ein Anstei-

gen der Nettoinvestitionen der Volkswirtschaft auf rund 10 bis 12 Prozent des Nettosozialprodukts.
Geht man von diesen Vorüberlegungen aus, dann läßt sich im Hinblick auf die deutsche Entwicklung festhalten, daß bis 1850 gesellschaftliche Wandlungen, rechtliche Reformen und institutionelle Veränderungen, naturwüchsiges und geplantes, vor allem auch imitiertes wirtschaftliches Wachstum, halbherzige Begünstigung und politische Fernziele zusammen wie eine Kumulierung von vorteilhaften Ausgangsbedingungen gewirkt hatten. In einer ersten mächtigen Welle bis 1857 setzte sich nun die Hochkonjunktur der deutschen Industriellen Revolution durch. Die industrie- (und gesamt)wirtschaftlichen Wachstumsraten schnellten hoch, die Investitions- und Konsumgüterproduktion verdoppelte sich, der Außenhandel dehnte sich um 130 Prozent aus, die jährlichen geschätzten Nettoinvestitionsraten kletterten auf 8, dann auf 10, ja 12 Prozent und pendelten sich bis 1873 dort ein. Die strategischen Industrien: Eisenfabriken, Bergwerke und Maschinenbauanstalten, kennzeichnete eine rapide Entwicklung. Der Wert der Roheisenproduktion im Zollverein, die um 250 Prozent wuchs, stieg von 1848 = 24 Mill. auf 1857 = 66 Mill.; der der Kohlenproduktion, die um 138 Prozent wuchs, von 25 auf 62 Mill., von Erz- und Kohlenbergbau zusammen von 45 auf 135 Mill. Mark. Auch in Deutschland erwies sich der Eisenbahnbau als ein entscheidend wichtiger Leitsektor der Industrialisierung: Von 1850 bis 1860 verdoppelten sich die Linien von rund 6000 auf rund 11 500 km. Deutsche Maschinenbaufabriken konnten schon den Löwenanteil (mehr als zwei Drittel) der Aufträge für Waggons und Lokomotiven gewinnen, 1858 lieferte Borsig die tausendste Lokomotive. Der Ausbreitungseffekt, der von diesem Leitsektor ausging, riß die Eisen- und Kohlenproduktion, den Maschinenbau und zahlreiche Zubringerbetriebe mit nach vorn; der Güterverkehr der preußischen Bahnen versiebenfachte sich.
1857 unterbrach zwar die erste, auch Deutschland erfassende Weltwirtschaftskrise diese Entwicklung bis 1859, dann erholte sich jedoch die Konjunktur, hielt bis zur kurzen Rezession von 1866 an und weitete sich von 1866 bis 1873, bis zur zweiten Weltwirtschaftskrise, erneut zu einer beispiellosen Hochkonjunktur aus. 1866 wurde eine Mill. Tonnen Roheisen, 1870 wurden 1,5, aber 1873 schon 2,2 Mill. Tonnen erzeugt; die Kohlenproduktion stieg von 1860 bis 1870 um 114 Prozent auf 26 Mill. Tonnen (auf das Doppelte der französischen Förderung!) an. Fast verdoppelte sich auch wieder das Eisenbahnnetz in diesem Jahrzehnt auf rund 19 500 km, anschließend allein von 1870 bis 1875 noch einmal bis auf rund 28 000 km. Von 1850 bis 1870 gab es im Schienengüterverkehr eine 21fache Ver-

mehrung der Tonnenkilometer. Dieser Zweig des Verkehrswesens blieb der wichtigste industrielle Leitsektor, der drei Jahrzehnte lang voranprellte und die Entwicklung anderer Industriezweige nach sich zog.

Die jährliche Arbeitsleistung pro Arbeiter stieg von 1850 bis 1860 um 8,5 Prozent, aber von 1860 bis 1870 dank der verbesserten technischen Ausrüstung sogar um 42 Prozent. Die wachsenden Nominallöhne der 1850er Jahre hatten wegen eines eklatanten Preisanstiegs der wichtigsten Konsumgüter (von 1850 bis 1855 wurden Kartoffeln um 125 Prozent, Roggen um 150 Prozent, Weizen um 100 Prozent teurer!) noch nicht zu dauerhaft verbesserten Reallöhnen geführt. Aber von 1866 bis 1873 holten die Lebenshaltungskosten die Löhne nicht ein, so daß die Reallöhne endlich spürbar das Arbeitnehmereinkommen erhöhten.[6]

In den 1860er Jahren begann auch die junge Industriearbeiterschaft, an das ältere Vereinswesen anknüpfend, sich in Parteien und in den Frühformen der Gewerkschaften zu organisieren. Nach kurzlebiger Rivalität fusionierten 1875 die Lassalleschen Arbeitervereine mit der Eisenacher Partei Bebels und Liebknechts in Gotha zur „Sozialistischen Arbeiterpartei", in der die Marxsche Emanzipations- und Kampftheorie sich allmählich durchsetzte. Am Ende der deutschen Industriellen Revolution besaß daher die Arbeiterschaft eine politische Repräsentanz, die prinzipiell alle Klassengleichen für die kommenden politischen und sozialen Konflikte zu sammeln beanspruchte. Zum Bruch mit dem bürgerlichen Liberalismus war es noch vorher auf Grund unüberbrückbarer Interessengegensätze gekommen. Von der Konjunktur begünstigt, hatten die Industriearbeiter bis dahin Arbeitskonflikte zunehmend mit Hilfe von Streiks erfolgreich beeinflußt: Von 1864 bis 1873 kam es zu 903 Streiks, davon allein 1871: 188, 1872: 215, 1873 sogar 255, insgesamt 631 in den ersten drei Jahren des Reichs! Auch hier zeichneten sich die Muster moderner Konflikte um die Verteilung des Sozialprodukts und um die Verwirklichung der Gleichheitsideen ab – Konflikte, die vom Besitz- und Bildungsbürgertum, in dem seit dem Vormärz vom „roten Gespenst" die Rede war, weithin als Menetekel einer drohenden Sozialrevolution aufgefaßt wurden.

Wenn man von der britischen Industriellen Revolution als dem klassischen Modell ausgeht, dann mußte auch die deutsche Industrielle Revolution Ersatzlösungen für ursprüngliche Leistungen in England finden, da sie in derselben Form in Deutschland nicht zu erbringen waren. Die in den 1850/60er Jahren entstehenden deutschen Großbanken übernahmen eine solche Substitutionsfunktion für den Kapitalreichtum in der Metropole des britischen Empire. Sie vereinigten von Anfang an zwei dort oft getrennte Aufgaben: die einer Depositenkasse und die der langfristigen Industriefinanzierung. Als derartige Universalbanken wurden sie zu einem „strategischen Faktor in der Industrialisierung Deutschlands" (Gerschenkron), da sie mit Hilfe des Aktienwesens Investitionskapital mobilisierten und in die Industrie leiteten. Sie koordinierten die schwerindustriellen Neugründungen, sie kontrollierten bald im Sinne einer privatwirtschaftlichen Ersatzplanung wichtige Sektoren der Wirtschaft und halfen, die relative Rückständigkeit des Landes beschleunigt zu überwinden. Zugleich schlossen sie sich im frühen Prozeß der Bankenkonzentration zu einer mächtigen Oligarchie der Hochfinanz zusammen, die auch über das „Preußenkonsortium" der Großbanken die staatlichen Anleihen regulierte und fortab in einem charakteristischen Ausmaß die deutsche Wirtschaftsentwicklung allgemein mitbestimmt hat. Seit den frühen 70er Jahren gaben dabei vor allem die sog. D-Banken (Disconto Gesellschaft, Deutsche, Dresdener, Darmstädter Bank) den Ton an. Das ist der realhistorische Vorgang, der der Vorstellung vom „Finanzkapital" zugrunde lag.

Einen weiteren Ausgleich für die blindwüchsige technologische Entwicklung in England schuf vor allem auf längere Sicht der zielstrebige Ausbau des Bildungswesens, das in erstaunlichem Maße „Human Capital" zur Verfügung stellte. Gewiß blieben Gymnasien und Universitäten bildungsaristokratisch-humanistischen Prinzipien verpflichtet, die die Absolventen nicht gerade auf den Wirtschaftskampf des Alltags präparierten. Aber nicht nur bestand trotzdem schnell eine enge Verbindung zwischen Kameral- bzw. Staatswissenschaften (Ökonomie und Jurisprudenz) und Industriewirtschaft — man denke an Männer wie Unruh und Hammacher, Miquel und Bamberger u. v. a. —, sondern die größeren deutschen Staaten bauten auch seit den 1820er Jahren technisch-ingenieurwissenschaftliche Lehranstalten und Gewerbeschulen auf. 1821 entstand das Berliner Gewerbeinstitut Beuths; 1825/27/32 wurden nach französischem Vorbild die polytechnischen Schulen in Karlsruhe, München und Stuttgart gegründet; 1828 folgte die technische Bildungsanstalt in Dresden. Hinzu kamen die Berufs- und Gewerbeschulen für die Vermittlung eher handwerklicher Kenntnisse. Insgesamt aber wurden hier die Expertengruppen, die technischen Kader herangezogen, die dann seit den 1850er Jahren die Industrialisierung mit vorantrieben. Relativ frühzeitig kam, so wenig auch bisher im einzelnen über diese Entwicklung der Wissenschaft zur ersten Produktivkraft, über Bildungsinvestitionen und -effekte bekannt ist, ein planmäßiges wissenschaftliches Kalkül so stark zum Zuge, daß bis zur Wasserscheide der 1890er Jahre der auf der Einführung technologischer Innovationen beruhende industriewirtschaftliche Wachstumsprozeß tatsächlich und stetig zunehmend auf der praktischen Anwendung wissenschaftlichen Denkens beruhte. Einen Ersatz für den bis 1871 fehlenden nationalen Markt bzw. in vergleichender Hinsicht auch wenigstens in etwa für den Außenhandel Großbritanniens schuf der Zollverein. Dieses Bündel von 130 bi- und multilateralen Verträgen in dem Jahrhundert zwischen 1819 und 1918 ist zwar oft überschätzt worden, darf aber andererseits keineswegs als minderwertige Vorbedingung der erfolgreichen Industrialisierung angesehen werden. Der Zollverein wurde vor 1871 für seine Mitgliederstaaten dank steigender Einnahmen und sinkender Verwaltungskosten ein finanziell ergiebiges Unternehmen, er förderte den Rechts- und Währungsausgleich durch Münzkonventionen und ein neues Handelsrecht, er schloß vorteilhafte Handelsverträge ab, erreichte Zollschutz nach außen, die zollfreie Flußschiffahrt und einen zollarmen Binnenmarkt, von dem langfristig starke Anreize ausgingen. Unstreitig blieb die preußische Führungsmacht seit den 1820er Jahren der Hauptgewinner dieser Zollvereinspolitik. Ein französischer Diplomat in München bezeichnete sie schon 1829 bombastisch als „eines der bedeutendsten Ergebnisse nach der Reformation"; in diesem „riesigen System" werde Preußen eine beispiellose Macht gewinnen. Darüber, daß die „preußische Präponderanz" das Entscheidende sei, erlaubte sich auch Metternich keinen Zweifel. Denn im deutschen Bund entstehe jetzt „ein kleiner Nebenbund, in dem vollsten Sinne ein Status in statu, welcher nur zu bald sich daran gewöhnen wird, seine Zwecke mit seinen Mitteln in erster Linie zu verfolgen".[7] Das traf den Kern in der Tat. Eine Zerschlagung wurde von Wien nicht ernsthaft versucht. Aber zweimal versuchte es, in den „Nebenbund" einzudringen: einmal unter Bruck und Schwarzenberg nach der Revolution von 1848, ohne mehr als den Handelsvertrag von 1853, der dann ein Vierteljahrhundert galt, zu erreichen; die Beitrittsverhandlungen wurden zunächst bis 1860 hinausgezögert. Im Grunde glich dieser wirtschaftspolitische Erfolg Berlins die diplomatische Schlappe, die Preußen 1850 in Olmütz erlebt hatte, voll aus! Der bekannte preußisch-französische Vertrag von 1862 bestätigte die preußische Vorherrschaft, ehe der zweite Anlauf Österreichs unter Rechberg zwischen 1862 und 1865 erneut scheiterte. Nicht nur handelspolitisch hatte das Habsburger Reich daher die Konkurrenz vor 1866/71 verloren, sondern da die Industrielle Revolution in Preußen seit 1850 in vollem Durchbruch begriffen war, besaß dieser Staat auch die unvergleichliche Dynamik und den überlegenen Vorsprung des industriellen Wachstums. Keineswegs zu Unrecht galt deshalb auch Preußen antiborussischen, großdeutschen Liberalen ein Jahrzehnt nach dem Scheitern ihrer Pläne doch als der eigentlich moderne Staat der beiden bundesdeutschen Rivalen. Dennoch muß man sich hüten, eine zwangsläufige, gradlinige Entwicklung vom Zollverein zum Reich hin zu konstruieren. Es blieb ein freilich sehr begrenzter Spielraum für neue politische und militärische Kraftproben. Noch war es ein prekärer, nicht allgemein anerkannter Vorsprung, den Preußen als Industrieland gewonnen hatte. In historischer Perspektive aber hatte es in der Industriellen Revolution den entscheidenden Sprung in die Dauerentwicklung eines fortab permanent expandierenden Wirtschaftssystems getan, dessen Säkulartrend ein anhaltendes, wenn auch ungleichmäßiges Wachstum blieb.

3. Innenpolitik: Reaktion, Liberalismus und Verfassungskonflikt

Von den beiden sozialen Klassen, die diese Entwicklung hauptsächlich trugen: Bürgertum und Arbeiterschaft, hatte das Bürgertum 1848 bei seinem Griff nach politischer Mitverantwortung – ohnehin nirgendwo in Deutschland nach Alleinverantwortung – eine schockartig nachwirkende Niederlage erlitten. Die „dritte fundamentale Klasse" (Marx)[8] der Grundeigentümer, mithin vor allem der landbesitzende Adel, setzte sich noch einmal durch. Da aber auch die Massen in Bewegung geraten waren – wie die Erhebungen auf dem flachen Lande, die Handwerkerunruhen, die Forderungen des Frühproletariats gezeigt hatten –, trugen die wichtigsten konservativen Stabilisierungsgesetze der 1850er Jahre durchaus den „Stempel der siegenden Reaktion", wie Hermann Wagener offen über die Befestigung der Junkerherrschaft triumphierte.[9] Diese verband sich aber auch mit einer paternalistischen Entschädigungspolitik gegenüber den abhängigen Schichten. Notgedrungen setzten die Führungsgruppen eine Reihe von Wohlfahrtsmaßnahmen für Bauern, Handwerker, Industriearbeiter und deren Kinder in Kraft. Erst 30 Jahre später wurden sie wieder zu vergleichbaren Konzessionen gezwungen. Die innenpolitische Repression und obrigkeitliche „Wiedergutmachung" einiger schwerer sozialer Schäden verband sich in eigentümlichem Kontrast mit der rapiden ökonomischen Liberalisierung, durch die ein Gutteil der Energien, die in Industrie und bürgerlichen Aufstieg strömten, freigesetzt wurde. Nach einem gewissen zeitlichen Abstand von der gescheiterten Revolution, der seit 1858 durch den Übergang zur „Neuen Ära" eines vermuteten liberalgouvernementalen Kurses unter König Wilhelm unterstrichen wurde, konnte es schwerlich ausbleiben, daß das wirtschaftlich so ungeheuer erfolgreiche, wenn auch sozial und politisch sehr heterogene Industriebürgertum zusammen mit „fortschrittlichen" Geschäftsleuten, Honoratioren, Handwerkern, Beamten, kurzum: mittelständischen liberalen Gruppen, noch einmal politische Ansprüche anmeldete. Von ihm ungeplant wurde der Streit um die preußische Heeresreform zu einem „Verfassungskonflikt“, schließlich zu einer neuen allgemeinen Machtprobe zwischen bürgerlichem Parlamentarismus und spätabsolutistischem autoritären Militärstaat. Und wieder ist das Bürgertum gescheitert: Deshalb ist der Verfassungskonflikt die zweite große Wendemarke in der preußischen Innenpolitik, damit aber auch in der deutschen Geschichte, denn fast zwei Drittel des Reichs nahm Preußen später ein. Dieser Ausgang besiegelte die politische Ohnmacht des Bürgertums – bis 1918. Die Konfrontation bahnte sich an, als das 1860 vorgelegte neue Militärgesetz nicht nur die zustimmend aufgenommenen technischen Reorganisationspläne des Kriegsministeriums unter Roon ermöglichen sollte. Vielmehr zeigte sich auch, daß es 1. bei der gesetzlichen Fixierung der dreijährigen Dienstpflicht für die jährlich 63 000 statt wie bisher 40 000 Rekruten im Rahmen der ebenfalls unbestritten erhöhten Friedenspräsenzstärke um die Frage der inneren Disziplinierung im Sinne der sozialen Militarisierung der Gesellschaft ging und 2. die radikale Schwächung der Landwehr zugunsten der Linientruppe das eigentliche Bürgerheer der Scharnhorst-Boyenschen Reformen zerstören sollte. Obwohl die Mehrkosten vom Landtag bewilligt wurden, erwies sich schließlich der Gegensatz zwischen Kriegsministerium und altliberaler Mehrheit in der Dienstzeit- und Landwehrfrage als unüberbrückbar. Die Militärkamarilla spitzte daraufhin taktisch geschickt den Konflikt auf die Alternative: Königsheer oder Parlamentsheer zu, sie erreichte, daß jetzt der Monarch die Reform als Gegenstand der absolutistischen, verfassungsmäßig von jeder Kontrolle der Repräsentativorgane unabhängigen, praktisch feudalrechtlichen Kommandogewalt des obersten „Kriegsherrn“ erklärte, damit aber überhaupt die Notwendigkeit gesetzlicher Regelung bestritt. Ganz unverblümt sollte der Militärapparat von jedem bürgerlichen Parlamentseinfluß freigehalten werden. Fortab stand die grundsätzliche Frage der Wehrverfassung, mithin die Stellung der Armee im Staat, und das hieß: die Staatsverfassung überhaupt, noch einmal zur Debatte. Dieser prinzipielle Streitpunkt wurde von den Militärs frühzeitig erkannt und nicht zuletzt im Hinblick auf die Mentalität des Berufssoldaten an der Staatsspitze schroff dramatisiert. In der Auseinandersetzung zerfiel die altliberale Mehrheit des Landtags. Die neu entstehende „Deutsche Fortschrittspartei“ zog nach den Dezemberwahlen von 1861 als stärkste Fraktion – mit einer hohen Zahl liberaler Beamter – ins Abgeordnetenhaus ein. Im März 1862 wurden die liberalen Minister aus der Regierung, wo Roon jetzt unbestritten dominierte, entfernt. Neue Kompromißvorschläge des Landtags, der alles andere als kampflustig vorging, scheiterten am König.

Darauf wurde der Staatsetat für 1863 nicht bewilligt. Der Monarch erwog ernsthaft die Abdankung, sein Sohn galt als liberal, und kurze Zeit sah es daher so aus, als ob ein Sieg der Parlamentsmajorität nicht unmöglich sei — ein Ereignis, das langfristig unabsehbare Folgen für Deutschland hätte haben können. Denn jetzt tauchte die Alternative zwischen parlamentarischer Monarchie und plebiszitärer Quasi-Diktatur auf. Tatsächlich wurde die Parlamentarisierung verhindert und die Monarchie in wenigen Jahrzehnten verschlissen, aber das Erbe des plebiszitär legitimierten charismatischen Diktators blieb erhalten.

1862 dachten die Vertreter des Militärstaats weder an Verzicht noch an Nachgiebigkeit. Sie präsentierten in dieser mit hellwacher Absicht verschärften Krisensituation des Herbstes 1862 den einzigen Kandidaten der extrem konservativen, ultraroyalistischen, dezidiert spätabsolutistischen Clique für das Amt des Ministerpräsidenten: Otto von Bismarck, von dem der preußische König 1848 ahnungsvoll prophezeit hatte, er sei nur zu gebrauchen, wenn das Bajonett schrankenlos regiere. Im Zeichen dieses Verfassungskonflikts: der Verteidigung des bedrohten Militärstaats und der Erhaltung seiner gesellschaftlich-politischen Machtstrukturen trat Bismarck als „Stabilisator der Kommandogewalt" (Messerschmidt) in das Zentrum der Entscheidungsprozesse deutscher Politik. 30 Jahre lang hat er mit den ihn tragenden Gruppen gegen die fortschrittlichen Kräfte der politischen und sozialen Entwicklung vehement angekämpft, im Sinne des alten Staats und seiner Eliten mit verblüffenden Erfolgen, auf längere Sicht jedoch mit überaus unheilvollen Ergebnissen für die Mehrheit der Staatsbürger.

Soweit die Wahlbürger überhaupt artikulierte politische Meinungen äußerten und bei einer Wahlbeteiligung von höchstens 50 Prozent mobilisiert werden konnten, bevorzugte ihre eindeutige Mehrheit eine liberale Politik. Die Konservativen bildeten auch 1862 durchaus die kleine, aber mächtige Minderheit. Vor allem kontrollierte ihre Regierung „alle Instrumente der organisierten Macht",[10] und Bismarck, endlich im Besitz der politischen Spitzenposition, war nicht der Mann, der Scheu vor ihrer Anwendung im Inneren und nach außen für opportun gehalten hätte. Im Inneren setzte ein oft vergessener, harter Repressionskurs gegenüber den Liberalen ein. Inhaftierung, Ausweisung, Presseknebelung, Einschüchterungsprozesse — diese Klaviatur beherrschte der neue Chef des Staatsministeriums vortrefflich. Nie hat er diesen ersten Gegner unterschätzt, selbst mit Lassalles Arbeitervereinen hätte er — wenn sie nur schon einen wirklichen Machtfaktor dargestellt hätten — gegen den „Fortschritt" paktiert. Noch ein Vierteljahrhundert später bildeten die wirklichen Liberalen seine Erzfeinde. Wenn die Abgeordneten geglaubt hatten, ohne Etatgesetz könne im „Rechtsstaat" nicht regiert werden, so berief sich die Regierung Bismarck jetzt darauf, daß hier in der preußischen Verfassung eine „Lücke" klaffe. Das bedeutete ihrer Meinung nach, daß mangels Einigkeit der gesetzgebenden Faktoren das alte Königsrecht der letzten Entscheidung das Weiterregieren und -verwalten nach Maßgabe des letzten regulären Etats gestatte. Die dank der Hochkonjunktur reichlich fließenden Steuerzahlungen erlaubten dann sogar ein eher großzügiges Wirtschaften. Und während der verfassungspolitische Disput unverändert bitter anhielt, demonstrierten die Vertreter des Bürgertums ihr schizophrenes Interessenkalkül: Die pointiert freihändlerisch-liberale Wirtschaftspolitik der Regierung Bismarck wurde, manchmal in derselben Landtagssitzung, ganz so vorbehaltlos gebilligt und rechtlich sanktioniert wie ihr innenpolitisches Vorgehen heftig, aber ohnmächtig kritisiert. Dennoch ist es ungewiß, wie der innere Konflikt geendet hätte, wenn nicht Bismarck gemäß seiner Maxime: Wenn „wir auswärts Ansehen haben, so lassen wir uns im Hause viel gefallen", gleich mehrfach seine fragwürdige „Kunst, innere Politik mit der Dampfkraft der Auswärtigen zu machen" (Oncken), bewiesen hätte. Bald schon erfüllte sich die Prognose der „Kreuzzeitung" bei Bismarcks Amtsantritt, daß sein „Programm" vorsehe, „die Schwierigkeiten im Inneren durch eine kühne Politik nach außen zu überwinden".[11]

4. Hegemonialkriege und „Revolution von oben"

Nach einer raffinierten diplomatischen Vorbereitung, die als technisches Meisterwerk verstanden noch immer ästhetischen Genuß bereiten kann, verstrickte Bismarck 1864 die habsburgische Konkurrenzmacht in einen gemeinsamen Krieg gegen Dänemark um Schleswig-Holstein, dessen Gewinn seit 1848 im nationalpolitischen Programm der Liberalen bis hin zur Linken ein unbestrittenes Ziel dargestellt hatte. Während der Auseinandersetzung über das einzige ernsthafte Gefecht des Krieges: die Erstürmung der Düppeler Schanzen durch preußische Einheiten, zeigte sich Bismarcks Strategie ganz deutlich. Wochenlang blieb der Angriff umstritten, die Kommandeure an Ort und Stelle konnten eine militärische Notwendigkeit dazu nicht erkennen. Aber Bismarck bestand zusammen mit Kriegsminister von Roon hartnäckig und schließlich erfolgreich auf der Attacke, um den Prestigegewinn nach einem glücklichen Ausgang im Lande ausmünzen zu können. In der Tat: „Die Siegesmeldung wirkte in Preußen elektrisierend", und der aufbrandende Nationalismus unterhöhlte „den liberalen Widerstand gegen den Absolutismus an der inneren

Front". Noch ehe Berlin und Wien ihr kurzes Kondominium über die Herzogtümer einrichteten, begannen die konstitutionellen Grundsätze der Fortschrittsliberalen dahinzuschmelzen, bestätigte sich auch Lassalles Argwohn, daß die Liberalen die schleswig-holsteinische Frage dazu benutzten, „um die Aufmerksamkeit von der inneren Lage abzulenken und der Lösung eines Konflikts, dem sie nicht gewachsen sind, unter dem Schein des Patriotismus zu entfliehen".[12]

Fraglos stand die Entscheidung in dem blutigen Bürgerkrieg, mit dem Bismarcks Preußen 1866 Österreich aus dem Deutschen Bunde stieß, bei Sadowa (Königgrätz) auf des Messers Schneide. Trotz der exakten Planung des Generalstabs unter Moltke gab erst der Schlachtverlauf Preußen den Sieg. Ohne Übertreibung hat Bismarck sagen können, daß er nach einer Niederlage seinen Sturz für unvermeidbar hielt. Der zweite Kriegserfolg jedoch führte zum moralischen Zerfall des norddeutschen „Fortschritts". Auf dem liberalen Verfassungsstaat zu beharren, galt bald als verbohrt, nurmehr den wenigen um Eugen Richter als erst recht geboten. Einschwenken ins siegreiche Regierungslager wurde Trumpf. Schwer zu verstehen ist das bei einer an Macht und Verantwortung nicht gewöhnten, 1848 niedergeschlagenen Bewegung nicht, aber der schale Triumph der „Realpolitik", die oft zu prinzipienloser Anpassung an die Macht des ehemals verhaßten Gegners degenerierte, brach vielen Liberalen entweder das moralische Rückgrat oder verunsicherte sie doch so, daß ihnen ihre besten Leitideen fragwürdig wurden.

Klüger als die kurzsichtigen Rechtskonservativen verstand Bismarck sich nun zu einer Scheinkonzession an die Liberalen: die Billigung der Regierungspolitik seit 1862 durch die „Indemnitätsvorlage". Wurde damit, wie mancher damals und später geglaubt hat, der Verfassungskonflikt gelöst? Nein, Bismarck errang damit einen „dilatorischen Formelkompromiß",[13] der die grundlegenden Interessengegensätze zwar zeitweilig überdeckte, aber keine entscheidende Frage der verfassungspolitischen Modernisierung klärte. Eine Lösung wurde vielmehr fast 60 Jahre lang verschoben. Insofern stellte dieser taktisch glänzend lancierte Schachzug einen nur fadenscheinig verhüllten Sieg der traditionellen Gewalten dar. Die Struktur des autoritären Obrigkeitsstaats mit seinem autonomen Militärwesen blieb im Kern unangetastet. Um ihn herum bildete der neu geschaffene, pseudoparlamentarisch ausstaffierte Norddeutsche Bund deutlich erkennbar die Vorstufe zu einer großpreußischen Staatsbildung.

Noch ein drittes Mal gelang es Bismarck, einen „Krieg genau in dem Zeitpunkt zu bewerkstelligen, wo er seinen Plänen nützlich war".[14] Der seit Jahren in Paris schwelende nervöse Argwohn gegenüber dem aufsteigenden Preußen – allgemein bekannt und erst recht Bismarck

mit den denkmöglichen Konsequenzen präsent – wurde dank der provozierenden spanischen Thronkandidatur eines Hohenzollern und durch die Ausnützung französischer Formfehler bis zur ungeschickten Kriegserklärung gereizt. Der Sieg hat Bismarck aller Sorgen über den Anschluß der süddeutschen Staaten, damit über den Ausbau des Nordbundes zu einem kleindeutschen Einheitsstaat, aber auch über die Verlängerung des „eisernen", nur bis zum Dezember 1871 gültigen Heeresgesetzes enthoben, das 95 Prozent der Bundesausgaben fest- und die parlamentarische Kontrolle praktisch lahmlegte. An der kurzatmigen, wieder einmal innere Probleme nach außen ableitenden bonapartistischen Politik des liberalisierten Empire Napoleons III. in seiner Schlußphase braucht man nicht zu zweifeln. Sie stieß auf die ebenfalls bonapartistische, aber langfristig und kühl kalkulierte Politik seines Berliner Gegenspielers. Gewiß hat auch Bismarck mehrere Eisen im Feuer gehalten. Nie hat er den Krieg auf einer Einbahnstraße anvisiert. Aber erst eine friedliche Lösung der deutschen Frage von 1870 hätte „wahre Staatskunst" bewiesen, und daß Bismarck „sein Ingenium eingesetzt habe, um den Krieg zu vermeiden, das hat noch keiner behauptet".[15] Aus diesem neuen Vabanquespiel großpreußischer Risikopolitik ging jedoch das deutsche Kaiserreich von 1871 hervor.
Mit der allgemeinen Floskel, zu jener Zeit sei der Krieg noch ein legitimes, zumindest aber allgemein akzeptiertes Mittel der Austragung zwischenstaatlicher Konflikte gewesen, Bismarck habe eben drei solcher Duelle in allerdings auffallend kurzer Zeit ausgetragen, wird die Frage nach den entscheidenden Funktionen dieser Fortsetzung aggressiver Diplomatie mit „anderen Mitteln" keineswegs beantwortet. Unabhängig von der Frage, ob Preußens deutsche Ziele ohne Schlagabtausch gegen die Konkurrenz nicht durchzusetzen waren, geht es hier vor allem um zwei Kriegsmotive, die sich in den Arcana Imperii der Berliner Politik auf die Aktionen auswirkten:

1. Es gibt keinerlei Nachweis dafür, daß diese drei Hegemonialkriege von ökonomischen Interessen im engen Sinne bestimmt worden sind. Aber daß sie als Instrumente der Herrschaftslegitimierung gegenüber einem von der wirtschaftlichen Entwicklung mitbedingten politisch-sozialen Emanzipationsdrang des Dritten, ja auch des Vierten „Standes" eingesetzt worden sind, vom Standpunkt der Initiatoren auch lange die gewünschte Wirkung erzielt haben – das läßt sich schwerlich bestreiten. Jacob Burckhardt, dessen skeptisches Urteil hierzulande sonst estimiert wird, hat ganz nüchtern schon 1871 erkannt, daß „die drei Kriege aus Gründen der inneren Politik sind unternommen worden. Man genoß und benützte sieben Jahre lang die große

Avantage, daß alle Welt glaubte, nur Louis Napoleon führe Kriege aus inneren Gründen. Rein vom Gesichtspunkt der Selbsterhaltung aus war es die höchste Zeit, daß man die drei Kriege führte", um „inneren Verlegenheiten zu begegnen".[16] Wie erstmals die Revolution von 1848 grell angekündigt hatte, der Verfassungskonflikt bestätigte und der Organisationserfolg der Arbeiterschaft bekräftigte, hatte die Industrialisierung nicht nur die Gesellschaft unwiderruflich in Bewegung gesetzt, sie nicht nur zu politischen Ansprüchen vorangetrieben, sondern auch das spätfeudalistisch-ständische Machtgefüge zu zerstören begonnen, den Zweifel an einem traditionellen Privilegiensystem ununterdrückbar gemacht, ja die „Revolution steigender Erwartungen" ausgelöst. Angesichts der säkularen Gewalt der Veränderungen war hier mit einer normalen Zähmungsstrategie nicht mehr genug zu erreichen. Die direkten, vor allem aber die vermittelten Folgen der Industriellen Revolution verlangten von den alten Führungsgruppen außergewöhnliche Mittel. Da ihnen mit Bismarck eine politische Potenz sui generis zuwuchs — denn das wird auch der konzidieren, der nicht an das „Männer-machen-die-Geschichte" glaubt —, wurde die fast desparate Stabilisierungstherapie dreier Kriege riskiert. Der siegreiche Ausgang zeitigte jedoch den begehrten Effekt: Das autoritäre Herrschafts- und Gesellschaftssystem wurde erneut legitimiert, vom ungeheuren Prestigeerfolg der Bismarckschen Diplomatie und des preußischen Militärs ließ sich fortab zehren, die innere Krisensituation schien entschärft. Zumindest der Hauptgegner: der nationale Liberalismus, erlag, wie erhofft, der Wirkung dieser militanten Pazifizierungspolitik.

2. Daß eine großpreußische Expansion, die den liberal-bürgerlichen Wunsch nach einem nationalen Gesamtstaat erfüllte, eine optimale Lösung der kleindeutschen Frage darstellen würde, war den vorausschauenden Männern der Berliner Zentrale voll bewußt. Die österreichische Niederlage im deutschen Bürgerkrieg, der Norddeutsche Bund bestätigten ihr Kalkül. Daß auch am ehesten ein gemeinsamer Krieg die süddeutschen Widerstände gegen ein borussisches Deutschland auflösen und eine nationalintegrierende Wirkung ausüben müsse, wurde oft genug ausgesprochen. „Deutschland durch Gewalt gegen Frankreich zu einigen", das hatte Moltke 1866 als erreichbares Ziel anvisiert. Eben das gelang, als die nationale Leidenschaft während des deutsch-französischen Kriegs einen machtvollen Treibstoff der abschließenden Reichsgründungspolitik bildete. Wie die Liberalen durch die Kriege von 1864 und 1866, so wurden die süddeutschen Staaten durch den Krieg von 1870/71 zur Unterwerfung bestimmt. Er besaß eine Doppelfunktion insofern, als er als nationaler

„Unionskrieg zur Vollendung des preußischen Sezessionskriegs von 1866" dienen, aber auch als „präventiver innenpolitischer Integrationskrieg" eine „politisch-soziale Fundamentalkrise" der preußischen Militärmonarchie abschneiden sollte. Diese Einigung Deutschlands „durch das Schwert" und die Überwindung seiner inneren Probleme durch den Krieg – das hatte schon Clausewitz als Preußens Aufgabe prognostiziert.[17] Unstreitig ist die „gewaltsame kriegerische Lösung des Problems durch Bismarck nicht weniger revolutionär" gewesen „als der liberale Versuch von 1848. Er brach endgültig mit der großdeutsch-föderalen Tradition des alten Reiches und ersetzte sie durch den verklammerten kleindeutsch-nationalen Einheitsstaat unter preußischer Hegemonie."[18]
Der konservative, der „weiße Revolutionär" an der Spitze der preußischen Politik stand dabei jedoch in einer Kontinuität der „Revolution von oben", die er selber eine „Reform von oben" genannt hat und mit den radikalen Mitteln ihrer militärischen Phase praktizierte. Schon bald nach der französischen Revolution hatte der preußische Minister Struensee dem französischen Gesandten angekündigt, „die heilsame Revolution", die in Frankreich „von unten nach oben" gemacht worden sei, werde „sich in Preußen langsam von oben nach unten vollziehen". Durch eine Politik begrenzten Entgegenkommens sollte der revolutionäre Zündstoff entschärft, die heilsame Veränderung gleichwohl auf friedlichem Wege erreicht werden. Frühzeitig wurde diese Revolution von oben auch von Clausewitz programmatisch empfohlen. „Einer großen und allgemeinen Revolution kann Europa nicht entgehen", schrieb er 1809, „nur die Könige, die in den wahren Geist dieser großen Reformation einzugehen, ihr selbst voranzuschreiten wissen, werden sich erhalten können". Oder wie sein Zeitgenosse Gneisenau es ausdrückte: Die „weisen Gesetze, um jeden Ausbruch der Revolution zuvor zu kommen", glichen „dem Entladen einer Mine, die unter unseren Füßen angelegt ist, und wo wir nach und nach das Pulver herausgeschafft haben". Längst ehe Lorenz von Stein oder Gustav von Schmoller das soziale Königtum popularisierten, bestimmten seine Interventionsziele die preußische Praxis. Deshalb vertrat Bismarck mit dem Selbstbewußtsein langjährig praktizierter „Revolution von oben" die Auffassung: „Revolution machen in Preußen nur die Könige".[19] Nachdem ihre bürokratische Variante beim Entschärfen der Mine 1848 gescheitert war, sich dann aber in der Reaktionszeit noch einmal das Prinzip: durch ökonomische Konzessionen politische Unmündigkeit zu kompensieren, bewährt hatte, blieb als einziger dauerhaft zuverlässiger Garant dieser Politik im Inneren und nach außen, auf dem Feld der deutschen Nationalpolitik,

die Armee übrig. Als sich der bürgerliche Liberalismus zu Beginn der 1860er Jahre erneut als zu schwach erwies, die gesellschaftliche Dynamik andererseits keineswegs an Schwung verlor und zugleich die herkömmlichen Manöver kleindeutscher Einigungspolitik versagten, da durchschlug das Heer als Exekutor Bismarckscher Pläne und damit für die traditionellen Eliten den inneren und äußeren gordischen Knoten in drei Kriegen. Selbst wenn man noch, ohne die längst überfällige Überprüfung der Reformfähigkeit des Deutschen Bundes und der föderalistischen Pläne, der Meinung ist, daß die Bismarcksche Lösung von „Eisen und Blut" unter den Bedingungen der Zeit unvermeidbar gewesen sei, dann kann man erst recht schwerlich leugnen, daß der konservative Revolutionär die Dauerkrise der deutschen Gesellschaft und Politik durch seine Erfolge letztlich nur verschärft hat.

Aufmerksame Beobachter aus durchaus unterschiedlichen Lagern haben diesen Tatbestand schon 1870/71 mit aller nur wünschenswerten Klarheit erkannt. Gustav Freytag, der respektierte Sprecher des nationalliberalen Bildungsbürgertums, argwöhnte: „Die Größe haben wir erreicht, jetzt werfen die Mittel, wodurch sie uns geworden, ihre Schatten über unsere Zukunft. Wir werden es alle noch bezahlen". Das grundlegende Problem: Ob nämlich der großpreußische Kaiserstaat den Frieden besser oder mindestens ebensogut wie der zerschlagene Deutsche Bund zu bewahren vermöge, ein Problem, das angesichts des erreichten Nationalstaats lange zu Unrecht als sekundär galt, erkannte auch der sächsische Diplomat Alexander v. Villers. Kühl, vielleicht zu sehr im Stil Metternichscher Beharrung gegenüber der liberalen „Bewegungspartei", zu wenig aber eingedenk der innerpreußischen Antriebskräfte und der neuen gesellschaftlichen Strömungen, notierte er sich: „Der Deutsche Bund, der letzte staatsmännische Gedanke der europäischen Diplomatie ... war defensiver Natur, Preußen darin die offensive Hefe, die den wohlgekneteten Teig in Gärung gesetzt hat. Deutschland lebte nicht nur in Frieden mit seinen Nachbarn, es war auch der Hemmschuh für jeden anderen europäischen Staat, den es gelüsten mochte, den Weltfrieden zu brechen. Der einzige, aber unvermeidliche Fehler in dem Organismus war die Voraussetzung sittlicher Größe bei allen seinen Gliedern ... Preußen hatte es längst ausgesprochen, es lasse sich nicht majorisieren. An dem Tag, wo das Wort fiel, hätte der Bund es für ewig ersticken müssen. Da hatte man aber Rücksichten, und daran ging der Bund zugrunde". In einem eindrucksvollen Aufruf „an das preußische Königshaus" fand auch G. G. Gervinus, der bedeutende liberale Wissenschaftler und Publizist mit demokratischen Ideen, bewegende Worte: „Durch die Sprengung des Deutschen Bundes im Jahre 1866", so argumentierte er, „ist das deutsche Gebiet zu zwei Dritteln in einen allzeit angriffsfähigen Kriegsstaat umgebildet worden, in dem man eine stete Bedrohung für die Ruhe des Weltteils, für die Sicherheit der Nachbarstaaten argwöhnen konnte, ohne ein Feind von Preußen und Deutschland zu sein ... Es ist nicht klug getan, sich durch Patriotismus blind dafür zu machen, daß die Ereignisse von 1866 über den ganzen Weltteil, über das ganze Zeitalter die Gefahr einer Ordnung, die man im Aussterben geglaubt hatte, wieder aufleben machten und zwar vergrößert in einem unverhältnismäßigen Maßstab. Nachdem man seit einem halben Jahrtausend gewünscht, gestrebt, gehofft hatte, den soldatischen Ordnungen der früheren Zeiten mehr und mehr zu entwachsen ... ist hier eine permanente Kriegsmacht von so furchtbarer Überlegenheit entstanden, wie sie die Zeiten der ganz auf Eroberung und Vergrößerung gestellten Militärstaaten der letzten Jahrhunderte niemals, nicht entfernt gekannt haben ... Diese Auffassung der Lage hätte man überspannt gescholten, wenn sie früher geäußert worden wäre; nach den Erlebnissen von 1870 wird man sie nicht in Abrede stellen wollen. Diese Ereignisse haben diese Kriegsmacht noch neu verstärkt und notwendig mit einem noch außerordentlich gesteigerten Selbstgefühl erfüllt". Behielt dann nicht aber auch Karl Marx recht, als er nach einer gar nicht unähnlichen Analyse sarkastisch das Reich charakterisierte „als ein mit parlamentarischen Formen verbrämter, mit feudalem Beisatz vermischter und zugleich schon von der Bourgeoisie beeinflußter, bürokratisch gezimmerter, polizeilich gehüteter Militärdespotismus"?[20]

Darauf wird im Zusammenhang mit dem politischen Herrschaftssystem nach 1871 noch genauer zurückzukommen sein. Festzuhalten ist jedenfalls, daß die bismarckisch-preußische Politik unter dem Druck sozialökonomisch-politisch motivierter Stabilisierungs- und Legitimierungszwänge die Flucht nach vorn antrat und den Deutschen das Reich in der militärischen Fortführung der „Revolution von oben" nach drei Kriegen als kleindeutsches Großpreußen gab. Der republikanische Volksstaat schien damit endgültig diskreditiert zu sein. Vielleicht wäre ein liberal-bürgerlicher Nationalstaat tatsächlich nur im Vollzug einer Revolution von unten zu gewinnen gewesen. Das hatte man im Frühjahr 1848 in Deutschland, aber auch in England geglaubt. Nachher stellte sich um so deutlicher heraus, daß der „kleine Vorsprung" des „aufgeklärten Fürstenstaats" das Volk ohne erfolgreiche Revolution in „eine Sackgasse" geführt hatte. Zwar hatte sich dessen Verwaltungspraxis im Verein mit der „Idee der Revolution von oben" lange als „stark genug erwiesen", um den „Wettbewerb mit der Erklärung der Menschenrechte aufzunehmen". Aber wie seit 1848 „das Gift einer unausgetragenen, verschleppten Krise" im „Körper des deutschen Volkes" kreiste, so stand auch am Eingang zum neuen Staatsgebäude kein ursprünglicher Emanzipationsakt der politisch mündigen Volksschichten, sondern der autoritäre preußische Obrigkeitsstaat expandierte mit blendenden Erfolgen zum Deutschen Reich von 1871.[21] In seinem Gehäuse sollte sich auch die bürgerlich-industrielle Gesellschaft einrichten. Gegen mächtige Zeittendenzen feierten die aristokratischen, militärischen, agrarischen Kräfte den Triumph des siegreichen Ausgangs ihres aggressiven Defensivkampfes. Unter diesem Vorzeichen begann die Geschichte des neuen Reichs. 1914 sollte eine noch riskantere Flucht nach vorn, getragen von denselben Schichten, zu seinem Untergang führen.

II

DER AUFSTIEG ZUM INDUSTRIESTAAT

1. Die erste Phase der Hochindustrialisierung: Industrielle Wachstumsstörungen und strukturelle Agrarkrise, 1873—1895

In der Hochkonjunkturperiode der deutschen Industriellen Revolution von 1850 bis 1873 waren den deutschen Staaten die „Vorteile der Rückständigkeit" im engeren ökonomischen Sinn durchaus zugute gekommen. Der wirtschaftlich-technologische Vorsprung Westeuropas konnte sowohl in pragmatischer Anpassung als auch in zielstrebigen Lernprozessen erstaunlich schnell vermindert werden. Die deutschen „Entwicklungsländer" übernahmen von den fortgeschrittenen Nationen, was immer ihnen nützlich erschien — sei es durch Imitation, Patentkauf oder Werkspionage. Zu Beginn der 1870er Jahre hatte der Industriekapitalismus als „die erste Produktionsweise, die selbstgeregeltes wirtschaftliches Wachstum institutionalisiert", auch im Deutschen Reich seinen entscheidenden Entwicklungssprung getan.[1] Dabei darf der Globalbegriff „Reich" nicht in die Irre führen: Die Industrie entfaltete sich dominant nur in einigen Regionen, z. B. im Ruhrgebiet und Saarrevier, in Oberschlesien und Sachsen, während ringsum entweder relativ traditionelle Verhältnisse noch ziemlich lange erhalten blieben oder sich durch den Ausbreitungseffekt allmählich mitveränderten, so daß sich auch in Deutschland ein typisch ungleichmäßiger Wachstumsprozeß fortsetzte.

Auf die Durchbruchsphase der Industriellen Revolution folgten nunmehr die ersten Jahrzehnte der Hochindustrialisierung, durch die Deutschland in der Spanne von nicht einmal einer Generation zum Industriestaat wurde. Dieser Prozeß bildete den eigentlichen Inhalt der ökonomischen Trendperiode von 1873 bis 1895. Außer diesem Säkulartrend ist jedoch das historisch bedeutende Kennzeichen dieser Jahre die anhaltende Dauer industrie- und agrarwirtschaftlicher Wachstumsstörungen mit eminent wichtigen Folgen, d. h. Ursachen und Bedingungen von Veränderungen in der Zeit selber oder Fernwirkungen bis 1918 hinaus. Für die Zeitgenossen wirkten die Minderung der Wachstumsraten, das pessimistische Wirtschaftsklima, die Umstellungsschwierigkeiten um so drückender, als die zwanzigjährige Hochkonjunkturperiode bis 1873 mit einem beispiellos überschäumenden Boom von 1867 bis 1873 den Erwartungshorizont für die so glänzend eingeleiteten 1870er Jahre bildete. Die sozialpsychische Reaktion auf den Aufschwung hat daher die objektiven Probleme noch einmal verschärft, denn die Depressionserfahrung hat eine realitäts- oder marktgerechte Orientierung auch dann noch ungemein erschwert, als den wirtschaftsstatistischen Kriterien zufolge der Aufschwung schon wieder eingesetzt hatte.

Die industrielle Trendperiode von 1873 bis 1895 wurde durch die zweite Weltwirtschaftskrise im Herbst 1873 eröffnet. Nach wenigen Wochen schon ging die akute Krise mit Börsensturz und Bankenkrach in eine schwere Depression über, die bis zum Februar 1879 schier ungebrochen anhielt. Diese sechsjährige Stockung, die zu halbierten Wachstumsraten, in einigen Sektoren zeitweilig sogar zu Stagnation, ja Produktionsrückgang mit einer allgemein anhaltenden Preisdeflation führte, stellt die bisher längste und schärfste Wachstumsstörung der deutschen Industriewirtschaft dar. Der deutsche Eisenverbrauch, ein wichtiges Indiz, fiel in kurzer Zeit um 50 Prozent, die Bergarbeiterlöhne wurden bis 1879 halbiert. Nahezu alle Gebiete des gesellschaftlichen Lebens wurden durch die Depression in Mitleidenschaft gezogen. Die „Erwerbsstörungen" und die „ausgesprochenen Notstände" trügen, so urteilte der Berliner Polizeipräsident 1879, „die Zweifel an der Richtigkeit der heutigen Wirtschafts- und Gesellschaftsordnung und die Unzufriedenheit mit dem Bestehenden in immer weitere, sonst sehr ruhige und gemäßigte Kreise der Bevölkerung". Es handelte sich, in Engels' Worten, um eins der „Erdbeben, die die bürgerliche Gesellschaft in ihren Grundfesten erzittern machen".[2]

Eine kurzlebige Erholung vom Frühjahr 1879 bis Januar 1882 wirkte sich weder objektiv noch im Bewußtsein der Wirtschaftssubjekte belebend aus, ehe schon wieder eine zweite, wenn auch beträchtlich schwächere Depression begann und bis zum August 1886 andauerte. Obwohl die Wirtschaft nicht mehr so schmerzhaft wie zwischen 1873 und 1879 getroffen wurde, lag doch die eminente Bedeutung dieser Abschwungphase darin, daß sie den Schock der 70er Jahre traumatisch verschärfte. Die offenbare Wehrlosigkeit gegenüber den einschneidenden Fluktuationen des industriellen Zyklus schien erneut zu demonstrieren, daß drei fundamentale Wunschvorstellungen kapitalistischen Verhaltens jederzeit zerfallen konnten: die Stabilität des Wachstumsverlaufs, die rationale Vorauskalkulierbarkeit von Erwerbschancen und die Aussicht auf regelmäßige Gewinnmaximierung. Mancher glaubte sogar an die Gefahr des Zerreißens der

Gesellschaftsordnung – fehlte doch durchaus die Erfahrung permanenten, wenn auch ungleichmäßigen Wachstums, und selbst wenn die industrielle Entwicklung nicht so neuartig gewesen wäre, wie sie es zu jener Zeit noch war, hätte angesichts des Versagens aller „wohltätigen" Marktmechanismen der liberalen Theorie ein anonymer Säkulartrend während der zweiten Tiefkonjunktur konkret wenig Trost geboten. Spätestens jetzt bestätigte sich die treffende Prognose, die Marx frühzeitig mit der herannahenden Krise verknüpft hatte: daß sie nämlich „durch die Allseitigkeit ihres Schauplatzes wie die Intensität ihrer Wirkung selbst den Glückspilzen des neuen heiligen preußisch-deutschen Reiches Dialektik einpauken werde".[3]
Vom Herbst 1886 bis zum Beginn des Jahres 1890 setzte sich endlich wieder der Aufschwung kräftig durch. 1889 durfte sogar als ein ausgesprochenes Prosperitätsjahr gelten. Aber dann dominierte doch noch einmal eine abgeflachte Störung vom Januar 1890 bis zum Februar 1895, ehe eine Trendperiode der welt- und nationalwirtschaftlichen Hochkonjunktur von 1895 bis 1913 auf breiter Front durchbrach. In die rund zwanzig Reichskanzlerjahre Bismarcks fallen mithin zweifelsfrei nur vier Hochkonjunkturjahre; in die Caprivizeit fällt dagegen gar keins! Das wird keine realistische Analyse übergehen dürfen. Die Gründe für diese besonders langen Wachstumsstörungen sind einmal in dem Ausbau von Überkapazitäten zu suchen, die zu einer anhaltenden Überproduktion führten. In ihr zeigte sich ein typisches Phänomen liberalkapitalistischer Industrialisierung, die im Banne der Konjunktur, aber auch angesichts der fehlenden Transparenz des Marktes, der Immobilität des fixen Kapitals und der Ungewißheit langfristig wirksamer Nachfrage permanent zu Überinvestitionen und Krisenanfälligkeit neigte. In dieser Trendperiode wurde zudem dieses allgemeine Problem noch durch drei Faktoren verschärft:

1. Die klassischen Leitsektoren der deutschen Industriellen Revolution: Eisenerzeugung, Bergbau, Eisenbahnbau erschlafften allmählich in ihrer Dynamik. Vor allem der Eisenbahnbau verlor seine Führungsrolle: Von den jährlichen Nettoinvestitionen der deutschen Volkswirtschaft hatte er von 1870 bis 1879 ca. 25 Prozent auf sich gezogen; bis 1885 sank die Zahl auf 13,5, bis 1889 auf 5,7 Prozent! Hinter diesen Zahlen und der Schrumpfung um 4/5 verbergen sich ungeheure Kapitalbewegungen, tiefgreifende Auswirkungen auf die metallurgischen Industrien und ein negativer Ausbreitungseffekt für zahlreiche Zubringerbetriebe. Erst die neuen Leitsektoren seit den 90er Jahren: Elektrotechnik, Motorenbau und Großchemie trieben,

zusammen mit dem expandierenden Dienstleistungssektor, als neue „Cycle Leaders" den Aufschwung wieder nachhaltig voran.

2. Die Erstmaligkeit der Erfahrung jahrelang gehemmten industriellen Wachstums erhöhte die Orientierungsschwierigkeiten. Und zur selben Zeit, als sich die deutsche Industriewirtschaft auf den allmählich entstehenden modernen Weltmarkt mit all seinen variablen Größen einstellen mußte, hatte sie sich auf einem Binnenmarkt zurechtzufinden, der sowohl in diesen Weltmarkt zunehmend verflochten, als aber auch noch nicht durch eine zielstrebige Konjunkturpolitik, geschweige denn durch eine dynamische Lohnpolitik, Erweiterung der Konsumerwartungen usw. ausgeweitet wurde.

3. Andererseits wuchs gerade in dieser Trendperiode industrieller und agrarischer Depressionen die Reichsbevölkerung ruckartig an: von 1873 bis 1895 vermehrte sie sich von 41,6 auf 52 Millionen, d. h. um 10,4 Millionen Einwohner, obwohl in diesen Jahrzehnten auch noch zwei Millionen Deutsche auswanderten. Dadurch wurden enorme Probleme der Arbeitsstellenvermehrung und des Stellenwertes der Arbeitsplätze aufgeworfen. Wenn es dennoch nicht mehr zu einem dem Vormärz vergleichbaren Pauperismus kam, so lag das primär an der trotz aller Störungen anhaltenden Expansion der Industrie. Die Landwirtschaft hätte im Schatten ihrer Strukturkrise nur unwesentlich mehr Arbeitskräfte absorbieren können. Den wachstumsintensiven Industrien gelang eben das vor allem seit der Mitte der 80er Jahre. Obwohl sich in den neuen Ballungszentren schlimme Mißstände einstellten, wurde andererseits nur durch die Industrie der Prozeß der Urbanisierung nicht zu einer tödlichen Gefahr für die Gesellschaft. Während die Bevölkerung um je 4,1 Mill. in den Jahrzehnten von 1871 bis 1880 bzw. von 1881 bis 1890 zunahm, kletterte nämlich jeweils die Einwohnerzahl der Städte (statistisch als Gemeinde mit mehr als 2000 Einwohnern verstanden) um rund 3,5 Mill. höher, d. h. die städtischen Wohn- und Arbeitsgebiete mußten mit mehr als 3/4 des Zuwachses der Reichsbevölkerung fertig werden. Im Bewußtseinshorizont der traditionellen Führungseliten und des Bürgertums war es in diesen beiden Dekaden ja auch noch keineswegs unstreitig und völlig eindeutig entschieden, daß die Schwelle auf dem Weg vom Agrarland zum Industriestaat schon zurücklag. Fraglos hätten die drei industriewirtschaftlichen Depressionen schon genug gravierende Probleme aufgeworfen, aber daß sich nun seit 1876 eine strukturelle Agrarkrise mit den gewerblichen Abschwüngen überschnitt, sich also fortab zwei Krisenfelder überlagerten — das hat erst der weit verbreiteten zeitgenössischen Vorstellung von einer

„Großen Depression", von der man in allen westlichen Industrieländern sprach, ihre düstere Signatur gegeben. Einen kleinen Einfuhrüberschuß an Roggen hatte es zwar seit 1852 gegeben, jedoch Ende der 1870er Jahre überschritt er ständig 1 Mill. t (1879 = 1,3 Mill. t). Vor allem aber wurde seit 1876 aus dem Weizenexportland ein Weizeneinfuhrland, dessen Importe rapide anstiegen; ähnliches galt für Hafer und Gerste. Kurzum, in der zweiten Hälfte der 70er Jahre spürte Deutschland ruckartig, daß es von Getreideeinfuhren abhing, während zugleich ein enormer Preisverfall die Geburtswehen des jetzt entstehenden Weltagrarmarktes, die bis heute anhaltende strukturelle Agrarkrise der deutschen Landwirtschaft einleitete. Die deutschen Agrarpreise fielen bis 1885 um rund 20 Prozent, erst 1912 wurde das Preisniveau der frühen 1870er Jahre wieder erreicht; das durchschnittliche jährliche Arbeitseinkommen der Landwirtschaft sank 1879 unter den Stand von 1872 ab.

Diese Agrarkrise bildete vor allem ein Ergebnis der übermächtigen überseeischen Konkurrenz, besonders der nordamerikanischen Neulandgebiete. Begünstigt durch einen Trend anhaltender Senkung der Produktions- und Transportkosten erdrückte der billige amerikanische Weizen vor allem seit 1879 das Preisgefüge des mitteleuropäischen Agrarmarktes. Zur selben Zeit steigerte Rußland unter dem Imperativ seiner Modernisierung, die zum guten Teil von der Finanzierung durch seine Exportgewinne abhing, gewaltig den Getreideexport, kanadischer und argentinischer Weizen tauchte auch schon auf, und diesem Anprall zeigte sich die mit hohen Kosten produzierende, hypothekarisch stark verschuldete, an völlig überhöhte Güterpreise gewöhnte deutsche Getreidewirtschaft, die sofort ihren Hauptausfuhrabnehmer Großbritannien an die USA verlor, nicht gewachsen. Der politisch empfindlichste Preis: der preußische Weizenpreis, sank von 1880 = 221 auf 1886 = 157 Mark t. Fünf Jahre lang deckte sich die Tiefkonjunktur vor allem der ostdeutschen Getreidegroßproduzenten mit der zweiten industriellen Depression. Auf diese internationale Überproduktion reagierte die direkt betroffene Erwerbsklasse, die alte Führungsschicht der preußischen Großagrarier, denen bis Mitte der 1870er Jahre der Freihandel als Dogma gegolten hatte, weit weniger durch wirtschaftliche Umstellung und Anpassung als vielmehr primär politisch, um die ökonomische Basis ihrer gesellschaftlichen und politischen Herrenstellung zu verteidigen. Sie schwenkte in erstaunlich kurzer Zeit auf einen agrarprotektionistischen Kurs ein. Eine kurzlebige Erholung von 1887 bis 1890 brachte ihr eine gewisse Erleichterung, dann überschnitten sich erneut agrarische und industrielle Depressionen in der Caprivizeit.

Vergegenwärtigt man sich diese auffallenden Belastungen der 70er, 80er und frühen 90er Jahre, dann gewinnt man eine erste Vorstellung davon, was die industriellen Wachstumsstörungen und die Agrarkrisen für die Zeitgenossen bedeutet haben. Freilich waren die Auswirkungen der Krisenzeit gruppenspezifisch durchaus verschieden. Produzenten wurden durch den Preisfall und die Absatzprobleme hart getroffen, während die Empfänger fester Gehälter materiell eher begünstigt wurden. Für die lohnabhängigen Massen der Industriearbeiterschaft schufen Lohnkürzungen, Entlassungen oder Kurzarbeit in den 70er Jahren eine allgegenwärtige Atmosphäre dumpfer Aussichtslosigkeit, die den Aufstieg der Sozialdemokratie unstreitig begünstigte. Um noch einmal den Berliner Polizeipräsidenten anzuführen: Sogar ruhigen Bevölkerungskreisen legten die Notstände „die Erwägung nah . . ., ob nicht doch vielleicht durch Realisierung der sozialistischen Theorie eine Besserung der Zustände herbeigeführt werden könne". 1877 bereits erhielt die Sozialdemokratie die vierthöchste Stimmzahl aller an der Reichstagswahl beteiligten Parteien.[4] Als die Reallöhne in den 1880er Jahren ihren schleppenden Anstieg in einigen Industriesektoren begannen, während der Lebenshaltungskostenindex absank, konnte die Getreidewirtschaft noch immer keine Erleichterungen erkennen. Ununterbrochen sahen sich jedenfalls einflußreiche Interessengruppen oder breite Bevölkerungsschichten unmittelbar oder vermittelt den schroffen Schwankungen der industriekapitalistischen oder agrarwirtschaftlichen Entwicklung ausgesetzt. Deshalb ist mit dieser Krisenzeit ein tiefgreifender und folgenreicher Wandel in der deutschen Wirtschaftspolitik verknüpft gewesen. Der Übergang vom Freihandel zum Schutzzollsystem erfolgte nach der völligen Diskreditierung der liberalen Verkehrswirtschaft und ihrer Theorien, liberaler Ideen und Werte überhaupt, nach dem ersten Schock der mitteleuropäischen Agrarkrise und der sechsjährigen industriellen Depression. Agrar- und industriewirtschaftliche Unternehmer argumentierten zwar am lautesten mit ihrer Schutzbedürftigkeit gegenüber der ausländischen Konkurrenz — und die Reichsregierung legitimierte dieses Klagen bald mit ihrer ebenso wirtschaftsnationalistischen wie verbraucherfeindlichen, nur fadenscheinig verbrämten Parole vom „Schutz der nationalen Arbeit". Aber weit vordringlicher ging es ihnen angesichts der wirtschaftlichen Wechsellagen um die Stabilisierung der deutschen Inlandpreise bei gleichzeitigem Dumping nach außen, um ungestörte Ausbeutung des deutschen Binnenmarktes im Schutze wachsender Zollmauern, die die Vorteile sinkender Weltmarktpreise von den lohn- und gehaltsabhängigen deutschen Konsumenten fernhielt. Aufgrund der gesellschaftlichen Machtverteilung machte sich der Druck der Großagrarier auf die Reichs-

spitze am nachhaltigsten geltend. Ihren Interessen entsprachen die landwirtschaftlichen Schutzzölle von 1879, mit denen das Deutsche Reich in Europa voranging und die es 1885 und 1887 auf das Fünffache der ursprünglichen Tarifsätze steigerte. Die Regierung Bismarck versuchte damit, den „Status quo in der Klassenstruktur der Bodenbesitzverteilung" einzufrieren, die „kollektive Besitzstellung" vornehmlich der ostelbischen Großgrundeigentümer zu verteidigen und ihre privilegierte Stellung auf Kosten der städtischen unteren Bevölkerungsschichten zu behaupten. Die reichsdeutsche Agrarpolitik enthüllt sich mithin schon auf den ersten Blick „als eine nur oberflächlich getarnte Klassengesetzgebung".[5]
Auf der anderen Seite begünstigten die Industriezölle eindeutig die Schwerindustrie, benachteiligten aber stark die exportorientierte Fertigwaren- und Leichtindustrie. Sie warfen damit gerade den Betrieben, von deren Leistungsfähigkeit und Erfolg nicht nur Außenhandel und Handelsbilanz, sondern geradezu der gesamte Modus operandi eines die binnenwirtschaftliche Konsumkraft ständig überflügelnden Wirtschaftssystems abhing, steile Hindernisse in den Weg. Vom rein ökonomischen Gesichtspunkt war die Zollpolitik mehr als fragwürdig. Sie erwies sich auch gegenüber den neuen Abschwüngen nach 1882 und 1890 erst recht als unwirksam. Als das angepriesene Allheilmittel früher antizyklischer Konjunkturpolitik bewährte sie sich vollends nicht. Aber im Sinne der Herrschaftsstabilisierung, wo ihre eigentliche Bedeutung lag, besaß sie eine geradezu vital wichtige Funktion. Wenn es überhaupt, wie Gerschenkron vermutet hat, aufgrund der Agrarkrise seit 1876 eine „große demokratische Chance" gab,[6] die vorindustrielle Elite der Junker zu entmachten, dann wurde diese Chance durch ein ganzes Bündel von staatlichen Schutz- und Subventionsmaßnahmen, von denen die Zolltarife von 1879, 1885 und 1887 nur die auffälligsten waren, zunichte gemacht, wozu die bürgerlichen Repräsentanten mit der schutzfordernden Industrie aus ihren gruppenegoistischen Motiven heraus die Hand reichten.
Wurde mit alledem der Vorrang des grundbesitzenden Adels noch einmal verlängert, so setzte sich doch über die Köpfe seiner Exponenten hinweg mit naturwüchsiger Gewalt der Siegeszug der Industrie fort. Alle entscheidenden wirtschaftsstatistischen Kriterien zeigen für 1890 das Übergewicht der Industrie an. Die danach besonders heftig einsetzende Debatte über „Industrie- oder Agrarstaat" hatte es ökonomisch bereits mit vollendeten Tatsachen und keineswegs mehr mit einer offenen Alternativsituation zu tun. Schon in den 80er Jahren war die Landwirtschaft endgültig von der Industrie überrundet worden. 1873 hatte der Anteil der Agrarwirtschaft am Nettoinland-

produkt (Preise von 1913, Mrd. M.) 37,9, der der Industrie 31,7 betragen. Bis 1889 zog die Industrie gleich, 1895 aber übertraf sie die Landwirtschaft mit 36,8 zu 32,2. Auch der Produktionswert überstieg jetzt den der Landwirtschaft im Verhältnis von 6,5 zu 5,1. Von den Nettoinvestitionen (Preise 1913, Mrd. M.) flossen 1870 noch 22 in die Landwirtschaft, bis Mitte der 70er Jahre nurmehr 10, aber 33 in die „Gewerbe". Wegen der Zäsur der ersten Depression ergab sich um 1879 ein Gleichstand von 10,8 zu — sage und schreibe — 10,6! Allein an dieser einen Zahl, die eine Schrumpfung um 2/3 anzeigt, wird die Härte der Tiefkonjunktur überdeutlich. Dann zog die Industrie unaufhaltsam davon: 1885 auf 11,5 zu 37,5, 1890 auf 13,8 zu 45,3. Anders ausgedrückt: in zwei Jahrzehnten stieg der industrielle Anteil von 14 auf 45 Mrd. Mark!

In den Nettoinvestitionen verbarg sich aber auch die Entscheidung über die wirtschaftliche Zukunft, und ein Anteil von 45,3 Mrd. Mark hatte über die kommende Entwicklung des Landes viel eher entschieden, als den meisten zeitgenössischen Beobachtern bewußt wurde. Auch das oberflächlichste Indiz: die Beschäftigtenzahl, die ja noch nichts über unterschiedliche Arbeitsproduktivität, Produktionswert usf. aussagt, zeigte 1890 an, daß die Würfel gefallen waren. Hatte 1871 im Reich das Verhältnis der in der Landwirtschaft Beschäftigten zu den in Industrie, Verkehr, Handel, Banken und Versicherung Beschäftigten noch 8,5 zu 5,3 Mill., 1880: 9,6 zu 7,5 Mill. betragen, so sah 1890 die Relation 9,6 zu 10 Mill. aus und veränderte sich fortab beschleunigt zuungunsten der Landwirtschaft. Worauf immer man sonst noch blickt, auf Wertschöpfung und Arbeitsproduktivität, auf Außenhandelsanteil und Gesamtproduktion, überall hatte die Industrie gesiegt, ohne daß den Zeitgenossen diese Entwicklung auch zahlenmäßig bewußt war. Daß ihr das im Schatten langjähriger Wachstumshemmungen und eines säkularen deflationären Preistrends mit allen dazu gehörenden Komplikationen gelungen war, unterstreicht die ungeheure Dynamik, die dem entfesselten Industrialisierungsprozeß nach seiner revolutionären Durchbruchsphase eigen blieb.

2. Industrielle Hochkonjunktur und subventionierte Agrarwirtschaft: Der Aufstieg des Organisierten Kapitalismus und Interventionsstaats, 1895-1914

Dieser vehemente industrielle Vorstoß charakterisierte dann vollends die nächste Trendperiode von 1895 bis 1913. Die Gesamtproduktion von Industrie und Handwerk, die von 1873 bis 1894 von 26,6 auf 45,4 gewachsen war, nahm von 1895 = 48,9 auf 1913 = 100 zu.

Das Verhältnis der Nettoinvestitionen von Industrie und Landwirtschaft betrug 1890: 34 zu 11,5, 1900: 54,5 zu 9, 1910: 43 zu 10 Mrd. Mark. Ähnlich markant war der Unterschied in der Wertschöpfung. Die Reichsbevölkerung wuchs von 1890 = 49,2 auf 1913 = 67 Mill. Einwohner an, deren überwiegende Zahl bis 1910, ein Anzeichen für die Industrialisierung als Urbanisierung, in Städten wohnte. Sie hätte den größten Gewinn aus einem ungehemmten Industrieexport und Agrarimport gezogen. Während 1871 noch 64 Prozent der Bevölkerung auf dem Lande (in Gemeinden bis zu 2000), aber nur 5 Prozent in Großstädten (mit mehr als 100 000 Einwohnern) lebten, hatte sich nach einem Gleichstand von Land- und Stadtbewohnern zu Anfang der 90er Jahre bis 1910 ergeben, daß nurmehr 40 Prozent (in 40 Jahren: – 24) auf dem Lande, dagegen 21,3 in Großstädten (+ 16) und 27,4 in mittelgroßen Städten (5 bis 100 000; + 8,5; 1871 = 18,9) wohnten. Die Beschäftigten in der Landwirtschaft, die um 1900: 9,8 Mill. gezählt hatten, machten zwar 1910 sogar 10,5 Mill. aus, aber in Industrie, Verkehr, Handel, Banken und Versicherungen wurden 1900: 10,3 Mill., 1910 aber 13 Mill. Arbeitnehmer gezählt. Parallel dazu wuchs die Beschäftigtenzahl in den Großunternehmen. In Betrieben mit bis zu 5 Beschäftigten waren 1875 noch 64 Prozent von insgesamt 18,6 Mill. Arbeitnehmern tätig gewesen. In den 30 Jahren bis 1907 halbierte sich dieser Anteil auf 31,9 Prozent von insgesamt 28 Millionen, während sie sich in der Betriebsgrößenklasse von 5 bis 50 auf 26 Prozent, von 50 bis 1000 auf 37 Prozent, von 1000 und mehr auf 5 Prozent vermehrte. In der Industrie, namentlich in der Großindustrie, wuchs auch der Anteil der Angestelltenschaft am stärksten, nämlich von 1882 = 1,9 auf 1907 = 5,7 Prozent der Beschäftigtenzahl. Die durchschnittliche Arbeitszeit sank von 1872 = 72 Wochenstunden auf 1900 = 62 und 1914 = 57 Stunden, während die Arbeitsproduktivität seit dem Ende der 80er Jahre allen Unkenrufen – über den wegen verminderter Arbeitszeit drohenden Niedergang – zum Trotz kontinuierlich anstieg. Das tat auch die durchschnittliche Lebenserwartung der reichsdeutschen Bevölkerung. Hatte sie noch 1871 nur 37 Jahre (Männer 35,6, Frauen 38,3) erreicht, so waren es 1910 schon 47 Jahre (44,8, 48,3; in der BRD 1960: 70 Jahre).[7] Dadurch wurden neue Probleme der Wohnraumbeschaffung, Altersversorgung, Arbeitsplatzbeschaffung usw. aufgeworfen. Allein das Wachstum der Industrie konnte hier auf lange Sicht Entlastung bringen.

Nicht nur wegen der im Frühjahr 1895 einsetzenden Hochkonjunkturperiode ist dieses Jahr ein wichtiges Orientierungsdatum, sondern auch deshalb, da die Mitte der 90er Jahre eine förmliche „Wasserscheide zwischen zwei Epochen in der Sozialgeschichte des Kapitalismus" bildet.[8] Bis dahin hatte sich das System der modernen industriellen Großunternehmen herausgebildet, es beherrschte fortab nicht nur die wirtschaftliche Landschaft. Die Großunternehmen – gleich ob Familienbesitz oder ganz von den Banken abhängige Aktiengesellschaften, ob Trusts oder Konzerne – bedeuteten eine qualitativ neue Entwicklungsstufe und Organisationsform der Industriewirtschaft. Nach den Jahrzehnten der kleinen und mittelgroßen Betriebe, auf die die liberale Wettbewerbstheorie allenfalls noch zugetroffen haben mochte, begann nunmehr die Dominanz von Großbetrieben, deren oligopolistische Konkurrenz, gesellschaftliche Bedeutung und politisches Gewicht die bürgerliche Nationalökonomie lange nicht theoretisch bewältigen konnte, wogegen Marx' Konzentrations- und Zentralisationstheorie frühzeitig diese Entwicklung prognostizierte und in eine gesamtgesellschaftliche Analyse eingebettet hatte. Marxistische Sozialwissenschaftler wie Hilferding, Bauer, Kautsky u. a. hoben daher das Phänomen ins Bewußtsein, aber auch Wissenschaftler wie Max Weber, Schumpeter, Schulze-Gävernitz haben dann zur selben Zeit wie die amerikanischen Beobachter des „Corporation Capitalism" diese neue Struktur scharf erkannt. Dieser seit dem Ende der 70er Jahre entstehende Organisierte Kapitalismus der Großunternehmen bemühte sich in bisher ungeahntem Maße darum, Stabilität, Kalkulierbarkeit der Chancen und Prosperität kraft Gewinnsicherheit sowohl innerbetrieblich als auch durch das Zusammenspiel der Oligopole, jedenfalls aber in großem Maßstab, zu gewährleisten. Nicht zuletzt deshalb wurde auch die wissenschaftliche Forschung in die Unternehmen hineingezogen, um den regelmäßigen Zufluß technologischer Innovationen – das Lebenselixier industrieller Expansion – intern programmieren zu können. Die systemimmanente Ungleichmäßigkeit des Wachstums mit allen ihren Folgen sollte durch eine von den Interessenten konzipierte kurzfristige Ersatzplanung abgeschwächt werden. Für Wettbewerb im liberalen Sinne, gerade auch als Preisregulator, für unternehmerische Autonomie, für Gewinnaneignung als Belohnung individuellen Risikos blieb in diesem Organisierten Kapitalismus zunehmend weniger Raum. In vielfacher Hinsicht wurde er durch die Einsicht mitbestimmt, daß man die moderne industrielle Entwicklung keineswegs den vermeintlichen Grenzen des Marktes, der „unsichtbaren Hand" Adam Smith', überlassen dürfe, auch wenn die Verschleierung der liberalen Marktgesellschaft noch beibehalten wurde.

Der Organisierte Kapitalismus hing untrennbar mit dem Konzentrationsprozeß in anderen Bereichen der wirtschaftlichen Organisation zusammen. Nicht nur wuchsen die Unternehmen selber unter dem Gesetz der Produktionseffizienz, der Rationalisierung und Gewinnmaximierung bei sprunghaft steigendem fixen Kapital mittels des horizontalen und vertikalen Verbunds zu große Marktanteile beherrschenden Großbetrieben, Konzernen, Trusts heran, sondern jeweils nach Branchen schlossen sich die Fabriken auch in Kartellen bis hin zum monopolistischen Syndikat zusammen. Besonders wieder in den Depressionsphasen der beiden Trendperioden entstanden die Kartelle als oft kurzlebige „Kinder der Not",[9] behaupteten sich aber auch allgemein in einer zunehmend verbandsstrukturierten Wirtschaft; sie galten lange als typische deutsche Symptome der Konzentration, die sich z. B. in den angelsächsischen Ländern in anderen Rechtsformen durchsetzte. Dieser Konzentrationsprozeß auf der Ebene der Unternehmen und Industriebranchen läßt sich noch weiter auf nationalwirtschaftlichem Niveau verfolgen: In diesen Zusammenhang gehören die Schutzzölle, die einen kompakten Binnenmarkt abschirmen sollten, und zahlreiche außenwirtschaftliche Interventionsmaßnahmen des Staates, die gleichfalls die gesamte Volkswirtschaft als eine Wirtschaftseinheit fingierten. Darüber hinaus lassen sich die aus defensiven und offensiven Motiven genährten Pläne übernationaler Zusammenschlüsse in einem Staatenkartell „Mitteleuropa", aber auch gewisse Züge des Imperialismus mit seiner auf monopolisierbare Märkte gerichteten Tendenz als Ausweitung nationalwirtschaftlicher Konzentration begreifen. Was der Konzentrationsprozeß für die kleiner werdende Führungsgruppe in Industrie und Bankwesen, für die Interessenverbände und damit für die Politik bedeutet hat, ist eine noch nicht geklärte Frage der politischen Sozialgeschichte. Jedenfalls gehört er zu den im Deutschen Reich früh feststellbaren, typischen Reifemerkmalen hochentwickelter kapitalistischer Industriewirtschaften.

Der weltwirtschaftliche Aufschwung, die drei neuen Leitsektoren der deutschen Industrie und die beispiellosen Investitionsmöglichkeiten der Großunternehmen und -banken rissen seit dem März 1895 die deutsche Wirtschaft in den Sog der Hochkonjunktur. Es wäre aber ganz irreführend, die Trendperiode von 1895 bis 1913 durchgängig als Hochkonjunktur zu bezeichnen. Sie wurde zweimal durch harte, wenn auch relativ kurzlebige Depressionen vom März 1900 bis März 1902 und vom Juli 1907 bis zum Dezember 1908 unterbrochen, und an ihrem Ende wirkte sich seit April 1913 erneut der Übergang zur Depression aus, in deren Schatten auch die letzten Vorkriegsmonate lagen. Von einem irgendwie geglätteten Konjunkturzyklus kann mithin nicht die Rede sein. Die dem kapitalistischen System eigene fluktuierende Bewegung von Krise, Abschwung, Depression, Auf-

schwung, Konjunktur, Krise usw. pflanzte sich weiter fort. Nur: Die Konjunkturphasen im strengen Sinne (1895/1900, 1902/07, 1909/13 mit Nettoinvestitionen von 15 Prozent des Sozialprodukts!) zeitigten eine derartig explosive Expansion der industriellen Produktion, während die Tiefkonjunkturen im Vergleich mit der vorhergehenden Periode beträchtlich schneller überwunden werden konnten, daß weithin doch das Gefühl des Booms dominierte. Zwischen 1895 und 1900 habe sich die Produktion um genau ein Drittel vermehrt, schätzte ein vorzüglich informierter zeitgenössischer Ökonom beim Versuch einer volkswirtschaftlichen Gesamtrechnung, während der inländische Konsum nur um ein Fünftel zugenommen habe.[10] Diesen enormen Zuwachs brachte die zweite Konjunktur seit dem Frühjahr 1902 schon deshalb nicht, da sie vom April 1903 bis zum Februar 1905 leichte sektorale Rezessionen aufwies. Aber nach der Krisenzäsur von 1907/08 entfaltete sich die Hochkonjunktur so protuberanzenartig, daß die letzten fünf Jahre vor der Jahrhundertwende überboten, ja fast die Ergebnisse von 1867 bis 1873 erreicht wurden. Das Nettosozialprodukt des Deutschen Reichs stieg von 1908 = 42.44 um 10 Mrd. auf 1913 = 52.44 Mrd. Mark an.
Von 1907 bis 1913 wuchs der klassische Sektor des Steinkohlenbergbaus um ein Drittel von 143 auf 191 Mill. Tonnen, der der Eisenproduktion sogar um die Hälfte (von 13 auf 19,3 Mill. Tonnen); auch der Güterverkehr der Eisenbahn im Reich nahm um ein Drittel zu. Aber vor allem die von der AEG und den Siemens-Werken repräsentierte Elektrotechnik, deren Erfolge auch die Braunkohlenproduktion um ein Drittel (von 62,5 auf 87 Mill. Tonnen) ansteigen ließen, die Großchemie und der Motorenbau, dessen Elektromotoren auch die Mittel- und Kleingewerbe belebten — sie erzielten ungeahnte Wachstumsraten. Das durch die unvermeidbare Überproduktion gewaltig gesteigerte Absatzbedürfnis bildete weiterhin den Treibsatz für den deutschen Export auf allen Weltmärkten. Während der Import in dieser Zeit um 2,2 Mrd. Mark anstieg, wuchs die Ausfuhr um 3,3 Mrd., der Gesamtaußenhandel um ein Drittel von 15,6 auf 20,9 Mark.[11] Der Erfolg der deutschen Industrie auf der Bühne der Weltwirtschaft ist ein seit den 1880/90er Jahren vieldiskutiertes Phänomen gewesen. Mit dem Anwachsen des europäischen und amerikanischen Protektionismus hat sie ihre Anstrengungen gesteigert, auch immer wieder erstaunliche Exportraten erzielt und zu den sozial entspannenden Wirkungen des Wachstumsprozesses beigetragen.
Hier zeigte sich eine glänzende ökonomische Außenseite des wilhelminischen Deutschland. Aber immer mühsamer hielt die Kapitalbildung Schritt. Nach der Ausschöpfung der Reserven rückte wegen der anhaltenden Kreditüberspannung eine auch innen- und außen-

politisch gefährliche Grenze näher. Immer größer wurde zudem der Unterschied in der Einkommens- und Vermögensverteilung. Die lohnabhängigen Massen der Industriearbeiterschaft, die von der Arbeitslosigkeit – 1913 wurde der Tiefpunkt von 1908 (= 319 000) mit 348 000 unterschritten! – am härtesten betroffen wurde, aber auch Teile der Angestelltenschaft, des Handwerks und der Beamten hatten von diesem Aufschwung nur geringen Nutzen. Vergleicht man nämlich die Entwicklung der Reallöhne von 1890 bis 1914 in Großbritannien, Frankreich, Schweden und den Vereinigten Staaten, wo sie durchschnittlich im Jahr um 4 Prozent anstiegen, mit der im Reich, wo sich ein einprozentiger jährlicher Zuwachs ergab, so ist das Urteil, daß die deutschen Reallöhne „weit zurück" blieben, vollauf berechtigt.[12] Diese Einseitigkeit bei der Verteilung eines derart schnell wachsenden Sozialprodukts muß man den wohlklingenden Floskeln vom „steigenden Volkswohlstand" der Reichsdeutschen vor 1914 ganz nüchtern entgegenhalten. Auch wegen dieses schwachen Reallohnanstiegs nahm die Frauenarbeit zu. Anderthalbmal vermehrte sich z. B. die Zahl der weiblichen Beschäftigten allein von 1905 bis 1913. Zahlreiche Familien konnten nur bei vollberuflicher Tätigkeit der Frauen mit den steigenden Lebenshaltungskosten Schritt halten. Daß diese fast kontinuierlich, jedenfalls steil anzogen – von 1900 bis 1913 um genau ein Drittel –, war eine Folge der Lebensmittelteuerung, diese eine Folge des Bülowschen Zolltarifs, dieser eine Folge der gesellschaftlichen Machtstruktur des kaiserlichen Deutschland.

Sie wurde noch immer in außerordentlichem Maße durch den grundbesitzenden, besonders den ostelbischen Adel bestimmt. Ein – auch durch Max Weber – gewöhnlich gut informierter Beobachter wie Friedrich Naumann schätzte die Größe dieser „alten Herrenschicht" um 1900, als die Reichsbevölkerung rund 56 Mill. zählte, auf „24 000 Köpfe". Aber diese kleine Machtelite regierte zuerst einmal ziemlich uneingeschränkt von den Herrschaftsinseln der Güter und Landratsämter aus das flache Land nach der Maßgabe ihrer Interessen. Erst 1891 gelang es, eine preußische Landgemeindeordnung einzuführen, nachdem sich die Junker, denen das ungeordnete Recht der Tradition nur Vorteile bot, jahrzehntelang einer Kodifizierung bzw. Neufassung widersetzt hatten. Praktisch kam das weithin einer „Rechtsanarchie" gleich, die den Gutsherrn in seinen Entscheidungen begünstigte. Im Alltag änderte sich auch nach 1891 nicht viel; für die rechtlich deklassierten Landarbeiter, Knechte, Insten usw. wurde aber seit ungefähr derselben Zeit der Fluchtweg der Binnenwanderung in die Industriereviere mit ihrer steigenden Konjunktur attraktiver; diese Abwanderung stellte daher auch eine Art „latenter Streik" dar.[13]

Darüber hinaus wurde in der Kreis- und Provinzialverwaltung den Adelsinteressen ebenso Rechnung getragen wie im Militär oder auf der Ebene der Staatspolitik. Dank den Kriegserfolgen der 60er Jahre, dem Bismarckregime und der preußischen Hegemonialstellung, dank der Abhängigkeit der Reichskanzler von den Konstellationen im preußischen Landtag, von preußischen Beamten, vom preußischen Hof, dank der direkten und informellen Kontrolle zahlreicher strategischer Machtpositionen wurde auch die Reichspolitik so stark von diesen Interessen beeinflußt, daß der Liberale Bamberger von einer „Junkerherrschaft" im Reich sprach, „wie ähnlich nichts derart je gesehen worden war". Diese „Tatsache" lag auch noch in den letzten Vorkriegsjahren der Kritik am „agrarischen Parteiregiment über ganz Deutschland" zugrunde.[14]
Der traditionelle Führungsanspruch wurde so zäh verteidigt, er wirkte lange Zeit auch so fest verwurzelt, daß das durch 1848, Verfassungskonflikt und Bonapartismus desorientierte Bürgertum einer „Feudalisierung" erlag, genauer: einer „Aristokratisierung" im Sinne der Nachahmung adeliger Verhaltensweisen und Lebensgewohnheiten, der Anpassung an adelige Werte und Ziele. Der Besitz eines Ritterguts, die Söhne bei der Garde „dienend", in schlagenden Verbindungen den neofeudalistischen Ehrbegriff einübend – das wurden die neuen Ideale, die mit dem Verzicht auf Erkämpfung des politischen Vorrangs harmonierten. Einer solchen Nachäffung fremden Lebensstils entsprach auch der „Geist pomphafte(r) Unterwürfigkeit" als „Ausdruck der deutschen Mittelklassen" im Verhältnis zu ihren „angestammten Herrschern" aus dem Adel. Im Betrieb suchten die paternalistisch kommandierenden Besitzer und Direktoren die Unternehmerautorität dadurch zu legitimieren, daß sie den „Herr-im-Haus"-Standpunkt bezogen, mithin das Herrschaftsmodell des Landadels zusammen mit dem damit verwandten militärischen Hierarchiedenken auf die Industrie übertrugen.[15]
Kann man solche Entwicklungen als Indizien für das Nachwirken der historischen Stellung, auch der Erfolge des Adels auffassen, so wurde doch dessen Beharrung auf Dominanz sowohl durch den Übergang zum Industriestaat mit seinen ganz anderen Interessen folgenden gesellschaftlichen Kräften, als auch durch den anonymen Weltagrarmarkt in Frage gestellt, der das wirtschaftliche Fundament der ostelbischen Großagrarier schneller Erosion aussetzte. Max Weber glaubte 1895, den „ökonomischen Todeskampf" der Junker diagnostizieren zu können, „auf die Dauer" sei es aber „mit dem Interesse der Nation unvereinbar . . ., wenn eine ökonomisch sinkende Klasse die politische Herrschaft in der Hand hält".[16] Diesen Niedergang suchte die alte Herrenschicht durch rücksichtslosen Widerstand,

durch Mobilisierung staatlicher Intervention und Subvention aufzuhalten, aber da es sich um Prozesse außerhalb ihrer effektiven Kontrolle handelte, wurde der Abwehrkampf der Agrarier gegen ihre übermächtigen Gegner: Auslandskonkurrenz und Industrie, immer erbitterter, ja mit desperater Härte geführt. Nach der letzten Erhöhung des Bismarck-Tarifs im Jahre 1887 hatten die industriefreundlichen Handelsverträge der Caprivi-Ära nach 1891, während des absoluten Tiefstands der Agrarpreise seit den 70er Jahren, eine Senkung der Zollsätze um etwa ein Drittel gebracht. Dem anhaltenden Druck der Großagrarier war dann die erneute Steigerung der Tarifsätze im Jahre 1902, die — ab März 1906 allgemein in Kraft tretend — durchweg erheblich über den Stand von 1887 hinausgingen, zu verdanken. Im Rahmen der „Sammlungspolitik“ (s. III/2) handelte es sich um einen zuerst von Eckart Kehr klassisch analysierten Kompromiß: Dem Industriebürgertum die Schlachtflotte — den Ostelbiern die erhöhten Agrarzölle. Erneut profitierten die Getreidegroßproduzenten vom verschärften Protektionismus, denn höchstens 25 Prozent der landwirtschaftlichen Unternehmen, etwa 18 Prozent der Landbevölkerung, kamen in den Genuß der erhöhten Getreidepreise, wogegen ein Arbeiter nach Lujo Brentanos vorsichtigen Berechnungen 13 bis 18 Tage mehr hätte arbeiten müssen, um die neuen Zollbelastungen auf seinen Nahrungsmitteln wettzumachen.[17] Die unverhohlene Klassengesetzgebung wurde mithin auch im neuen Jahrhundert fortgeführt. 1925 wurde übrigens der Bülow-Tarif wieder in Kraft gesetzt und blieb formell bis 1945 gültig, auch dies ein Beispiel für historische Kontinuität in der Interessenpolitik, die eine enorme Privilegierung der weder konkurrenzfähigen noch umstellungsbereiten Großlandwirte durchsetzte und in der „Marktordnung“ des „Reichsnährstandes“ ihre Idealziele erreichte.

Mit dem Antrag des Abgeordneten Kanitz, der 1894 dem Reich ein Importmonopol und die Ermächtigung zusprechen wollte, im Inland so lange zu einem Durchschnittspreis (aus den Jahren 1850—1890) zu verkaufen, wie dieser Preis höher als der Welteinkaufspreis blieb, sind die Agrarier zu ihrem Leidwesen im Reichstag gescheitert. Denn diese Regelung hätte zusätzlich zu einem jährlichen Gesamtnahrungsmittelverbrauch in Deutschland von 7,5 Mrd. Mark, wie Gustav Schmoller Mitte der 1890er Jahre schätzte, den Verbrauchern noch einmal eine „Liebesgabe“ von 500 Mill. Mark für die Getreideproduzenten aufgebürdet. Dafür gelang es dem „staatserhaltenden Stand“, das System der Einfuhrscheine durchzusetzen, die als indirekte Exportprämie wirkten. Zu Lasten des deutschen Steuerzahlers konnte jetzt wieder Roggen ausgeführt werden, nach 1908 wurde das Reich sogar paradoxerweise das „zweitgrößte Roggenexportland der Erde". Das hieß aber: Die Gesamtwirtschaft wurde künstlich nicht nur mit der Erhaltung, sondern sogar mit dem Ausbau des Getreidesektors belastet.[18] Der Erfolg der Schweinezucht in Nordwestdeutschland zeigte klar, wie gut sich deutsche Landwirte an den Weltmarkt anpassen konnten. Umgekehrt hat die Ertragssteigerung im Roggenanbau (1900 bis 1913 von 14,4 auf 19,1 Mill. Zentner, 33 %), die dank der Einfuhrscheine ganz den exportorientierten Großagrariern zugute kam, in den Einfuhrländern Tierzucht und Milchverwertung beschleunigt, was wiederum die Umstellung der deutschen Landwirtschaft erschweren mußte: ein circulus vitiosus, an dessen Beginn der wirtschaftspolitisch allzu erfolgreiche Defensivkampf des ostelbischen Grundadels stand. Was allgemein von ihm gilt, trifft auch hier zu: Die im strengen Wortsinn politisch reaktionäre Klasse verlängerte durch partielle Anpassung an die Modernisierung — z. B. durch die virtuose Ausnutzung ihres Einflusses auf die außenhandelspolitische Gesetzgebung, aber auch durch die gesteigerte Effizienz der Bewirtschaftung — ihre Lebensdauer und Herrschaft auf Kosten der unbestrittenen Mehrheit der Bürger.

In einem ungeahnten Ausmaß wurden auch nicht nur spezielle Interessengruppen, sondern wurde die Gesamtbevölkerung seit 1873 durch die Ungleichmäßigkeiten des industriellen Wachstums in Mitleidenschaft gezogen. Wegen der weitverzweigten Folgen, die sich in den Bereichen von Wirtschaft, Gesellschaft und Politik sehr bald, schon bis 1879 daraus ergaben, setzte sich auf der einen Seite der Organisierte Kapitalismus der Großunternehmen, sozusagen als Selbsthilfeaktion, beschleunigt durch. Auf der anderen Seite wurden, zuerst noch zögernd und tastend, dann aber zielstrebiger und massiver, seit derselben Zeit die Frühformen des modernen Interventionsstaates entwickelt. Organisierter Kapitalismus und Interventionsstaat bildeten zwei Seiten eines Phänomens, zwei Aspekte der unregelmäßigen Industrieentwicklung im Zeichen der Großunternehmen und des Konzentrationsprozesses. Einerseits führte die von den Interessenten betriebene „private Mobilisierung der staatlichen Macht", ohne deren Beistand sie nicht auszukommen glaubten, „zu sehr kräftiger Intervention auf dem Gebiete der Wirtschaft".[19] Andererseits griffen politische Leitung, Machteliten, Bürokratie — das, was man gemeinhin abkürzend Staat nennt — durchaus auch aus eigenen Motiven unter dem Diktat der Herrschaftsstabilisierung und -legitimierung immer tiefer in Wirtschaftsablauf und Wirtschaftspolitik ein. Keineswegs kann der Interventionsstaat auf die Rolle eines Agenten „der" Wirtschaft reduziert werden. Gewiß hatte der Staat mit Hilfe von Handelsvertägen, Konsuln und Kriegsschiffen, Zinsgarantien, Subventionen und diplomatischen Aktionen längst vorher, auch schon in der Freihandelsära, den Wirtschaftsinteressen geholfen. Aber erst der gleichsam hochtourige Industrialisierungsprozeß nach dem Durchbruch der Industriellen Revolution und vor allem die Ungleichmäßigkeit, die Schwankungen seines Verlaufs steigerten wegen der unübersehbaren gesamtgesellschaftlichen Auswirkungen der Probleme das Bedürfnis nach sozialer Kontrolle ganz ungemein. Auch in dieser Hinsicht stellte die Depression von 1873 bis 1879 eine entscheidende Erfahrung dar, nach der die Erprobung von wirksamen Steuerungsmaßnahmen weithin für unabweisbar gehalten wurde. Seit Jahren schon würden „alle Gedanken — Sorgen, wie hoffnungsvolle — einzig und allein von der Wirtschaftspolitik eingenommen und beherrscht", urteilte 1879 der Staatssekretär im Reichsjustizamt, Heinrich v. Friedberg, jetzt aber seien sie „vollends zur Alleinherrschaft gelangt". Angesichts dieser Entwicklung begann der Staat direkter als vorher zu intervenieren oder verschleiert einzugreifen, sei es durch Schutzzölle und Einfuhrscheine, durch vorteilhafte Eisenbahn- oder Kanaltarife für Exportgüter, Einfuhrbegünstigungen für Waren, die für die Ausfuhr weiterverarbeitet wurden, steuerliche Vorteile, staatliche Subventionen für Branntweinbrennereien und für Dampferlinien nach vielversprechenden Märkten, Ausbau des Konsulatswesens, Erwerb von Kolonien usw. Kurzum: Durch ein ganzes Bündel von Maßnahmen sollten die konjunktur- und auch gesellschaftspolitischen Steuerungsbemühungen der Regierung verwirklicht werden. Aus alledem folgt, daß der Interventionismus nicht „systemfremd aufgepfropft" worden ist, wie noch der Neoliberalismus geglaubt hat, sondern „systemimmanent, Inbegriff von Selbstverteidigung" ist: „Nichts könnte den Begriff von Dialektik schlagender erläutern." Sowohl die Lernfähigkeit und Resistenzkraft des Systems als auch indirekt seine Tendenz zum Kollabieren, sofern es nur ganz den Marktmechanismen ausgeliefert bleibt, sind durch den Interventionismus bestätigt worden.[20]

Man blickt hier durchaus auf die Genesis von Phänomenen unserer Zeit. Im gegenwärtigen System des staatlich regulierten Kapitalismus wird politische Herrschaft vor allem auch dadurch legitimiert, daß die Regierungen durch gezielte Interventionen die Wachstumsstörungen zu korrigieren und damit die andauernde Stabilität von Wirtschaft und Gesellschaft zu erhalten bemüht sind. Die „Legitimationsforderung", unter der moderne Gesellschaften stehen, führt dazu, daß an die Stelle der spätestens seit 1929 diskreditierten Ideologie der liberalkapitalistischen Marktwirtschaft eine „Ersatzprogrammatik tritt", die die Führungseliten unter dem Primat der Systemerhaltung — und aller damit verknüpften Interessen — verpflichtet, die „Stabilitätsbedingungen“ für „das Gesamtsystem zu erhalten und Wachstumsrisiken vorzubeugen“, deshalb aber auch eine die „Loyalität der lohnabhängigen Massen sichernde Entschädigungs- und d. h. Konfliktvermeidungspolitik“ zu betreiben. Anhaltendes und möglichst gleichmäßiges Wirtschaftswachstum übernimmt daher eine eminente „herrschaftslegitimierende Funktion“.[21] Die Anfangsphase dieser Politik, die man aus ausschließlich ökonomischen Motiven gar nicht ableiten könnte, deckt sich in Deutschland mit der Bismarckzeit. Zahlreiche Aktionen des heranwachsenden Interventionsstaates können unter diesen Aspekten als Bemühungen der Staatsleitung und der sie tragenden gesellschaftlichen Gruppen verstanden werden. Es galt, verbesserte Stabilitätsbedingungen für das ökonomische und soziale System zu schaffen, damit aber nicht nur die Wachstumschancen für die Wirtschaft zu verbessern, sondern auch die inneren Konflikte um die Verteilung des Volkseinkommens und den Zugang zur Macht zu entschärfen. Mithin sollte die Herrschaft einer autoritären Staatsführung und privilegierter Klassen trotz der zunehmenden Kritik an traditioneller und charismatischer Autorität gefestigt werden. Sowohl das Schutzzollsystem seit 1879 als auch der Wirtschafts- und Sozialimperialismus seit eben dieser Zeit, die Monopolpläne der Regierung und die Eisenbahnverstaatlichung, zahlreiche außenhandels-, steuer- und finanzpolitische Maßnahmen enthüllen ihren Sinn erst dann, wenn man diese herrschaftslegitimierende Funktion miterfaßt.

Dabei wird man bedenken müssen, daß sowohl theoretisch — nämlich nach dem Stand der vorherrschenden zeitgenössischen Wirtschaftstheorien — als auch praktisch — innerhalb des rechtlich und interessenpolitisch möglichen Spielraums — die Bewegungsfreiheit der Regierung ziemlich begrenzt war. Ihr Vorgehen glich daher oft einem pragmatischen Vorantasten, erlebte viele Rückschläge und bedurfte zahlreicher Experimente, bis sich ein bestimmtes Instrumentarium als erfolgversprechend erwies. Die zunächst vorrangige Bedeutung der Außenwirtschaftspolitik, als Protektionismus oder als Imperialismus, erklärt sich z. B. auch daher, daß von den drei modernen „Säulen“ staatlicher Konjunkturlenkung: Geld-, Finanz- und Außenhandelspolitik, die beiden ersten die Reichsregierung nicht stützen konnten. Da die Reichsbank sich nach den Spielregeln der Goldwährung richtete und zudem keine moderne Zentralbankpolitik betreiben konnte, stand der Regierung kein geeigneter Hebel für eine antizyklische Geldpolitik zur Verfügung. Ebenso fehlten ihr zentrale Institutionen zur Beeinflussung der Wirtschaft des Reiches durch die Berliner Finanzpolitik. Deshalb blieb nach den theoretischen und institutionellen Möglichkeiten der Zeit nur die Außenwirtschaft als Feld früher staatlicher Konjunkturpolitik übrig.[22] Auch deshalb wurde hier mit dem Schutzzoll zuerst der Hebel angesetzt. Als trotz steigender Tarifsätze der Protektionismus gegenüber den weltwirtschaftlichen Fluktuationen nicht den erwünschten Schutz bot, traten zunehmend Förderungsmaßnahmen zugunsten des Exports hinzu. Hier schlugen Organisierter Kapitalismus und Interventionsstaat die eigentlich zukunftsreiche Marschroute ein. Diese Notwendigkeiten und Bedingungen für den Aufstieg des Interventionsstaates darf man sich durch die Kämpfe im Reichstag, die Pressefehden und die ganze verwirrende Vielfalt der zeitgenössischen Auseinandersetzungen nicht verdunkeln lassen.

Nirgendwo ist dieser Aufstieg unumstritten gewesen, schnell oder gar reibungslos verlaufen. Aber in historischer Perspektive sieht es so aus, als habe der Interventionsstaat in Deutschland sein Janusgesicht besonders früh und überaus deutlich gezeigt. Daß die wirtschaftliche Dynamik mit ihrer ungeheuren gesellschaftlichen und politischen Tiefenwirkung nach Steuerung verlangt, ist genauso schwer zu bestreiten, wie das Ausmaß seit jeher umstritten blieb. Insofern aber gehörte dem Interventionsstaat mit fortschreitender Hochindustrialisierung die Zukunft. Denn nur soziale Kontrollen verbürgten eine allmähliche Entschärfung vitaler Interessenkonflikte in der industriellen Welt. Darüber konnten sich nur orthodoxe Manchester-Liberale oder Gruppenegoismen hinwegtäuschen. Auf der anderen Seite hing alles davon ab, zu wessen Gunsten, mit welchen sozialen Kosten und auf welche Ziele hin interveniert wurde. Die gesellschaftliche Machtstruktur Reichsdeutschlands schloß eine sozialegalitäre Wirtschaftspolitik zugunsten der Wohlfahrt der Mehrheit aller Staatsbürger aus. Das muß mit uneingeschränkter Entschiedenheit gesagt werden, da es empirisch unwiderlegbar ist. Vorindustrielle Eliten wie die Großagrarier oder die neuen Feudalherren der Schwerindustrie, vor allem aber die autoritäre Staatsleitung – sie zogen auf kurze und lange Sicht den größten Gewinn aus dem Eingreifen des Staats – obwohl es andererseits auch richtig ist, daß die „künstliche Verteuerung der Lebenshaltung durch die Schutzzölle" eines der „wirksamsten Mittel in der großen Unruhestiftung" bildete, die den „Nährboden für die Sozialdemokratie" erweiterte.[23] Bis 1918 behielt der deutsche Interventionsstaat stets seine ausgeprägt illiberalen, antidemokratischen Züge. Und der ökonomisch-sozialkonservative Stabilisierungseffekt, den er oft genug erreichte, kam nicht nur wirtschaftlichen Interessen im engeren Sinn zugute, sondern immer auch den gesellschaftlichen Trägern der Demokratiefeindschaft. Seine Erfolge legitimierten daher immer auch noch einmal autoritäre Herrschaft im kaiserlichen Deutschland.

III.

HERRSCHAFTSSYSTEM UND POLITIK

1. Das Politische System

1.1 Konstitutionelle Monarchie oder pseudokonstitutioneller Semi-Absolutismus?

Viereinhalb Jahre nach dem Sieg im deutschen Bürgerkrieg, aber noch vor dem Ende des dritten Bismarckschen Kriegs war das seit 1866 expandierende Großpreußen durch die anachronistische Imitation einer Heerkaiserwahl im Versailler Schloß auf „Deutsches Reich" umgetauft worden. Was war dieses vertragsrechtlich am 1. Januar 1871 gegründete Reich? Wie läßt sich sein politisches Herrschaftssystem charakterisieren, wenn man dabei an der herkömmlichen Unterscheidung zwischen Verfassungsrecht und Verfassungsrealität festhält? Die institutionelle, organisationsrechtliche Basis wurde durch die in enger Anlehnung an die Verfassung des Norddeutschen Bundes entwickelte, am 4. Mai 1871 in Kraft gesetzte Reichsverfassung bestimmt. Diesem Vereinsstatut gemäß hatten 22 souveräne deutsche Fürstenstaaten und drei Freie Hansestädte einen „Ewigen Bund" geschlossen. Sein Bauprinzip war die Konstruktion eines Oberstaates, des Reiches, an das die mediatisierten Unterstaaten, gewisse Pflichten übernehmend, bestimmte Hoheitsrechte delegierten. Nur an einer Stelle übte dieser nicht staatenbündische, sondern bundesstaatliche Oberstaat von vornherein unmittelbare, unitarische Landeshoheit aus: im „Reichsland" Elsaß-Lothringen, das bis 1918 kein selbständiges, mit eigener Hoheit ausgestattetes Staatswesen im Reichsverband wurde, wie das ein Grundgedanke der Reichsverfassung eigentlich bei allen Bundesmitgliedern voraussetzte. Die formelle Souveränität ruhte im Bundesrat als ihrem direkten Vertretungsorgan. Er stellte zugleich einen von den Länderexekutiven ernannten Teil der Reichslegislative dar. Rechtlich und faktisch war hier Preußens Sonderstellung Genüge getan, denn der Bundesrat bildete nur „das konstitutionelle Feigenblatt für die preußische Regierung über das Reich" (A. Rosenberg). Bismarck sah daher auch in den Bundesratssitzungen „in erster Linie preußische Ministerialsitzungen in nationaler Richtung, erweitert durch die Beteiligung anderer deutscher Minister".[1] Symbolisch, vor allem auch im allgemeinen Bewußtsein, galt aber zunehmend der „Deutsche Kaiser" als eigentlicher Reichssouverän. Der Reichskanzler führte für dieses „Bundespräsidium" den Vorsitz im Bundesrat und übernahm durch seine Gegenzeichnung bei allen Reichsgesetzen, Anordnungen und Verfügungen „die Verantwortlichkeit". Keine Verantwortung freilich im vollen parlamentarischen Sinn, sondern in jener eingeschrumpften Bedeutung der Kontrasignatur, die das bürokratische Mitregiment im spätabsolutistischen deutschen „Rechtsstaat" erstritten hatte. Vor allem repräsentierte der Reichskanzler im Oberstaat das ganze Schwergewicht des preußischen „Empire State", gewöhnlich kraft seiner Ämter als preußischer Ministerpräsident und Minister der auswärtigen Angelegenheiten. Die Ämterkoppelung schuf eine außergewöhnlich hervorgehobene institutionelle Schlüsselposition, auf deren einzelne Pfeiler sich nur bei Gefahr der Machterosion verzichten ließ.

Außer Reichsmonarch, Bundesrat und Reichskanzler galt der aus dem allgemeinen, direkten und geheimen Wahlrecht für Männer hervorgehende Reichstag mit rund 400 Abgeordneten als vierter Machtfaktor. Dieses Wahlrecht wurde „von Bismarck bekanntlich ausschließlich aus Demagogie" schon im Norddeutschen Bund durchgesetzt: „für den Kampf seines Cäsarismus gegen das damals widerspenstige Bürgertum" (M. Weber). Der Kanzler hatte eingestandenermaßen ganz auf das Übergewicht der zuverlässig konservativen Wähler in der Hoffnung gebaut, mit Hilfe dieses taktischen pseudodemokratischen Schachzugs „den Parlamentarismus durch den Parlamentarismus zu stürzen".[2] Die Unterdrückung einer parlamentarischen Entwicklung gelang ihm zwar auch für lange Zeit durchaus, aber alles in allem wurde doch sein konservatives Kalkül durch die parteipolitische Zusammensetzung des Reichstags oft enttäuscht bzw. erst durch zusätzliche Druckmittel befriedigt. Dem allmählich vordringenden „demokratisch-parlamentarischen Unitarismus" des Reichstags mußte er eine „ganze föderalistische Ideologie und Phraseologie" entgegensetzen, die den konkurrierenden „hegemonischen Unitarismus Preußens" beschönigen sollte, und tatsächlich wurde die Verfassungsrealität dadurch nicht wenig verschleiert. Aber selbst wenn man von der Verfassung, von den vielen hemmenden Traditionen der deutschen politischen Kultur absieht, so konnte der Reichstag trotz seines Budgetrechts schon deshalb kein selbständiger Machtfaktor werden, da das Auflösungsrecht außerhalb: bei Kaiser und Bundesrat, lag. Schon Thomas Hobbes hatte aber über derartige Gremien gesagt, daß, wer „das Recht zu ihrer Auflösung" besitze, „auch ein Recht„ habe, „sie zu kontrollieren und folglich zur Kontrolle ihrer Kontrolle".[3]

Ist diese Mischform von preußischer Hegemonie und föderativem Reichsbund, von alter Obrigkeit und modernem Wahlrecht als „konstitutionelle Monarchie" treffend und hinreichend gekennzeichnet? Soll man diese durch Verfassung eingeschränkte Monarchie als selbständige politische Form anerkennen oder als Übergangserscheinung bewerten, als dilatorischen Kompromiß, als faulen Frieden, als Waffenstillstand zwischen Monarchie und liberal-parlamentarisch gesonnenem Bürgertum bezeichnen? Verkörperte sie einen erstaunlichen Sieg der feudalen Gewalten oder bildete sie doch nur die Vorstufe eines volksnäheren Parlamentarismus? Wie bislang die erdrückende Mehrheit der deutschen Historiker, so hat man unlängst wieder in dieser Staatsform eine „stilgerechte Lösung der deutschen Verfassungsfrage" vor hundert Jahren sehen wollen.[4] Was aber heißt hier „stilgerecht"? Soll damit erneut ohne neue kritische Forschung ein Urteil über die historischen Möglichkeiten vor 1871 in der Richtung gefällt werden, daß die Bismarcksche Lösung auf Grund der normativen Kraft des Faktischen letztlich doch zur Einbahnstraße erklärt wird? Oder soll sogar in der historischen Perspektive von heute dieser Monarchie noch immer das Prädikat „adäquat" zuerkannt werden? Die Nostalgie nach der heilen Welt des deutschen Obrigkeitsstaats will beides, nüchterne Kritik aber kann beides nicht mehr wollen.

Das Hauptgewicht ruht bei dem Begriff der konstitutionellen Monarchie auf dem Substantiv, nicht auf dem Adjektiv. Und um eine „Königsherrschaft" handelte es sich durchaus. Der preußische Monarch kontrollierte nicht nur im Hegemonialstaat, der zwei Drittel des Reiches ausmachte, die drei Säulen des absolutistischen Staates: Heer, Bürokratie und Diplomatie, sondern auch als Reichsmonarch den Verwaltungsapparat der neuen Reichsbehörden, das Militär und die Außenpolitik. In diese Arcana Imperii gelang es dem Reichstag niemals wirklich einzudringen. Institutionell blieb damit, verfassungsrechtlich abgeschirmt, das Machtgefüge des absolutistischen Staates im wesentlichen erhalten. Wenn der Vorbehalt zugunsten der königlichen Exekutive das essentielle Kriterium der konstitutionellen Monarchie ist, dann besaß der preußische König und deutsche Kaiser kraft seiner Verfügungsgewalt über diese drei Säulen den „entscheidenden und somit wesenbestimmenden" Einfluß innerhalb der Reichsverfassung; die absolutistischen Kräfte blieben, anders gesagt, von „verfassungsbestimmender Macht". Da mithin die Machtfaktoren des alten Obrigkeitsstaates weiter vom Monarchen (und seinen

Beratern!) kontrolliert wurden, hing einmal Entscheidendes von der autoritären Spitze ab. Zum zweiten blieb, obwohl die Verfassung als Konzession an die liberalen Forderungen der bürgerlichen Zeit unvermeidbar geworden war, der harte Kern des traditionellen Herrschaftssystems erhalten. Diesen Kern unterschätzte Marx bei seiner Polemik gegen die konstitutionelle Monarchie als „einem durch und durch sich widersprechenden und aufhebenden Zwitterding", so realistisch auch auf lange Sicht seine Prognose war.[5] Es handelte sich um einen autokratischen, halbabsolutistischen Scheinkonstitutionalismus, da die realen Machtverhältnisse nicht entscheidend verändert worden waren. Erst recht gilt das, wenn man – wie das hier geschieht – Herrschaft noch weiter als im staatsrechtlichen Sinne faßt. Die umstrittene Formulierung vom „zeitwidrigen monarchischem Semiabsolutismus" trifft mithin ins Schwarze.[6] Von einem Neoabsolutismus sollte man hingegen nicht sprechen, weil hinter der konstitutionellen Fassade die Kontinuität des alten absolutistischen Regimes durchaus erhalten geblieben war. Dennoch deckt die Charakterisierung als pseudokonstitutionelle autoritäre Monarchie noch nicht voll den Inhalt „der wirklichen Verfassung" des deutschen Reichs von 1871 ab, die in Lassalles bekannten Worten „nur in den reellen tatsächlichen Machtverhältnissen, die in einem Lande bestehen", zu finden ist.[7] Will man vielmehr den Herrschaftstypus des Reichs realhistorisch charakterisieren, so muß man zunächst die beiden Phasen von 1871 bis 1890 bzw. von 1890 bis 1918 unterscheiden und dann im Hinblick auf die erste Zeitspanne 1. sowohl der zentralen Rolle Bismarcks als auch 2. der sozialen Funktion der weithin von ihm verkörperten Herrschaft gerecht werden.

1.2 Das bonapartistische Diktatorialregime bis 1890

Die zwischen Verfassungskonflikt und Versailles endgültig der „Realpolitik" erliegenden Liberalen hatten zwar Bismarcks „tatkräftige Tyrannis ... im Interesse der Reichsbildung" ertragen wollen, aber ihre kritischen Köpfe bezeichneten denn doch nach den wenigen Jahren nationalliberalen Einflusses auf die Reichsgesetzgebung und ebenso ausgeprägter Selbsttäuschung über die eigene Geltung die „Gewaltherrschaft frivoler und grillenhafter Einfälle eines ... allmächtig gewordenen Landjunkers" als „Kanzlerdiktatur".[8] Dieser Begriff wurde während der 70er und 80er Jahre natürlich nicht im exakten staatsrechtlichen Sinn verstanden – denn verfassungsmäßig blieb, wie all diesen Kritikern bekannt war, die untergeordnete Stellung des Reichskanzlers eindeutig festgelegt. Aber zur Beschreibung der Verfassungswirklichkeit drängte sich der Terminus offensichtlich auf, so daß selbst Friedrich Meinecke den ersten Reichskanzler „eine

Art der Diktatur" ausüben sah.[9] Über das diktatoriale Element kann in der Tat schwerlich ein Zweifel herrschen. Von rechts bis links waren sich darin die personal- und sachkundigen Zeitgenossen einig. „Alles hängt ganz allein von Bismarck ab", urteilte der hochkonservative Botschafter General v. Schweinitz, „nie gab es eine vollständigere Alleinherrschaft". „Moi, je suis l'état", hielt er für den Leitstern der „Diktatur Bismarcks". „Alles hängt an Bismarck", das sah auch der spätere Staatssekretär und Kultusminister Bosse aus nächster Nähe, „er hat die Minister vollständig an der Leine". „Unter der Herrschaft dieses Jupiters", grollte der mecklenburgische Bundesratsdelegierte Oldenburg, gehe alles „in dem angepaßten Takt und leistet stummen Gehorsam . . ., es beugt sich alles ruhig unter das Joch". Altliberale wie Mevissen hielten Bismarck für „längst allmächtig", der „Absolutismus des Fürsten" stehe „auf dem Höhepunkt seiner Macht und seines Übermuts". Und der Freisinnige Friedrich Kapp spottete bitter: „Für Bismarck gibt es überhaupt nur eine Regierungsform: das ist er allein", deshalb benötige er im Reichstag nur „eine Eunuchenmehrheit . . ., die das Maul nicht auftuen darf". Nicht weniger eindeutig sprachen ausländische Beobachter wie der englische Botschafter Lord Ampthill vom „deutschen Diktator", dessen „Macht im Zenith steht", der amerikanische Gesandte Kasson von einem „im Prinzip allmächtigen Diktator", dessen „Prestige . . . zur Zeit ohne Vorbild in der europäischen Geschichte ist" — Urteile, denen sich die französischen Diplomaten St. Vallier und de Courcel mehrfach anschlossen.[10] Und als bedürfe es noch des letzten Beweises, gestand auch Kaiser Wilhelm I.: „Es ist nicht leicht, unter einem solchen Kanzler Kaiser zu sein". Entgegen der Verfassung, aber wie eine Freudsche Fehlleistung enthüllte seine Meinung: „Ihre Untergebenen müssen Ihr Vertrauen besitzen", die wahre Hierarchie in der Berliner Zentrale. „In allem, nur nicht dem Namen nach, bin ich Herr in Deutschland", konnte daher Bismarck mit der ihm nachgerühmten Offenheit seine geschickt geheuchelte „kurbrandenburgische Vasallität" exakt beschreiben.[11]

Dennoch genügt der Begriff der Kanzlerdiktatur nicht, er ist zu eng, zu personalistisch. Vor allem für eine vergleichende Herrschaftstypologie, der sich auch die Verfassungsrealität des deutschen Kaiserstaats einordnen läßt, empfiehlt sich wegen seines Erklärungswerts für die soziale Funktion der Herrschaft der Begriff des Bonapartismus mit seiner auch in Deutschland vorhandenen eigenartigen Mischung von charismatischen, plebiszitären und traditionalistischen Elementen. Abgeleitet vom Regime Napoleons III., klassisch analysiert in Marx' „18. Brumaire"[12], ist der Bonapartismus am ehesten als autoritärer Herrschaftstyp in einer relativ frühen Phase der Industrialisierung zu begreifen, wo die vorindustriellen Eliten noch ihre Stärke beweisen konnten, das Bürgertum zwar in mächtigem Aufschwung begriffen war, aber bereits – wie das Menetekel des „roten Gespenstes" in den Revolutionsjahren 1848/49 warnte – durch die Emanzipationsbewegung der Arbeiterschaft von unten bedroht wurde. Von einem Klassengleichgewicht zu sprechen, wäre irreführend, aber fraglos mußte die traditionale, ständische Machtstruktur eklatant in Frage gestellt, das Bürgertum kräftig, aber doch aus Furcht vor der sozialen Umwälzung zum Arrangement mit den alten Gewalten und zum Verzicht auf direkte Machtausübung genötigt, die Arbeiterschaft als modernisierende Kraft oder doch als Symbol der Veränderung furchterregend sein. Angesichts einer solchen eigentümlichen Kräftekonstellation, die oft als unentschiedener Schwebezustand verstanden wurde, konnten sich einem charismatischen Politiker als Repräsentanten der herrschenden Klasse außergewöhnliche Chancen einer konservativen Stabilisierungspolitik eröffnen, wenn er sich eines bestimmten, offenbar zeitgemäßen Instrumentariums bediente. Der historischen Erfahrung nach handelte es sich stets um eine Mischung von begrenztem Entgegenkommen einschließlich verblüffender Konzessionen an progressive Forderungen (Wahlrecht, Sozialpolitik, Wirtschaftsrecht) einerseits mit scharfer, unverhohlener Repression und Verfolgung der Gegner (Sozialistengesetz, Presseknebelung, Ausweisungen) andererseits, von Ablenkung des Emanzipationsdrucks nach außen durch eine militante Risikopolitik oder in den Imperialismus mit angedrohten (Staatsstreich, Nationalitätenmobilisierung) oder eingesetzten (Reichstagswahlrecht, Annexionen) revolutionären Mitteln. Spätestens dieser letzte Zug unterschied, wie auch Bismarcks konservativer Mentor Ludwig v. Gerlach erlebte, bonapartistische Politik vom herkömmlichen Konservatismus. Mit Hilfe dieser kombinierten Strategie, die durch plebiszitäre Akklamation in Abstimmungen oder Wahlkämpfen gutgeheißen wurde, sollte die Vorherrschaft traditioneller, aber auch industrieller Führungsschichten, die wiederum bestimmte politische Einschränkungen hinnehmen mußten, in einer Gesellschaft, in der vehemente Kräfte des sozialen Wandels am Werke waren, noch einmal befestigt und gleichsam über die historische Zeit hinaus verlängert werden. Die diktatorische Exekutive, die sich dabei herausbildete, wurde aus unterschiedlichen Schutzbedürfnissen der herrschenden Klasse hingenommen, ja sogar gefordert. Sie konnte zeitweilig gegen dieses Kräfteverhältnis eine relative Abgewogenheit von extremen und direkten gesellschaftlichen Einflüssen, eine relativ hohe Verselbständigung erreichen. In mancher

Hinsicht führte sie einen verzweifelten Defensivkampf gegen die gesellschaftlichen und politischen Folgen der Industrialisierung; seiner Funktion nach bedeutete dieses Rückzugsgefecht auf kurze, in Deutschland aber auch auf lange Sicht durchweg eine sozialkonservative, antiemanzipatorische Blockierung gesamtgesellschaftlicher Modernisierung, keineswegs indessen partieller Veränderung.

Bismarck trat sowohl als der Vertreter der traditionellen Führungsschichten als auch als „Retter" des „bürgerlichen Ordnungsmenschen" auf den Plan. Engels dachte vor allem an diese zweite Funktion, als er die Analyse der französischen Verhältnisse nach Bismarcks Wahlrechtscoup vom April 1866 scharfsichtig verallgemeinerte: „Der Bonapartismus ist doch die wahre Religion der modernen Bourgeoisie. Es wird mir immer klarer, daß die Bourgeoisie nicht das Zeug hat, selbst direkt zu herrschen und daß daher . . . eine bonapartistische Halbdiktatur die normale Form ist; die großen materiellen Interessen der Bourgeoisie führt sie durch, selbst gegen die Bourgeoisie, läßt ihr aber keinen Teil an der Herrschaft selber. Andererseits ist diese Diktatur selbst wieder gezwungen, diese materiellen Interessen der Bourgeoisie widerwillig zu adoptieren. So haben wir jetzt den Monsieur Bismarck, wie er das Programm des Nationalvereins adoptiert. Das Durchführen ist freilich etwas ganz anderes, allein am deutschen Bürger scheitert Bismarck schwerlich".[13] Daran scheiterte Bismarck tatsächlich nicht. Er erfüllte aber auch nicht nur generös die ökonomischen Wünsche des deutschen Bürgertums und gewährte ihm Schutz vor dem aufbegehrenden „Vierten Stand", sondern befestigte auch, was historisch ebenso erfolgreich war, die Stellung der alten Eliten. Die Kooperation mit den freihändlerischen Nationalliberalen mochte diese zeitweilig über den Charakter einer derartigen „Halbdiktatur" hinwegtäuschen, aber bald nach dem Einbruch der zweiten Weltwirtschaftskrise von 1873 trat sie unverhüllt zutage, seit 1879 ließ sie sich noch weniger als vorher bestreiten. Bis dahin hatten Vorteile der soziopolitischen Konfigurationen – Konjunktur, relativ geringe politische Partizipation, im Verhältnis zum Staatsapparat ziemlich schwache Parteien usw. – Bismarcks Regime sehr begünstigt. Seine unbestreitbare Geschicklichkeit darf daher nicht überbetont werden. Seither wurde aber für ihn mit dem Wandel der Konfigurationen, dessen drastische Ergebnisse ihn daher auch zunehmend an den Staatsstreich denken ließen, die politische Steuerung des Systems immer schwieriger.

Bismarck balancierte in einer für den Bonapartismus typischen Mischung traditionale mit modernen Elementen aus; z. B. verband er absolutistische Militärpolitik mit interventionsstaatlicher, plebiszitär unterbauter Interessenpolitik, er suchte durch die Kriegspolitik bis 1871, später durch den Sozial- und Wirtschaftsimperialismus der 80er Jahre innere Probleme durch Ablenkung nach außen zum Schweigen zu bringen. Bei alledem zehrte er von einem unleugbaren, durch Reichsgründung, Außenpolitik und lange erfolgreiche Vermittlung zwischen den beiden herrschenden Klassen gesteigerten Charisma. „Man muß dabei gewesen sein, um bezeugen zu können", urteilte einer der bedeutendsten Liberalen des Kaiserreichs, Ludwig Bamberger, nach dreißig Jahren in der Nähe Bismarcks mit widerwilliger Anerkennung, „welche Herrschaft dieser Mann auf seinem Höhepunkt über die gesamte Mitwelt ausgeübt hat. Es gab eine Zeit, in der man in Deutschland nicht zu sagen wußte, wieweit sein Wille reichte", „wo seine Macht so bombenfest stand, daß alles vor ihm zitterte". Nicht jeder hatte hier die ironische Distanz, die Burckhardt davon sprechen ließ, daß „für Deutschland . . . Bismarck geradezu Anhalt und Standarte jenes Mysteriums Autorität" gewesen sei. Aber auch wer als Konservativer Bismarcks Fehler und Schwächen deutlich sah, gestand sich doch nach dem Schock der drei Revolutionen von 1789, 1830 und 1848 ein, daß für „die größte aller Aufgaben, das Zurückstauen der Revolution, . . . kein Ersatz zu sehen" sei, „weit und breit".[14] Ein unbefangenes Urteil wird daher in den Schluß münden, daß „auch Preußen-Deutschland seit 1862 seinen cäsaristischen Staatsmann gefunden hatte". „Der ‚bonapartistische' Charakter der Bismarckschen Politik wurde verdeckt durch das mit Anstand und viel Geschick getragene monarchistisch-traditionelle Gewand des königlichen Dieners und kaiserlichen Kanzlers . . ., was ihn aber von früheren Meistern der Kabinettspolitik unterscheidet, das ‚Moderne' an seinem politischen Spiel, ‚the figur in the carpet', ist eben der ‚bonapartistische' Einschlag, erkennbar in der immer wiederholten Politik des Risikos im Inneren und nach außen, in der Manipulation mit dem allgemeinen Wahlrecht, in der agitatorischen Geschicklichkeit, in der Geringschätzung der Legitimität, in der konservativ-revolutionären Doppelpoligkeit".[15] Will man die Problematik aber nicht nur personalistisch zuspitzen, sondern die Marxsche Charakteristik des Reiches etwas abwandeln, so könnte man es bis 1890 am ehesten als ein plebiszitär gekräftigtes, bonapartistisches Diktatorialregime im Gehäuse einer die traditionellen Eliten begünstigenden, aber rapider Industrialisierung und mit ihr partieller Modernisierung unterworfenen, halbabsolutistischen und pseudokonstitutionellen, von Bürgertum und Bürokratie teilweise mitbeeinflußten Militärmonarchie kennzeichnen. Damit wäre sowohl Bismarcks Position an der Spitze der informellen Machtpyramide als auch der sozialkonservativen Funktion bonapartistischer Herrschaft Rechnung getragen.

Hierhin gehören noch zwei Erwägungen. Diese bonapartistische Phase ist deshalb so wichtig, da sie sich mit der einleitend skizzierten „Gründungszeit" des Reiches überschneidet. Vor allem besitzt hier der Einschnitt von 1879 zentrale Bedeutung. Hatte Bismarck bis dahin mit den Liberalen in der Innenpolitik, Wirtschaftsgesetzgebung und Außenhandelspolitik zusammengearbeitet, so untergrub die Depression nach 1873 erst das ökonomische, dann das politische Fundament dieser labilen Konstellation, die dennoch für die Nationalliberalen keine reine „societas leonina" darstellte. In der Auseinandersetzung mit den industriellen und agrarischen Wachstumsstörungen schwenkte die Reichsregierung dann seit 1876 um und verfolgte das Programm einer antiliberal-konservativen Sammlung, deren Pfeiler die großen Produktionsinteressen in Industrie und Landwirtschaft bildeten. Spektakulär trat dieses „Kartell der schaffenden Stände" mit dem Schutzzollsystem von 1879 an das Licht der Öffentlichkeit. Fortab bildeten Spielarten einer solchen konservativen Sammlungspolitik die Basis der Reichspolitik bis 1918. Parallel verlief eine folgenschwere Entliberalisierung vieler politischer und gesellschaftlicher Bereiche. Da diese Prozesse von Bismarck mitvorangetrieben wurden und seine ungeheure Autorität die Ergebnisse mitlegitimierten, wurden vor 1890 fatale Weichen für die gesamte folgende Reichsgeschichte gestellt. Deshalb erfaßte Bamberger, dessen weltkluger Skepsis ein Personenkult zuwider war, die Konsequenzen mit seinem Urteil, daß Bismarck „die Bahnen bestimmt" habe, „in denen sich die Institutionen, die Gesetze, und, was noch wichtiger ist, die Geister bewegen".[16] Denn das entscheidende erste Dutzend Jahre der Sammlungspolitik fiel noch in die Ära der bonapartistischen Halbdiktatur, und die flankierenden Maßnahmen — von der Puttkamerschen Beamtenpolitik (s. 1.4) bis zur staatlichen Sozialversicherung, von den berufsständischen Experimenten volkswirtschaftlicher Beratungsgremien für die Reichsregierung bis zur überseeischen Expansion — zementierten noch in der Bismarck-Ära diesen Weg in den antiliberalen, autoritären neudeutschen Obrigkeitsstaat. Zu Recht konnte daher Hans Rothfels nach 1945 über die fortgesetzte „Hemmung bürgerlichen Mündigwerdens" und „die Verherrlichung der Ausflüchte" in der deutschen Politik urteilen, daß der erste Reichskanzler, „wie lang und verschlungen auch der Weg Bismarcks zu Hitler gewesen ist, . . . als der Verantwortliche für eine Wendung, mindestens aber die Legitimierung einer Wendung" erscheine, „deren fatale Steigerung bis zum Gipfel in unseren Tagen nur allzu augenscheinlich geworden ist".[17]

Erkauft wurde dieser Bismarcksche Weg ins 20. Jahrhundert u. a. mit einer sofort sichtbaren enormen Belastung der gesellschafts- und innenpolitischen Entwicklung. Darauf, aber auch auf die nicht minder schwerwiegende Belastung der Außenpolitik wird noch näher einzugehen sein. Im Hinblick auf die innere, die gesellschaftliche Verfassung des Reiches herrschte jedenfalls 1890 weithin der Eindruck vor, daß „der große Mann doch zweifellos Fiasko gemacht" habe. „Das Innere des Reiches kann er nicht mehr heilen", hatte Burckhardt schon viel früher erkannt. Und Theodor Mommsen war gar der Ansicht, daß Bismarck „der Nation das Rückgrat gebrochen habe". „Der Schaden der Bismarckschen Periode ist unendlich viel größer als ihr Nutzen, denn die Gewinne an Macht waren Werte, die beim nächsten Sturm der Weltgeschichte wieder verloren gehen; aber die Knechtung" durch den deutschen Bonapartismus „war ein Verhängnis, das nicht mehr gut gemacht werden kann".[18] Gewiß, über diese unleugbaren Schäden ist hier noch manches zu sagen, aber sie dürfen über eins nicht hinwegtäuschen: Die neue Machtstruktur der sammlungspolitisch verbundenen herrschenden Klassen hatte sich unter Bismarck eingespielt und funktionierte trotz aller Reibungen auch ohne ihn. Das wurde nach 1890 deutlich, als mit Bismarcks Entlassung die Leitfigur und zugleich das Symbol bonapartistischer Herrschaft aus Berlin verschwand.

1.3 Die permanente Staatskrise seit 1890: Autoritäre Polykratie ohne Koordination

Fortab fehlte der preußisch-deutschen Machtpyramide ihre Spitze, oder anders ausgedrückt: Die auf Bismarcks Fähigkeiten zugeschnittene Verfassung, das auf ihn eingespielte Verfassungsleben entbehrte eines Koordinationszentrums. Realiter und atmosphärisch entstand damit ein Machtvakuum, das unterschiedliche Persönlichkeiten und Kräfte auszufüllen versuchten. Da das weder ihnen noch dem Parlament auf die Dauer gelang, herrschte in Deutschland hinter der Attrappe eines hochfahrenden Regiments eine permanente Staatskrise, die zu einer Polykratie rivalisierender Machtzentren führte. Dieses System verursachte auch den Zickzack-Kurs, den die deutsche Politik seither so oft steuerte. Zuerst versucht der junge Monarch, Kaiser und Kanzler gleichzeitig zu sein, ein zumindest formell elliptisches System durch einen „populären Absolutismus", wie Bismarck spottete, zu ersetzen.[19] Dieses Experiment stellte den Anlauf zur Erringung eines „persönlichen Regiments" dar. Dazu ist es jedoch weder verfassungsrechtlich gekommen, noch gelang es Wilhelm II., die Verfassungsrealität dauerhaft zu verändern — wie immer auch die byzantinistischen Sprachspiele seiner Beraterclique den Entscheidungsprozeß mit der Illusion kaiserlicher Entscheidungsgewalt umgeben mochten. Sowohl von den persönlichen Fähigkeiten als auch von den institutionellen Anforderungen her, die die Reichspolitik mit militärischer Kommandogewalt und Repräsentation zu verbinden geboten, war der letzte Hohenzollernkaiser außerstande, monokratisch das Reich zu regieren. Noch ehe das neue Jahrhundert begann, war er im Grunde mit diesem anachronistischen Spiel gescheitert. Freilich blieb sein überspannter Anspruch weiter bestehen, immer wieder überschritt er seine verfassungsmäßig gesetzten Grenzen, nutzte er andererseits den rechtlich sanktionierten Vorbehalt zugunsten der Exekutive einer konstitutionellen Monarchie aus, unterstrich er mit pathetischer Rhetorik seine bizarre Auffassung vom Kaiseramt, ehe der Weltkrieg vollends enthüllte, daß er dem Schwergewicht der Macht nach nur die Rolle eines „Schattenkaisers" (H. Delbrück) spielte.

Die Reichskanzler andererseits — ausnahmslos auf dem Wege der „Ochsentour" eines Aufstiegs in der bürokratisch-diplomatischen Hierarchie hochgekommen, was Bismarck für ganz so schädlich gehalten hatte, wie es Max Weber für verhängnisvoll hielt —, die Reichskanzler konnten alle ebensowenig das Machtvakuum voll ausfüllen. Der honorige, lange unterschätzte Caprivi zerstörte sogar mangels Machtinstinkt einen Gutteil der institutionellen Plattform, auf der sich bisher der Reichskanzler bewegt hatte. Immerhin jagte die kurzlebige „Ära Caprivi", während der vor allem durch eine industriefreundliche Außenhandelspolitik eine Anpassung an die Bedürfnisse des Industriestaats versucht wurde und zeitweilig auch die notwendige politische Unterstützung fand, den agrarischen Konservativen wegen der gegen sie gerichteten und fühlbar gewordenen Machtkonstellationen einen solchen Schreck ein, daß sie den Kanzler stürzten, und ihr Verhalten in den folgenden Jahren wurde durch die gefahrdrohenden Erfahrungen von 1890 bis 94 fraglos tief geprägt. Danach blieb der greise Hohenlohe-Schillingsfürst Gallionsfigur einer Übergangszeit. Bülow sollte zwar Wilhelms „Bismarck werden", verkörperte aber nur den geschmeidigen Manipulator. Bethmann Hollweg als Prototyp des gebildeten, fleißigen, konfliktscheuen Bürokraten scheiterte mit seiner „Politik der Diagonalen": der Verwaltung von Problemen durch die kaiserliche Beamtenregierung in einem System, das auch auf diese Weise gar nicht mehr wirklich regiert werden konnte. Michaelis-Hertling-Baden: blasse Figuren auf einer Bühne, die seit 1916 von der Militärdiktatur der 3. Obersten Heeresleitung beherrscht wurde. Nur mehr punktuell konnten die Kanzler koordinieren, Bruchteile von dem erreichen, was die klassische Lehre von der Politik seit jeher als Gemeinwohl bezeichnet hat.

Neben ihnen aber gab es geheime Schlüsselfiguren, wie den Admiral v. Tirpitz, der mit dem Schlachtflottenbau die Innen- und Außenpolitik, die Sozial-, Finanz- und Militärpolitik grundlegend beeinflußte. Wahrscheinlich stellte er von 1898 bis zur grellen Desillusionierung spätestens im Sommer 1914, als seine gesamte Konzeption Schiffbruch erlitt, eine größere Entscheidungspotenz dar als die drei Reichskanzler dieser Zeit. Zeitweilig drang der Staatssekretär des Reichsmarineamts weit in das Vakuum der Berliner Politik vor. Schlüsselfiguren der wilhelminischen Machtelite wurden auch – ungleich stärker noch als vor 1887/90 – die Geschäftsführer der großen Interessenverbände, die Leiter der Agitationsvereine, die Planer des Generalstabs. Vor allem wurden die Verbände selber neben der preußischen Bürokratie und den Reichsbehörden, neben Heer und Flotte zu Machtzentren, von denen die Entscheidung der Reichspolitik weithin festgelegt wurden. Unter der äußeren Erscheidung der konstitutionellen Monarchie, die mit soviel Selbstbewußtsein als überlegene deutsche Staatsform mit dem parlamentarischen England und dem republikanischen Frankreich verglichen wurde, verbarg sich ein hohes Maß an Entscheidungsschwäche und Koordinationsunfähigkeit der Zentrale. Zugrunde aber lag allen wichtigen Problemen der Reichspolitik das prinzipielle Dilemma, daß die Spannung zwischen der voraneilenden ökonomischen und sozialen Entwicklung zur Industriegesellschaft auf der einen Seite und der überkommenen starren politischen Struktur auf der anderen Seite nicht überwunden werden konnte und sollte. Das entscheidende Hemmnis bildete auch hier das Wirtschafts- und Herrschaftsinteresse der kleinen traditionellen Führungseliten, die an der Erhaltung dieses Zustandes brennend interessiert blieben, während die bürgerlichen Interessen sich auch und erst recht in einem parlamentarisierten Reich zur Geltung hätten bringen lassen. Angesichts dieses in Frieden offenbar unaufhebbaren Gegensatzes im Inneren, den die vorindustrielle der herrschenden Klassen bis 1918 erhalten konnte, ließ sich das Reich an eine zeitgemäße politische Anpassung an die veränderten gesellschaftlichen Verhältnisse nicht heranführen, sondern nur durch kurzlebige Kompromisse der konkurrierenden Machtzentren in eine zunehmende Erstarrung hineinmanövrieren. Dieses Kräfteparallelogramm erhielt ein nach wie vor unbewegliches konservatives System, das sich angesichts der schleichenden Liberalisierungstendenzen, d. h. des wachsenden Gegengewichts der parlamentarisch-demokratischen Kräfte verhärtete, aber die „Bewegungspartei gegen . . . Erhaltung und Konsolidierung" – wie Bismarck sich ganz im Stil Metternichscher Defensivpolitik ausgedrückt hatte – in einem Bannkreis der Ohnmacht festzuhalten vermochte.[20] Der Wilhelminismus, der ebenso oft wie unzutreffend für die Signatur dieser Ära gehalten wird, stellte im Grunde nur eine wirksame Verschleierung für dieses Zusammenspiel von Verbänden und quasiautonomen Institutionen, Bürokratien und formell unverantwortlichen Politikern dar. Er kann als der „teils bewußt, teils unbewußt unternommene Versuch" angesehen werden, „die Widersprüche zwischen politischer Struktur und gesellschaftlicher Entwicklung durch eine personale, symbolische Zuspitzung des konstitutionellen Machtgefühls zu lösen": „Der nationale Imperator als Integrationsfaktor". Aber dieser Traum „vom deutschen Cäsar, der die Klassengegensätze mit eiserner Faust niederhielt und der verspäteten Nation den ‚Platz an der Sonne' versprach", kreiste in Wirklichkeit um eine schwächliche Figur auf tönernem Podest.[21] Nicht Wilhelm II. drückte der Reichspolitik seiner Zeit den Stempel auf, sondern die traditionellen Oligarchien taten das im Verein mit den anonymen Kräften der autoritären Polykratie. Ihre Macht reichte auch ohne einen Halbdiktator, aber mit Hilfe einer bonapartistischen Strategie zur Verteidigung der Herrschaftsposition aus — mit wie fatalen Folgen auch immer.

1.4 Die Bürokratie: Herrschaftselement und Organisationsmodell

Hinter dem raschen Szenenwechsel der politischen Konflikte des Bismarckregimes und der wilhelminischen Polykratie sorgte die Bürokratie für ein hohes Maß an Kontinuität in den Staatsgeschäften. Sie bildete das harte Gerippe des Staatsapparats, mit ihrem Eigengewicht hatten Kanzler und Minister zu rechnen, Parteipolitikern fühlte sich die höhere Beamtenschaft ohnehin überlegen. Weder die preußische noch die Reichsbürokratie stellte ausschließlich ein ausführendes Organ der politischen Leitung dar. Vielmehr war sie auch imstande, Entscheidungen mit vorzubereiten, vorzuformulieren, direkt zu fällen oder — das erwies sich oft als ebenso wichtig — Entscheidungen zu verzögern, zu verhindern, auszuschließen. Dabei kooperierte sie aufs engste mit den herrschenden, vor allem den adeligen Schichten, wirkte als gehorsame Exekutive, machte aber auch immer wieder ihren auf akkumulierter Sachkenntnis und Erfahrung, auf traditionellem Selbstbewußtsein und Schwergewicht beruhenden Einfluß geltend. Im Zuge der neuzeitlichen Staatsbildung war die deutsche Bürokratie als Organisation der Landesfürsten im Kampfe gegen die Stände, beim Ausbau eines zentral gesteuerten Finanz-, Steuer- und Militärwesens, bei der Herstellung unmittelbarer Herrschaftsbeziehungen zwischen Monarch und Staatsangehörigen entstanden; sie hatte sich zusammen mit dem Wachstum des modernen absolutistischen Flächenstaats ausgedehnt, ständig Chancen der Einwirkung und Machtausübung hinzugewonnen und schließlich in Preußen, wo sie sich als funktionale und soziale Gruppe besonders klar herausprägte, nach den napoleonischen Kriegen fast zwanzig Jahre lang im

Zeichen eines bürokratischen Absolutismus sogar das Mitregieren erreicht. Von dieser Höhe war sie zwar im Vormärz und während der Revolution von 1848 durch gesellschaftliche Prozesse, die sich ihrer Gängelung zunehmend entzogen, heruntergestoßen worden, aber sie stellte doch weiterhin einen schwer umgehbaren Machtfaktor dar, dem genausowenig wie den Parteien in den deutschen Verfassungen Rechnung getragen wurde, der aber wegen der relativen ökonomischen Rückständigkeit Deutschlands gerade den Industrialisierungsprozeß erheblich mitbeeinflußte.

Seit 1849, erneut seit dem Verfassungskonflikt, wurde liberalen Beamten das Leben schwer gemacht. Bismarck forderte und praktizierte wiederholt, „Beamte, welche für regierungsfeindliche, revolutionäre (!) Bestrebungen Partei nehmen ... durch Zurdispositionsstellung ihrer Ämter zu entheben".[22] Eine konsequente konservative Beamtenpolitik mit dem Ziel völliger politischer Homogenität der Verwaltungsstäbe wurde aber erst seit dem Ende der 70er Jahre von Bismarck und dem preußischen Innenminister v. Puttkamer durchgehalten (s. III. 3.6.1). Am Beispiel der Justizbürokratie läßt sich die Methode deutlich verfolgen: Während sich zahlreiche liberale Juristen „zur Disposition" gestellt fanden, wurde gleichzeitig ein Beförderungsstop verhängt und die Assessorenzeit auf acht bis zehn Jahre ausgedehnt. Ohnehin wurde seit dieser Zeit dank Verbindungszipfel und Reserveoffizierspatent eine Vorauswahl getroffen, die während der vierjährigen Referendarsausbildung schon sorgsam überprüft werden konnte. Das sog. „Sustentationszeugnis" der Eltern mußte vorher garantieren, daß sie imstande seien, dem Sohn hinreichende private Mittel zu gewähren, damit er „standesgemäß" diese Zeit und evtl. danach die Assessorenjahre durchleben könne. Wer dabei auch unbeirrbare Staatstreue bewiesen hatte, durfte politisch, aber auch im Hinblick auf die Heiligkeit namentlich des großen Besitzes als zuverlässig gelten. Während liberale Juristen zwangsläufig in die Anwaltpraxis abgedrängt wurden, stiegen die besonderen Günstlinge des Puttkamersystems zu Staatsanwälten auf, die noch einmal jahrelang als weisungsgebundene Beamte fest am Zügel des Ministeriums gehalten wurden. Aus dieser hochkonservativen Gruppe heraus, die sich unter Puttkamer hochgedient hatte und durchaus einen neuen Typ des extrem obrigkeitsgläubigen Rechtsdieners darstellte, wurden dann in einigen Beförderungswellen auch die Gerichtspräsidien besetzt.

Systemgerechte Konsequenz wird man diesen Bismarck-Puttkamerschen „Reformen", die ähnlich auch die allgemeine Verwaltung erfaßten, nicht abstreiten können. Entgegen der zählebigen Legende vom unpolitischen deutschen Beamtentum galt fortab, daß die Bürokratie in Preußen und im Reich politisch einheitlicher als je zuvor in „zuverlässiger Gesinnung" auf konservativ-autoritäre Maximen ausgerichtet war, obwohl aus durchsichtigen Gründen „das Schwindelevangelium der exekutiven Objektivität und Neutralität" weiter „eifrigst gepredigt" wurde.[23] Unverändert wurden auch die Beamten relativ hoch bezahlt — selbst untere Beamten verdienten bis 1914 mehr als Facharbeiter —, während die seit je vorhandene Korruption der einseitigen Interessenvertretung eher noch deutlicher sichtbar wurde. Die interventionsstaatliche Komponente der Entwicklung seit 1879 kräftigte nachhaltig den bürokratischen Einfluß, da staatliche Hilfe und Planung in zunehmendem Maße an Bedeutung gewannen. Eine effektive Liberalisierung der Reichspolitik wäre allein schon durch diese fast einer Kaste ähnelnde konservative Beamtenschaft, die Reichskanzler Hohenlohe-Schillingsfürst für „mächtiger als Kaiser und Kanzler" hielt, außerordentlich erschwert worden. Im „eisernen Netz" der Bürokratie, hieß es, sei liberale Politik geradezu unmöglich. Und sollte einmal ein Reichskanzler sich unterfangen, so urteilte 1903 Graf Lerchenfeld, der bayerische Vertreter in Berlin, „nach streng liberalen" Gesichtspunkten „die Geschäfte im Reich und in Preußen" zu führen, so müsse er zunächst damit beginnen, „den gesamten Beamtenorganismus" zu ändern. Das hätte fraglos eine Sisyphusarbeit bedeutet, aber dem Gedanken, eine „streng liberale" innere Politik zu betreiben, ist ohnehin kein Reichskanzler gefolgt.[24]

Das konservative Führungskartell konnte sich mithin auf den Verwaltungsapparat verlassen. Er hatte vor dem Krieg auch eine beachtliche Größenordnung erreicht: Geht man von den Ergebnissen der Berufszählung von 1907 aus, so gab es in Deutschland nach der Schätzung Otto Hintzes in jenen Jahren etwa 1,2 Mill. Beamte; mit ihren Angehörigen (2,4 Mill.) machten sie rund 4 Prozent der Bevölkerung aus. Auf 10 000 Einwohner kamen 126 Beamte (zum Vergleich: in Frankreich 176, in den USA 113, in Großbritannien 73). Rechnet man Dienstleistungsbetriebe wie Post, Eisenbahn usw. ab, so blieben 390 000 Beamte im engeren Sinn (Verwaltung, Justiz) übrig, wovon rund 55 000 auf den höheren, 257 000 auf den mittleren, 77 000 auf den unteren Dienst entfielen. Ob sich an diesen Größenverhältnissen bis zum Ende des Reichs nicht mehr viel geändert hat, läßt sich schwer schätzen.[25]

Die bemerkenswerte technische Leistungsfähigkeit dieses Beamtenkorps beruhte u. a. darauf, daß es in seiner Entwicklungsgeschichte geradezu typische bürokratische Organisationsmethoden und Verhaltensweisen, Rekrutierungs- und Laufbahnmuster herausgebildet hatte, wie sie dann in Max Webers Bürokratietheorie, in der sich die historische Erfahrung von vier Jahrhunderten preußisch-deutscher Verwaltungsgeschichte gewissermaßen gespeichert vorfindet, auf Begriffe gebracht wurde.[26] Der Differenzierung der Aufgaben und Funktionen entsprach die Entfaltung und Ausbildung eines professionalisierten Spezialistentums. Formalisierung und unpersönliche Regelhaftigkeit des Verfahrens, Schriftlichkeit und Kontinuierlichkeit der Geschäftsführung, Archivierung der Akten und Formularwesen dienten der Ausführung von Anweisungen und Entscheidungen, erleichterten ihre Kontrolle, Korrektur und Planung. Als Zielvorstellung entwickelte sich die möglichst vollständig vorauskalkulierbare Rechenhaftigkeit und Rationalisierung der Verwaltung. Geregelter Instanzenzug, klare Kompetenzengliederung, Institutionalisierung aller vertikalen Verbindungen und feste Hierarchien von Funktionären und Behörden entsprachen dieser Tendenz zu schematisch geregelten Organisationsabläufen. Generelle Ausbildungs-, Prüfungs- und Qualifikationskriterien verbanden sich mit einer nach Expertentum und Seniorität gestaffelten Beförderungsmechanik, die politische „Konnexionen" aber umgehen halfen. Finanzielle und rechtliche Privilegierung durch krisensicheres Gehalt auf Lebenszeit, durch Beihilfen und Pensionsrechte, ein spezielles Loyalitäts- und Fürsorgeverhältnis, aber auch der staatliche Sonderschutz im Konfliktsfall und die Spezialjustiz der Verwaltungsgerichtsbarkeit hoben die „Staatsdiener" von anderen Gesellschaftsgruppen ab und förderten ihren Korpsgeist. Uniform, Säbel, Ordensschnalle blieben bis 1918 sichtbare Symbole ihrer Sozialgeltung. Selbst in der gedrückten Stellung eines unteren Postbeamten lebte etwas von dem Selbstgefühl, ein Quentchen staatlicher Macht zu repräsentieren. Zu diesem Institutionengefüge und seiner Funktionsweise gehörte indessen auch eine eigentümliche Neigung zur Erstarrung, Verschleppung von Entscheidungen, formalistischen Federfuchserei. Keineswegs garantierte ein Höchstmaß an bürokratischer Organisation den höchsten Grad an Effizienz der Leistung — wie auch Weber glaubte —, da Spontaneität, Erfindungsreichtum, Reaktionsschnelligkeit, unkonventionelles Verhalten bei der Meisterung schwieriger Aufgaben gerade nicht prämiiert wurden. Die Existenz am „grünen Tisch", Laufbahnschranken, Karriereehrgeiz, Schalterdistanz, Dünkel nach außen und Liebedienerei nach innen gegenüber Vorgesetzten konnten zu gravierenden, dazu schwer revidierbaren Fehlern führen. Auch stand die preußisch-deutsche Bürokratie zur Zeit des Kaiserreichs keineswegs einzigartig da, wie es ihr sorgsam kultivierter Nimbus wahrmachen wollte, denn z. B. die englischen Berufsbeamten leisteten ebenso wie der höhere französische Dienst Vorzügliches. Aber die deutsche Beamtenschaft nahm eine Vielzahl von Verwaltungsaufgaben relativ effektiv wahr,

hielt ihre Einflußbereiche meist fest im Griff, und vor allem besaß sie als Element der Herrschaftsstabilisierung unschätzbaren Wert.
Vom Organisationsmuster des hierarchischen Instanzenaufbaus her ergab sich ein hohes Machtpotential der höchsten Stellen, da auf sie tendenziell alle Entscheidungen zuliefen und von ihnen aus, z. T. auf dem Wege geheimer Anordnungen, die Impulse nach unten ausgingen. Daher gebot das Herrschaftsinteresse, in diesen Rängen auf absolute Zuverlässigkeit und Identifikation mit dem System zu achten. Folglich blieb auch der Anteil des Adels bis 1918 (und darüber hinaus!) in diesem Bereich und in anderen Entscheidungspositionen hoch. Zwar waren nach 1871 die Zeiten dahin, da wie noch 1858 42 Prozent aller mittleren und höheren preußischen Beamten adeliger Herkunft gewesen sein sollen. Aber um 1910 waren von elf Mitgliedern des preußischen Staatsministeriums neun, von 65 Wirklichen Geheimräten 38, von 12 Oberpräsidenten 11, von 36 Regierungspräsidenten 25, von 467 Landräten 271 adelig. In den höheren Posten des Auswärtigen Dienstes befanden sich 1914 8 Fürsten, 29 Grafen, 20 Barone, 54 Adelige ohne Titel und auch 11 Bürgerliche. Zur selben Zeit waren 55,5 Prozent aller preußischen Regierungsreferendare (1890: 40,4, 1900: 44,6), noch 1918 55 Prozent aller Regierungsassessoren adelig. Das preußische Innenministerium, das die Provinzialverwaltung, jene Säule des überkommenen Regierungssystems, kontrollierte, bestand zu einem Drittel aus adeligen Beamten.[27] Diese Zahlen verdeutlichen, wie die soziale Herkunft gerade der Beamten in Schlüsselstellungen ihr politisches Verhalten präjudizierte. Das sog. Juristenmonopol verstärkte die politische Gefügigkeit, denn das in einer typischen Beharrungsmentalität resultierende Studium einer vorgegebenen Rechtsordnung und Verwaltungstechnik (s. III. 3. 5. 4.), der Einfluß des juristischen Positivismus der Laband-Schule, die den „gouvernementalen Status Quo" von 1871 legitimierte und „ihm die Weihe unpolitischer ‚reiner' Richtigkeit" verlieh, die Steuerung der Ausbildung nach Puttkamerschen Prinzipien usw. – sie gewährleisteten gehorsame Experten für den Obrigkeitsstaat. Nicht zuletzt sorgte der konfessionelle Filter für zusätzliche Homogenität: Zwischen 1888 und 1914 fanden sich unter 90 Kanzlern, Reichsstaatssekretären und preußischen Ministern genau sieben Katholiken. 1904 waren von allen Regierungsreferendaren 16 Prozent, von den Regierungsassessoren 7 Prozent katholisch, im preußischen Innenministerium bezeichnenderweise ein Botenjunge.[28] Das muß man wissen, um die Beamtenpolitik des Zentrums zu verstehen. Zugleich kann man erst aus der Geschichte der preußisch-deutschen

Bürokratie im Kaiserreich das ganze Gewicht der Bürde ableiten, die sich die Weimarer Republik mit der Übernahme einer derartig vorgeformten Beamtenschaft auflud.

Das Vorbild der staatlichen Bürokratie hat über den ursprünglichen Funktionsbereich hinaus auch den allgemeinen Bürokratisierungsprozeß im deutschen gesellschaftlichen Leben tief beeinflußt. Zwar kann man ihn spätestens im 20. Jahrhundert in allen hochgradig differenzierten und arbeitsteiligen Gesellschaften verfolgen, aber in Deutschland setzte er sich wegen seiner Verwaltungsgeschichte besonders früh und umfassend durch. Man könnte sogar in der Geschichte des Kaiserreichs neben der sozialen, ökonomischen und politischen Entwicklung die Bürokratisierung als eigenen Bereich ausgrenzen, denn außer in der Staats-, Provinzial- und Kommunalverwaltung machte in jenen Jahrzehnten die Bürokratisierung in Parteien und Verbänden, in Industrie und Handel, in Bank- und Verkehrswesen mächtige Fortschritte. Das bestätigt z. B. jede nähere Beschäftigung mit BdL oder SPD, Siemens oder Krupp. Dabei wurden nicht nur die Organisationsmethoden des Beamtentums nachgeahmt, sondern ebenso galten dessen Privilegierung, Einfluß und Sicherheit als begehrte Ziele. Das läßt sich etwa an der Entwicklung der industriellen Angestelltenschaft deutlich verfolgen: Eben wegen des Modellcharakters der Staatsbürokratie ist es frühzeitig zu ihrer Imitation in der Industrie gekommen, wahrscheinlich noch ehe die Funktionsdifferenzierung der Arbeits- und Verwaltungsabläufe ihre eigenen Imperative entwickelte. Die gewissermaßen vorzeitige Bürokratisierung hat — wie zuvor bürokratischer Einfluß in der Frühindustrialisierung und während der Industriellen Revolution — zu einer eigentümlichen Prägung auch der deutschen Hochindustrialisierung geführt, mit unübersehbaren Nachteilen für die betriebliche Aufstiegsmobilität und ebenso klaren Vorteilen für die Organisationseffizienz des Organisierten Kapitalismus. Für die rasch wachsende Schicht der Angestellten blieb der ganz dem Staatsbeamten nachgebildete „Industriebeamte“ das Leitbild. Das sozialpsychische Pendant zu dieser von Unternehmern frühzeitig rechtlich begünstigten Arbeitnehmerrolle bildete dann auch eine konfliktscheue, zu Identifikation mit der Betriebsleitung als „Dienstherrn“ und Distanzierung vom Handarbeiter neigende Gruppenmentalität von langlebigem Einfluß. Hier knüpften integrationspolitische Bestrebungen an, die soziale Ungleichheit und funktional unnötige Hierarchisierung statt egalitäre Reformen förderten (Angestelltenversicherungsgesetz von 1911), um den „neuen“ Mittelstand an das Herrschaftssystem zu binden.[29]

Ähnlich ließe sich das Pro und Contra bürokratischer Organisation auf anderen Feldern des gesellschaftlichen Lebens verfolgen, gleich ob man die Einwohnermeldeämter oder die Freien Gewerkschaften auswählte. Auf jeden Fall hat eine früh einsetzende und auf breiter Front vorrückende Bürokratisierung, die oftmals eher von den vorindustriellen Traditionen des Beamtentums als von den sog. „Sachzwängen" hochdifferenzierter Verwaltungsanforderungen bestimmt wurde, nicht nur Sozialstrukturen und Kollektivbewußtsein, sondern in außerordentlichem Umfang das öffentliche und politische Leben des kaiserlichen Deutschland mitgeformt. Deshalb konnte man in dieser allgemeinen Form vom „Beamtenstaat" sprechen. Deshalb auch staute sich andererseits – wie das 1918 enthüllte – soviel Groll gegen das ewige Reglementieren und das oft schikanöse Verhalten der Bürokraten auf. Denn Liberalisierung und Demokratisierung wurden durch die Bürokratisierung nach dem historischen Modell der konservativen preußisch-deutschen Staatsbürokratie ganz gewiß nicht erleichtert.

2. Zentrale Probleme: Status-quo-Verteidigung gegen politische Mobilisierung

Wenn das reichsdeutsche Dilemma der Verteidigung des sozialen und politischen Status quo gegen die mit der Industrialisierung zusammenhängende „Fundamentaldemokratisierung" (Mannheim) und die allmähliche politische Mobilisierung noch weithin unmündiger Bürger richtig anvisiert worden ist, dann kann man auch einen elementaren Konstruktionsfehler in der geschriebenen und ungeschriebenen Reichsverfassung erkennen. Bis 1918 wurde die politische Opposition gewissermaßen nicht legalisiert, damit aber jenes Drängen auf Reformen hin von der Staatspolitik ferngehalten, das als legitimer Veränderungswunsch anerkannt sein mußte, wenn sie in einer Zeit unaufhörlichen sozialen Wandels nicht die Gefahr der Erstarrung laufen wollte. Denn nur dann können industrielle Gesellschaften mit ihrer historisch beispiellosen Dynamik der institutionellen Versteinerung entgehen, wenn sie diese Reformimpulse nicht unterdrücken, sondern durch die Sanktionierung von Opposition gegen das Bestehende, durch die Anerkennung der unabdingbaren Notwendigkeit: sich dem Wandel schrittweise anzupassen, die Elastizität ihres Institutionengefüges erhalten. Aus kluger Voraussicht müssen sie den heilsamen Zwang zur Reform im System fest verankern, sich ihm bewußt unterwerfen – oder sie werden zerbrechen, das Potential für eine Revolution aufstauen. Die unablässige Diskriminierung von Opposition ist jedoch ein Kennzeichen des deutschen Kaiserreichs, damit auch eine der Bedingungen seines Untergangs gewesen. Das läßt sich zuerst deutlich an der Stellung der Parteien zeigen, die mit Absicht im „Vorhof der Macht" gefangen gehalten wurden.[1]

2.1. *Die Ohnmacht der Parteien*

Schon in der Revolutionszeit von 1848/49 hatte sich das Fünfersystem der deutschen politischen Parteien herausgebildet, das bis in die 1920er Jahre, dann aber auf dem linken und rechten Flügel durch KPD und NSDAP in Frage gestellt, Bestand haben sollte. Rechts die Konservativen, zwischen ihnen und den Liberalen in der Mitte das katholische Zentrum, links der Sozialismus und der allmählich in ihm aufgehende bürgerliche Radikalismus. Dieses System kannte vielerlei Schattierungen und Flügel, erlebte Absplitterungen und Fusionen, aber eines besaß es nicht: den klaren unverwischbaren Gegensatz zwischen Traditionalisten und Progressiven — eine Polarisierung, die wahrscheinlich eine erfolgreiche bürgerliche Revolution vorausgesetzt hätte. In dem Land ohne Revolution bildete sich dagegen ein eigenartig verschwommenes Geflecht von Parteibeziehungen heraus.[2] Alle deutschen Parteien kennzeichnete eine Mischung von Prinzipientreue bis hin zum starren Doktrinarismus einerseits und Anpassungsbereitschaft bis hin zum blanken Opportunismus andererseits. Hervorgegangen aus ideologisch-philosophischen Schulen und theologischen Kämpfen, eingeschworen auf die Diskussion ideeller Ziele, auf Gesinnungstreue und Zukunftsprogramm, zeigten sie doch im praktischen Taktieren aller Weltanschauungsorthodoxie zum Trotz ein hohes Maß von Anschmiegsamkeit an die vorgegebenen Machtstrukturen. Schon die „Libertät" der älteren politischen Philosophie war als Konzession oder doch als Komplement staatlicher Macht verstanden, aber nur selten selbständig naturrechtlich begründet worden. Die frühliberale Parteitheorie als Bewegungslehre der radikalbürgerlichen Linken sah sich dem Anspruch der deutschen Staatsideologie gegenüber, daß nur der Staat das Ganze gegenüber dem Partikularismus der Parteien repräsentieren könne. Von daher wurde immer wieder — besonders entschieden auch von einflußreichen Popularisatoren wie Treitschke — das Prestige des Obrigkeitsstaats bestätigt, ein Antiparteieffekt genährt, die Selbstbeschränkung der Parteien gefordert. Hinzu kam eine tiefreichende historische Prägung durch eine Vielfalt von sozialen Strukturen und politischen Ordnungsvorstellungen, von regionalen Bedingungen und konfessionellen Bindungen. Was trennte nicht alles ostelbische Junker von protestantischen Konservativen in Südwestdeutschland, badische Demokraten von hansestädtischen Freihändlern, diese alle aber wieder von katholischen Magnaten in Schlesien, sächsischen Fabrikarbeitern, rheinischen Bauern. Schier zahllose Trennungsgräben, Überschneidungen, Widersprüche zersplitterten die Liberalen, wurden vom politischen Katholizismus nur zeitweilig mühsam überbrückt, hielten Konservative auseinander. Eine säuberliche Scheidung in Weltanschauungs- und Interessenparteien ist allemal naiv, denn beide Elemente verbanden sich von vornherein unauflöslich miteinander, und gerade die massiven materiellen Interessen unterteilten wieder von innen her die Parteigruppierungen. Das Bemerkenswerte aber ist, wie lange: nämlich von den 1860er Jahren bis 1929, die Parteien auf ihre ursprünglichen Gesinnungsgemeinschaften, ihre Anfangskonflikte festgelegt blieben, wie lange sie ihre Auseinandersetzungen wegen des Ausschlusses von den „Korridoren der Macht" mit dem Zwang zum Kompromiß ritualisiert und damit den gesamtgesellschaftlichen Demokratisierungsprozeß gehemmt haben. Eine zentrale Aufgabe aller Mittel- und Linksparteien, wie sie sich in eben dieser Emanzipationsförderung sehen läßt, wurde damit jedoch zu lösen verfehlt. Demokratisierung wird hier verstanden als die in Etappen erfolgende, mühsame Durchsetzung rechtlicher, politischer und sozialer Gleichheit. T. H. Marshalls Orientierungsschema, das diese drei Egalisierungsschübe aufeinander folgenden Zeitspannen zuordnet, trifft nur ungefähr auf die britische Entwicklung zu.[3] Im kaiserlichen Deutschland aber ergab sich eine kaum zu überschätzende Komplikation dadurch, daß diese drei Prozesse – von denen jeder für sich schon mühsam genug voranzutreiben war – sich überlagerten. Die kumulativen Schwierigkeiten mußten, wenn nicht im Reich, dann in Preußen, wenn nicht unter Stadtbürgern, dann für das ländliche Gesinde usw. angegangen werden. Zugleich aber wurden die Parteien als die vielleicht wichtigsten Motoren dieser Bewegung sowohl durch die Bismarcksche Reichsverfassung als auch durch die Verfassung wichtiger Bundesstaaten an die Kandare gelegt, und ihre Anpassung an das traditionelle Ordnungsgefüge wurde nachhaltig gefördert.

2.1.1 Die Liberalen. Der bürgerliche Liberalismus verlor bereits in den 1860er Jahren seine Integrationskraft, die Honoratiorenkomitees konnten keine Massenbasis gewinnen, der Sozialliberalismus blieb ein Randphänomen. Die entscheidende Zäsur bildete hier die scharfe, bis dahin eher verdeckte „Trennung der bürgerlichen von der proletarischen Demokratie" bis 1869, als auf Grund unüberbrückbarer Interessengegensätze und Zielkonflikte der linke Flügel der liberalen „Fortschrittlichen", die junge Arbeiterbewegung, sich unter Führung von Intellektuellen und Politikern aus den Handwerkervereinen (z. B. W. Liebknecht und A. Bebel) selbständig machte.[4] Damit verlor aber der deutsche Liberalismus das einzige Wählerreservoir, das ihn zur Massenpartei hätte machen können. Mit dem scharfen Blick des politischen Gegners erkannte der konservative Staatsphilosoph Friedrich Julius Stahl die Schwäche dieser Liberalen, als er ihren stände- und adelsfeindlichen bürgerlichen Gleichheitsgedanken herausarbeitete, aber dann fortfuhr: „Allein, soll die Gleichheit positiv durchgeführt werden, soll die Klasse der Besitzlosen die selben Rechte mit ihr erhalten, dann gibt sie den Gedanken auf und macht politischrechtliche Unterschiede zugunsten der Vermöglichen. Sie will Zensus für die Repräsentation, Kautionen für die Presse, läßt nur den Fashionablen in den Salon, gewährt dem Armen nicht die Ehre und die Höflichkeit wie dem Reichen. Diese Halbdurchführung der Prinzipien der Revolution ist es, was die Parteistellung der Liberalen charakterisiert".[5] Nicht nur wurde der Liberalismus damit entgegen einem seiner ursprünglichen Fernziele: einer bürgerlich-nivellierten Gesellschaft, die mit seiner Vorstellung von einer exklusiven, auf Besitz und Bildung gegründeten Gesellschaft im Widerstreit lag, auf eine Klasse bzw. bürgerliche Schichten begrenzt, sondern er unterlag auch fortab einem ständigen, durch die jahrzehntelang beibehaltene lokkere Honoratiorenorganisation begünstigten Zerfallsprozeß, begleitet von kurzlebigen Fusionen schrumpfender liberaler Splittergruppen. Die Spannung zwischen mittelständischer Wählerschaft und nach 1871 an Bedeutung zunehmender industriekapitalistischer Elite gehört dabei zu den wesentlichen Problemen.

Der Verfassungskonflikt führte 1866 zur Abspaltung der Nationalliberalen von der Fortschrittspartei; rund zehn Jahre lang bewegte sich der Nationalliberalismus auf dem Wellenkamm der Parteientwicklung, 1871 und 1874 wählte ‚man' im Bürgertum nationalliberal, aber 1879/80 zerbrach diese heterogene Sammelpartei nach der Diskreditierung liberaler Wirtschaft und Politik in der sechsjährigen Depression seit 1873. Der „Zersetzungsprozeß der alten Parteien", den Kapp auf ihrem linken Flügel seit 1875 beobachtet hatte, zerstörte zuerst das nationalliberale „Sammelsurium aller möglichen, zum Teil unvereinbaren Bestrebungen, Ansichten und Ziele". Ganz so hielt auf dem rechten Flügel Friedrich Hammacher den „Zusammenbruch der nationalliberalen Partei" für „unvermeidlich", denn eine Partei, „die sich hoch in den Wolken nicht um wirtschaftliche Beschwerden des Landes kümmert oder gar standespolitische Verschiedenheiten mit theologischem Übermut behandelt, muß untergehen".[6]

1880 war es soweit. Die manchesterliberale „Sezession" scherte aus, mit ihr gingen die besten Köpfe der Liberalen: Bamberger, Mommsen, Barth, Rickert, Stauffenberg, Kapp. Übrig blieb die „Hannoversche Linie der Bennigsen und Miquel", die dazu beitrug, „die Demoralisation einzubürgern, welche das Bismarcksche Regiment ausstreute, um Deutschland schließlich unter eine Junkerherrschaft zu bringen, wie sie vorher nie bestanden hatte".[7] Während sich dieser großbürgerlich-industrielle Rechtsliberalismus 1884 auf der Basis des linkskonservativen Heidelberger Programms konsolidierte, fusionierte nach dem aufsehenerregenden, aber letzten linksliberalen Wahlerfolg von 1881 (115 von 397 Reichstagsmandaten, 23 Prozent der Stimmen gingen an die Linksliberalen) die Sezession mit dem alten „Fortschritt" Eugen Richters 1884 zur glücklosen „Deutschfreisinnigen Partei". Der Niedergang eines Liberalismus, der diesen Namen verdiente, war im sozialkonservativen, autoritären Obrigkeitsstaat jedoch bereits unaufhaltsam im Gange, bis 1887 sank seine Abgeordnetenzahl auf 37 ab, von diesen Niederlagen hat er sich nie mehr erholt. Während sich der Nationalliberalismus auf seiner einschrumpfenden Basis bis 1918 erhielt, zerfiel der Linksliberalismus 1893 in die „Freisinnige Vereinigung" und „Freisinnige Volkspartei". Friedrich Naumanns „National-Sozialer Verein" als ein neues Sammelbecken scheiterte kläglich. Erst 1910 brachte die „Fortschrittliche Volkspartei" eine neue Verbindung dieser Elemente. Nach wenigen Anfangsjahren, in denen die Liberalen trotz aller Kritik an ihren Schwächen eben doch noch wie in den vorhergehenden Dekaden „Bewegungspartei" waren, fehlte jedenfalls in der reichsdeutschen Innenpolitik eine geschlossene liberale Partei des Bürgertums, zu der es im Zeichen des neuen Rechtsrucks nach 1879, des Organisierten Kapitalismus und interventionsstaatlicher Politik, vor allem aber auch des Aufstiegs der Sozialdemokratie wohl gar nicht mehr kommen konnte. Darüber hinaus begann schon frühzeitig, nämlich unmittelbar nach 1873, eine andere folgenreiche Entwicklung im bürgerlichen Liberalismus. An seinen Rändern begann ein rechtsradikaler Protest sich geltend zu machen. Ein Teil der ehemals liberalen Wähler bröckelte ab und schwenkte in der Reaktion auf den modernen Industrialismus zu den Protestparteien des politischen Antisemitismus ab, der bis zum Ende des Kaiserreichs von rund 600 000 systemfeindlichen Dissidenten — die SPD nicht gerechnet — etwa die Hälfte umfaßte. In der Reichszeit noch ohne großes Gewicht, kündigte sich hier doch eine Entwicklung an, die nach 1918 rapide voranschritt und unten noch einmal zu behandeln sein wird. Ging es dabei um den Rechtsliberalismus, so spürte der Linksliberalismus, wie alle Parteien links von der Mitte, auch die Nachteile der 1874 geschaffenen, bis 1918 verteidigten Einteilung der Reichstagswahlkreise. Sie begünstigte die ländlichen Bezirke, ignorierte aber umgekehrt die enorme Bevölkerungsverschiebung zu den städtischen Ballungsgebieten mit ihren hohen Wählerzahlen.

2.1.2 Das Zentrum. Meist rechts von den Liberalen nahm die katholische „Verfassungspartei", das Zentrum, ihren Platz im politischen Spektrum ein. Als konfessionelle Minderheitspartei im protestantisch-norddeutsch geprägten Kaiserreich recht straff organisiert, ruhte es auf den zahlreichen, meist von Klerikern geleiteten berufsständischen katholischen Vereinen auf, als deren politische Repräsentanz es geradezu angesehen werden kann. In überwiegend katholischen Gebieten verfolgte es einen intransigenten Kurs, in konfessionellen Mischzonen half es, eine feste katholische Diaspora zu bilden. Ganz auf die Verteidigung seiner Autonomie als Minorität gerichtet, blieb das Zentrum im Innern autoritär unter Berufung auf Kirchenlehre und neuscholastisch-ständische Sozialphilosophie, während es sich nach außen einigelte und durch die ständige Verteidigung gegen eine „feindliche" Umwelt eine unübersehbare Isolierung von der gesamtgesellschaftlichen Entwicklung förderte: von industriellem Kapitalismus und Sozialismus, von Verstädterung und wissenschaftlich-technologischer Zivilisation. Es unterstützte die Ausbildung einer katholischen Subkultur in der reichsdeutschen Gesellschaft — ein klar abgehobenes Sozialmilieu, das mancherorts ein Ghetto wurde —, verlor aber dennoch seit der Mitte der 1880er Jahre an Stimmen: von 23 Prozent sank der Anteil bis 1912 auf 16 Prozent. Dafür kann man vor allem drei Gründe nennen. In der Zeit des Kulturkampfes der 70er Jahre, während der direkten Konfrontation von säkularisiertem Staat und traditionalistischer Kirche, blieb die Grenze zum protestantischen Gegner scharf markiert. Andererseits mußten jedem aufgeklärten Liberalen das Mariendogma (1854), der antiliberale Syllabus Errorum (1864) und die Infallibilitätserklärung (1870) durchaus als Symbole vatikanischer Irrationalität und Rückschrittlichkeit gelten. Mit dem Abflauen des offenen Konflikts verlor aber allmählich — wie tiefe Narben auch immer im deutschen politischen Katholizismus bis heute vom Kulturkampf zurückblieben — die anfänglich ungemilderte Feindschaft, die dem Zentrum 80 Prozent der wahlberechtigten Katholiken zugeführt hatte, an offener Schärfe, und damit verminderte sich auch die Attraktionskraft der Partei.

Ebenso machte sich über die Jahre hinweg auch für das Zentrum bemerkbar, daß die Kirchlichkeit namentlich der städtischen Bevölkerung nachließ und mit abnehmender Verbindlichkeit der christlichen Sozialmoral auch ein Stimmenrückgang verbunden war. Obwohl es dem Zentrum andererseits erstaunlich lange Zeit gelang, heterogene

Gruppen unter der Flagge gemeinsamer Konfessionsinteressen zu vereinigen, wirkte die wachsende Interessendifferenzierung in der sich entfaltenden Industriegesellschaft dem Integrationsanspruch entgegen; Bauern wanderten zu den Konservativen ab, Angestellte zu den Liberalen, Arbeiter zur SPD, eben dorthin, wo sie ihre spezifischen Interessen nachdrücklicher vertreten glaubten. Dabei gaben ihm Mehrheitswahlrecht und Wahlkreiseinteilung zugunsten agrarischer Gebiete ständig ein Viertel Mandate mehr, als es dem Stimmenanteil entsprochen hätte. An einem zentralen Punkt kann man die Bumerangwirkung seiner Politik erkennen. Das Zentrum unterstützte den Klerus bei seiner Anstrengung, die frühe Sozialisation im Elternhaus und in der Volksschule zu monopolisieren. Urbanisierung, Binnenwanderung, Differenzierung auch des Schulwesens usw. ließen aber eine Fülle von unkontrollierbaren Einflüssen auf junge Katholiken einwirken, die spürbar weniger in relativ statischen Agrargebieten mit Zwergschulen groß wurden. Die altfränkische Animosität gegen Stadtleben, Mobilität und weltliches höheres Bildungswesen, gerade also die Vehemenz des Kampfes um katholische Erziehung in den Kinderjahren, damit auch die verbissene, aber gleichfalls rückwärts gewandte Bekämpfung der Mischehen, führten zu einer Schrumpfung des Einflußbereichs, da sich die Probleme verlagerten. Im katholischen „Bildungsdefizit" rächt sich diese modernitätsfeindliche Tradition bis heute.
Zuerst als befehdete Minderheitspartei, dann wegen des schwindenden Besitzstandes an Wählern, von denen das Zentrum in zwanzig Jahren ein Drittel verlor, kämpfte die Partei robust um vergangenheitsorientierte, oft von der Kirche vorgegebene Ziele, keineswegs aber für die Veränderung einer gegnerischen Gesellschaft durch Demokratisierung. Durch einen deutsch-nationalen Überpatriotismus und forcierte reichsdeutsche Loyalität strebte es, die Diskriminierung und Inferiorität des Kulturkampfes wettzumachen, rückte aber dadurch dicht an die Konservativen aller Schattierungen heran. Das ließe sich z. B. an den parlamentarischen Entscheidungen über Heeresrüstung, Flottenpolitik und Imperialismus verfolgen. Den linken Flügel und die schroff antisozialistischen christlichen Gewerkschaften darf man beileibe nicht überschätzen. Auch das auffallende taktische Lavieren der Partei, ihr im Vergleich mit anderen Parteien größerer politischer Spielraum beruhte vor allem darauf, daß sie sich weniger vor den Wählern als vor den Vereinen legitimieren mußte. Dort war unter der „Kaplanokratie" von innerparteilicher Demokratie nicht viel die Rede. Eine kleine Oligarchie von Partei- und Verbandsführern konnte daher die Politik der örtlichen Vereine und des Zentrums bestimmen, das dort, wo massive Interessen auf dem Spiel

standen, die unverhüllte Reaktion tatkräftig unterstützte, z. B. das Dreiklassenwahlrecht für den preußischen Landtag, das dem Zentrum seine Schulpolitik erleichterte, während es andererseits bei wichtigen Entscheidungen ebenso entschieden für die Verteidigung von Minderheiten einzutreten wußte.

2.1.3 Die Konservativen. Die Stärke der preußischen Altkonservativen als der größten Partei der traditionellen Führungsschichten von Grundadel und Militär, protestantischer Geistlichkeit und Bürokratie hatte seit jeher auf den überkommenen und erfolgreich behaupteten Herrschaftspositionen beruht. Auch nach 1871 behielten sie vielerorts Zugang zu den Schalthebeln der Macht und im Kaiser als preußischem König, Oberstem Kriegsherrn und Summus Episcopus der evangelischen Landeskirche einen persönlichen Loyalitätspol. Aber Differenzen mit Bismarck und die Umstellung auf die neuen Dimensionen der Reichspolitik führten zu einer Umgruppierung, aus der 1876 die neue „Deutschkonservative Partei" hervorging. Bereits 1866 hatten sich die „Freikonservativen" von den Altkonservativen gelöst. Sie firmierten im Reichstag als „Deutsche Reichspartei" und verkörperten eine kleine, aber machtvolle Fusion von agrarischem und industriellem Großbesitz mit hoher Ministerialbürokratie. Auf die Partei „Bismarck sans phrase" konnte der erste Reichskanzler fest bauen, wofür ihr viel – nicht immer sichtbarer – Einfluß zufiel, den sie bis 1918 zäh verteidigte. Die Deutschkonservativen verließen sich 20 Jahre lang auf das Schwergewicht ihrer Geltung in Ostelbien, auf die intermediäre Herrenstellung ihrer Landräte und dazu auf eine kleine Hierarchie von Berufspolitikern, die wie die liberalen Honoratioren die Parteiarbeit übernahmen. Dann aber gelang ihnen sowohl der Vorstoß in neue Wählerschichten, als auch die Umwandlung zu einer Partei moderneren Typs mit breiter Basis, als der mächtigste agrarische Interessenverband des Kaiserreichs, der „Bund der Landwirte" (BdL), seit 1893 Zulieferorganisation und Unterbau der Deutschkonservativen wurde. Diese Allianz erwies sich vom Standpunkt der Deutschkonservativen als außergewöhnlich nützlich, gelang es doch dem BdL, der als Interessengruppe ganz vorrangig die Ziele der Großagrarier verfolgte, die Klein- und Mittelbauern zu organisieren und bald auch der blutarmen Konservativen Partei zuzuführen. Ohne diese Schlepperdienste, wie sie übrigens der „Volksverein für das katholische Deutschland" ganz ähnlich für das Zentrum leistete, hätte sie kaum ihren Stimmenanteil von etwa 14 Prozent bis 1912 halten können.

Der Organisationserfolg des BdL schuf für die Deutschkonservativen mit ihrer Verbindung von aristokratischem Lebensgefühl und

Verteidigung sakrosankter Standesrechte, von loyalem Monarchismus mit rechter Opposition gegen die Regierung, von Großagrariertum mit bäuerlichem Ressentiment gegen die Modernisierung ein festes institutionelles Gerippe, wie der BdL überhaupt nach den älteren Vereinen und den ersten Pressure Groups der 70er Jahre einen neuartigen dritten Typus: den des effektiven, durchorganisierten Kampfverbands darstellte.

Dieser Erfolg bildete zum guten Teil das Ergebnis einer wirksamen Verbandsideologie, aus der frühzeitig eine völkische Blut-und-Boden-Mythologie, aber auch der Antisemitismus nicht mehr wegzudenken waren.[8] Nicht nur über die „christlich-sozialen" Konservativen der Richtung um den Hofprediger Stöcker, die seit 1878 eine judenfeindliche Stoßrichtung besaßen, sondern auch und vor allem durch den BdL drang der moderne politische Antisemitismus in die Deutschkonservativen ein, wo er mühelos sowohl an alte Antipathien des Adels anknüpfen, als auch mittelständisch-bäuerliche Affekte gegen den „Geld- und Viehjuden" in die Kanäle der Parteipolitik leiten konnte. Indem aber der Antisemitismus die Agitation und Wahlpropaganda der Deutschkonservativen durchwucherte, wurde er von ihnen gleichsam honorig gemacht. Es wäre daher ganz irreführend, wenn man sich mit einem Blick auf die insgesamt wenig eindrucksvollen Wählerziffern der verschiedenen Antisemitenparteien begnügen und von daher schließen wollte, als organisierte politische Kraft sei der Antisemitismus eine letztlich unbedeutende Randerscheinung geblieben. Über die Deutschkonservativen gewann er vielmehr auf längere Sicht einen ungleich größeren Einfluß, da der politische Antisemitismus durch sie gesellschaftsfähig wurde.

Es darf angesichts der numerischen Stärke der Deutschkonservativen im Reichstag nicht übersehen werden, daß sie – ganz abgesehen von ihrer informellen Stärke und ihrer institutionalisierten Macht in der Verwaltung – zudem noch im preußischen Abgeordnetenhaus des Dreiklassenwahlrechts einen festen Stützpunkt besaßen, denn der Landtag, der in den frühen 60er Jahren für sie eine furchterregende „Bastion des progressiven Liberalismus" dargestellt hatte, war nach den Erfolgen der Bismarckschen Kriegspolitik „zu einem Instrument dauernder Vorherrschaft der Konservativen" geworden – in Preußen natürlich, aber auch im Reich, denn dessen Kanzler mußten sich als preußische Minister nach 1890 – zu dieser Zeit standen 4 Prozent der Wahlberechtigten in der ersten Klasse 84 Prozent in der dritten gegenüber! – oft genug dem konservativen Landtag beugen.[9] Und unter den konservativen Nationalliberalen und Zentrumsleuten des Landtags wollte den Deutsch- und Freikonservativen ohnehin keiner Paroli bieten. Die preußische Machtelite wußte schon, weshalb sie von

Innenminister v. Puttkamer das Dreiklassenwahlrecht „als ein kostbares Gut, das die Regierung aufzugeben nicht gesonnen ist", feierte.[10]

2.1.4 Die Sozialdemokraten. Wie immer man auch die Stärke und Schwäche der deutschen Sozialdemokratie bis 1918 beurteilen mag, es läßt sich nicht bestreiten, daß sich hier seit den 1860er Jahren eine Emanzipationsbewegung organisierte, die am nachdrücklichsten alle demokratischen Gleichheitsrechte verfochten hat. In Gotha hatten sich 1875 die Lassalleschen Arbeitervereine mit den „Eisenachern" um Bebel und Liebknecht zur „Sozialistischen Arbeiterpartei" zusammengeschlossen, und obwohl bald die 12jährige Verfolgungszeit unter dem Sozialistengesetz (1878–1890) begann, konnte der Obrigkeitsstaat mit Ausweisungen, Presseverboten und tausenderlei Schikanen den Aufstieg der Partei nicht verhindern. Schon 1878 wurde die SAP, die sich als neuartiger Organisationstypus und Verkörperung prinzipieller Systemkritik durchaus von den anderen Parteien unterschied, zur viertstärksten Partei im Reichstag, spätestens seither „spukte das rote Gespenst bis in die letzte Bierstube".[11] Ebenso bedenkenlos wie zielstrebig versuchte die Regierung Bismarck diese seit dem Vormärz sich ausdehnenden Befürchtungen auszunutzen und den Sozialdemokraten auch die eigentliche Schuld an den anhaltenden Depressionen zu geben. „Solange wir ... den kommunistischen Ameisenhaufen (nicht) mit der inneren Gesetzgebung austreten", wiederholte der Reichskanzler unentwegt, „werden wir keinen Aufschwung haben".[12] Dieses „Austreten" sollte das Sozialistengesetz ermöglichen, aber weder ließ sich der Konjunkturzyklus davon beeinflussen, noch eine säkulare Bewegung wie das Vordringen der Industriearbeiterschaft damit verhindern. Trotz aller offiziellen Verfehmung und trotz allem informellen Ostrazismus konnte sich die Sozialdemokratie konsolidieren.

Als 1890 das Sozialistengesetz aufgehoben wurde, trat sie mit festem Solidaritätsgefühl und numerisch enorm gestärkt aus der Verfolgung in die Zeit der Breitenentwicklung ein, bis 1912 glich sie sich den anderen Parteien an. Die langjährigen Wachstumsstörungen der 70er und 80er Jahre hatten fraglos die Glaubwürdigkeit ihrer ökonomischen Theorien bekräftigt. Die deutsche Realität schien ihre Analyse des unabwendbaren Zerfalls der liberalkapitalistischen Wirtschaft zu bestätigen.[13] Zugleich blieb es nicht bei ihrer Enttäuschung, daß 1866/71 das Ideal des republikanischen Volksstaates der siegreichen Militärmonarchie unterlegen war, sondern gerade die Kampfzeit des Sozialistengesetzes, das unverhüllt „den Stempel einer brutalen Klassenherrschaft" (Schmoller) trug,[14] förderte das Vordringen der Marxschen Klassentheorie. Es ist immer noch ein genauer zu klärendes Problem, wie die deutsche Arbeiterbewegung bis zur Jahrhundertwende zunehmend marxistisch wurde, warum sie alle Probleme, ihre Kampf- und Emanzipationsziele ganz in der Sprache des Marxismus formulierte, während das in den Vereinigten Staaten gar nicht, in England und dem übrigen Westeuropa viel eingeschränkter der Fall war. Eine weitere Erklärung der deutschen Entwicklung liegt darin, daß wegen der fehlenden bürgerlichen Revolution der spätfeudalistische Überhang an Traditionen auch ein scharfes ständisches Gefälle zwischen den Klassen und Schichten erhielt. Gerade in Preußen blieb diese ständische Differenzierung ausgeprägt, und bis 1918 hat sich ja der politische Kampf der Sozialdemokratie zum guten Teil gegen zählebige feudalistische Strukturen gerichtet. Diese schroffe, spätständische Zerklüftung scheint aber die Klassentheorie bestätigt zu haben, noch ehe sich die industrielle Klassengesellschaft ganz herausgebildet hatte. Da sie nach einem gleitenden Übergang zur dominierenden Formation wurde, erwies für die Sozialdemokraten auch hier der realhistorische Verlauf die analytische Kraft der Marxschen Theorie derart, als ob sie seit jeher zugetroffen hätte, obwohl ursprünglich die Theorie der deutschen Entwicklung vorausgegriffen hatte und von ihnen an ständischen Unterschieden festgemacht worden war. (Umgekehrt erwies sich die amerikanische Industriearbeiterschaft gegenüber dem Marxismus wohl auch deshalb als immun, weil die amerikanische Revolution institutionell die Verwirklichung von Gleichheitsrechten erleichterte und ideologisch mit egalitären Verheißungen einen Gutteil der Anziehungskraft des Sozialismus in Deutschland vorwegnahm).

In der reichsdeutschen Klassengesellschaft blieben die Sozialdemokraten allerorten, auch nach 1890, als „vaterlandslose Gesellen" diskriminiert. Dem globalen Konjunkturaufschwung entsprach zwar das Vordringen des Revisionismus, den steigenden Reallöhnen und Wahlerfolgen die legalistische Praxis einer Reformpartei, die zunehmend nicht nur die Arbeiterschaft repräsentierte, sondern auch als linksliberale Volkspartei, vor allem in Süddeutschland, zur „Fortsetzerin des Werkes des alten bürgerlichen Radikalismus" wurde.[15] Aber die quasi-revolutionäre Rhetorik, zu der die Integrationsideologie des Kautskyanismus anhielt, wurde zur Stigmatisierung der Partei in derselben Zeit weiter ausgenutzt, in der sie wegen ihrer zahmen Praxis verfassungsrechtlich geduldet wurde. Da ihr sowohl die Gleichberechtigung in der bürgerlichen Gesellschaft als auch seit dem Anschluß an die Internationale (1869) die nationale Loyalität bestritten wurde, kapselte sie sich ab und bildete die Sozialdemokratie eine eigene Subkultur in der Gesamtgesellschaft aus. Gewerkschaf-

ten, Parteischulen, zahllose gesellige Vereine, Sportklubs, Zeitungen und Arbeiterbibliotheken zeigten auf der einen Seite, wie ernst die Sozialdemokratie ihre Emanzipation nahm, verstärkten aber auch die Absonderungstendenz. Statt gesamtgesellschaftliche Veränderung beharrlich anzustreben, trat oft genug Befriedigung über den fast lückenlosen Ausbau der Subkultur – nicht zuletzt auch der Aufstiegsmöglichkeiten in ihr! – an die Stelle des politischen Programms, auf dem erst wieder die USPD seit 1917 mit der Forderung nach systemverändernden und strukturbrechenden Maßnahmen bestand; vermutlich hat andererseits der Arbeiterschaft die geringe Mobilität, anders als in den USA, qualifizierte Führer erhalten.
Wegen dieser folgenreichen Außenseiterstellung wirkte sich der Aufstieg von SPD und Freien Gewerkschaften noch nicht so nachdrücklich zugunsten der gesamtgesellschaftlichen Demokratisierung aus, wie man das zunächst vermuten könnte, wobei weder die unleugbaren Leistungen innerhalb dieser Subkultur herabgesetzt, noch die möglichen Alternativen des Verhaltens angesichts der erbitterten Anfeindung und des von schmerzhaften historischen Erfahrungen geförderten Organisationsfetischismus überschätzt werden sollen. Zum zweiten hat gerade die unaufhaltsam wirkende Entwicklung der Sozialdemokratie bei allen anderen politischen Gruppen das Gefühl der Bedrohung verstärkt und damit indirekt zur Verhärtung ihrer Abwehrbemühungen beigetragen. Jede progressive Veränderung wurde von ihnen hartnäckig hinausgezögert, um nicht den Eindruck der Konzessionsbereitschaft gegenüber den „Roten" entstehen zu lassen. Nicht zuletzt wegen dieser Furcht vor der SPD blieb es bei der Wahlkreiseinteilung. Daher konnten konservative Abgeordnete mit einem Zehntel der Stimmenzahl eines Berliner SPD-Abgeordneten in den Reichstag, mit noch weniger Stimmen in den Landtag kommen. Wegen dieser Verhärtung und der taktischen Vorteile, die der Vorwurf der antinationalen Gesinnung bei bürgerlichen Wählern verschuf, scheiterte auch eine politische Kampfallianz zwischen Liberalen und Sozialdemokraten: die sozial-liberale Front „von Bassermann bis Bebel". Vergeblich setzte sich Theodor Mommsen von den Linksliberalen her dafür ein: Jedermann in Deutschland wisse doch, „daß mit einem Kopf wie Bebel ein Dutzend ostelbische Junker so ausgestattet werden können, daß sie unter ihresgleichen glänzen würden".[16] Gerade August Bebel, über vier Jahrzehnte hinweg eine ebenso imponierende Führerpersönlichkeit der Sozialdemokratie des Kaiserreichs wie ein furchtloser Parlamentarier im Reichstag, spürte exemplarisch die Verfehmung seiner Partei. Kurz vor seinem Tode traf er sich mit Gustav Mayer, dem Historiker der deutschen Arbeiterbewegung, im Reichstagsgebäude und wurde dabei

von Bethmann Hollweg mit dem Satz begrüßt, daß hoffentlich seine Gesundheit zurückgekehrt sei. „Ich gehöre diesem Hause seit seiner Schaffung, also seit 1868, an", wandte sich Bebel daraufhin an Mayer, aber „dies war das erste Mal, daß ein Mitglied der Regierung außerhalb der Verhandlungen ein Wort an mich richtete".[17] Den Führern der bürgerlichen Parteien ging es nicht viel besser. So und nicht anders sah die Realität der deutschen „Reichsnation" aus.

2.2 *Der Einbau der Interessenverbände in den Staat: Der antidemokratische Pluralismus und seine Widersacher*

Mehrfach hat man in den großen Interessenverbänden Elemente des modernen Pluralismus und daher in etwas naiver Gleichsetzung Faktoren der Demokratisierung auch in Deutschland gesehen. Die deutsche Erfahrung mit der frühen verbandsstrukturierten antagonistischen Gesellschaft zeigt jedoch weit eher das Gegenteil: Die Verbände der Produktionsinteressen bevorzugten eine autoritäre Politik und stützten ein politisches System, das geradezu durch einen antidemokratischen Pluralismus gekennzeichnet blieb. Das gilt erst recht für die großen politisch-agitatorischen Massenverbände der Rechten, wie Flotten-, Wehr- und Kolonialverein. Mit moralisierenden gesinnungsethischen Klagen ist dem historischen Urteil auch hier nicht geholfen: Die Organisation gesellschaftlicher Interessen in Verbänden, die eine Mittlerrolle gegenüber Staatsleitung und Bürokratie, Parteien und Parlament übernahmen, ist unstreitig ein unvermeidbarer Prozeß gewesen, dessen gemeinwohlfeindliche Auswüchse gewiß scharf kritisiert werden sollten, wie das schon die Zeitgenossen besorgt haben. Aber das eigentliche Dilemma liegt nicht in diesem brutalen, nackten Gruppenegoismus, sondern in dem lange Zeit fehlenden Gegengewicht gegen die mächtigen Blöcke der Produktionsinteressen. Bis sich Gewerkschaften und Sozialdemokratie mit einem Teil der verbraucherfreundlichen öffentlichen Meinung zu Machtfaktoren, die berücksichtigt werden mußten, entwickelten, hatte das Kartell der Produktionsmittelbesitzer, verfilzt mit den politischen Hilfstruppen und Agitationsvereinen des Herrschaftssystems, eine schwer zu erschütternde Bastion gewonnen. Deshalb konnte die blanke Klassengesetzgebung der Reichszeit so lange fortgesetzt werden: Man denke nur an Außenhandel und Besteuerung, Rüstungs- und Agrarpolitik. Von diesem autoritären Verbandssyndikalismus aber Demokratisierung zu erwarten, und sei es auch nur in vermittelter Form, zeigt offensichtlich eine falsche Fragestellung an. Der Beitrag, den z. B. der BdL zur politischen Demokratisierung leistete, beschränkte sich „auf das Tragen der demokratischen Maske und die

Ausbeutung demokratischer Methoden für undemokratische Ziele bei antidemokratischer Gesinnung".[18] In mancher Hinsicht sind auch die Interessenverbände Ausdruck des Konzentrationsprozesses, des Übergangs zum Organisierten Kapitalismus, des Bedürfnisses nach partieller Kontrolle des Wachstumsprozesses gewesen. Überall jedoch konnten die neuen Interessengruppen der 70er Jahre an ältere Institutionen anknüpfen: Die „Vereinigung der Steuer- und Wirtschaftsreformer" (1876–1928) als großagrarischer Verband setzte das Werk der landwirtschaftlichen Vereine, des „Landesökonomiekollegiums" (1842), des „Vereins zur Wahrung der Interessen des Grundbesitzes" (1848–52), des „Kongresses Norddeutscher Landwirte" (1868) fort, wie das seit 1893 der BdL noch kraftvoller tat. Der „Zentralverband deutscher Industrieller" (ZdI, 1876–1919) als korporative Repräsentanz vor allem der Schwer- und Montanindustrie, nutzte die Erfahrungen des „Vereins Deutscher Eisen- und Stahlindustrieller" (1874), aber auch des „Vereins für die Bergbaulichen Interessen" (1858) oder des sog. „Langnam-Vereins" (1871, Verein für die Wahrung der gemeinschaftlichen Interessen in Rheinland und Westfalen). Nach erfolgreicher Sammlungspolitik arbeiteten der ZdI und der BdL 1913 direkt im „Kartell der schaffenden Stände" zusammen, das die Kritiker als „Kartell der raffenden Hände" treffend kennzeichneten. Der späte Rivale des ZdI, der die exportorientierte Leicht- und Fertigwarenindustrie vertretende „Bund der Industriellen" (1895–1912), Stresemanns politisches Sprungbrett, entschloß sich 1906 zu einer Interessengemeinschaft mit dem ZdI, 1913 zur Kooperation in der „Vereinigung Deutscher Arbeitgeberverbände (1913–33), dann 1914 im „Kriegsausschuß der deutschen Industrie", bis die beiden Spitzenverbände 1919 in der Dachorganisation des „Reichsverbands der deutschen Industrie" fusionierten.

Den Handelsinteressen standen die Handelskammern zur Verfügung, seit 1858 der „Kongreß Deutscher Volkswirte", seit 1861 der „Deutsche Handelstag". Ihre liberal-freihändlerischen Neigungen wurden seit 1876 zunehmend weniger berücksichtigt, die protektionistische Schwerindustrie gewann fortab ein klares Übergewicht, das auch der „Handelsvertragsverein" (1900–18) und der handelsfreundliche „Hansabund für Gewerbe, Handel und Industrie" (1909–34) nicht mehr wettmachen konnten. Das oft unterschätzte Handwerk besaß einmal Rückhalt an den Innungen, die zwischen 1881 und 1897 wieder zu Körperschaften des öffentlichen Rechts wurden, mithin wie die Industrie- und Handelskammern „Hoheitsrechte" delegiert bekamen, seit 1883 aber auch an dem „Allgemeinen Deutschen Handwerkerbund", der weithin unbekannt geblieben ist, aber ein äußerst erfolgreicher Verband war, der bis zum Handwerkergesetz von 1897 die liberale Gewerbefreiheit unterlief und einem berufsständischen System nahe kam, obwohl er das Ideal der Zwangsinnung noch nicht ganz erreichte.

Seit den 70er, 80er Jahren, deren Krisen zusätzlich die Kristallisation der Interessen begünstigten, ballten sich überall die Verbände zu einflußreichen Vertretungen der Gruppen zusammen. Frühzeitig fanden sie den direkten Weg zur Reichsleitung, aber auch zu Bürokratien und Parteien. Wie die Landräte den Konservativen Sukkurs gaben, so bauten die Verbände eine intermediäre Machtstruktur der Wirtschaft auf. Bismarcks antiparlamentarische und verfassungswidrige Pläne eines berufsständischen Korporativismus (ja eines Ersatzparlaments der Interessen für den Fall des Staatsstreichs!) zielten darauf ab, auf diesem Weg sogar formell die Interessenten in das politische System einzubauen. Wenn auch der „Preußische Volkswirtschaftsrat" (1881) sich nur eine Zeitlang hielt, während ein Reichsrat von vornherein scheiterte, so wurden doch allmählich diese Verbände informell, sozusagen kraft praktischen Einflusses und faktischer Mitbeteiligung an Entscheidungen integriert.

Dafür bildete der Übergang zum Schutzzoll das erste augenfällige Beispiel. Denn der Zolltarifentwurf von 1878 war vom ZdI maßgeblich mitformuliert worden und blieb im Reichstag, aber auch in den Enquête-Kommissionen des Bundesrates in der Obhut von Verbandsmitgliedern; die Anhörungsprotokolle redigierte der Hauptgeschäftsführer Bueck. Der Tarif verkörperte nach seiner Annahme im Juli 1879 das erste moderne Gesetzeswerk, das überall die Handschrift eines Spitzenverbandes zeigte. Über die Etappen von 1879, 1887 und 1902 hinweg kann man diese Entwicklung weiterverfolgen; ganz ähnliches ließe sich in anderen Bereichen bei anderen Gesetzesmaterien zeigen. Von hier aus führte jedenfalls ein direkter Weg zur „Gemeinsamen Geschäftsordnung der Bundesministerien" der BRD, in der die Zusammenarbeit der Staats- und Verbandsbürokratie formalisiert worden ist.[19] In einem Land, in dem der Streik als normales Mittel des Arbeitskampfes lange für ebenso verwerflich gehalten, wie umgekehrt das Ideal der konfliktlosen Gesellschaft auf seinem Kothurn gelassen wurde, sollte es noch lange dauern — das Kaiserreich war längst untergegangen —, ehe die Dominanz dieser Verbände angefochten und manchmal durchbrochen werden konnte.

Personell und oft auch institutionell (durch korporative Mitgliedschaft) waren die auf Massenwirkung zielenden Agitationsvereine von Anfang an mit den Wirtschaftsverbänden liiert. Ihr Schwergewicht lag freilich auf der Durchsetzung politischer Ziele: auf der Mobilisierung plebiszitärer Zustimmung für bestimmte Entscheidungen der Reichspolitik auch außerhalb der Wahlkämpfe. Der „Deutsche Flottenverein" (1898–1934) unterstützte den Bau der Tirpitzschen Schlachtenflotte, brachte es auf 80 000 Einzel- und korporative Mitglieder und dank seiner Tätigkeit als „Agitationszentrale der Schwerindustrie" (Kehr) auf einen Millionenetat für seine Propaganda.[20] Nicht minder erfolgreich schaltete sich der „Deutsche Wehrverein" (1912–1935) mit 36 000 Mitgliedern in die Rüstungsdebatten namentlich von 1912 und 1913 ein; sein Promotor, der General a. D. Keim, verkörperte wie H. A. Bueck, H. Class oder A. Hugenberg den Typ des modernen Meinungsmanagers. Im „Deutschen Ostmarkenverein" (1894–1935, nach seinen Gründern Hansemann, Kennemann, Tiedemann auch „HKT"-Verein oder „Hakatisten" genannt) wurde der antipolnische Nationalitätenkampf organsiert. Er ging bis hin zum Enteignungsgesetz von 1908 und der Forderung nach ethnischer Flurbereinigung, die programmatisch die Praxis des Nationalsozialismus vorwegnahm. Als Verbindung des „Deutschen Kolonialvereins" (1882) mit Carl Peters' „Gesellschaft für Deutsche Kolonisation" (1884) stieg die „Deutsche Kolonial-Gesellschaft" (1887–1936) zu einer der großen imperialistischen Propagandavereinigungen auf, deren bedeutendes Gewicht nicht exakt an den fluktuierenden Mitgliederzahlen abgelesen werden kann. Und im „Alldeutschen Verband" (1891–1939), um noch ein wichtiges Beispiel aufzuführen, ballte sich der rechtsradikale, völkische Nationalismus mit seinem abstrusen, aber zukunftsreichen Konglomerat rassistischer, pangermanistischer und expansionistischer Ideologien zusammen. Dieses explosive Gemisch kann definitiv nicht mehr als Wunschtraum einer irregeleiteten Minderheit charakterisiert werden, mit der jede Gesellschaft zu tun hat. Denn als „Holding" des militanten Vorkriegsnationalismus konnten die Alldeutschen steigenden Einfluß auf Bürokratie und Staatspolitik gewinnen, wenn auch ihr letzter, selbstzerstörerischer Erfolg nach dem unheilverheißenden Zwischenspiel der von ihr mitgetragenen „Deutschen Vaterlandspartei" von 1917/18 erst 1929 mit dem Durchbruch der NSDAP kam. „Lebensraum", Weltgeltung, Aufrüstung – sie wurden hier ebenso lauthals gefordert wie die „nationale Diktatur" zur gewaltsamen Lösung der inneren Klassenprobleme. Gerade unter dem meinungsbildenden akademischen Bürgertum, den „Opinion Makers" des Kaiserreichs, breiteten sich solche Gedanken aus – kein Historiker könnte das je so eindringlich beschreiben, wie das Heinrich Mann im „Untertan" getan hat. Schon 1886 bezeichnete der Bankier Karl v. d. Heydt, einer der Initiatoren der Alldeutschen, „den Kolonialismus nur (als) ein Mittel zur Erreichung der wirtschaftlichen und politischen Weltherrschaft Deutschlands, lediglich also ein Moment des Pangermanismus". Und der eher noch gemäßigte Historiker Karl Lamprecht († 1915), Flottenprofessor, „Hakatist" und Alldeutscher freilich auch er, forderte vor Kriegsausbruch mehrfach: „Ausdehnung also zum Größtstaat, also Zusammenfassung aller Kräfte der staatlichen Gesellschaft zu einheitlichen Wirkungen nach außen und deren Führung durch einen Helden und Herren: das sind die nächsten Forderungen des Expansionsstaats".[21] Die nach der Weltmacht greifende Militärdiktatur von 1916 verstand sich als Vollstrecker solcher Wünsche, und dem Weltherrschaftsanspruch des braunen Diktators von 1933 wurde hier frühzeitig der Boden bereitet.

Die Behauptung, daß vornehmlich der deutsche Obrigkeitsstaat dem Egoismus der Verbände steuern und hoch über ihnen das Allgemeinwohl verwirklichen konnte, enthüllt sich bei näherem Hinsehen als das genaue Gegenteil der Wahrheit. Gerade im autoritären Kaiserstaat wucherten die Verbände in die Hohlräume des Verfassungsgefüges hinein, gerade die Kastration der deutschen Parteien provozierte die Übermacht der Interessengruppen, gerade die fehlende Koordinationsfähigkeit des Reichsparlaments — wie nachhaltig auch immer die Verbände dort Einfluß auf wichtige Gesetzesmaterien zu gewinnen suchten — förderte den Verbandsegoismus. Da diese Willensbildung durch den Reichstag und die Parteien — und damit auch eine gewisse Mediatisierung der Interessenorganisation — wegen der deutschen Verfassungsstruktur nicht zustande kommen konnte, setzte sich in der Zusammenarbeit mit Bürokratie und Staatsleitung der Interessendruck um so gradliniger durch. Die Illusion von der „Überparteilichkeit der Regierung" wirkte angesichts dieser Realität tatsächlich in zunehmendem Maße als die verschlissene „Lebenslüge des Obrigkeitsstaats".[22]

Von dieser Überparteilichkeit spürten vor allem die Widersacher der Produktionsinteressen und nationalistischen Agitationsverbände wenig: außer der SPD die gewerkschaftlichen Organisationen der Arbeiterschaft. Aus Handwerker- und Arbeitervereinen vor allem der 1860er Jahre hervorgehend, fanden sich in ihnen die vorerst Schwachen gegen eine erdrückende Übermacht zusammen. Zwar wurde die Spaltung in sozialdemokratische Gewerkschaften, liberale Hirsch-Dunckersche Gewerkvereine und später auch Christliche Gewerkschaften im Kaiserreich nicht überwunden, aber der ursprünglich getrennt operierende lassalleanische „Allgemeine Deutsche Arbeiterschaftsverband" und die von Bebel und Liebknecht mitbegründeten „Internationalen Gewerkschaftsgenossenschaften" schlossen sich — wie die Parteien in Gotha — seit 1875 zusammen. Damit entstand der organisatorische Kern der mächtigsten und stärksten, der Freien Gewerkschaften. 1877 zählten sie in 1266 Orten 50 000 Mitglieder, dann traf das Sozialistengesetz auch die sozialdemokratischen Gewerkschaften. Zwischen 1881 und 1886 konnten sie sich in den sog. Zentralverbänden wieder sammeln, ehe der Streikerlaß des preußischen Innenministers v. Puttkamer von 1886 eine neue Verfolgungswelle einleitete. Trotzdem beteiligten sich 1889/90 rund 395 000 Arbeiter an mehr als 1100 Streiks, und nach dem Ende des Bismarckschen Regimes bestanden immerhin schon 58 Zentralverbände mit 300 000 Mitgliedern in 3860 Ortsvereinen. Seit 1890 hielt ein unaufhaltsamer Aufstieg an. Im Auftrag des Gewerkschaftskongresses versuchte die bis 1918 unter der Leitung von Carl Legien stehende „Generalkommission", ein durch das Vereinsrecht behindertes Leitungsgremium, Ausbau und Aktivität auf nationaler Ebene zu koordinieren. Der Erfolg dieser Entwicklung läßt sich an einigen Zahlen ablesen: 1900 gehörten den Freien Gewerkschaften 680 000 Arbeiter an, 1904 wurde die Millionen-, 1910 die Zweimillionengrenze überschritten, 1913 zählten sie 2,5 Mill. Mitglieder (zum Vergleich: Christliche Gewerkschaften: 343 000; „Gelbe", d. h. unternehmerfreundliche Gewerkschaften: 280 000; Liberale Gewerkvereine: 107 000). Ihnen standen 130 Arbeitersekretariate für Beratung und Rechtshilfe zur Verfügung, während fast 3000 hauptamtliche Funktionäre den Organisationsbetrieb aufrecht erhielten. In zahlreichen Arbeitskämpfen (1900: 1433, 1910: 2113, 1913: 2127 Streiks mit 100 000, 156 000, 254 000 Teilnehmern) stritten die Gewerkschaften zäh um die Verbesserung der Lohnverhältnisse und Lebensbedingungen. Allmählich bauten sie mit der SPD eine Machtposition aus, mit der die Gegenseite zu rechnen hatte.

Parallel dazu verlief allerdings ein Nachlassen der politischen Militanz. Innerhalb des nur selten mehr prinzipiell in Frage gestellten Systems richteten sich die Freien Gewerkschaften vor 1914 darauf ein, einen wachsenden Anteil am Sozialprodukt für die organisierten Arbeiter zu gewinnen. Vermutlich stimmte zwar die Mehrzahl in den Freien Gewerkschaften für die SPD, aber die Gewerkschaftler bildeten keineswegs nur Hilfstruppen der Partei. Eher drang aus ihnen — auch vermittelt durch die schnell wachsende Zahl von Reichstagsabgeordneten aus dem Kreis der Gewerkschaftsfunktionäre — ein quietistischer Reformismus verstärkt in die Partei ein. Wie immer man aber die Risikoscheu der „Generalkommission", die „Brot-und-Butter"-Politik der Gewerkschaften beurteilen mag — unbestreitbar bleibt doch ihre organisatorische Leistung unter widrigsten Umständen, ihre Anstrengung, das Gefühl der Solidarität zu stärken, auch der erkennbare Fortschritt, ein Gegengewicht gegen Unternehmer und Staatsbürokratie zu schaffen und auch in Streiks, mutig und opferbereit, zu behaupten.

2.3 *Die Herrschaftstechnik der „negativen Integration": „Reichsfeinde" gegen „Reichsfreunde"*

Die Leitung der 1871 geschaffenen „fürstlichen Versicherungsanstalt gegen die Demokratie"[23] sah sich sofort, nachdem der wirtschaftliche und politische Gründerrausch vorüber war, einem Dilemma gegenüber. Da es im politischen Leben die beiden Brennpunkte: pro oder contra bürgerliche Revolution nicht gab, mußten schon unter der bonapartistischen Halbdiktatur, aber auch danach künstliche Integrationspole geschaffen werden. Denn das Hochgefühl von 1870/71, das wahlpolitisch eine aufs Ganze gesehen recht regierungsfromme nationalliberale Mehrheit beschert hatte, hielt nicht lange an, genauer gesagt: bis die Weltwirtschaftskrise von 1873 in die Depression überging. Ahnungsvoll hatte 1871 der rechtsliberale Heinrich v. Sybel das im Bürgertum weit verbreitete Gefühl nationalpolitischer Erfüllung mit den Worten ausgedrückt: „Wodurch hat man die Gnade Gottes verdient, so große und mächtige Dinge erleben zu dürfen", aber doch die bange Frage angeschlossen: „Und wie wird man nachher leben?" Auch Bismarck selber soll gleichzeitig ganz ähnlich gefragt haben: „Was bleibt für uns, was wird nach solchen Erfolgen, nach gewaltigen großen Ereignissen jetzt uns noch wert erscheinen, es erleben zu dürfen?"[24] Diese Skepsis, ja fast Furcht vor dem Alltag der Reichspolitik erwies sich seit 1873 als nur zu berechtigt, denn unter der Druckglocke der ökonomischen, damit jedoch auch der gesellschaftlichen und politischen Krisenzeit zeigte sich der heterogene Charakter des Reichs, dessen Teile von grundlegend verschiedenen historischen Traditionen geprägt worden waren, überaus deutlich. Das Fehlen eines gemeinsamen Werte- und Normenkatalogs trat scharf zutage, als das Kriegsergebnis verblaßte, dafür aber die Depression auf dem Lande lastete. Die borussische Rechtfertigungsideologie von der Sonderstellung Preußens hatte sich noch nicht massenwirksam durchgesetzt, südlich des Mains tat sie es nie, und die Unterlegenen von 1866/71 konnten sich genausowenig wie die Anhänger von Republik und Volksstaat sofort für sie erwärmen. Der Weg zur „Reichsnation" wurde überhaupt mit jeweils klassen- und gruppenspezifisch unterschiedlicher Geschwindigkeit eingeschlagen. Angesichts dieser Sachlage entwickelte Bismarck eine Herrschaftstechnik, die man auf den Begriff der „negativen Integration" gebracht hat[25]. Er machte sich den uralten sozialpsychologischen Gegensatz von „in-group" und „out-group" zunutze und stilisierte innere Konflikte derart um, daß er eine Mehrheit von „reichstreuen" Elementen gegen eine Minderheit von „Reichsfeinden" führen konnte, die zwar als „ernsthafte Gefahr" erscheinen mußten, das Gesamtsystem aber doch nicht wirklich in Frage zu stellen vermochten. Vorwiegend durch Feindschaft gegen gemeinsame Gegner, daher unter negativem Vorzeichen, wurden diese Koalitionen der Reichsfreunde zusammengehalten. Welfen, Großdeutsche, Elsaß-Lothringer, Dänen und Polen waren für die Kategorie der „Reichsfeinde" ohnehin prädestiniert, konnten aber je für sich schwerlich die Vorbedingung einer gravierenden Bedrohung erfüllen. Daher wurden der politische Katholizismus, der parlamentarische Liberalismus, die Sozialdemokratie, die freisinnigen Juden als die eigentlichen „Reichsfeinde" aufgebaut. Während des Kulturkampfes, der eben nicht ausschließlich einen Konflikt zwischen staatlichen und kirchlichen Ansprüchen im Rahmen von Modernisierung und Verstaatlichung des gesellschaftlichen Lebens bildete, wurden die Katholiken zur Zielscheibe. Indem Bismarck das Zentrum als katholische Partei von „Reichsfeinden" hinstellte, schloß er nicht nur jede Möglichkeit ihrer parlamentarischen Kooperation mit den Liberalen aus, sondern er konnte durch die propagandistische Assoziation mit den katholischen Polen und dem katholischen Habsburg nach dem Motto des „semper aliquid haeret" den reichsdeutschen Katholizismus auch mit außenpolitischen Gefahren in Verbindung bringen. Kluge katholische Beobachter wie Ketteler erkannten hinter dieser skrupellosen Kriminalisierung einer Minorität frühzeitig auch den prinzipiell antikonstitutionellen, auch antisozialen Zug, der auf Wiederherstellung des „alten monarchistisch-absolutistisch-militärischen Preußen ... in seiner ganzen Integrität" zielte.[26]

Kaum zeichnete sich die beginnende Verständigung mit dem Vatikan ab, da konnte sich die Regierungsagitation sowohl gegen die aktuell gefährlichen Linksliberalen (die „Krypto-Republikaner", das „Stimmvieh aus den Richterschen Ställen mit dem Fortschrittsbrett vor dem Kopf", die „nihilistische Fraktion Fortschritt"), als auch gegen die langfristig gefährlichere SAP (das Symbol für den „am Inneren der Völker und Staaten nagenden sozialrevolutionären Krebs") einschießen; auch hier wurden die deutschen Parteien wieder mit auswärtigen Mächten — dem liberalen England bzw. der sozialistischen Internationalen — verknüpft, um ihre Reichsloyalität in Frage zu stellen.[27] Da vorerst das Kräfteverhältnis im Reich den Liberalismus der bürgerlichen Politiker bedrohlicher als die Demokratie der Sozialisten erscheinen ließ — denn Bismarck überschätzte den Liberalismus ganz so, wie er die Sozialdemokratie in gewisser Hinsicht unterschätzte —, scheute er sich auch nicht, den Antisemitismus als Prellbock gegen die liberalen Juden zu benutzen.[28] Da seit den Emanzipationsgesetzen im frühen 19. Jahrhundert die politisch aktiven Juden auch in Preußen auf Vollendung der Gleichberechtigung drängten, fanden sich nicht wenige von ihnen bei den Liberalen, später bei den Sozialdemokraten, wo sie ihre Ziele verfolgten. Der Jude als ‚fortschrittlicher' „Reichsfeind" wurde, noch ehe das Klischee vom marxistischen Juden sich ausbreitete, mit Bismarcks ausdrücklicher Billigung zum Sündenbock der deutschen Innenpolitik. Selbstverständlich blieben auch Polen und Elsässer „Reichsfeinde", so daß sich, weil Freisinnige und Sozialdemokraten oft mit ihnen um Minderheiten- und Verfassungsrechte kämpften, wegen der traditionellen Bindung an das polnische Selbständigkeitsideal bzw. an das französische Mutterland wiederum die allgemeine Insinuation des Landesverrats gegen die Oppositionsparteien ausspielen ließ. Sobald ihr „Parteiinteresse ausländischen Anlehnungen nützlich erscheinen" lasse, urteilte der Kanzler, würden sie „das eigene Vaterland im Stich ... lassen" und einem siegreichen Frankreich mit „nicht weniger dienstbarer Gefälligkeit begegnen, als Napoleon seinerzeit im Rheinbund" angetroffen habe.[29]

Wenn aber die reichsfeindliche Rotte Korah nicht genügte, um die negative Integration befriedigend voranzutreiben, dann konnte Bismarck immer noch mit der geheimen Waffe des Staatsstreichs drohen. Dieser schwebte wie ein Damoklesschwert über der Parlamentspolitik der 70er und 80er Jahre. Durch wachsende Opposition im Reichstag „würde das parlamentarische System um so schneller ruiniert und die Säbelherrschaft vorbereitet werden", verkündete Bismarck, „Deutschland könne dann eben nicht reiten. Die Bündnisverträge müßten gelöst ... und damit die Verfassung umgeworfen werden".[30] Mancher Widerspruch der Unterstaaten, des Bundesrats, der Parlamentarier wurde damit mundtot gemacht, denn offensichtlich traute man dem Mann, der 1848 versucht hatte, die Gegenrevolution zu organisieren und den Verfassungskonflikt durchgestanden hatte, bis in die Entlassungskrise von 1890 diese Torpedierung durchaus zu — eine Einsicht, die die konstitutionelle Monarchie bonapartistischen Typs auf kurze Sicht nicht eben schwächte. Zudem bot die Ausnahmesituation im „Reichsland" oder in den preußisch-polnischen Ostprovinzen lange Jahre die Möglichkeit, den Hebel für Pressionen gegenüber Reichstag und Parteien anzusetzen. Nicht nur Marx hatte 1870 wegen der Annexion im Westen eine Versteinerung des „Militärdespotismus" im Inneren kommen sehen, sondern auch Burckhardt erfaßte sogleich, daß man dank Elsaß-Lothringen „auch ohne Krieg wenigstens jeden Moment Kriegslärm, Mobilmachungen und dergleichen disponibel" habe, „d. h. einen leisen Belagerungszustand in Deutschland selbst, wobei Konstitutionalismus und andere Antiquitäten plötzlich verstummen müssen".[31] Noch 1913 sollte die Zabern-Affäre diese Prognose bestätigen. Bis dahin hatte der vom Annexionsprotest genährte französische Revanchegedanke jahrzehntelang den inneren und äußeren Kurs des großpreußischen Militärstaats mitbestimmt. Nachdem aber Bismarck auch dieses Verhaltensmuster in der Parteipolitik eingeschliffen hatte, blieben seine Nachfolger bei dieser Taktik, zumal da die Spannungen in der deutschen Klassengesellschaft eine solche Blockbildung gegen die „Reichsfeinde", als die dann vorwiegend die Sozialdemokraten hingestellt wurden, erforderlich zu machen schienen. Die zusätzlichen Integrationsmittel wurden freilich immer massiver eingesetzt — und damit auch riskanter, wie noch zu zeigen sein wird.

Unter dem Gesichtspunkt des langnachwirkenden Einflusses der „Gründungszeit" war die ingeniöse Herausbildung dieser Herrschaftstechnik der negativen Integration schon unheilschwanger genug, aber auf drei weitere Komplexe ist hier noch hinzuweisen. Einmal fachte Bismarck das ohnehin verbreitete Ressentiment gegen die Parteien weiter an, wie ja auch der Intention nach der Dualismus von „Reichstreuen" versus „Reichsfeinde" die Parteien gewissermaßen überspringen und durch zwei bunt zusammengewürfelt antagonistische Lager ersetzen wollte. Wenn Bismarck ätzend spottete, „daß das in Deutschland vorhandene Quantum von Unfähigkeit und Größenwahn unter den gewerbsmäßigen Parlamentariern über Verhältnis vertreten ist", dann förderte er damit nicht nur den Antiparteien- und Antiparlamentseffekt der Stammtischpolitiker, sondern er umgab ihn auch mit der Aura seiner Autorität, auf die man sich nicht nur bis 1918 berufen hat.[32] Zum zweiten wurde durch die rigorose Instrumentalisierung der Parteien ihr staatlicher Gestaltungswille weiter geschwächt. Daß für Bismarck die Parteien nur „Postpferde" seien, mit denen er „bis zur nächsten Station fährt", hatten seine Bekannten sehr früh erkannt, und immer wieder ist später der Eindruck festgehalten worden, daß Bismarck die Parteien behandelte, „als seien sie Staaten", er „manövrierte sie hin und her, schloß Bündnisse und brach sie".[33] Das aber hinterließ tiefe Narben, es verschärfte auch unter den Parteipolitikern das Gefühl der Ohnmacht.

Vor allem gewöhnte sich jedoch die deutsche Innenpolitik mit breiten Teilen der öffentlichen Meinung an ein Gefälle unter den Staatsbürgern: Die „Reichsfeinde" wurden als Bürger zweiter Klasse diskriminiert, ja durch förmliche Ausnahmegesetze gegen Sozialdemokraten und nationale Minderheiten oder durch informelle Mechanismen, die gegen Juden und Katholiken nicht nur in Heeresdienst und Verwaltung wirkten, aus dem Geltungsbereich rechtsstaatlicher Generalnormen, die ungeachtet der Person gelten sollten, hinausgedrängt. Durch diesen Gewöhnungsprozeß wurde aber auch allmählich die

Schwelle der Anstößigkeit dieser illiberalen Tendenzen gesenkt. Daß es inferiore Nachbarn gab, gehörte zur Alltagserfahrung der fünfzig Reichsjahre, die das Freund-Feind-Denken nährten. Von daher wird erst verständlich, warum die Barriere vor der physischen Liquidierung von Minderheiten ausgerechnet im Volk der „Dichter und Denker" so schnell niedergewalzt werden konnte. Denn in historischer Perspektive führt von den „Reichsfeinden" sowohl ein Weg zur „Reichskristallnacht", als auch zur „Volksgemeinschaft" mit dem notwendigen Komplement der „Volksschädlinge", die es zu beseitigen galt.

2.4 *Sammlungspolitik im „Kartell der staatserhaltenden und produktiven Stände", 1876–1918*

Zu den dauerhaften Ergebnissen der „großen konservativen Gegenrevolution" von 1848 bis 1879 gehörte die in ihrer Endphase entwickelte Sammlungspolitik von Großindustrie und Großagrariern.[34] Sie bildete trotz gelegentlicher Risse das Fundament der Reichspolitik bis 1918. „Unter Bismarcks Gönnerschaft kam das Bündnis des großen Kapitals und des großen Grundbesitzes zustande, das Deutschland seit Ende der 70er Jahre beherrscht", urteilte der konservative Schmoller, dessen Urteil sich hier mit dem seiner linken Gegner deckte. Diese Allianz gegen den Fortschritt besaß zuerst eine antiliberale Stoßrichtung, sie verkörperte geradezu die Entliberalisierung seit den 70er Jahren. Allmählich rückte dann die von Anbeginn auch vorhandene antisozialistische Komponente klar in den Vordergrund. Bismarcks Haltung blieb ambivalent. Auf der einen Seite versuchte er, glaubhaft zu machen, bei der Bekämpfung der Sozialdemokraten handele es sich um die „Rettung der Gesellschaft vor Mördern und Mordbrennern, vor den Erlebnissen der Pariser Commune". Deshalb müsse gegen die SAP „ein Vernichtungskrieg" geführt werden. Er wollte nicht ständig die Verfassung unter dem Arm tragen, sondern zu diesem Zweck „über die Barrieren hinwegsetzen, die die Verfassung in übergroßer doktrinärer Fürsorge zum Schutze des einzelnen und der Parteien in den sog. Grundrechten errichtet habe. Der Sozialdemokratie gegenüber befinde sich der Staat im Zustand der Notwehr" und dürfe „nicht zimperlich in der Anwendung der Mittel sein. A corsaire corsaire et demi!" Als die Erfolge dieser Drohpolitik unter den erschreckten „deutschen Philistern" deutlich wurden – wie Radowitz im Auswärtigen Amt frohlockte –, andererseits die SAP aber weiter anwuchs, wurde der Ton noch schriller. „Bedrohliche Räuberbande", „verbrecherische Umsturztheorien", „Behandlung nach

Kriegsrecht", ja Vertilgung „der Ratten im Lande" — so steigerten sich die Attacken bis zu den biologistischen Metaphern einer Liquidationspolitik, deren Realisierung noch bevorstand.[35]
Auf der anderen Seite erkannte Bismarck aber auch deutlich, daß die Probleme des ungleichmäßigen industriellen Wachstums — „deren Symptome die sozialistischen Bedrohungen der Gesellschaft sind"! — der Sozialdemokratie Auftrieb gaben und folglich eine staatliche Entschädigungspolitik zur Loyalitätssicherung geboten sei. Diese lag dann seinen Sozialversicherungsgesetzen zugrunde. Vor allem teilte Bismarck jedoch keineswegs die naive Revolutionsfurcht des „bürgerlichen Ordnungsmenschen", so fatalistisch er auch manchmal, gewiß auf längere Sicht, die Aussichten seines sozialkonservativen „Deichbaus" beurteilte: Denn „die Hungrigen . . ., die werden uns fressen". Anstatt von pessimistischer Zukunftserwartung jedoch von einem „cauchemar de révolution" zu sprechen, ist ganz irreführend. „Papa sagt", gab Herbert v. Bismarck eine Wahlinstruktion weiter „mit den Sozialisten können wir entweder taktieren oder sie niederschlagen, der jetzigen Regierung können sie niemals gefährlich werden". Das generell „Sozialdemokraten besser als Fortschritt" seien, dürfe man zwar nicht aussprechen, „Privatansichten sind aber frei". Immerhin ließ Bismarck auch das preußische Staatsministerium wissen, daß er gerade wegen ihrer utopischen Ziele „das Anwachsen der Sozialdemokraten nicht für besonders bedenklich halte". Mit preußischen Soldaten glaubte er, im Konfliktfall deutschen Demokraten immer noch gewachsen zu sein.[36]
Diese Selbstsicherheit ließ in Berlin in dem Maße nach, wie die Sozialdemokraten eine Millionenerwählerschaft gewannen. Zugleich demonstrierte auch der Effekt von Konjunkturaufschwung und Revisionismus, von parlamentarischer Reformarbeit und Gewerkschaftserfolgen die Zähmung des verbalrevolutionären Radikalismus. Übrig blieb daher vor allem das manipulatorische Moment, bei jeder nur möglichen Gelegenheit die „rote Gefahr" als Motor der Sammlungspolitik einzusetzen. Andererseits breitete sich aber auch das Gefühl, von der aufsteigenden linken Welle in die Ecke geschwemmt zu werden, unaufhaltsam in den herrschenden Klassen aus, ohne daß daraus ein Antrieb zu gesellschaftlichen Reformen im Frieden erwachsen wäre. Gerade solche Impulse abzuwehren, hatte ja auch seit jeher ein Ziel der Sammlungspolitik dargestellt.
Das antiemanzipatorische „Kartell der staatserhaltenden und produktiven Stände" galt schon Bismarck als der innere Drehpunkt seiner Politik seit 1876/79. Der Kartellreichstag von 1887 schien das zuletzt noch einmal zu bestätigen, aber auch nach der Entlassung sah er in der entschiedenen Forderung nach Fortsetzung der „konservativen

Sammlung" sein eigentliches „innenpolitisches Vermächtnis" (Stegmann). Daran zu erinnern, schien angesichts der Zäsur, die Caprivis industriefreundliche Außenhandelspolitik für die Agrarier bedeutet hatte, besonders geboten. Obwohl es sich bei diesem schnöden Attentat auf bislang protegierte ‚Rechte' um ein kurzlebiges Schrecksignal handelte, mußten die Industriellen doch durch einen neuen Interessentenkompromiß mit bewährtem antisozialistischen ideologischen Fugenverputz zurückgewonnen werden. So sehr es daher berechtigt ist, die sozialhistorische Konstante der Sammlungspolitik zu betonen, mit der das Machtmonopol privilegierter Minderheiten befestigt und von der Mehrheit finanziert wurde, so irreführend wäre es doch andererseits, den Eindruck eines monolithischen Blocks zu vermitteln, der unverändert von 1879 bis 1918 jeder politischen und sozialen Modernisierung den Weg versperrte. Innerhalb der Sammlungspolitik gab es Schwankungen, Pausen, wechselnde Allianzen, die Notwendigkeit neuer Kompromisse. Nach der Mitte der 90er Jahre kann man daher bei näherem Hinsehen für ein Dutzend Jahre von zwei konzentrischen Kreisen sprechen: Den inneren, kleineren Bereich suchte Miquel, deutlich an preußischen Machtverhältnissen orientiert, durch eine Wiederbelebung der großindustriell-großagrarischen Allianz auszufüllen. Für die Reichspolitik erwies sich dieses Fundament aber als zu schmal, denn die Verbindung mit dem konservativen Zentrum wollte gerade Miquel möglichst vermeiden. Die umfassende Konzeption entwickelten Tirpitz und Bülow, wobei sie die Schlachtflotte als politischen Integrationspol einsetzten, der auf das Bürgertum insgesamt einwirkte und es schließlich der katholischen „Verfassungspartei" für den konservativen innenpolitischen Kurs gewann (s. IV. 5.2). Dem alten Mittelstand wurde er zusätzlich durch sozialprotektionistische Maßnahmen (wie das Handwerkergesetz von 1897) schmackhaft gemacht. Den harten Kern, die Miquelsche „Sammlung", hielten der Bülowsche Zolltarif und die Flottengesetze zusammen, so daß — immer auch gestützt auf den gewerblichen Mittelstand — das „agrarisch-industrielle Kondominium mit der Spitze gegen das Proletariat" weiter seiner vorrangigen gesellschaftspolitischen Funktion, „die sozial bedrohte Stellung der herrschenden Schichten zu sichern und zu stärken", gerecht werden konnte.[37] Durch eine Vielzahl solcher flankierenden Maßnahmen, die den Interessen der Protagonisten entsprachen, sicherte das reichsdeutsche „Kartell der Angst" immer wieder seine privilegierte Position ab.

Begünstigt wurde seine Strategie durch den seit der Mitte der 70er Jahre spürbaren Schwund der gesinnungs- und verfassungspolitischen Antriebskräfte in den Auseinandersetzungen der Parteien — mit Ausnahme freilich der Sozialdemokratie. An die Stelle der libe-

ralen und konservativen Verfassungsideale trat bei gleichzeitiger Anpassung an die Entscheidungen von 1871/79 der uneingeschränkte sozialökonomische Interessenkampf. Bismarck hatte einerseits treffend analysiert, „daß das Vorwiegen der wirtschaftlichen Fragen in der inneren Entwicklung in unaufhaltsamem Fortschritt begriffen ist", auf der anderen Seite hatte er aber auch selber den Prozeß beschleunigt, demzufolge „die Gelehrten ohne Gewerbe, ohne Besitz, ohne Handel, ohne Industrie, die vom Gehalt, Honoraren und Coupons leben", sich „den wirtschaftlichen Forderungen des produzierenden Volkes unterwerfen oder ihre parlamentarischen Sitze räumen" müßten. Denn von der Befriedigung materieller Interessen, vertreten von Verbandssyndici, konnte sich sein innenpolitisches Stabilisierungskalkül direkter Erfolge erhoffen als von dem Ringen mit den nationalen oder konstitutionellen Wünschen überzeugter Honoratiorenpolitiker. Der Säkulartrend, den Bismarck nach Kräften vorantrieb: „daß die Parteien als scharf charakterisierte wirtschaftlich-soziale Interessengemeinschaften auftreten möchten, mit denen man rechnen und Politik treiben kann nach dem do-ut-des-Prinzip", dieser Trend hatte sich von den 1870er Jahren bis in die Vorkriegszeit „in ungeahntem Maß" durchgesetzt, wie Otto Hintze 1911 urteilte. Die Sammlungspolitik, der ein in Abständen je neu zu findender Ausgleich massiver Interessen zugrunde lag, bildete sowohl ein Ergebnis dieser Entwicklung als auch eine Bedingung ihrer beschleunigten Durchsetzung, die – wie Hintze treffend schrieb – im autoritären Reich sichtbar die „monarchische Staatsleitung" begünstigte, statt „zu parlamentarischem Einfluß" zu führen.[38]
Zu den Verbänden und Parteien, die die große Sammlungspolitik repräsentierten, stießen 1907 als Ersatz für das Zentrum die sog. Linksliberalen, obwohl einer von ihnen, Friedrich Naumann, unlängst noch die antisozialistische Klammer, die Roggen und Stahl verband, treffend charakterisiert hatte: „Man heuchelt Revolutionsfurcht, um Vorteile zu gewinnen".[39] Der Bülowblock seit 1907 demonstrierte noch einmal die Wirksamkeit der Sammlungsappelle, aber schon 1909 trat an die Stelle der vertrauten, überspielbaren Zerwürfnisse wirklicher Zerfall, als die Agrarier in der Reichsfinanzreform ihren geheiligten Egoismus so kraß durchsetzten, daß dem Bündnis mit der Industrie zeitweilig der Boden entzogen wurde. Daß der ZdI von 1909 bis 1911 mit dem relativ liberalen „Hansabund", in dem Handel und Exportindustrie eine von der Schwerindustrie scharf unterschiedene Wirtschaftspolitik verfolgten, kooperieren konnte, ehe er wegen dessen angeblich zu weicher Haltung gegenüber der Sozialdemokratie wieder ausscherte, zeigt deutlicher als viele Symptome die Tiefe des Trennungsgrabens an. Zwar bildete sich wieder eine kleine Sammlung

von Schwerindustrie, Großagrariern und Mittelstand heraus, aber die Verbindung mit Zentrum, Handel und BdI gelang vorerst nicht, obwohl die Schrauben des Antisozialismus und Antisemitismus fest angezogen wurden. Nicht zuletzt lag das daran, daß die Flotte sowohl ihre unterschiedliche Elemente verbindende Anziehungskraft verloren hatte, als auch wegen des Übergangs zum kostspieligen Dreadnoughtbau (1908), der entgegen allen früheren Berechnungen Geldprobleme aufwarf, die in der Finanzpolitik ihre Sprengkraft erwiesen. Die „nationale Sammlungsparole" Bethmann Hollwegs im Wahlkampf von 1912 konnte den Sieg der Linksparteien nicht verhindern, der umgekehrt die Rechtstendenz der traditionellen Partner der Sammlungspolitik noch einmal beschleunigte. Zwar war jetzt das „Kartell der schaffenden Stände" zustande gekommen, aber alle organisatorischen Anläufe, der linken „Sintflut" den Damm eines Blocks aller Rechtsparteien entgegenzusetzen, scheiterte an unüberbrückbaren Interessengegensätzen. Anstelle des vermeintlichen „stillen Verfassungswandels" in Richtung auf eine Parlamentarisierung der Reichspolitik — für die der von antiparlamentarischen Rechtsgruppen gestürzte Bülow das denkbar schlechteste Beispiel darstellt! — gab es vielmehr eine Polarisierung der Kräfte, die aber nicht massiv organisiert aufeinander prallten, sondern in eigentümlicher Lähmung, eingesponnen in eine Atmosphäre dumpfer Furcht und allgegenwärtigen Mißtrauens verharrten. Das mißglückte Rechtskartell illustriert das ebenso wie die schale Folgenlosigkeit der beiden im Reichstag erzielten Mißtrauensvoten gegen Bethmann Hollweg, dem die verfassungspolitische Impotenz der linken Mehrheit nicht schaden konnte. Diese Quasi-Paralyse dank einer ausweglos erscheinenden Dauerkrise in einer tiefgespaltenen Nation stellte fraglos eine der wesentlichen Bedingungen für die Risikopolitik des Sommers 1914 dar.

Der Wunsch eines imposanten Rechtskartells wurde erst in der 1917 gegründeten „Deutschen Vaterlandspartei" verwirklicht, einer zeitgemäßen Fortsetzung früherer Rechtsallianzen in Gestalt der ersten deutschen frühfaschistischen Massenbewegung.[40] Zwar war auch der politische Antisemitismus seit den 70er Jahren frühfaschistisch gewesen, eine Massenbasis aber gewann er doch erst ab 1917. Als der legitime Sprößling der „Vaterlandspartei" hat dann die NSDAP zu gelten: in Personal- und Sozialgeschichte, in Ideologie und Programmatik sind hier die Verbindungsstränge überdeutlich zu erkennen. Sie stellte endlich eine große Sammlungsbewegung dar, die den eigentlichen Konservativen ebenso notwendig wie zähmbar erschien. Welche ungeheure Bürde die kaiserdeutsche Sammlungspolitik auch immer für die Republik aufgetürmt hat — bis 1918 diente sie konsequent dem mit wachsendem Egoismus anvisierten Herrschaftsinteresse der alten und neuen Führungsschichten. Sie entsprach einem „Staat, in welchem seit Jahrhunderten niemand regiert" – wie es Walter Rathenau auf eine einprägsame Formulierung brachte –, „der nicht als Angehöriger oder Assimilant des militärischen Feudalismus, der feudalisierten Bürokratie oder des feudalisierten, militarisierten und bürokratisierten Plutokratismus auftritt".[41]

3. Integrationsklammern und strukturelle Demokratiefeindschaft

Außer autoritären Verfassungsnormen und bonapartistischer Verfassungsrealität, außer Parteienohnmacht und Verbändeegoismus, außer politischen Herrschaftstechniken und konservativen Dauerbündnissen sorgten zusätzliche Integrationsklammern, die sich aufs engste mit diesen Elementen verzahnten, dafür, daß das gesamtgesellschaftliche Ordnungsgefüge möglichst lange im Sinne der herrschenden Klassen erhalten blieb. Man wird hier zwischen ideologischen Einflüssen und Antriebskräften einerseits, institutionellen Regelungen und Stabilisierungsmechanismen andererseits unterscheiden müssen, wobei aus ihrer Vielzahl jeweils nur wenige Momente paradigmatisch herausgegriffen werden können. Mit der Erörterung einiger ideologischer Faktoren allein wäre es nicht getan, denn stets müssen Institutionen die Verinnerlichung von Herrschaft auf Dauer gewährleisten – eben darin gründet z. B. die zentrale Bedeutung der Erziehungssysteme, der primären (von der Kleinfamilie ausgeübten) und sekundären (von den Altersgenossen, Schulen und Hochschulen übernommenen) Sozialisation für die Abstützung gesellschaftlicher Herrschaftsverhältnisse. Wegen der fundamentalen Bedeutung dieser institutionalisierten Verhaltenssteuerung, die – auf eine Kurzformel gebracht – Fremdkontrolle erhielt, statt Eigenverantwortung einzuüben, wird man auch von struktureller Demokratiefeindschaft als einem ihrer folgenreichsten Ergebnisse sprechen können. Gerade sie gehörte zu den Kennzeichen der deutschen Gesellschaftsgeschichte auch in der Zeit des Kaiserreichs.

3.1 Staatsideologie und Ausnahmegesetze

Die traditionelle deutsche Staatsideologie, die wie eine alles durchdringende Dunstglocke auch den Staat von 1871 überwölbte, wurde vor allem aus drei Quellen gespeist.

a. Die absolutistische Herrschaftspraxis in den deutschen Staaten hat, insbesondere seit dem Ende des 30jährigen Krieges zu einer Gewöhnung an stetig zunehmende Lenkung von oben geführt. Während anderswo der Prozeß der modernen Staatsbildung die dezentralisierte

Selbstverwaltung kleiner Einheiten nicht ausschloß bzw. durch Revolutionen verändert wurde, setzte sich im deutschsprachigen Mitteleuropa ein relativ kontinuierlicher Aufstieg der auf Bürokratie und Heer sich stützenden Zentralgewalten durch. Dabei ist nicht zu übersehen, daß diese Variante des „aufgeklärten" Absolutismus vor allem den großen deutschen Territorialstaaten ein vergleichsweise bemerkenswertes Maß an leistungsfähiger Verwaltung gebracht, damit gegen revolutionäre Unruhe oder Ansteckung vom Westen her immunisierend gewirkt und die Aureole der Staatsleitungen vergrößert hat. In der Praxis des Staatslebens — aber auch dort, wo gesellschaftliche Veränderung und Wirtschaftspolitik als staatliche Veranstaltung zustande kam — wurde mithin ein massiver Einfluß tradiert, an dem schließlich gleichsam das Gewicht von Jahrhunderten hing.

b. Die spezifische Ausprägung einer vulgarisierten lutherischen Obrigkeitsgläubigkeit hat diese Entwicklung dann ganz so ideologisch abgesichert, wie das komplementär der gegenreformatorische Katholizismus in den katholischen Staaten getan hat. Wie immer auch das Staatsdenken Luthers interpretiert werden mag — fest steht, daß die evangelischen Landeskirchen in der praktischen Alltagseinwirkung die jeweilige Staatsspitze als gottgesetzte Obrigkeit, der man Gehorsam schulde, aber nicht kraft Widerstandsrechts opponieren dürfe, verklärt und der Kritik entzogen haben. Vor allem im größten der Teilstaaten des Reichs läßt sich diese Entwicklung verfolgen, und wegen der preußischen Hegemonialstellung ist sie hier auch besonders folgenschwer gewesen.

c. Dieses Urteil gilt auch für den hegelianischen Staatsidealismus, der sich seit den 1820er Jahren von den preußischen Hochschulen aus verbreitete. Von den Universitätskathedern wurde — ursprünglich mit dem ganzen Schwung der idealistischen Philosophie — dem Staat als Verkörperung der Sittlichkeit über das Gottesgnadentum hinaus eine zusätzliche irdische Weihe gegeben, die schließlich zur platten Staatsvergottung degenerierte und im Bodensatz der nicht mehr in Frage gestellten Meinungen trotzdem um so nachhaltiger fortwirkte. Vornehmlich zwei wichtige soziale Gruppen wurden die Träger dieses Staatsidealismus: Die Bürokratie als Hegels „allgemeiner Stand" nahm für sich in Anspruch, den Staat geradezu zu verkörpern; das Bildungsbürgertum, das allmählich nicht weniger einflußreiche „Meinungsmacher" stellte, rezipierte gleichzeitig den Hegelianismus, und beide Gruppen zusammen schleusten ihn ständig in die elitäre Diskussion, in die öffentliche Meinung, in das Bildungswesen ein. „Die Berliner Staatssophisten haben solange das Lied gesungen, daß der Staat das vollkommenste Gebilde sei, welches der menschliche Geist erbauen könne, daß es denselben gleichgültig geworden ist, ob die Individuen zu abgerichteten Maschinen verkümmern", urteilte der Liberale Franz v. Roggenbach in den 80er Jahren. Mit anderen Kritikern erkannte der badische Freiherr, daß diese autoritäre Staatsideologie sowohl allgemein einer politischen Modernisierung Deutschlands hemmend im Weg stand, als auch direkt der Herrschaftsstruktur des Kaiserreichs zugute kam. Ob daher „der Geist der Zeit, der so mächtig auf Bestätigung des Staatsabsolutismus, verziert mit parlamentarischem Beiwerk und naiver Spielerei mit Scheinkonstitutionalismus hindrängt, sich wieder einmal ändern" werde, wußte auch er nicht zu sagen.[1] In der Tat behielt die deutsche Staatsideologie, vor allem auch als Mythos von der Überparteilichkeit der Staatsorgane, ihren eminenten Einfluß bis 1918 und darüber hinaus.

Wenn aktive Minderheiten oder emanzipatorische Bewegungen den Status quo und damit die Ausstrahlungskraft dieser Ideologie in Frage stellten, wurden Ausnahmegesetze gegen sie eingesetzt, um sie zur Räson dieses Staats zu bringen. Das verspürten als erste die Katholiken in der Zeit des Kulturkampfs, als nächste die Sozialdemokraten von 1878 bis 1890. Zur gleichen Zeit begann die Gesetzgebung gegen die nationalen Minderheiten immer schroffere Züge anzunehmen. Sie mündete in Ausnahmegesetze, die dem staatsbürgerlichen Gleichheitsgedanken Hohn sprachen. Darüber hinaus wurde im deutschen Beamtenstaat auf dem schwer erkennbaren inneren Dienstweg der Verordnungen und Erlasse Diskriminierung ausgeübt — sei es gegen Sozialdemokraten und Katholiken oder gegen Juden und Liberale in der Verwaltung und im Heer, in der Justizbürokratie und in den Reichsbehörden. Zusammen mit den noch mühsamer zu fassenden informellen Mechanismen der Vorurteile und Ressentiments übten sie auf die Dauer vermutlich eine ebenso anhaltende Wirkung aus wie der zeitweilig geltende rechtliche Sonderstatus. Während die Staatsideologie eine einheitliche und einmütige Untertanengesellschaft fingierte, wurde der Konsensus in Wirklichkeit auch durch gesetzliches und administratives Sonderrecht zu erzwingen versucht. Als Kehrseite der scheinbar monolithischen Außenfront des autoritären Staats erwies sich auch hier der Zwang gegenüber Andersdenkenden, zu denen er sein Gewaltmonopol regelmäßig ausnutzte.

3.2 *Nationalismus und Feindstereotypen*

Als antiaristokratische, liberale Emanzipationsideologie des aufsteigenden Bürgertums hatte ursprünglich der Nationalismus seit dem ausgehenden 18. Jahrhundert seinen Siegeszug angetreten, und der von ständigen Kriegsduellen geplagten Welt des Ancien Régime hielt er das Ideal der über die Grenzen hinweggreifenden versöhnenden Freundschaft aller Völker entgegen – sobald diese nur erst in Nationalstaaten mit ihren Repräsentativkörperschaften für das Besitz- und Bildungsbürgertum organisiert seien. Von diesem freiheitlichen Grundzug, von dieser harmonischen internationalen Kooperation war 100 Jahre später kaum mehr die Rede. Das war eine allgemeine Erscheinung, die aber in Deutschland besonders ausgeprägt auftrat. In demselben Maße, in dem der deutsche Nationalismus nach 1848 – auch hier wieder bedeutete die gescheiterte Revolution einen tiefen Einschnitt – seine liberalen Elemente verlor, ja verdrängte, nahmen die antagonistischen Elemente zu, bis schließlich die Feindbilder, die Antihaltungen ganz dominierten. Von Anbeginn an hatte dieser verwandelte Nationalismus moderner Prägung zwei Stoßrichtungen: gegen äußere und gegen innere Gegner. Man darf daher seine außenpolitische Frontstellung nicht ausschließlich betonen und darüber vergessen, daß dem gegen Frankreich oder später gegen England aufbrandenden Nationalismus immer auch nationalistische Phobien im Inneren entsprachen. Es gehörte zur Janusköpfigkeit auch dieses reichsdeutschen Nationalismus, daß er nicht nur gegenüber fremden Nationen militant, sondern stets auch gegen innere Feinde aggressiv wurde bzw. gegen beide mobilisiert werden konnte, ob nun die Katholiken aus der protestantischen Reichsgesellschaft gestoßen oder ob die der Internationalen angehörenden Sozialdemokraten als „vaterlandslose Gesellen" verketzert wurden. Zur nationalen Volksgemeinschaft gehörten immer auch Bürger, die der wahren Nation nicht angehören sollten, ‚Volksschädlinge', die es zu bekämpfen galt. Tief besorgt konnte deshalb Bamberger schon am Ende der Bismarckzeit feststellen, daß „ein Geschlecht herangewachsen" sei, „dem der Patriotismus unter dem Zeichen des Hasses erscheint, Haß gegen alles, was sich nicht blind unterwirft, daheim oder draußen".[2]

Diese beiden Funktionen des antagonistischen Nationalismus lassen sich besonders deutlich erkennen, wenn man auf die Reichstagswahlkämpfe blickt. Was vor den beiden ersten Wahlen (1871, 1874) noch als Nachhall eines kriegerisch erregten Patriotismus wirken mochte, trat fortab als Strategie der Machterhaltung klar hervor. Im rechten Augenblick wurden außenpolitische Spannungen fabriziert oder doch die Möglichkeiten internationaler Gefahren beschworen. Dann konnte sowohl die Furcht vor äußeren Gegnern in Wahlmunition für die „Reichstreuen" umgewandelt werden als auch das Lager der „Reichsfeinde", die am ehesten an dieser Strategie Kritik übten, wegen eben dieser Kritik als unzuverlässig denunziert, ja sogar in den Geruch der Zusammenarbeit mit auswärtigen Mächten gebracht werden. Die Katholiken ließen sich unschwer mit der römischen Kurie, die Sozialdemokraten mit der Internationalen, die Polen mit der gesamten polnischen Opposition gegen die Teilungen, die Liberalen mit dem parlamentarischen England, alle politischen Kräfte links von der Mitte mit der internationalen „Solidarität der revolutionären und republikanischen Interessen" in Verbindung bringen.[3] Die Vergiftung der politischen Atmosphäre im Lande, die aus diesem Mißbrauch des Nationalismus und der Außenpolitik zu Wahlmanövern resultierte, scherte die Berliner Reichsleitung wenig, solange nur ihre parlamentarischen Hilfstruppen numerischen Gewinn daraus zogen und ihre Gesetzesvorlagen als nationale Notwendigkeit drapiert werden konnten. Bismarck verstand es vorzüglich, eine „träge und interessenlose" Wählerschaft, an der angesichts der schweren ökonomischen und sozialen Probleme nach 1873 eine „gewisse nationale Erschlaffung" beklagt wurde, durch „internationale Glühhitze" für die Wahlentscheidungen in Bewegung zu setzen, wie das für alle Reichstagswahlen seit 1877, vor allem die von 1884 und 1887, zu belegen ist.[4]

Seine Nachfolger haben diese Technik imitiert. Der gallo-, anglo-, russophobe Nationalismus wurde auch noch 1912 mit der prinzipiellen Bestreitung der Reichsloyalität aller Regierungsgegner verknüpft und im Sinne der „negativen Integration" manipulatorisch angefacht. Anstatt ihn als quasiautonome Antriebskraft hinzustellen, gilt es daher vorab, immer erst nach dem Herrschaftsinteresse zu fragen, das sich mit ihm verband. Das bedeutet keineswegs, einer Verschwörungstheorie zu folgen oder die Einflüsse zu leugnen, die von einem durch Erziehung und Heer, Presse und Literatur geförderten und schließlich gewissermaßen verselbständigten Nationalismus ausgehen und auch die Führungsgruppen erfassen können. Denn abgesehen von der Notwendigkeit der Frage nach dem Herrschaftsinteresse läßt sich auch bei den Machteliten des Kaiserreichs, wie weit sie auch immer bestimmte Inhalte des Nationalismus übernommen hatten, ein hohes Maß an machttechnischem, ganz zweckrationalem Kalkül gegenüber dem Nationalismus erkennen. Wer die Methodik verfolgt, mit der Bismarck 1887 den „Kartellreichstag" im Schatten der russischen und französischen „Gefahr" zusammentrommelte, mit der Bülow 1907 die „Hottentottenwahlen" im Zeichen imperialistischer Machtkämpfe durchfocht, mit der Bethmann 1912 rüstungspolitische Auseinandersetzung dramatisierte — der erkennt dasselbe Grundmuster des künstlich gesteigerten Konflikts, in dem die Schubkraft des Nationalismus eingesetzt wurde.

Auf der Suche nach einer Erklärung dieses wachsenden, leidenschaftlichen, xenophoben Vulgärnationalismus stößt man nicht nur auf den Einfluß nationaler Ideen, Denkfiguren, Klischees, wie sie in den verschiedenen Prozessen der politischen Sozialisation vermittelt worden waren, sondern man findet in den Animositäten des Nationalismus vor allem auch den Ausdruck antagonistischer Gesellschaften und der internationalen Konkurrenz, in die diese zugleich verstrickt waren. Erst aus diesen harten Grundstrukturen erklärt sich die Anziehungskraft, die von einem Freund-Feind-Nationalismus ausgehen konnte, mit anderen Worten: Die Gegensätze der bürgerlichen Gesellschaft und der Staatengesellschaft schlugen sich auch im Nationalismus nieder, nährten ihn und begünstigten eine bestimmte Rangfolge nationaler Wertideen. Diese Verschränkung von Sozialökonomie, Politik und Ideologie gestattet es auch, das schnelle Vordringen rassistischer Vorstellungen in den Nationalismus einleuchtend darzustellen. Denn die oligopolistischen wirtschaftlichen und politischen Machtverhältnisse im Inneren und im Staatensystem förderten die Ansicht, daß wenigen, auch rassisch privilegierten Herrennationen die Führung und Aufteilung der Welt zustehe. An die Stelle des liberalen Selbstbestimmungspostulats und des demokratischen Gleichheitsideals trat im Organisierten Kapitalismus ein „oligarchisches Herrschaftsideal“, das im Inneren den „Herrenstandpunkt gegenüber der Arbeiterklasse“ verteidigte, nach außen aber den Konkurrenzkampf auch rassenideologisch rechtfertigte.[5] Ohne den durchlaufenden Oligopolismus der Großunternehmen, Kartelle und Verbände, in der internationalen Konstellation und imperialistischen Expansion läßt sich die Ausbreitung des deutschen Rassismus überhaupt nicht hinreichend begreifen, wohl aber kann man sie ideengeschichtlich verharmlosen.

3.3 Antisemitismus und Minderheitenpolitik

In der deutschen Innenpolitik wucherten seit den 1870er Jahren rassistische Anschauungen wie Giftpilze empor: Neben den traditionellen kulturellen, religiösen und ökonomischen Antisemitismus trat jetzt der organisierte politische Antisemitismus, dessen rapider Aufstieg zuerst einmal als Krisenphänomen der Trendperiode nach der zweiten Weltwirtschaftskrise angesehen werden muß, wie er seither überhaupt eng mit den Konjunkturschwankungen korreliert werden kann. Denn hier wurde eine Krisenideologie sichtbar, die die emotionellen Spannungen und konkreten Enttäuschungen, die Hysterie und Unsicherheit der Tiefkonjunkturen kanalisierte und gegen eine seit langem diskriminierte Minderheit lenkte. Als eine der Formen des sozialpsychischen Eskapismus vor den schmerzhaften Erfahrungen ungleichmäßigen ökonomischen Wachstums und der sozialen Statusveränderung sammelte der Antisemitismus die Unzufriedenen, die im Juden den Sündenbock für alle Fehlentwicklungen der Zeit

fanden. In den antisemitischen Vorwürfen, die z. B. in mehr als 500 Schriften zur „Judenfrage" zwischen 1873 und 1890 mit allen Topoi des virulenten Antisemitismus im 20. Jahrhundert formuliert wurden, suchte und fand die Depressionsstimmung, aber auch ein allgemeines Unbehagen vornehmlich im Mittelstand gegenüber den anonymen Prozessen des Industriekapitalismus einen Blitzableiter.
Der Berliner Antisemitismus seit dem Herbst 1879, die antijüdische Agitation des Hofpredigers Stöcker, aber auch die pommersche Judenverfolgung von 1881 machten der liberalen deutschen Öffentlichkeit die neue Gefahr schlagartig bewußt. Es hatte auch bisher schon „in den Jugendjahren eines jeden deutschen Juden ... einen schmerzlichen Augenblick" gegeben, an den er sich, Walter Rathenau zufolge, „zeitlebens erinnerte: Wenn ihm zum ersten Mal voll bewußt wurde, daß er als Bürger zweiter Klasse in die Welt getreten war, und daß keine Tüchtigkeit und kein Verdienst ihn aus dieser Lage befreien konnte".[6] Aber fortab wurden dumpfe Ressentiments noch stärker angefacht, von breiteren Gruppen öffentlich gebilligt, in politische oder gar direkte Aktion übersetzt. Schon im Dezember 1880 zogen nach einer großen Antisemitenversammlung „organisierte Banden" in Berlin-Friedrichstadt „vor die besuchteren Cafés, brüllten ... taktmäßig immer wieder ‚Juden raus', verwehrten Juden oder jüdisch aussehenden Leuten den Eintritt und provozierten auf diese Weise Prügelszenen, Zertrümmerung von Fensterscheiben und ähnlichen Wüstheiten mehr. Alles natürlich unter der Parole der Verteidigung des deutschen Idealismus gegen jüdischen Materialismus".[7] Kein Wunder, daß Theodor Mommsen, der an der Berliner Universität den liberalen Widerstand gegen die antisemitischen Hochschullehrer um Treitschke organisierte, sich fragte, „wohin unsere" nur im Vergleich mit Rußland „verschämte Barbarei steuert". Auch Bamberger „verekelte" am „sog. Antisemitismus" die „maß- und schrankenlose Entfesselung der Gemeinheit, deren Wonne im Haß und in der Unterdrückung ihresgleichen oder ihres besseren liegt. Die eigentlichen Lebensorgane der Nation: Armee, Schule, Gelehrtenwelt sind bis zum Rand damit gesättigt ... es ist eine Obsession geworden, die einen nicht losläßt". Und der Berliner Großbankier Gerson v. Bleichröder klagte nach den ersten antijüdischen Gewaltausbrüchen ahnungsvoll, daß sich darin „nur der Anfang des Unglücks einer furchtbaren sozialen Revolution" zeige.[8]
Aber weder seine Eingabe an den Kaiser, noch die Petition der Linksliberalen vermochten den politischen Antisemitismus abzufangen, da der ihm zugrunde liegende sozialökonomische Strukturwandel alle noblen Proteste überspielte. Unverhüllt forderten die Konservativen bereits 1884 die Wähler dazu auf, „der Heerfolge des Judentums" zu

„entsagen". Die Tatsache, daß „das Judentum" zu den „internationalen und undeutschen Mächten" gehöre, so hieß es in einer bezeichnenden Wendung „muß doch endlich jeden wahrhaft deutschen Mann zur Einsicht bringen", daß es „nimmermehr das Interesse des Deutschen Vaterlandes voranstellen" wolle.[9] Auch im Zentrum trat die seit langem vorhandene antisemitische Komponente seiner Propaganda seit den 70er Jahren noch deutlicher zutage. Die antisemitischen Organisationen der 1880er Jahre (Christlich-Soziale Partei, Antisemitenliga, Soziale Reichspartei, Deutscher Volksverein, Deutsche Reformpartei, Deutsche Antisemitische Vereinigung) schlossen sich 1889 zur „Antisemitischen Deutschsozialen Partei" bzw. „Deutschsozialen Partei" zusammen. Aus ihrer Fusion mit der „Antisemitischen Volkspartei" (1890, seit 1893 „Deutsche Reformpartei") ging 1894 die „Deutschsoziale Reformpartei" hervor, die sich freilich 1900 erneut in ihre beiden Bestandteile aufspaltete. Zwar stieg auch die Stimmenzahl auf nicht einmal 300 000 an, aber im Hamburger Programm der Vereinigten Antisemitenparteien wurde bereits 1899 die „Endlösung" anvisiert. Denn „da die Judenfrage im Laufe des 20. Jahrhunderts zur Weltfrage" werde, so erklärten sie dort, müsse diese „endgültig durch völlige Absonderung und ... schließliche Vernichtung des Judenvolkes gelöst werden".[10] Daß der Antisemitismus seit dem Durchbruch in den 1870er Jahren trotz seiner Exzesse allmählich hof- und gesellschaftsfähig wurde, hing fraglos auch mit der Förderung zusammen, die ihnen der erste Reichskanzler gewährte. Skrupellos machte sich Bismarck die antisemitische Bewegung für seine wahlpolitischen Zwecke zunutze. Zwar trennte er sich keineswegs von seinem jüdischen Bankier, seinem jüdischen Rechtsanwalt und seinem jüdischen Hausarzt, und daß er ordinär den Abgeordneten Lasker einen „dummen Judenjungen", den Minister Friedenthal einen „semitischen Hosenscheißer" nannte, mochte man noch auf das Konto typisch aristokratischer Vorurteile schreiben.[11] Aber schon kurz vor den Reichstagswahlen von 1884 gestattete er es einer Zeitung, ohne späteres Dementi, seine Worte zu zitieren, daß „die Juden tun, was sie können, um mich zum Antisemiten zu machen". Und nachher wünschte er, „daß in Artikeln über das Wahlresultat hervorgehoben werde, daß die Juden mit den Polen überall gemeinschaftliche Sache gemacht hätten", außerdem sei „jüdisches Geld ... das Zahlmittel für die fortschrittlichen Republikaner gewesen".[12]

Man „stoße ... die großen Volksmassen vor den Kopf", wenn die Regierung offen gegen den Antisemitismus Stellung nehme, instruierte er 1884, vor den nächsten Wahlen, den preußischen Innenminister v. Puttkamer; wenn sie ihn andererseits zu offen billige, „so treibt man vieles Judengeld in die fortschrittliche Wahlkasse", denn

„die Juden seien von jeher für den Fortschritt eingetreten". Überdies seien sie „von lächerlicher Empfindlichkeit ... warum will man Leuten, die das Herz dazu treibt, verwehren, auf die Juden zu schimpfen"?[13] Mochte sich hinter solchen Zynismen auch die Selbstsicherheit des großen politischen Manipulators erhalten, den Antisemitismus wieder in seine Schranken verweisen zu können, so legitimierten derartige Äußerungen doch mittelbar auch den Radauantisemitismus der Straße. Zudem rührte sich dieser auch in seiner engsten Umgebung, nicht nur bei seinem violent antisemitischen Preßlakai Moritz Busch, sondern auch bei seinem ältesten Sohn Herbert, der dem „Frechling" Bleichröder „gern ... einiges hinter die Judenlöffel schlagen lassen" wollte, der als Staatssekretär des Auswärtigen Amts die Maxime aufstellte, keinen „Judenbengel" aufzunehmen, und der den „jüdisch denkenden" britischen Unterstaatssekretär Meade verspottete.[14] Bei den von Bismarck 1885 inaugurierten Ausweisungen von etwa 32 000 Polen aus den preußischen Ostprovinzen spielte auch der Antisemitismus eine unübersehbare Rolle: Ein Drittel der Vertriebenen waren Juden.

Voll böser Ahnungen hat Bamberger frühzeitig die Wirkung dieser nur auf den momentanen Nutzeffekt bedachten Einstellung Bismarcks mit eindrucksvollen Worten gekennzeichnet. „Es ist das Eigentümliche unserer dermaligen Zustände, daß der wirklich große Mann, der uns jetzt beherrscht, alles was er nicht mit eigener Hand beherrscht, an die Herrschaft wüsten Gesindels abgibt. Das ist die einzige Kollaboration, die er erträgt. Das ist aber vielleicht auch immer so gewesen. Es ist aber doppelt schlimm, wenn einem Volk mit barbarischen Neigungen die Brutalitätstheorie als eine Spezies des Idealismus der Kraft, Männlichkeit und Sittlichkeit angepriesen wird. Das ist die Signatur, und daraus erwächst der infame Geist, der jetzt ... die Zügel an sich reißt". Angesichts der erschreckenden Massivität des politischen Antisemitismus kann man den überaus skeptischen Ton verstehen, den auch Mommsen anschlug. „Sie täuschen sich", schrieb er bitter an Hermann Bahr, „wenn Sie glauben, daß ich da was richten kann. Sie täuschen sich, wenn Sie glauben, daß man da überhaupt mit Vernunft etwas machen kann. Es ist alles umsonst. Was ich Ihnen sagen könnte ..., das sind doch immer nur Gründe, logische und sittliche Argumente. Darauf hört doch kein Antisemit. Die hören nur auf den eigenen Haß und den eigenen Neid, auf die schändlichsten Instinkte ... gegen den Pöbel gibt es keinen Schutz – ob es nun der Pöbel auf der Straße oder der Pöbel im Salon ist, das macht keinen Unterschied. Kanaille bleibt Kanaille, und der Antisemitismus ist die Gesinnung der Kanaille. Er ist wie eine schauerliche Epidemie, wie die Cholera – man kann ihn weder erklären noch heilen. Man muß geduldig warten, bis sich das Gift von selber auflöst und seine Kraft verliert."[15] Als langfristig folgenreich erwies sich vor allem, daß der Antisemitismus, dessen Parteien im engeren Sinne bis zu den letzten Wahlen von 1912 nur eine recht geringe Zahl von Protestwählern an sich binden konnten, in die Konservativen eindrang – schon mit Bismarcks Billigung, auf breiter Front aber erst durch den BdL, wie das oben skizziert worden ist. Auf diesem Weg nistete er sich in den alten Machteliten ein, wurden seine Schlagworte salonfähig, ja Gemeingut der rechten Publizistik. Und mit fortschreitender Industrialisierung wuchs auch sein soziales Reservoir, da Konjunkturzyklus und Konzentrationsprozeß das lange an seinem handelskapitalistischen Ideal des selbständigen Kleinunternehmers festhaltende mittelständische Bürgertum fast unablässig verunsicherten. Der Antisemitismus wurde hier zum festen Bestandteil eines Syndroms gegen den Kapitalismus in seiner hochindustriellen Form, ehe dann nach weiteren tiefen Krisen der deutsche Faschismus seit 1929 diesen rechtsradikalen Protest gegen die moderne Welt ausnutzen konnte.

Aber nicht nur am Antisemitismus, sondern auch an der Nationalitätenpolitik des Kaiserreichs lassen sich Aufschlüsse über die innere Verfassung des Landes gewinnen. Die nationalen Minderheiten der Polen – jeder zehnte Preuße vor 1918 war Pole! –, der französischen Elsaß-Lothringer, der nordschleswigschen Dänen, der Litauer und Masuren waren durch die Entscheidung von 1871 in einen Staat eingeschlossen worden, der nach kurzer Zeit sein Ideal der nationalkulturellen Homogenität gegen sie durchzusetzen begann. Auf dem Gebiete des Sprachenrechts sollte der absolute Vorrang der deutschen Staatssprache in Bildungs-, Versammlungs- und Gerichtswesen, im Handels- und Militärrecht, kurzum: in allen Bereichen des öffentlichen und rechtlichen Lebens durchgesetzt werden. Verhältnismäßig großzügig wurden hier die Elsaß-Lothringer behandelt; abgesehen von der geringen Zahl Französischsprechender erschwerte wahrscheinlich der Respekt vor der französischen Kultur einen rigorosen Kampfkurs. Anders als im Osten vertrauten die Deutschen auf ihr zunehmendes Gewicht. Härter wurden schon die Dänen betroffen (wobei die deutsche Politik zunächst auch als eine Reaktion auf die Dänisierungspolitik nach 1848 zu verstehen ist). Mit größter Schärfe schließlich wurde der antipolnische Nationalitätenkonflikt ausgetragen. Nachhaltig von den Ideen eines west-östlichen Kulturgefälles und germanisierender Überlegenheit gegenüber den Slawen beeinflußt, wurde dieser Kampf sowohl gegen die sprachlich-kulturelle Eigenart der preußisch-deutschen Polen als auch im Bereich des Agrarrechtes gegen den materiellen Besitzstand dieser Minderheit geführt. Hier traf die deutsche Politik auch auf den härtesten Widerstand, der mit einer aufs Ganze gesehen überaus erfolgreichen Selbstbehauptung der Polen erst 1918 endete. Überhaupt prallten im Osten zwei Nationalismen ungemildert aufeinander, so daß unter den historischen Umständen kaum vorstellbar ist, daß diese Verstrickung völlig zu vermeiden war, wenngleich sie hätte erträglicher gemacht werden können.

Auch in dieser Hinsicht fielen die grundlegenden Entscheidungen in der Bismarckzeit. Gewiß war der Reichskanzler bereit, an den etatistischen Vorstellungen des multinationalen alten preußischen Staats festzuhalten, solange sich die Polen als Untertanen der Obrigkeit fügten. Aber unter der Decke dieser Staatsräson lebte doch zugleich auch ein immer wieder durchbrechender leidenschaftlicher Haß gegen die Polen: „Haut doch die Polen, daß sie am Leben verzagen", schrieb er schon 1861. „Ich habe alles Mitgefühl für ihre Lage, aber wir können, wenn wir bestehen wollen, nichts anderes tun, als sie auszurotten; der Wolf kann auch nichts dafür, daß er von Gott geschaffen ist, wie er ist, und man schießt ihn doch dafür tot, wenn man kann."[16] In allen Minoritätengebieten – nur die Litauer, Masuren und Sorben behielten noch länger eine Sonderstellung – wurde in den 1870er Jahren das Vordringen der deutschen Sprache rechtlich und administrativ unterstützt. 1871 und 1878 wurde in Nordschleswig die Mindestzahl deutscher Unterrichtsstunden gesteigert; 1872 wurde das Deutsche zur amtlichen Geschäftssprache in Elsaß-Lothringen, 1873 zur allgemeinen Unterrichtssprache, 1881 Verhandlungssprache im Notabelnparlament des Landesausschusses. Während hier noch (bis 1914!) zahlreiche Ausnahmeregelungen zugunsten des Französischen erhalten blieben, hatte im preußisch-polnischen Teilungsanteil ein Oberpräsidialerlaß das Deutsche bereits 1873 zur alleinigen Volksschulsprache gemacht; ferner wurde dort der Vorrang des Deutschen mit dem Geschäftssprachengesetz von 1876 und dem Gerichtsverfassungsgesetz des Reiches von 1877 – das z. B. in Elsaß-Lothringen erst 1889 übernommen wurde! – entschieden durchgesetzt. Aber erst die 80er Jahre brachten eine militante Steigerung: 1888 machte eine Verfügung Deutsch zur alleinigen Unterrichtssprache in Nordschleswig. Bereits dadurch verschärften sich die Spannungen ungemein, die mit der Ausweisungspolitik des Oberpräsidenten v. Köller und der Behandlung der Optantenfrage zwischen 1897 und 1901 einen Höhepunkt erreichten.

Nach der Polenvertreibung seit 1885 bedeutete das antipolnische Ansiedlungsgesetz von 1886, das einer über ständig wachsende Mittel verfügenden Staatskommission den Ankauf von Land in den Ostprovinzen zugunsten deutscher Bauern ermöglichte, den eigentlichen Auftakt unversöhnlicher Bekämpfung. Dieses Gesetz sollte dem polnischen Landadel als einem Träger des national-polnischen Widerstandswillens das Fundament entziehen; ähnlich hatte sich in dieser Konfliktzone der Kulturkampf gegen den Einfluß der polnischen Geistlichkeit gerichtet. „Bei dem ganzen Kolonialisationsgesetz" habe ihm „vor allem der Gedanke vorgeschwebt", erläuterte Bismarck im vertrauten Kreis, „die Trichine des polnischen Adels aus dem Lande zu schaffen". In dieser fatalen Metapher enthüllte sich nicht nur „seine unbegrenzte Menschenverachtung" (Holstein), sondern auch eine erscheckende Affinität zum biologistischen Vokabular des Antisemitismus, der den „jüdischen Parasiten" beschwor.[17] Die Intentionen der Berliner Gesetzgeber wurden jedoch durch die Gegenaktionen des sich weiter abkapselnden „polnischen Gemeinwesens" zunichte gemacht, zu dessen Gunsten auch der demographische Faktor der ungleich schnelleren Vermehrung der Polen arbeitete. Nach kurzer Zeit ging weit mehr Besitz in polnische als in deutsche Hand und in die Verfügungsgewalt der Ansiedlungskommission vorwiegend deutsches Land über. Da von ihr bis 1914 nahezu eine Milliarde Goldmark für diese „Germanisierung des Bodens" ausgegeben wurde, erwies sie sich weniger als antipolnische Defensivinstitution, denn als zusätzliches Sanierungsunternehmen für das verschuldete deutsche Landjunkertum, das seine Güter günstig verkaufen konnte. Für den „lukrativen Patriotismus" der Agrarier, der sich als nationale Selbstbehauptung tarnte, bedeuteten die Kommissionsfonds eine „Rettungsbank", die ihnen mit hohen Summen half, wie Franz Mehring sarkastisch spottete, „auch germanisiert zu werden".[18] Angesichts der Erfolglosigkeit dieser Ostmarkenpolitik wurde schließlich 1908 vom preußischen Landtag sogar ein Enteignungsgesetz gegen die Polen beschlossen und 1912 einmal angewandt. Dieser eklatante Verfassungsverstoß enthüllte, wie weit die Garantien des „Rechtsstaats" im Nationalitätenkampf außer Kraft gesetzt wurden. Schon vorher (1904) waren „neue Ansiedlungen" in den umstrittenen Kreisen von der Genehmigung des Regierungspräsidenten abhängig gemacht und die Polen der schikanösen Ermessensentscheidung der Behörden ausgeliefert worden, denen vom Reichskanzler Hohenlohe-Schillingsfürst 1898 „die Förderung des Deutschtums" inner- und außerhalb des Dienstes vorgeschrieben worden war.

Ähnlich hatte sich die Sprachenpolitik zugespitzt und 1901 in Wreschen zum offenen Widerstand polnischer Eltern, 1906/07 zu großen Schulstreiks polnischer Kinder geführt. Das Reichsvereinsgesetz von 1908 führte dann in seinem berüchtigten Sprachenparagraphen (§ 12), demzufolge nur in Kreisen mit mehr als 60 Prozent alteingesessener Bevölkerung der Mitgebrauch ihrer Sprache für eine Übergangszeit noch gestattet blieb, zu einem Höhepunkt: in der Verfassung verbriefte Grundrechte wurden von den Ergebnissen einer politisierten Nationalitätenstatistik abhängig gemacht. Damit wurde die „Stufe eines ideologischen Staatsnationalismus" (Schieder) erreicht, der sich endgültig über die Schranken der Verfassung hinwegsetzte. Erst im April 1917, ein halbes Jahr nach der Ausrufung eines polnischen Königreichs durch die Mittelmächte, wurde der § 12 widerwillig aufgehoben.

Fast wäre es im Krieg sogar zur Austreibung von Polen im großen Stil gekommen. Schon 1887 hatte der spätere Reichskanzler v. Bülow mit einem künftigen Konflikt die aufschlußreiche Hoffnung verbunden, „in unseren polnischen Landesteilen die Polen en masse zu exmittieren"[19]. Daß auch er nach 1900 nichts gegen den jährlichen Zustrom von rund 300 000 polnischen Saisonarbeitern aus Rußland und Galizien getan hat, dürfte damit zusammenhängen, daß von der Bedürfnislosigkeit dieser Arbeiter die Rentabilität zahlreicher ostelbischer Güter abhing. Der aggressive „Ostmarkenverein" hat jedoch seit den 90er Jahren auf „Umsiedlung" und „Ausweisung" gedrängt. Seit 1914 verbanden sich solche Ideen mit dem Plan eines „Polnischen Grenzstreifens", der aus strategischen Gründen und zu Ansiedlungszwecken entlang der deutschen Ostgrenze annektiert werden sollte.

In ihm sollte eine ‚ethnische Flurbereinigung', mithin eine groß angelegte Vertreibungsaktion, die sogar ein liberalkonservativer Historiker wie Friedrich Meinecke ruhig anvisierte[20], Freiräume schaffen, die deutsche Siedler als „Wall gegen die slawische Flut" auffüllen sollten. In den Denkschriften darüber kündigte sich die radikalisierte Germanisierungspolitik seit 1939 ganz so deutlich an, wie in den Entartungserscheinungen des Sprachenkampfes die Frühformen barbarischer Unterdrückung auftauchten. In der „Ostmarkenpolitik" läßt sich zudem die Genesis späterer Ideologien vom „Lebensraum", germanischen Kulturauftrag und Ostlandimperialismus schwerlich übersehen. Vor allem aber tritt auch in der Behandlung der Polen als „Reichsfeinde" das Dilemma dieser Politik wieder hervor. Das doppelbödige Recht, das gegen diese fremdsprachigen Staatsbürger entwickelt wurde, hat die formal legalisierte, staatlich sanktionierte Aushöhlung des Rechtsstaats und der Verfassungsprinzipien vorbereitet, die gefährliche Gewöhnung an diskriminierte Minderheiten gefördert. Auch Ausweisung und Enteignung, sozialer Ostrazismus und germanisierende Unterdrückung haben zum Kaiserreich gehört.

Ohne die Hinnahme dieses öffentlichen Unrechts wäre der Weg zu den Gewaltaktionen der Folgezeit schwerlich so bald geebnet worden.

3.4 Religion als Legitimationsideologie

Im Nationalitätenkampf an der Ostgrenze spielte die Religion eine nicht unerhebliche Rolle: der romantizistische polnische Nationalkatholizismus sah im germanisierenden Protestantismus seinen Todfeind, umgekehrt färbte auf deutscher Seite ein militanter Protestantismus die Auseinandersetzung mit dem katholischen „Polonismus". Angesichts der Dominanz nationalstaatlicher Ideen und sozialökonomischer Faktoren blieben diese Einflüsse freilich von untergeordneter Natur. In der inneren Politik des Kaiserstaats von 1871 behielten die christlichen Religionen jedoch aus mannigfachen Gründen ein beträchtliches Gewicht, das sie im klassischen Land der konfessionellen Trennung seit jeher besessen hatten.

3.4.1 Das evangelische Staatskirchentum: Thron und Altar. Eine der folgenschweren Entscheidungen der Reformation des 16. Jahrhunderts war der Aufbau evangelischer Landeskirchen und im Zusammenhang damit die Verwandlung der Landesfürsten in kleine protestantische Päpste als Summi Episcopi ihrer Staaten gewesen. Wie stark der calvinistische Einfluß auf die Leistungsgesinnung und das innerweltliche Erfolgsstreben der preußischen Führungseliten auch immer eingewirkt haben mag, die massive Obrigkeitsideologie des lutherischen Staatskirchentums hat er nicht massenwirksam auflockern können, und schon gar nicht gelang es ihm, ein protestantisches Widerstandsrecht und ein freieres Verhältnis zur Regierung als gesellschaftlicher Leitungsinstanz ohne göttliche Weihen herbeizuführen. Die lutherische Religiosität führte bei den Deutschen zu einer „rein empfindungsmäßigen Staatsmetaphysik" mit „politisch weittragenden Konsequenzen". Andererseits hatte gerade der in wichtigen Gruppen einflußreiche Pietismus den Rückzug in die „Innerlichkeit" noch zusätzlich betont, ja oft zu einem orthodoxen Muckertum geführt. Die von ihm geforderte Weltveränderung durch individuelle Lebensreform versagte sich bewußt die Veränderung der staatlichen Strukturen. Der protestantische Antiliberalismus seit den 70er Jahren, eine Reaktion auf den Modernisierungsschub seit 1850, verstärkte solche Haltungen.

Die evangelische Landeskirche, insbesondere nach der Union von 1817, war eine Anstalt öffentlichen Rechts, durfte mit staatlicher Beihilfe Steuern erheben und den Unterricht an den Grundschulen mitbestimmen – der Unterricht mußte (und muß bis heute) in Übereinstimmung mit den Landeskirchen erteilt werden. An der Spitze der klerikalen Ämterhierarchie thronte der preußische König als Summus Episcopus. Wegen der Verschmelzung von rechtlicher und geistlicher Spitze besaß seine Herrschaft durchaus einen „cäsaro-papistischen Charakter“, der das anachronistische Gottesgnadentum noch verstärkte. Auch in Preußen-Deutschland stellte mithin der Staat der geistlichen Gewalt „für die Erhaltung ihrer Machtstellung“ und die Eintreibung ihrer Finanzen „die äußeren Zwangsmittel zur Verfügung“, während diese ihm als durchaus typischen Gegendienst „die Sicherung der Anerkennung seiner Legitimität und Domestikation der Untertanen mit ihren religiösen Mitteln“ bot.[21]

Nach 1871 schuf die Koppelung von König- und Kaisertum mit dem Summepiscopat einen ungewöhnlichen Autoritätskomplex, zumindest im norddeutschen „Empire State“. Für den Pfarrer in seiner Gemeinde – besonders auf dem Lande, wo er vom Patronat royalistischer Rittergutsbesitzer abhing – nahm das traditionelle Bündnis von Thron und Altar neuen Glanz an. Die funktionelle Bedeutung der evangelischen Predigt, des evangelischen Religionsunterrichts, der evangelischen Militärseelsorge für die Stabilisierung und Legitimierung des Hohenzollernschen Cäsaropapismus ist fraglos nicht gering zu veranschlagen, vornehmlich allerdings dort, wo die Domestikation noch am ehesten möglich war: in den ländlichen Gebieten und Kleinstädten.

Die Kehrseite dieser weithin ungebrochenen Identifizierung von staatlichen und kirchlichen Interessen zeigte sich jedoch in den Industriestädten und Industriegebieten. Hier trat am krassesten zutage, daß die evangelische Kirche eine Kirche der Besitzenden und Herrschenden geworden war, die den Proletarier gewissermaßen „ausfällte“. Auf dem Wege der Inneren Mission, des „Rauhen Hauses“, der Bodelschwinghschen Arbeiterkolonien usw. ist versucht worden, wenigstens auf eine punktuelle Besserung hinzuarbeiten. Aber so sehr der noble Impuls dieser Bemühungen von Außenseitern Anerkennung verdient, so wenig konnten diese doch den Gesamteindruck beseitigen, daß die Kirche es eher mit dem satten Bürgertum und dem gnädigen Herrn auf dem Rittergut hielt als mit den Landarbeitern oder den Ausgebeuteten der Städte. Die schnell zunehmende Entkirchlichung und Entchristlichung der Industriezentren hing mit diesem Einstellungsversagen der Kirche aufs engste zusammen. Ein Beispiel: Schon 1874 wurden in Berlin nurmehr 20 Prozent der Ehepaare evangelisch getraut, nur 62 Prozent der Neugeborenen getauft![22]

Angesichts dieser Identifizierung der Kirche mit der alten Aristokratie und neuen Plutokratie liegt auch eine gewisse Folgerichtigkeit darin, daß die in der SPD und den Gewerkschaften organisierte Arbeiterbewegung überwiegend antikirchlich eingestellt war – der Marxschen Ideologiekritik an der Religion als Opium des Volks hätte es nach all den Alltagserfahrungen kaum mehr bedurft. Auch in Deutschland bestätigte sich daher die kluge Analyse, die Tocqueville nach seiner Amerikareise angestellt hatte: „Die Religion kann sich . . . an der weltlichen Macht der Regierenden nicht beteiligen, ohne etwas von dem Haß auf sich zu ziehen, den diese erregen", schrieb er in den 1830er Jahren. „Je mehr eine Nation sich demokratisiert und die Gesellschaft der Republik zuneigt, desto gefährlicher ist die Verbindung von Religion und Staatsgewalt". Galt dieser Zusammenhang auch noch nicht allgemein in Deutschland, so traf er doch für die demokratisch und geraume Zeit auch republikanisch gesinnte Arbeiterschaft ganz so zu wie die Prognose, daß die Allianz von Thron und Altar die Religion dazu verführe, „um der Gegenwart willen die Zukunft" zu opfern.[23] Verschärft wurde das Problem auch noch dadurch, daß es in Deutschland völlig an Freikirchen – oder „Sekten", wie man mit pejorativem Beiklang sagt – für die Unterprivilegierten fehlte, während diese in Großbritannien unstreitig erfolgreich arbeiteten und offenbar auch der Arbeiterschaft noch vor ihrer gewerkschaftlichen und politischen Organisierung ein Identitätsgefühl als Klasse zu vermitteln wußten. In die Lücke, die in dieser Hinsicht in Deutschland bestand, stieß die Sozialdemokratie hinein, an der sich durchaus auch Züge eines Religionsersatzes und einer innerweltlichen Heilslehre beobachten lassen. Angesichts der spirituellen Vereinsamung der städtischen Arbeiterschaft bildete der sozialdemokratische „Zukunftsstaat" weit mehr als nur ein organisatorisches Verfassungsideal. Nicht zufällig hat daher auch Eduard Bernstein 1911 einen Rückblick auf die Entwicklungsgeschichte der SPD „Von der Sekte zur Partei" genannt. Da aber die Sozialdemokratie ihre Ziele nach relativ kurzer Zeit nur verbal-revolutionär vertrat, diente auch sie, indem sie das Protestpotential der Arbeiterschaft disziplinierte, zumindest indirekt der Stabilisierung des gesamtgesellschaftlichen Systems.

3.4.2. Der römische Katholizismus: Ständeideologie und Monopolanspruch. Für die katholische Kirche, deren Symbiose mit dem untergegangenen Heiligen Römischen Reich vielerorts denkbar eng gewesen war, galt das neue protestantisch-großpreußische Reich zunächst als feindliche Macht, obwohl das vielzitierte „casca il mondo" eines vatikanischen Würdenträgers den Effekt des preußischen Aufstiegs und der Reichsgründung grotesk übertrieb. Der Kulturkampf war nicht dazu angetan, die anfängliche Animosität zu mildern, er verband vielmehr aufs engste die Interessen der Kirche mit ihren weltlichen Institutionen, auch denen des Zentrums — enger jedenfalls, als es dessen Anführer Ludwig Windthorst manchmal lieb war. Als sinistre ultramontane Macht im Rücken katholischer „Reichsfeinde" verteufelt, umgekehrt selber auf starre Behauptung traditionalistischer Positionen bedacht, hatte die katholische Kirche bis in die Mitte der 80er Jahre hinein keinen leichten Stand. Dann lockerte sich die Verbissenheit des innenpolitischen Nahkampfs in Deutschland etwas auf, obwohl die Diskriminierung von Katholiken in den verschiedensten Formen erhalten blieb und der politische Katholizismus nach innen keineswegs duldsamer wurde. Nicht nur Mariendogma und Unfehlbarkeit erschreckten damals das aufgeklärte öffentliche Bewußtsein. Im Syllabus Errorum, dem Verzeichnis der achtzig „Zeitirrtümer" von 1864, war die katholische Orthodoxie gegen Liberalismus, Sozialismus und Wissenschaft unerbittlich zu Felde gezogen, hatte den Ruf nach kirchlicher Kontrolle von Erziehung und Forschung zu totalitärem Anspruch gesteigert und in radikal-konservativer Verblendung einige der dynamischsten Kräfte des 19. Jahrhunderts überhaupt in Acht und Bann getan. Kirchenrechtlich blieb der Syllabus Errorum für alle Gläubigen verbindlich in Kraft, bis er, erst viele Jahrzehnte später, von den Päpsten wenigstens teilweise revidiert werden mußte.

Aus dieser Ecke, in die sich die Römisch-Katholische Kirche im Glorienschein der Unfehlbarkeit ihres obersten Funktionärs an der Spitze einer Hierarchie ebenso selbstgewisser professioneller Heilsverwalter selber hineinmanövriert hatte, fand sie nur mühsam heraus. Die Verachtung, die sie gegenüber dem zutiefst protestantischen Toleranzprinzip hegte, erschwerte ihr zusätzlich die Koexistenz mit rivalisierenden Ideenmächten und Organisationen. Fraglos hat aber auch die thomistische Neoscholastik, die sich, von einigen Päpsten gefördert, seit der Mitte des 19. Jahrhunderts entfaltete, den antimodernen Charakter des römischen Katholizismus dieser Jahre noch verstärkt. Dieses gegen die soziale Mobilität der Neuzeit, gegen die parlamentarische Repräsentativverfassung, erst recht gegen den demokratischen Gleichheitsgedanken gerichtete Konglomerat von Theoremen, die die fast untergegangene ständische Welt ideologisierten und dem ganz anderen Ufern zustrebenden 19. Jahrhundert die Zwangsjacke mittelalterlicher Ordnungen überstülpen wollten, zementierte die rückwärts gewandten Traditionen des Katholizismus. Das Verhältnis zu Reichstag und Landtagen, wo allein die katholische Minderheit ihre berechtigten Wünsche vortragen und eventuell durchsetzen konnte, blieb unter dem weitreichenden Einfluß neuthomistischer Vorstellungen häufig gebrochen. Auf dauerhafte, tatkräftige Mithilfe bei der Parlamentarisierung, geschweige denn der Demokratisierung des Reichs, war beim Katholizismus noch weniger als beim Protestantismus zu rechnen. Mit dem protestantisch geprägten Reich fand er sich indessen allmählich ab, ja, ein forcierter Reichspatriotismus sollte die behauptete staatsbürgerliche Inferiorität kompensieren und das langjährige Mißtrauen der protestantischen Umwelt abbauen. Sein Effekt war nicht zu übersehen: Gerade um sich an Loyalität nicht überbieten zu lassen, wurde der Katholik ein ebenso gefügiger, vorsichtiger Untertan der monarchischen Staatsgewalt wie sein lutherischer Nachbar. Obwohl der Katholizismus – außerhalb der katholischen Bundesstaaten – der Staatsspitze keine exklusive religiöse Weihe gab, wie die evangelische Staatskirche das tat, trug doch (ähnlich wie die Sozialdemokratie) nach dem Abbau des Kulturkampfes auch er zur indirekten Festigung des Reiches bei, zumal das katholische Verbandswesen, das mit der Ständelehre harmonisierte, ziemlich ungehindert florierte und viele Energien absorbierte. Auf jeden Fall wurden von dieser Seite her autoritäre Verfassungsstrukturen, autoritäre Politik nicht ernsthaft in Frage gestellt. Mit seinen Monopolansprüchen, die er überall dort, wo ihm die Staatsgewalt freie Hand ließ, auch noch im 20. Jahrhundert rigoros durchzusetzen versucht hat (wie in Italien und Kroatien, Spanien und Portugal), die ihn in Deutschland aber vor allem nach dem Säkularisierungserfolg, den der Kulturkampf eben auch bedeutete, auf Familie, Erziehung und Vereine lenkten, verfolgte er vielmehr selber einen nicht minder autoritären Kurs. Auf den Streit gegen die sog. Mischehen, für das Sozialisationsmonopol über die Grundschulen, für christliche Gewerkschaften, die der katholische Arbeitnehmer den schlagkräftigeren Freien Gewerkschaften vorziehen sollte usw., ist bereits hingewiesen worden (III.2.1.2). Wenn daher der Katholizismus in der preußischen Führungsschicht und im protestantischen Bürgertum weiterhin als zumindest latente Bedrohung empfunden wurde und dieser seinerseits trotz allem taktischen Arrangement sein berechtigtes Mißtrauen gegenüber dem protestantischen Hegemonialstaat nicht aufgab, so ist doch die Affinität der Kontrahenten im Hinblick auf den erreichten oder beabsichtigten autoritären Zugriff kaum zu übersehen. Hier gab es weite Bereiche der Kongruenz, wo einer dem anderen nicht nachstand, und gerade deshalb konnte Versöhnlichkeit sich nicht durchsetzen.

3.5 Die Matrix der autoritären Gesellschaft: Sozialisationsprozesse und ihre Kontrolle

In verschiedenen Sozialisationsprozessen auf verschiedenen Altersstufen wird der einzelne in sein gesellschaftliches Verhalten eingeübt. Er verinnerlicht die Normen, die fortab sein Verhalten steuern und seine Triebe in die durch kulturelle Tradition und Konvention legitimierten Bahnen leiten. Als Über-Ich, als Gewissen, als Ehrenkodex richtet die Gesellschaft im Verlauf dieser Sozialisationsprozesse gewissermaßen Leitwerke in ihm ein, sie gibt diesen Kontrollinstanzen einen Katalog von Vorschriften mit, sie prämiiert bestimmte Antriebsstrukturen, bestimmte Verhaltensweisen, bestimmte Zielvorstellungen bei der Erfüllung fester Rollenerwartung. Gemäß dieser „Verschränkung" (Th. Litt) von Individuum und Gesellschaft realisiert sich Geschichte nicht nur als äußere Macht gegen den einzelnen, sondern immer auch als verinnerlichte Macht in ihm. In den tiefsten psychischen Mechanismen sind bestimmende gesellschaftliche Kräfte — in wie vermittelter und gebrochener Form auch immer — wirksam; eine „gegebene Sozialstruktur" wählt mithin „spezifische psychische Tendenzen" aus, drückt sie aber nicht aus.[24]

3.5.1 Familien. Eine grundlegende Sozialisationsaufgabe bis hin zur Vermittlung schichtenspezifischer Sprachensysteme, die in mancher Hinsicht über die Zukunft von Kindern zu entscheiden vermögen, fällt der Familie zu. In den ländlichen Gebieten Deutschlands hielt sich damals häufig noch die Großfamilie (die Kernfamilie des Ehepaars und seiner Kinder einschließlich der Großeltern und einiger Verwandter), aber auch hier vollzog sich, wenngleich nicht so ruckartig wie in den größeren Städten, der Übergang zur Kleinfamilie mit erheblich reduzierter Komplexität der vermittelten Erfahrungen. Das normative Leitbild dieser Kleinfamilie bildete ein die Entscheidung fällender Pater familias, dem die Mutter auch rechtlich untergeben war, während die Kinder wiederum bis zur Volljährigkeit von beiden abhängig blieben Es kann kaum ein Zweifel herrschen, daß diese autoritäre Binnenstruktur der Familien weithin als verbindlich galt und u. a. ganz spezifische Formen des Generationskonflikts, namentlich des Vater-Sohn-Verhältnisses, bedingte. Ebensowenig kann aber bestritten werden, daß es durchaus — vor allem seit den 1890er Jahren — eine schichteigentümliche Auflockerung gab, wobei auch damals schon größere Liberalität und großzügigere Erziehung an steigendes Bildungsniveau und materielle Sicherheit gebunden gewesen zu sein scheinen; für eine Sozialgeschichte der Bildung tut sich hier freilich noch ein weites Feld auf. Aus eben den Schichten, deren Kinder zur Jugendbewegung stießen, sickerten dann die veränderten Erziehungsideen und -praktiken in andere Sozialgruppen ein.

Im Hinblick auf die primäre Sozialisation in der Kleinfamilie wird öfters die Auffassung vertreten, es gebe eine gleichsam lineare Beziehung zwischen autoritärer Familie und autoritärer Politik. Ob „eine paternalistische Familienverfassung zum Aufbau autoritärer Verhaltensbilder führt, die ihrerseits autoritäre politische Verfassung begründen", ist aber noch eine offene Frage.[25] Der Vergleich stützt diese Ansicht jedenfalls kaum: Der Spätpuritaner in Massachusetts, der viktorianische Engländer, der repulikanische Franzose wurde von der wilhelminischen Vaterfigur schwerlich an Härte übertroffen. Eine autoritäre Familienstruktur scheint sich mit sehr unterschiedlichen „politischen Kulturen" vereinbaren zu lassen. Allein kann sie autoritäre Politik auf gesamtgesellschaftlicher Ebene kaum „begründen". Ist sie jedoch in eine Gesellschaft mit generellen autoritären Leitbildern und Verhaltensweisen eingebettet, dürfte sie als eine Art Multiplikator wirken; dann gibt es tatsächlich eine Linie von einem anthropomorphen Gottvater über den fürstlichen Landesvater und paternalistischen Unternehmer bis zum Familienvater. Ein „Verstärker" für vorhandene historische Tendenzen — so wird man die Folgen dieser Familienordnung im kaiserlichen Deutschland am plausibelsten bestimmen können, ohne sie monokausal für zuviel haftbar zu machen.

3.5.2 Volksschulen. Im Hinblick auf die sekundäre Sozialisation in den Schulen vom 6. bis 18. Lebensjahr hat hier nicht Bildungsgeschichte an sich oder gar die Qualität des Unterrichts, sondern ein anderer Gesichtspunkt im Vordergrund zu stehen: Die Perpetuierung der Sozialstruktur und der gesellschaftlichen Machtverhältnisse durch das Erziehungssystem. Insofern gehört es zum Herrschaftssystem. Zu früh behauptete Max Weber, daß „Unterschiede der Bildung . . . heute, gegenüber dem klassenbildenden Element der Besitz- und ökonomischen Funktionsgliederung, zweifellos der wichtigste, eigentlich ständebildende Unterschied" seien, „vor allem in Deutschland, wo fast die sämtlichen privilegierten Stellungen innerhalb und außerhalb des Staatsdienstes nicht nur an eine Qualifikation von Fachwissen, sondern außerdem von ‚allgemeiner Bildung' geknüpft sind und das ganze Schul- und Hochschulsystem in deren Dienst gestellt ist".[26] So global traf das damals noch keineswegs zu; denn auch in Deutschland gab es noch ganz andere, stärker als Fachwissen durchschlagende Privilegien der Herkunft und des Besitzes; auch in Deutschland war die Aufstiegsmobilität kraft Fachausbildung alles andere als ein allgemeines Phänomen, sondern schichtunterschiedlich variabel. Keineswegs war das reichsdeutsche Schulsystem schon zur „zentralen sozialen Dirigierstelle" für künftige Sicherheit, Geltung und Konsumchance, zum „Bestimmungsgrund der Schichtstruktur" in dem Sinne geworden, daß angeblich nicht „Schichtzugehörigkeit . . . das Erziehungsniveau, sondern das Erziehungsniveau . . . die Schichtzugehörigkeit" bestimmte.[27] Es sollte vielmehr noch Jahrzehnte dauern, ehe der Staat überhaupt auf diesem Gebiet intensiv auf formelle Chancengleichheit seiner Bürger hinzuwirken begann. Vor 1918 lassen sich in Volksschulen, Gymnasium und Hochschule überall die Folgen von Entscheidungen feststellen, die den Zugang zu den Bildungsinstitutionen dauerhaft von der Position im Klassensystem abhängig machten und dieses daher stillschweigend „fortschrieben". Die Ausnahmen individuellen Aufstiegs — 1890 hatte sich unter 1000 Studenten höchstens ein Arbeitersohn verirrt — können die Eindeutigkeit der Sozialstatistik auf diesem Gebiet nicht aufheben. Unsichtbar bleiben in ihr freilich die Fälle allmählichen sozialen Aufstiegs in mehreren Etappen bzw. in zwei bis drei Generationen.

Vor der Revolution von 1848 hatten schon 82 Prozent der schulpflichtigen Kinder Lesen und Schreiben gelernt, nach 1870 waren es praktisch 100 Prozent, wenn auch Kinder auf dem Lande nicht selten nur dürftige Kenntnisse erwarben. Gerade nach der Revolution hatte der Staat als Schulträger in wichtigen Fächern allerdings eine Diagnose Hegels zu beherzigen versucht. „Ist das Reich der Vorstellung revolutioniert", hatte dieser 1808 geurteilt, „so hält die Wirklichkeit nicht aus."[28] In der Ausdehnung des Bildungswesens, das als neue Autorität überkommene Maßstäbe der Reflexion unterwarf und tendenziell eine kritische Haltung gegenüber bisher nicht in Frage gestellten Ordnungen förderte, mithin politisierend wirkte, haben die Vertreter des alten Regimes daher nicht ohne Grund eine der Ursachen für die revolutionäre Bewegung gesehen. Der preußische König ging 1849 sogar soweit, alles „Elend" auf die „Afterbildung", die „irreligiöse Massenweisheit", die „pfauenhaft aufgestutzte Scheinbildung" zurückzuführen. Folglich wurde der meinungsbildende Unterricht in eine Zwangsjacke gesteckt.[29] In Preußen schrieben z. B. die Stiehlschen Regulative bzw. die Raumerschen Erlasse vom Herbst 1854 die Festigung vaterländischer Gesinnung und Treue gegenüber der Dynastie als höchste Lernziele vor. In elementarer Form sollte der Glaube an vorgegebene Wahrheiten wachgehalten, auch durch Verkirchlichung des Unterrichts befestigt werden. In diesem Sinne wurde der Geschichtsunterricht als antirevolutionäres Psychopharmakum zur patriotischen Gesinnungsbildung eingesetzt.

Als trotzdem der Aufstieg der Sozialdemokratie begann und anhielt, erhielt der Unterricht die zusätzliche Funktion, Abwehrkräfte gegen die „rote Gefahr" zu entwickeln. In mehreren Erlassen über die Mithilfe der Schule bei der „Bekämpfung der sozialistischen Ideen" (1889, 1901, 1908) wurde — z. T. nach dem Modell der Kadettenanstalten — diese Immunisierungsaufgabe für 7,8 Mill. Volksschüler in einer Sprache vorgeschrieben, wie sie Wilhelm II. bei seinen aufsehenerregenden Reden bevorzugte. Die Schulpädagogik wurde, nachdem sie schon jahrzehntelang unter massivem Druck gestanden hatte und ihre Entliberalisierung weit vorangeschritten war, durch diese neue Pflicht der„politischen Bildung" (wie man damals zu sagen begann) nicht in Verlegenheit gebracht. Sie nahm im Gesinnungsunterricht diese Direktiven auf und übersetzte sie in einen Tugendspiegel (Fleiß und Gottesfurcht, Gehorsam und Treue usw.), den sie mit den gottlosen, aufrührerischen Wühlereien der „vaterlandslosen Gesellen" plakativ kontrastieren konnte. Diese Schwarz-Weiß-Malerei, die vor 1914 jährlich mehr als 10 Mill. Volksschüler erreichte, läßt sich in den Schulgeschichtsbüchern, deren Stoff und Darstellung ebenso wie die Handbücher für den Lehrer diese „Willensverfassung" fördern sollten, auch in Schulreden, auf den Feiern nationaler Gedenktage (Sedanfest!) usw. genau verfolgen. Ein „Jugendpflege"-Erlaß vom Januar 1911 sollte sogar die patriotische Zuverlässigkeit der jungen Arbeiter auch in der „Schulwüste" vom Schulabgang bis zum Eintritt ins Heer als Schule der Nation sichern. Der sozialpsychische Effekt dieser Einflüsse ist naturgemäß schwer meßbar, darf vermutlich aber, wenn man z. B. die Nationalisierung der SPD oder ihr Verhalten 1914/18 ins Auge faßt, hoch veranschlagt werden. Auf diesem Feld ist der manipulative Einsatz des Nationalismus zum Zwecke der Stabilisierung gesellschaftlicher Machtstrukturen und damit der Verinnerlichung sublimierter Gewaltverhältnisse mit aller Deutlichkeit zu erkennen.

3.5.3 Gymnasien. Für die erdrückende Mehrzahl deutscher Kinder endete die formelle Ausbildung damals mit der Volksschule. Das Berufsschulwesen setzte sie, zudem kümmerlich genug, nur noch punktuell fort. Durch das Nadelöhr des Zugangs zum Gymnasium trat nur ein geringer Prozentsatz in das höhere Bildungssystem ein: 1885 z. B. gab es bei 47 Mill. Einwohnern und 7,5 Mill. Volksschülern im Reich nur 238 000 „Pennäler", davon allein 133 000 in Preußen (84 300: Gymnasien, 24 700: Realgymnasien, 5100: Oberrealschulen).[30] Diese Gymnasiasten stammten ganz überwiegend aus dem Bildungsbürger- und Beamtentum. Die Schicht der Gebildeten reproduzierte sich mithin stets aufs neue. Mit dem strengen Neuhumanismus war seit den 1820er Jahren ein bildungsaristokratischer Grundzug im gesamten höheren Bildungswesen dominierend geworden; er verfestigte sich nach dem Rückschlag, den 1848/49 für das Bürgertum bedeutete, zu einem dünkelhaften Vulgäridealismus, dessen Einseitigkeit sich in nichts von dem heftig kritisierten Materialismus unterschied, politisch aber — das war eine der Kehrseiten der „Realpolitik" — den Rückzug in die „machtgeschützte Innerlichkeit" (Th.

Mann) beschleunigte. Gegenüber den Unterschichten erstarrte er zu einer sozialdefensiven Abwehrhaltung, die bewußt die Barrieren hochhielt und die Vorzüge höherer Bildung, die hier als Summe erweiterter materieller und ideeller Lebenschancen verstanden werden können, für eine relativ schmale Schicht reservierte.
Dem Anspruch nach bereiteten die Gymnasien (wie früher die Gelehrtenschulen) auf das Universitätsstudium, die von ihnen lange heftig befehdeten Realgymnasien und Oberrealschulen auf die ebenso lang nicht minder umstrittenen Technischen Hochschulen vor, die in ihrer modernen Form zwischen 1860 und 1890 entstanden sind. Einmal schied aber eine ziemlich hohe Zahl von Schülern nach sechs Jahren höherer Schule mit dem sog. „Einjährigen" aus, das ihnen sowohl einen bevorzugten Militärdienst als auch die mittlere Beamtenlaufbahn eröffnete; zum zweiten ist die Zahl der scheiternden Schüler, der gymnasiale „Drop Out", wahrscheinlich nicht gering gewesen, auch wenn hier genaue Statistiken fehlen. Seit 1834 bildete aber das Abiturzeugnis den vorgeschriebenen Eintrittsschein für die Universität, und bis zur Jahrhundertwende (1902) besaßen dieses Universitätsmonopol die Gymnasien. Auch von den Abiturienten besuchte dann jedoch längst nicht jeder die Hochschule: 1885 etwa gab es an allen reichsdeutschen Universitäten nur 27 000 Studenten, d. h. ein Zehntel der Oberschülerzahl. Aber wer so weit gelangt war, der hatte auf der Leiter zu einer vielfältig ausgezeichneten Karrierelaufbahn die nächste Sprosse erklettert.
Bildeten die Gymnasiasten einen z. T. noch durch besondere Schulkleidung abgehobenen Großteil des Nachwuchses für die Führungseliten, so entstand unter ihnen doch auch eine folgenreiche Protestbewegung, der „Wandervogel", die Freie Deutsche Jugendbewegung. Sie blieb ihrer sozialen Zusammensetzung nach bis 1914 durch Gymnasiasten bestimmt. Zwischen 1897 und 1900 entstehend, 1901 formell in Berlin-Steglitz gegründet, kurz vor Kriegsausbruch im Treffen auf dem Hohen Meißner einen äußeren Höhepunkt erreichend, erfaßten diese Gruppen vor allem Schüler aus dem mittleren und höheren protestantischen Bürgertum der kleinen und mittelgroßen Städte bzw. Großstadtvororte. Dem Aufbegehren gegen den Paukdrill der Schule, der Hinwendung zur Natur und einem „natürlichen Leben", der Freisetzung schöpferischer Energien und den wohltätigen Einflüssen auf die Jugendpädagogik — Bedürfnisse und Leistungen, die nicht gering eingeschätzt werden dürfen — stand doch, will man Bilanz ziehen, ein zu hoher Negativposten gegenüber. Antiliberal und antidemokratisch, antiurban und antiindustriell, flüchteten sich die Wandervogelgruppen nur zu oft in eine deutschtümelnde Sozialromantik. Jüdische Mitglieder wurden genauso wie Mädchen

durchweg abgelehnt, Paul de Lagarde und Julius Langbehns „Rembrandt-Deutscher" als Lektüre bevorzugt, und eine elitäre Selbstüberschätzung, zu der auch ein erotisierter Führerkult gehören konnte, mit schroffer Abwendung von der modernen Welt verschmolzen. Diese Mentalität durchwucherte zudem ein leidenschaftlicher Nationalismus, der Aberhunderte von Mitgliedern der Jugendbewegung singend in das Feuer der Maschinengewehre von Langemarck hineinstürzen ließ. Dieser romantisierende, antimoderne Grundzug, dieser weltfremde Idealismus im Verein mit „bündischer" Begeisterung für pseudoreformerische Zwecke im Kreis derjenigen, die bald in verantwortliche Positionen einrücken sollten, hat unstreitig die Anfälligkeit gegenüber einer Politik erhöht, die zehn Jahre nach dem Krieg den Protest gegen die städtische, industrielle Zivilisation radikalisierte. Dort wurde Bewegung, Aufbruch zu neuen Ufern simuliert, aber die „blaue Blume" blühte dann bald neben der russischen Rollbahn.

3.5.4 Universitäten. 1871 besuchten 13 000 Studenten deutsche Universitäten, auf je eine Million Einwohner (von 41 Mill.) kamen etwa 320 Studenten. Innerhalb von 30 Jahren stieg die Zahl auf 34 000 an, d. h. ihr Anteil an je einer Million Einwohner (von 56 Mill.) verdoppelte sich auf 640 (1930: 2100, 1960: 4600), was seit den 1870er Jahren eine lebhafte Debatte über „akademische Proletarier" auslöste. Von diesen 34 000 studierten noch 10 Prozent Theologie (1960: 2,5 Prozent); dabei bildete das Studium der katholischen Theologie einen Kanal für sozialen Aufstieg, da nur 4 Prozent der Väter bereits Akademiker gewesen waren. In allen anderen Fakultäten aber stammten die Studenten überwiegend aus dem akademisch gebildeten Bürger- und dem Beamtentum: Um 1900 hatten z. B. 27 Prozent aller preußischen Studenten einen Akademiker zum Vater, mehr als ein Drittel stammte aus Staatsbeamten- und Lehrerfamilien. In Württemberg und Bayern, in Sachsen und Baden unterschieden sich die Zahlen kaum hiervon. Kurzum: Im Vergleich mit ihrem Anteil an der Bevölkerungszahl blieben die privilegierten Schichten unter den Universitätsstudenten außerordentlich überrepräsentiert. Selbst wenn es der statistischen Ausnahme, den ein, zwei Arbeitersöhnen, an einer Universität, gelang, mit einem Examen abzuschließen, wird man das doch nicht als Beleg für die Durchlässigkeit des höheren Bildungswesens ansehen dürfen, die jedoch damals — um daran keinen Zweifel zu lassen— auch in anderen westlichen Ländern sehr gering war. Ganz eindeutig blieb auch das soziale Rekrutierungsfeld für die Hochschullehrer eingegrenzt: zwischen 1860 und 1890 z. B. kamen 65 Prozent aller Habilitierten aus Beamten- und Professorenfamilien.[31]

Der allgemeine politische Konformitätsdruck an den Universitäten blieb nach 1871 gleichmäßig hoch. In der mächtigen Philosophischen Fakultät arbeitete der Staatsidealismus im Verein mit der ganz auf Staatspolitik, wenn nicht gar auf die borussische Legende konzentrierten Geschichtsschreibung an der Rechtfertigung des Bestehenden. In den Staatswissenschaftlichen Fakultäten, wo den „Kathedersozialisten" ein besonderes Maß an Staatsverehrung und Vertrauen auf staatliche Reformtätigkeit eigen war, wurde den künftigen Beamten eine — fachlich vorzügliche — Obödienzausbildung erteilt. Der vergleichsweise milden Kritik der Schüler und Mitstreiter Schmollers an der Wirtschaftsverfassung hielt der preußische Kultusminister Bosse entschieden die öffentliche Forderung entgegen, daß „in den Vorlesungen der Standpunkt der Unternehmer ... mehr als bisher zur Geltung kommt, eingedenk des Wortes, daß man die Henne nicht schlachten solle, die die goldnen Eier legt".[32] Nach 1900 erlahmten dann die grundsätzlichen Einwände dieser bürgerlichen Reformwilligen ohnehin. Die Juristischen Fakultäten, die als „Arsenal der Herrschaft in gewissem Sinn feudalen Charakter" besaßen[33], erzeugten seit jeher eine am Vorgegebenen orientierte enge Beharrungsmentalität, die der rechtswissenschaftliche Positivismus der Laband-Schule noch unterstützte. Von den Medizinern waren auch damals im allgemeinen keine kritischen Einwände zu erwarten, und unter dem evangelischen Pastorennachwuchs kam es nach dem Abklingen des Rationalismus erst 100 Jahre später zur Berührung mit einer „kritischen Theologie".
Über das hohe, ja weltweit vorbildliche wissenschaftliche Niveau der deutschen Universitäten, zu denen in der Reichszeit immerhin zwölf Hochschulneugründungen hinzukamen, ist damit kein absprechendes Wort gesagt. Aber gesellschaftspolitisch blieben die Universitäten Bollwerke des Status quo. Der entschieden liberale Gelehrtentyp, wie ihn Mommsen und Virchow verkörpert hatten, verschwand seit den 80er Jahren zunehmend. Ein politischer und sozialer Konservativismus — sei er auch nationalliberaler Couleur — setzte sich durch; die ministerielle und korporationsrechtliche Kontrolle der Prüfungen und Korporationsmechanismen gewährleistete ein hohes Maß an Homogenität, während andererseits brillante Außenseiter — z. B. Sozialdemokraten wie Robert Michels und Leo Arons — effektiv ferngehalten wurden. Man blieb in den Gremien der Hochschullehrer „unter sich und seinesgleichen".

3.5.5 Studentenverbindungen und Reserveoffizierswesen. An den Universitäten wurde auch eine Aufgabe wahrgenommen, die mit der „Feudalisierung" des Bürgertums zusammenhing: Die institutionellen Träger dieser politischen Sozialisation waren dort die Korporationen, überhaupt die schlagenden Verbindungen. Auf deren Rolle als gesellige Vereine und Förderer des Bierkonsums ist hier nicht einzugehen. Ihre soziale und politische Funktion jedoch bestand u. a. darin, Bürgersöhne auf einen neoaristokratischen Ehren- und Verhaltenskodex festzulegen, ihnen Normen und Wertvorstellungen einzuschleifen, die die möglichen Repräsentanten künftiger bürgerlicher Politik an die vorindustriell-adeligen Führungsgruppen banden, mithin dieses Störpotential durch eine neue Kollektivmentalität entschärften und — wie sich herausstellte — überaus erfolgreich in eine andere Lebenswelt einfügten. Auf dem Paukboden als Stätte überlebter Mannbarkeitsriten und gespreizter Mutproben holten sich diese Studenten in künstlich hochstilisierten Duellen, in denen das feudale Motiv klar zutage trat, sichtbare, oft mit Gewürzen übertriebene Schmucknarben, die bald zwar von aufgeklärten Potentaten in Schwarz-Afrika als Relikte böser Vorzeit verboten wurden, im Deutschen Reich jedoch ihren Träger vor aller Augen als Mitglied der akademischen Oberschicht auswiesen.

Darüber hinaus schleusten die Verbindungen über einflußreiche „Alte Herren" ihre Angehörigen in begehrte Positionen ein. Der „Kösener Senioren-Convents-Verband" von 1848, der schließlich 118 Corps mit 1500 Aktiven, 4000 Inaktiven und 25 000 „Alten Herren" vereinigte, fungierte bei der Ämterpatronage als bekannteste Verteilerzentrale; ohne die Personalvorschläge seiner Mitglieder wurden in einigen Ministerien kaum verantwortliche Stellungen besetzt. Durch diesen typisch deutschen „Korporationsnepotismus" wurde sichergestellt, daß die Laufbahn in Verwaltung und Gerichtswesen lediglich für zuverlässige Beamte mit einem durch Bestimmungsmensuren und Satisfaktion geläuterten Weltverständnis offenblieb.[34] Auf die zahlreichen Vorteile der „Beziehungen" eines Verbindungsstudenten, der dank seiner narbigen Visitenkarte allerorten zur höheren Gesellschaft gehörte, braucht hier nur hingewiesen zu werden. Zwar gab es öfters bitteren Streit zwischen adeligen Corps und bürgerlichen Burschenschaften,[35] aber es grassierten doch dieselben Vorurteile unter ihnen: ein „jüdisch Weib" sollten sie sich alle versagen, ein reizbarer Nationalismus breitete sich zunehmend aus, die „Herrenmenschen"-Allüren wurden von allen geprobt, und über alle Divergenzen hinweg setzte sich auch bei den schlagenden Burschenschaften der Verzicht auf bürgerliche Politik durch.

Durch eine weitere Institution wurde gleichfalls sicherzustellen versucht, daß das Bürgertum keine politische Speerspitze mehr entwikkeln konnte: durch das Reserveoffizierswesen. Der Funktionswandel dieser Stellung, die — ursprünglich als Zeichen bürgerlicher Gleichberechtigung gedacht – zum Prüfstand des bis 1871 neu befestigten Militärstaats wurde, wo Berufsoffiziere über die Kooptation „akzeptabler" Bürgerlicher entschieden, führte dazu, daß das Reserveoffizierswesen eine ähnliche Sozialisationsaufgabe übernahm wie die Korporationen oder die Assessorenausbildung für Juristen. Ehe ein Bürgerlicher als Reserveoffizier in das Offizierskorps einer Einheit aufgenommen wurde, hatte es ihn auf Herz und Nieren geprüft, seine Berufs- und Eheverhältnisse (eine jüdische Frau disqualifizierte ihn umstandslos) unter die Lupe: sprich das Monokel genommen, ihn als „zuverlässigen Kameraden" eingestuft. Für den derart Auserwählten bedeutete dieser Entscheid, daß er sich zwar bereitwillig den Normen und dem Lebensstil der professionellen Militärs hatte anpassen müssen, dafür aber der Glanz des „höchsten Standes" im Staat jetzt auch ihn umgab, vor allem auch auf seiner Visitenkarte sichtbar wurde. Für die Herrschenden erwies sich diese Reserveoffiziersausbildung als eine schlechthin ingeniöse Einrichtung, die nach dem Schreck des Verfassungskonflikts die Integration strebsamer Bürgerlicher auf Dauer absicherte. Promovierter Akademiker, Corpsstudent und Reserveoffizier zu sein – das bedeutete, wie es Heinrich Manns Diederich Heßling stellvertretend für alle empfand, den Gipfel bürgerlicher Glückseligkeit erklommen zu haben. Von einem derart geprägten Nachwuchs der konservativen und liberalen Parteien brauchten die traditionellen Eliten in der Tat keinen Umsturz der Machtpyramide zu befürchten.

3.6 Konfliktregelung

Im Falle des Verstoßes gegen die herrschenden Normen stand dem Staat der Apparat des Justizwesens zur Verfügung, um Konflikte autoritativ entscheiden zu lassen. Zugleich konnte er aber auch bei seinen Bewohnern einer verinnerlichten Reaktionsweise gewiß sein, die als Untertanenmentalität bestimmten Auseinandersetzungen einseitig ihre Schärfe nahm. Als diese jedoch nicht mehr überall ausreichte, sah er sich zu knapp kalkulierten Kompensationsleistungen gezwungen, um die Massenloyalität zu erhalten oder zurückzugewinnen.

3.6.1 Die Klassenjustiz. Auf die formelle Bekräftigung des Einflusses, den sich die Bürokratie in der Gestalt des „Rechtsstaates" während des Kampfes mit dem Absolutismus im 18. und frühen 19. Jahrhundert errungen hatte, braucht hier nicht näher eingegangen zu werden, wie vorteilhaft die sog. Verwaltungsgerichtsbarkeit auch für sie arbeitete. Aber gegen die langlebige Legende, daß das Kaiserreich im Sinne der faktischen Gleichheit aller Staatsbürger vor dem Gesetz vorbildlich gewesen sei, ist von einem bedeutenden Juristen unserer Gegenwart nachdrücklich eingewandt worden, daß es „ganz zu Unrecht im Ruf" stehe, „ein Rechtsstaat gewesen zu sein".[36] Selbstredend geht es in diesem Zusammenhang nicht darum, etwa das hohe Maß an Rechtssicherheit, dessen sich damals die deutschen Großstädte im Vergleich mit den amerikanischen erfreuten, abzustreiten: Es ließ sich durchaus ohne ständige Furcht in ihnen leben. Auch imponiert die strenge Rechtlichkeit, mit der z. B. das Preußische Oberverwaltungsgericht den Schikanen der Behörden im Nationalitätenkampf lange noch verfassungskonforme Grenzen gesetzt hat. Gemeint ist vielmehr die subtile oder auch massive Mißachtung der formalen Gleichheitsgarantien, wie sie sich durch die Geschichte der inneren Konflikte des Kaiserreichs hindurchzieht. Denn zahllose Entscheidungen fielen im Sinn der Klassenjustiz, d. h. aber die Rechtssprechung des Landes wurde „einseitig von den Interessen und Ideologien der herrschenden Klasse beeinflußt . . ., so daß trotz formaler Anwendung des Gesetzes die unterdrückte Klasse durch die Handhabung der Justiz beeinträchtigt" wurde.[37] Diese soziale Präjudizierung läßt sich nun in der Tat wie ein roter Faden in all den Prozessen verfolgen, in die Industrie- und Landarbeiter, erst recht Sozialdemokraten, verstrickt wurden. Das tritt im Leipziger Hochverratsprozeß von 1872 bereits kraß hervor, liegt für die Zeit des Sozialistengesetzes allenthalben auf der Hand und ist auch nach 1890 stets deutlich zu erkennen. Man braucht nur das Übermaß der Strafzumessung in den Urteilen nach den großen Arbeitskämpfen der wilhelminischen Zeit, z. B. noch nach dem Bergarbeiterstreik von 1912, mit der Reaktion auf Duelle oder Übergriffe von Militärs zu vergleichen, um zu erkennen, daß einige Bürger vor der unparteiischen Justiz gleicher als andere blieben. Eine massive Bakschisch-Korruption, wie sie die altpreußische Beamtenschaft gekannt hatte, blieb der kaiserlichen Justizbürokratie fremd, aber die subtilere Korruption der Klassenjustiz wurde bis 1918 nicht beseitigt.

Daß diese Klassenjustiz stillschweigend funktionierte, beruhte wesentlich auf der ausbildungsspezifischen Konditionierung der Justizbürokratie. Im Zuge des rigorosen Kampfes der Regierung Bismarcks gegen liberale Beamte waren vor allem seit 1878 mit den ultrakonservativen Säuberungsmaßnahmen der Puttkamerschen „Bürokratiereform" auch hier die Weichen gestellt und der gewünschte Effekt bald erreicht worden: Die Schlüsselpositionen der Gerichte und Justizbehörden kamen in „bewährte" Hände (s. III. 1.4). Und wenn man die Alterszusammensetzung späterer Kollegien prüft, so hatten nicht wenige Juristen dieses Schlags noch in der Weimarer Republik die Chance, ihre Vorstellung von monarchischer „Rechtsstaatlichkeit" durchzusetzen. Denn Puttkamers „junge Leute" – das muß man sich klarmachen – waren 1918 vielleicht gerade 60 Jahre alt, die Assessorenjahrgänge nach ihnen, als der neue Stil schon durchgesetzt worden war, sogar erheblich jünger. Wer durfte eigentlich, wenn man diesen Apparat intakt ließ, von solchen Richtern Gerechtigkeit für Friedrich Ebert oder gegen die Femekommandos erwarten?

3.6.2 Die Untertanenmentalität. Eine Art psychisches Pendant zu dieser Institution des Obrigkeitsstaats bildete die Untertanenmentalität. Sie gebot, Willensakte, auch Übergriffe der Staatsgewalt passiv hinzunehmen, mit übervorsichtigem Stillschweigen auf die kleinen Schikanen des Alltags zu reagieren, dem Leutnant auf dem Bürgersteig mit gezogener Kappe auszuweichen, noch auf dem kleinen Dorfgendarmen den Abglanz des Staates ruhen zu sehen, mithin sich eher zu fügen als zu protestieren. Diese vornehmlich ostelbische Mentalität, die im freieren Rheinland oder Südwesten nicht selten Verachtung erregte, bildete das Produkt jahrhundertealter politischer und religiöser Traditionen. Weber hat einmal davon gesprochen, daß ein geköpfter Fürst eine befreiende Emanzipationswirkung in der gesamten folgenden Geschichte auslösen könne, denn der Nimbus der großen Vaterfigur könne dann nicht mehr wie vorher ungebrochen fortbestehen. Auch hier spürte Deutschland, daß es das Land ohne Revolution blieb. Denn in anderen Ländern wurde „das Entstehen oder der Fortbestand jener verinnerlichten, auf den fremden Beschauer als Würdelosigkeit wirkenden Hingabe an die Autorität gehindert oder zerbrochen, welche in Deutschland ein schwerlich auszurottendes Erbteil der ungehemmten patrimonialen Fürstenherrschaft geblieben ist. Politisch betrachtet war und ist der Deutsche in der Tat", schloß Weber, „der spezifische ‚Untertan' im innerlichsten Sinne des Wortes und war daher das Luthertum die ihm gemäße Religiosität." 1919 sprach dann Albert Einstein verächtlich davon, daß „gegen die angestammte Knechts-Seele ... keine Revolution" helfe.[38] Gewiß hatten rationalistische Theologie und politischer Liberalismus, Diesterwegs Pädagogik und Mommsens Seminar einen freien selbständigen Menschen heranzubilden gesucht. Gewiß sind gerade auch in diesem Sinne Sozialdemokratie und Gewerkschaften Emanzipationsbewegungen mit unendlich mühsamer Aufklärungsarbeit gewesen. Aber nach der fatalen konservativen „Neugründung" seit 1878 hatte die „ganze innere Politik", wie Hintze scharfsichtig beobachtete, „unverkennbare Züge von dem Friderizianischen System an sich".[39] Damit aber machte sich das ganze bleierne Schwergewicht der Tradition weiter geltend – le mort saisit le vif. Und dagegen war in einem Staat, der sowohl vor harter Repression keineswegs zurückscheute, als auch Ordenssegen und Nobilitierung zielstrebig einsetzte, schwer anzukommen. Sogar auf seine schärfsten Gegner färbte dieser Verhaltensstil — vielleicht sogar notwendig — ab. Nicht ganz zu Unrecht warfen die Kritiker in der „Zweiten Internationalen" der deutschen Sozialdemokratie die „Prussifizierung" im Inneren ihrer Organisation vor, erkannten Beobachter die preußischen Eigentümlichkeiten der Polen im „Zabór Pruski". Kein Zweifel, zählebig und verhaltensprägend blieb das alte Preußen lange über seine historische Zeit hinweg. Wer das leugnete, übersähe ein Dilemma deutscher Politik im 19. und 20. Jahrhundert.

3.6.3 Konfliktlosigkeit als Ideal. In dieses Verhältnis von Obrigkeits- und Untertanengesinnung reichen auch die Wurzeln einer Vorstellung hinein, die man als Utopie der konfliktlosen Gesellschaft umschreiben kann. Regierung und Verwaltung werden darin als überparteiliche Hüter des Gemeinwohls, als „rein sachliche" Entscheidungsinstanzen, als — wenn man so will — technokratische Sachverständige begriffen, während unter ihnen alle sozialen Gruppen prinzipiell in harmonischen kooperativen Beziehungen miteinanderleben. Antagonismen und Klassenspannungen bleiben aus dieser Idylle verbannt, werden negiert oder als Ergebnis bösartiger Störversuche von außen verstanden. Diese Störenfriede, die ohnehin in jeder konservativen Verschwörertheorie ihren bevorzugten Platz innehaben, müssen dann bekämpft, vertrieben, notfalls ausgemerzt werden. Die Anziehungskraft eines solchen Modells basiert offensichtlich auch auf einer wirksamen historischen Tradition der staatlichen Intervention in der sozialen Entwicklung — und etwas von dieser Faszination bleibt noch in der Zustimmung zu „Großen Koalitionen" und in den Entwürfen für eine „formierte Gesellschaft" bis in die Gegenwart spürbar.

Eine unmittelbare Folge dieser Verleugnung strukturbedingter Konflikte ist eine antiparlamentarische Tendenz; denn das Parlament als Forum streng regulierter Austragung des Meinungsstreits setzt ja die Anerkennung gesellschaftlicher Interessengegensätze voraus. Wird diese versagt, dann wird auch das Parlament als „Schwatzbude" abgewertet, und wer Gegensätze für anomal hält, anstatt sie zu institutionalisieren bzw. in vorgeschriebenen Kampfritualen zu veralltäglichen, der neigt auch nicht nur zum Kampf gegen den Klassenkampf, sondern auch zur Erzwingung der Konfliktlosigkeit, bis er den großen Pazifikator begrüßt, der den Widerstreit des „Parteienhaders" endgültig stillzulegen verspricht. Man trifft hier auf einige historische Voraussetzungen eines Syndroms, das bei der Radikalisierung des mittelständischen Bürgertums eine erhebliche Rolle gespielt hat; denn seit den 70er Jahren ist die organisierte Linke zu jenem Störenfried erhoben worden, der ein harmonisches Gemeinschaftsleben störe. Gegen dieses Symbol der Bedrohung von unten richtete sich, je mehr der Kampf nach oben – gegen Aristokratie und Feudalstaat – nach den Schlappen von 1848, 1862 und 1871 erlahmte, um so einseitiger alle Aggression und dumpfe Aversion, ehe sie sich seit 1933 entlud. Ohne diese historische Dimension, d. h. allein aus der Situation seit 1918/29 ließe sich dieses stereotype Mittelstandsverhalten gar nicht hinreichend verstehen.

3.7 Entschädigungsleistungen zur Loyalitätssicherung

Trotz aller Anstrengungen, die strukturbedingten Antagonismen der reichsdeutschen Gesellschaft unter Kontrolle zu halten, erwies sich doch ziemlich früh, daß die Steuerung der Sozialisationsprozesse, die Klassenjustiz und die verinnerlichte Fügsamkeit dazu nicht immer ausreichten. Seit 1873 wurde zudem durch das ungleichmäßige Wirtschaftswachstum „die soziale Frage unter Treibhauswärme gestellt" (Rodbertus).[40] Mit der radikalen Diskreditierung der liberalen Verkehrswirtschaft in der Depression bis 1879 ließ auch ruckartig das Vertrauen auf die Selbstregulierungsmechanismen des Marktes nach, d. h. aber auch darauf, daß das freie Spiel der gesellschaftlichen Kräfte à la longue im Gemeinwohl resultieren müsse. Vielmehr demonstrierte die Entwicklung seit der deutschen Industriellen Revolution, daß sich der Abstand zwischen Produktionsmittelbesitzern und den Verkäufern von Arbeitskraft in nahezu allen Lebensbereichen – und eben nicht nur dem des materiellen Einkommens – vergrößerte. Welche gesellschaftspolitischen Gefahren dadurch heraufbeschworen wurden, wenn man diese Entwicklung nach gut liberaler Manier sich selber überließ, wurde den Führungsgruppen Ende der 70er Jahre bewußt. Sozialkonservative wie der Publizist Hermann Wagener und der Ministerialbeamte Theodor Lohmann entwarfen frühzeitig ein weitsichtiges Programm staatlicher Reformtätigkeit, und es ist kein Zufall, daß Repräsentanten der solidarprotektionistischen Sammlungspolitik von 1878/79 wie Kardoff und Stumm, Hohenlohe-Langenburg und Frankenberg sogleich auch sozialpolitische Aktionen forderten. Auch Miquel erklärte aus denselben Motiven heraus, es heiße jetzt „mit unerbittlicher Energie die revolutionären Ausbrüche niederhalten, soziales Wohlwollen durch Förderung des kleinen Besitzes schaffen und berechtigte Forderungen der arbeitenden Klassen bereitwillig erfüllen", mithin „das Chaos auf die Reform zu verweisen".[41]

3.7.1 Sozialversicherung statt Sozialreform. Bismarck hatte früher ziemlich unbefangen aus der Tradition älterer „Polizeipolitik" heraus für staatliche Hilfsmaßnahmen plädiert, war aber nicht zuletzt am Widerstand der liberalen Bürokratie aufgelaufen. Als sich die Krisensituation jedoch verschärfte, griff er auf die typisch bonapartistische Stabilisierungsmethode einer etatistischen Sozialpolitik zurück. Sie bildete die Innenseite einer Politik, deren Außenseite die ökonomische und koloniale Expansion war. Von vornherein wurde diese Sozialpolitik nicht als Sozialreform im Sinne des Arbeiterschutzes und einer Humanisierung der industriellen Arbeitswelt, geschweige denn als Umbau der Gesellschaftsordnung begriffen. Der Reichskanzler lehnte bekanntlich den Ausbau der erst 1871 eingeführten Fabrikinspektion, die Beseitigung der Sonntagsarbeit, die Verkürzung der Arbeitszeit, die Einschränkung der Frauen- und Kinderarbeit, die Einführung von garantierten Mindestlöhnen usw. bis 1890 rigoros ab. Die Betriebsherrschaft der Kapitaleigentümer wurde durch die ihnen schließlich mitauferlegten Sozialabgaben keineswegs angetastet. Vielmehr teilte Bismarck den Standpunkt zahlreicher Unternehmer, daß die Industrie zwecks Erhaltung ihrer internationalen Konkurrenzfähigkeit nicht ernsthaft belastet werden dürfe. Nicht nur wurde die betriebliche Sozialpolitik förmlich auf Eis gelegt, sondern die „Förderung der augenblicklichen Unternehmerinteressen" galt ihm, nach Schmoller, geradezu „als Quintessenz der Sozialpolitik".[42] Ganz offen wurde die Versicherungsgesetzgebung der 80er Jahre von Anfang an „als das notwendige Korrelat" — so Vizekanzler Stolberg 1878 — zum repressiven Sozialistengesetz konzipiert. In den Worten Benedetto Croces: Bismarck wollte „physische Bedürfnisse" befriedigen, „um die Geister einzuschläfern und den Willen zu brechen".[43] Der Kanzler machte auch gar kein Hehl daraus, daß seine Sozialpolitik aus dem Arsenal bonapartistischer Mittel stammte. Er habe „lange genug in Frankreich gelebt", erklärte er dem Reichstag, „um zu wissen, daß die Anhänglichkeit der meisten Franzosen an die Regierung ... wesentlich damit in Verbindung steht, daß die meisten Franzosen Rentenempfänger vom Staat sind".[44] Wenn Napoleon III. durch staatliche Versicherungen, Krankenkassen, Rentenverschreibungen für Kleinsparer, Zuschüsse für Genossenschaften usw. die Arbeiterschaft seinem Regime zu verpflichten gehofft hatte, dann verstand der Reichskanzler „derartige Absichten ... auf das Vollkommenste", wie er umgekehrt auch die Abneigung des französischen Kaisers gegen Arbeiterschutz und Organisationsrecht vorbehaltlos teilte. Er leitete seine Zähmungspolitik mit der erklärten Absicht ein, die Arbeiterschaft nicht nur durch die „prophylaktische Einrichtung" des Sozialistengesetzes zum Verzicht auf ihren Emanzi-

pationskampf zu zwingen, sondern auch durch den „Staatssozialismus" der Versicherungsgesetze gefügig zu machen. Materielles Entgegenkommen schien auch deshalb geboten, da die Schutzzölle die Lebenshaltungskosten beträchtlich verteuerten und der Aufstieg der Freien Gewerkschaften auf diese Weise abgebremst werden sollte. Das politische Ziel blieb indessen eine Arbeiterschaft, deren Staatsrentnertum Loyalität – gleich der von altpreußischen Insten – garantieren sollte. Mit der ihm manchmal eigenen verblüffenden Offenherzigkeit gestand er daher unverbrämt ein, „in der großen Masse der Besitzlosen die konservative Gesinnung ... erzeugen zu wollen, welche das Gefühl der Pensionsberechtigung mit sich bringt". „Wer eine Pension hat für sein Alter, der ist viel zufriedener und viel leichter zu behandeln, als wer darauf keine Aussicht hat. Sehen Sie den Unterschied zwischen einem Privatdiener und einem Kanzleidiener", erläuterte er seine Version von Unterbau und Überbau einem Journalisten, „der letztere wird sich weit mehr bieten lassen ... als jener, denn er hat Pension zu erwarten". Eine Revolution, der damit vorgebeugt werde, verschlinge „ganz andere Summen" als diese Politik, die statt Land und Besitz dem „Industriearbeiter ... als Ersatz ein Quittungsbuch in die Hand" gebe.[45]
Die Verbindung von Zuckerbrot und Peitsche hat den erhofften Effekt der Sozialpolitik jedoch verhindert. Die um politische und soziale Gleichberechtigung kämpfende Arbeiterschaft weigerte sich, über die Repressalien unter dem Ausnahmegesetz und die Weigerung, Sicherheit und Schutz im Betrieb auszubauen, stillschweigend hinwegzugehen. Denkt man andererseits an den Aufstieg der SPD, auch an die Rolle der Sozialpolitik in der Entlassungskrise und das Eingeständnis Bismarcks von 1890, er sei dabei gescheitert, eine „staatsbejahende Haltung" der Arbeiter zu begründen, dann wird Rodbertus' Prognose aus dem Reichsgründungsjahr, das „die soziale Frage ... der russische Feldzug von Bismarcks Ruhm" werden könne, teilweise bestätigt.[46] Aber nicht nur die politisch bemerkenswert törichte Koppelung von Repression und Rentenversicherung hielt die Attraktion der Sozialpolitik gering; ebenso trugen dazu die kümmerlichen Leistungen bei, die zudem nur einen sehr begrenzten Personenkreis erreichten. Obendrein mußten nach dem Krankenversicherungsgesetz von 1883, das eine Mehrheit der gewerblichen Arbeiter, aber längst nicht alle, für kassenpflichtig erklärte, volle zwei Drittel der Beiträge von den Zwangsversicherten selber getragen werden! 1885 gab es 4,7 Mill. Versicherte (10 Prozent der Bevölkerung), auf die eine jährliche Leistung von jeweils 11 M. entfiel. Aus der 1889 eingeführten Invaliditäts- und Altersversicherung wurden einschließlich der Hinterbliebenenrenten bis Ende 1900 rund 598 000 Renten von durch-

schnittlich 155 M. im Jahr gezahlt. Von einer sorgenfreien Existenz der kranken, verletzten und alten Arbeiter konnte mithin nicht annähernd gesprochen werden. Man dürfe es daher den Sozialdemokraten auch „kaum verdenken", räumte der liberalkonservative Hans Delbrück ein, „wenn sie höhnt über dieses System der Gesetzgebung", das „einen Teil der Arbeiter, man bedenke wohl: erst einen Teil", versichert habe, während die „öffentliche Meinung in ihrer ewigweisen Philistrosität" davon spreche, „daß man heute zu viele Gesetze mache und mal etwas pausieren möge".[47]
Erst allmählich verlor die deutsche Sozialpolitik etwas vom Stigma ihrer bonapartistischen Genesis, erst allmählich stiegen auch die konkreten Leistungen an. 1913 betrug die durchschnittliche jährliche Versicherungsleistung wenigstens 165 Mark. Langsam wurden auch die gesetzlichen Sicherungen ausgebaut: 1891 Sonntagsruhe und Lohnschutz, 1903/05 der Kinderarbeitsschutz, 1911 die Angestelltenversicherung. 1900 wurde die Unfallversicherung, 1903 die Krankenversicherung erweitert; seit 1899 wurden die Invalidenrenten, deren Höhe vorher von der Finanzkraft der einzelnen Anstalten abhängig gewesen war, nach reichseinheitlichen Sätzen ausgezahlt. 1901 wurden obligatorische Gewerbegerichte eingeführt, seither auch öffentliche, wenn auch bescheidene Mittel (1901: 2 Mill. M.) für Arbeiterwohnungen bewilligt; die Gewerbeordnungsnovelle von 1908 dehnte den Geltungsbereich des Arbeitsschutzes aus. Zusammen mit dem weitaus wichtigeren Anstieg der Reallöhne bestätigte der Revisionismus in Grenzen Bismarcks ursprüngliches Kalkül. Aber darüber darf man verschiedene Gesichtspunkte nicht vergessen.

1. Die Sozialpolitik blieb für die Reichsleitung eine Strategie der Konfliktvermeidung. Mehr verwaltungstechnische Hilfe von oben wurde gelegentlich gewährt, aber an Sozialreformen im Sinne erhöhter Gleichberechtigung dachte sie zu keiner Zeit. Die Landarbeiter blieben stets die Stiefkinder dieser Politik, noch 1908 bestätigte das Reichsvereinsgesetz das Streikverbot für sie (fast auch das Koalitionsverbot!). Arbeitszeiterleichterungen und Sicherheitsbestimmungen wurden mit erbitternden Strafklauseln verbunden, die z. B. 1891 die Solidaritätserzwingung verboten, obwohl Solidarität seit je die einzige Erfolgschance der „Underdogs" im Arbeitskampf bedeutet hatte.

2. Der zu Anfang seiner Regierungszeit angeblich reformwillige Wilhelm II. scheiterte keineswegs an der „Undankbarkeit" der Sozialdemokraten. Von Bismarcks Entlassung bis zum offenen sozialreaktionären Kurs seit 1893/94 entfaltete er keinerlei sozialpolitische Initiative, sondern begnügte sich, im engsten Zusammenspiel mit der

Schwerindustrie, mit kurzatmiger Effekthascherei. Nach der Ergebnislosigkeit dieser durchschaubaren Gimpelfängerei verzichtete sein „Kampf gegen den Umsturz" auf diese Maskerade. Die administrative Verbesserung der sozialpolitischen Maßnahmen blieb das Werk einiger aktiver Parlamentarier und hoher Beamter wie Posadowsky; auch sie aber sympathisierten mehr mit Bismarcks Intentionen als mit dem staatsbürgerlichen Gleichheitsgedanken. Ja, ihre Handwerker- und Angestelltenpolitik enthüllte zudem deutlich das Divide et Impera: Eine taktische Bevorzugung des regierungstreuen mittelständischen Wählerpotentials wurde einer allgemeinen Verbesserung der Lebenssicherheit aller Arbeitnehmer vorgezogen.
Und selbst diese zögernde wilhelminische Sozialpolitik galt 1913 in den herrschenden Klassen weithin als zu arbeiterfreundlich! Im Januar 1914 schwenkte der verantwortliche Staatssekretär des Reichsamts des Inneren, Bethmanns Stellvertreter Clemens v. Delbrück, ganz auf die Unternehmerseite mit der erklärten Absicht ein, die Sozialpolitik einzufrieren.[48]

3. Schließlich wäre es ganz verfehlt, der Sozialpolitik nach 1890 eine wesentlich erhöhte staatliche Konzessionsbereitschaft zu unterstellen — was ein Posadowsky plante, hatte Lohmann schon 20 Jahre früher vorgeschwebt. Wenn es dennoch zu einer Reihe von — in ihrem kumulativen Effekt — spürbaren Verbesserungen kam, dann war das primär ein Ergebnis des unablässigen Kampfes der organisierten Arbeiterschaft, die trotz Streikerschwerung und Klassenjustiz, trotz vereinsrechtlicher Behinderung und Sammlungspolitik mühsam, Schritt für Schritt ein gewisses Entgegenkommen erzwang. Nicht „der" Staat und auch nicht „die" Staatsbürokratie gewährte aus humanem Gefühl und politischer Einsicht hoch über dem Geschiebe der Interessen das schlechthin Notwendige, wie es noch immer behauptet wird, sondern sie wurden durch das Ergebnis der gesellschaftlichen Kräftekonstellation — auch im Reichstag — immer wieder zu partiellen Konzessionen gezwungen. Dabei tat die Angst vor der „roten Gefahr" wie in den vergangenen Jahrzehnten ihre Wirkung. Deshalb — und nicht weil Beamte bei Schmoller studiert hatten oder weil die pouvoir-neutre-Ideologie des „sozialen Königtums" allgemein im Schwange gewesen wäre — mußten die Entschädigungsleistungen kräftiger dosiert werden, damit die Massenloyalität nicht noch mehr abnahm. Die zukunftsträchtige Konzeption einer staatlichen Sozialpolitik (anstelle ausschließlich privatwirtschaftlicher Versicherung und betrieblicher Sozialfürsorge) blieb daher im kaiserlichen Deutschland durch eine autoritär-paternalistische Frontstellung gegenüber der Arbeiterschaft belastet. Gewiß konnte auf längere

Sicht nur der moderne Interventionsstaat durch die Umverteilung des Volkseinkommens die soziale Chancengleichheit erhöhen, aber die schroffe Negierung politischer und gesellschaftlicher Gleichberechtigung hat die deutsche Sozialpolitik, die institutionell vorteilhaft angelegt war, lange Zeit um ihre eigentliche Wirkung gebracht.

3.7.2 Prestigepolitik als Kompensation. Bei der Sozialpolitik ging es vorrangig um materielle Hilfe und Sicherstellungen. Diese sollten aber eine staatstreue Kollektivmentalität herbeiführen. Die reichsdeutschen Machteliten erkannten jedoch sehr wohl, daß zusätzliche psychische Kompensationsleistungen geboten waren. Der rapide soziale Wandel der Hochindustrialisierungsperiode, die verbreitete Statusunsicherheit, die Statusverschlechterung und Statusinkonsistenz, die ökonomischen Fluktuationen, deren Folgen den Status quo zumindest latent in Frage stellten — dies alles erzeugte insbesondere im Klein- und Mittelbürgertum, zu dessen Lebensidealen in hohem Maße Stabilität und Sicherheit, Ruhe und Ordnung gehörten, eine anhaltende, tiefe Unsicherheit bis hin zur Orientierungslosigkeit über längere Zeit hinweg. Hier liegt die gesellschaftliche Wurzel der Anfälligkeit für Prestigedenken und Prestigepolitik in diesen Schichten, die den spätfeudalistischen, ebenfalls Prestige und Geltung hochschätzenden Ehrenkodex der Führungsgruppe nicht teilten, während die aus der „Reichsnation" ausgeschlossene Arbeiterklasse fast eine Generation lang ganz anderen Vorstellungen anhing. Man wird mithin auch hier stets von schichtenspezifischen Motiven und Antriebskräften ausgehen müssen und darf diese nicht zu früh auf den Nenner eines angeblich allen gemeinsamen reizbaren Nationalismus bringen. Denn dieser eher verhüllende als nützliche Sammelbegriff verwischt die unterschiedlichen verhaltensbestimmenden Erfahrungen, Traditionen und Interessenkonstellationen, auf die es entscheidend ankommt, und die — um es noch einmal zu sagen — beim Industriearbeiter, Kleinhändler und Landrat je ganz anders gelagert waren.

Für die herrschaftstechnische Ausnutzung des Prestigekomplexes bot die eigentliche Zielgruppe einer entsprechenden Politik (nämlich alle, die sich zum Mittelstand rechneten) außer der sozialökonomisch bedingten Empfänglichkeit auch ideologisch besonders günstige Anknüpfungschancen. Denn hier war jene frühliberale Idee, die das wirtschaftlich aufsteigende Bürgertum in einer schroff antiständischen Wendung mit „der Nation" schlechthin gleichgesetzt hatte, zu der verwässerten communis opinio geworden, daß das mittelständische Bürgertum auch die moderne Nation und ihre eigentlichen

Normvorstellungen repräsentiere. Auf Grund dieser Identifizierung von bürgerlicher Schicht und Gesamtnation wurden äußere Erfolge von ihr als direkte Steigerung des Selbstwertes verbucht, Rückschläge umgekehrt aber auch als direkte Angriffe auf sich empfunden. Eine zielbewußte Prestigepolitik konnte daher in gewissen Grenzen und eine Zeitlang sowohl die sozialökonomischen Gravamina kompensieren als auch aus diesem ideologischen Zusammenhang Nutzen, d. h. Zustimmung zur Regierungspolitik ziehen. Auf den Zusammenhang dieser Prestigepolitik mit Flottenpolitik, Imperialismus und Außenpolitik ist unten noch näher einzugehen. Hier kommt es nur darauf an, deutlich zu machen, daß eine vom Herrschaftsinteresse her gebotene gewisse Notwendigkeit, auch Prestigepolitik zu betreiben, mit den gesellschaftlichen Veränderungen und einer vorgegebenen Schichtenideologie verbunden war und daß man mit biologistisch-vitalistischen Metaphern vom Kraftbewußtsein einer jungen Nation oder vom gärenden Geltungsdrang den Kern des Problems verfehlt. Zu Kompensationszwecken griffen auch Sozialpolitik und komplementäre Prestigepolitik wie Zahnräder ineinander, damit die deutsche Klassengesellschaft nicht aus den Fugen geriet.

4. Steuer- und Finanzpolitik

„L'état c'est l'état" – am Etat läßt sich, wie man frei übersetzen könnte, die realgesellschaftliche Verfassung eines Staates ablesen. So hat der österreichische Wirtschaftssoziologe Rudolf Goldscheid die fundamentale Bedeutung des Staatshaushalts charakterisiert, den er das aller „täuschenden Ideologien entkleidete Gerippe" des Staates nannte. „Ohne den Rückhalt an den öffentlichen Finanzen" des modernen Staats seien herrschende Klassen nie imstande gewesen, ihre „wirtschaftliche, gesellschaftliche und politische Machtposition zu behaupten". Der Staat wurde zu ihrem „Instrument . . . durch die Finanzorganisation, die sie ihm aufnötigten".[1] Tatsächlich wird niemand die zentrale Bedeutung des Staatsbudgets bestreiten können, vor allem seitdem mit dem absolutistischen Flächenstaat auch der moderne „Steuerstaat" (Schumpeter) aufzusteigen begann. Aber das Problem hat mindestens zwei Seiten. Einmal setzten ganz fraglos gesellschaftliche Interessengruppen über die staatliche Finanz- und Steuerorganisation ihre Interessen durch; Goldscheid hatte dabei jedoch zu ausschließlich kapitalistisches Profitstreben im Auge. Zum anderen aber besaß der Herrschaftsapparat, der in West- und Mitteleuropa keineswegs nur gehorsam koordinierender Agent war, ein Eigengewicht, das in Deutschland aufs engste mit den Interessen seiner starken vorindustriell-agrarischen Eliten verbunden war und folglich auch die Verletzung spezifischer Kapitalinteressen gebieten konnte. Unter dem Primat der Systemerhaltung konnte er allmählich sogar zur Schaltstelle für eine gewisse Umverteilung des Volkseinkommens werden – die allerersten zögernden Anfänge der institutionellen Voraussetzungen dafür fallen noch in die Zeit des Kaiserreichs. Angesichts der gemischten, traditionelle mit modernen Elementen verbindenden Machtstruktur des Reichs muß man sich daher von vornherein vor der Vermutung hüten, an Stelle ähnlich gemischter Einflüsse auf die öffentlichen Finanzen die eindeutige Dominanz von Kapitalinteressen feststellen zu können.

4.1 Die Finanzierung des Herrschaftssystems

In den ersten beiden Jahrzehnten des 19. Jahrhunderts hatte sich herausgestellt, daß der andauernde öffentliche Finanzbedarf nur mit Hilfe regelmäßiger Steuereinnahmen gedeckt werden konnte. Die Finanzwirtschaft der deutschen Staaten wurde zur Steuerwirtschaft, wobei sich – grosso modo – in Süddeutschland das System der Ertragssteuern, nördlich des Main das der Personal- und Einkommenssteuern herausbildete. Die preußische Steuerreform von 1820 hielt die überkommene Trennung zwischen Stadt und Land noch aufrecht und führte mit der Klassensteuer für sechs Siebentel der Bevölkerung des Landes und der kleinen Städte eine direkte Personalsteuer ein. Zugrunde lag dabei die Vorstellung, daß an die Stelle der herkömmlichen korporativen Finanzbeiträge die jährlichen Steuern als Ausfluß persönlicher Steuerpflicht treten sollte. Ihr „schwerer Mangel" war jedoch „die Belastung der unteren Klassen mit einer harten direkten Steuer bei gänzlich ungenügender Belastung der Wohlhabenden".[2] Bis 1861 behielten die Rittergüter völlige Steuerfreiheit. Die Personalsteuerreform von 1851, eine der Folgen der Revolution, brachte bei der Besteuerung der Reichen kleine Fortschritte, begünstigte aber weiterhin die großen Vermögen (was in dieser Phase der deutschen Industriellen Revolution die Investitionsakkumulation begünstigt haben dürfte). Erst 1873 wurde die Klassensteuer zu einer klassifizierten Einkommenssteuer umgebildet, die die obsolete Trennung von Stadt und Land beseitigte und geschätzte Einkommen über 900 M. (ab 1883!) erfaßte. Noch immer aber blieb „die Steuerlast für die Minderbemittelten ... drückend und die Ungleichmäßigkeit der Einschätzung finanz- und sozialpolitisch doppelt empfindlich". Erst unlängst hat man herausgearbeitet, welche eklatanten Unterschiede z. B. bei der Einschätzung des Einkommens von Großagrariern (aber auch ihrer Grund- und Gebäudesteuer) von den ostelbischen Landräten gemacht bzw. gedeckt werden konnten.

Seit 1873 erschwerte die Tiefkonjunktur eine Verbesserung des Steuersystems. Vor allem aber leistete auch der Reichskanzler als mächtiger Anwalt konsumentenfeindlicher indirekter Steuern gegen direkte Steuern heftigen und erfolgreichen Widerstand; eine progressive Einkommensbesteuerung gar war ihm und den Führungsgruppen förmlich Anathema. Denn „eine rationelle Begrenzung des Prinzips der progressiven Besteuerung ist nicht möglich", argumentierte er treffsicher, „dasselbe entwickelt sich, einmal rechtlich anerkannt, weiter in der Richtung, in welcher die Ideale des Sozialismus liegen".[3] Infolge dieser Blockierung stockte die Steuerreform im größten Unterstaat von 1873 bis 1891/93, als der preußische Finanzminister v. Miquel eine allgemeine Einkommenssteuer einführte, die oberhalb der Freigrenze von 900 M. die nur vom Pflichtigen selber erklärten Einkommen mit Sätzen von 0,6 bis maximal 4 Prozent belastete. In der Periode der Hochindustrialisierung und staatlichen Liebesgabenpolitik für die Landwirtschaft war das alles andere als ein schmerzhafter Eingriff. Ob man zudem wegen der erreichten Vereinheitlichung von den „Miquelschen Reformen" sprechen sollte — wie das bis heute üblich ist —, bleibt schon deshalb höchst fragwürdig, weil die Ertragssteuern 1893 den Kommunen zugewiesen wurden. Das aber bedeutete eine unerhörte Begünstigung für die Agrarier, die in ihren Landgemeinden sehr wohl wußten, warum sie die neuen Gesetze passieren ließen, denn das Kommunalabgabengesetz von 1893 stellte die vor dreißig Jahren aufgehobene „Grundsteuerfreiheit der Rittergüter praktisch wieder her". Damit wurde der Anlauf zur „Demokratisierung der Steuerlasten" nicht nur wieder rückgängig gemacht, sondern die Großagrarier wurden durch diesen „Lastenausgleich" sogar enorm entlastet. Es genügt also keineswegs, auf die wohltönende Reformphraseologie der Gesetzespräambel zu blicken, sie bei der Textinterpretation für bare Münze zu nehmen, auch wegen des unleugbaren Rationalisierungseffektes von einer „Riesenleistung" zu sprechen,[4] und darauf zu verzichten, die interessenpolitische Grundlage der Gesetze und ihre konkrete, beabsichtigte Auswirkung zu prüfen. Dabei trifft man sogleich auf die massive materielle Bevorzugung der beiden Stützen, die auch die Miquelsche Sammlungspolitik trugen: der Großlandwirtschaft und der Großindustrie. Überraschen kann das keineswegs, aber es gehörte viel wortgläubige Befangenheit der Historiker dazu, diesen harten Kern der „Reformen" zu übersehen und die Absichtserklärung dieses Gesetzgebers als die Wirklichkeit des Steuersystems hinzustellen. Richtig ist jedoch, daß (ganz im Sinn der Heterogenie der Zwecke) Miquels Einkommenssteuer die institutionellen Vorbedingungen für den das Volkseinkommen umverteilenden Wohlfahrts- und Steuerstaat grundlegend verbesserte – den Intentionen der Entscheidungsträger zum Trotz, doch ganz auf der Linie Bismarckscher Befürchtungen. Bei den Miquelschen Gesetzen aber ist es, aufs Ganze gesehen, bis 1918 geblieben, z. T. gelten sie in der Bundesrepublik Deutschland zum Vorteil von Grundbesitzern noch heute!

Aus Steuern und immer auch aus Anleihen wurden die Staatshaushalte der deutschen Einzelstaaten bestritten. Die Finanzpolitik des Reiches, die in Art. 70 RV (ergänzt durch die Lex Stengel von 1904) geregelt war, beruhte auf einem eigenen Einkommen, das aus drei Quellen floß: (1) den Zöllen, (2) den Verbrauchs- und Verkehrssteuern (Salz-, Tabak-, Branntwein-, Zucker-, Brau-, Wechselstempelsteuern) und (3) den Einnahmen der Reichspost; zusätzliches Einkommen ergab sich (4) aus den sog. Matrikularbeiträgen, d.h. Geldzuschüssen der Einzelstaaten, umgelegt je nach ihrer Bevölkerungszahl, (5) dem Reichsfinanzvermögen aus den französischen Reparationen von 1871 und (6) den Anleihen. Seit 1879 stiegen die Zolleinkünfte ruckartig an. Dabei wurde das „Schwergewicht" restlos durch die Agrarzölle bestimmt, wie ihr prozentualer Anteil an diesem Reichseinkommen zeigt – ein Trend, den einer der bedeutendsten deutschen Finanzwissenschaftler als „sozialpolitisch wenig erfreulich, um nicht zu sagen erschreckend" empfand, bedeuteten doch diese Zölle eine enorme Belastung des Normalverbrauchers.[5]

1879:	13,2 Mill. M.	=	11,8 %
1881:	17,1 Mrd. M.	=	9,2 %
1891:	176,3 Mill. M.	=	44,7 %
1901:	255,3 Mill. M.	=	46,0 %
1913:	413,7 Mill. M.	=	47,0 %

Fraglos war dieses System sozial ungerecht, aber es funktionierte leidlich, bis die seit 1898/1900 emporschnellenden Rüstungsausgaben jedes Gleichgewicht von Einnahmen und Ausgaben im Haushalt zerstörten. Da direkte Steuern die bisherigen Privilegien der Besitzenden bedrohten, befürworteten diese lauthals eine Anhebung der indirekten Steuern. Die Probleme wurden bis 1906 aufgeschoben, als endlich eine kleine Reform, für die direkte Steuern tabu blieben, für die Reichsfinanzen einen schmalen Gewinn abwarf. Vor allem der Dreadnoughtbau seit 1908 zehrte an diesen Mehreinnahmen jedoch umgehend, so daß ein neuer Anlauf unvermeidbar wurde.

Die Reichsfinanzreform von 1909 hat die Belastung durch indirekte Steuern noch einmal um jährlich 138 (1909) bis 291 (1913) Mill. M.

erhöht. An Stelle der ursprünglich debattierten Nachlaß- bzw. Erbschaftssteuer wurden Geldverkehrs- und vor allem Verbrauchssteuern eingeführt, die nicht nur die Erwartungen von 500 Mill. M. jährlicher Mehreinnahmen nicht erfüllten, sondern die Steuergerechtigkeit erneut derart verletzten, daß die eigentlichen Gewinner, die alle Register agitatorischer Demagogie ziehenden Agrarier, sogar von Reichskanzler Bülow als „wüste Egoisten" charakterisiert wurden.[6] Da Steuerpolitik immer auch die Sanktionierung bestimmter fundamentaler Distributionsmechanismen bedeutet, erwies gerade diese Reichsfinanzreform die eklatant verbraucherfeindliche, aber auch antiindustrielle, vor allem die agrarischen Großeigentümer bevorzugende Einstellung des staatserhaltenden „Grundbesitzerstandes", der seit Bismarcks Zeiten als ein „den Bau des Staats vorzugsweise zu tragen berufenes Gesellschaftselement" idealisiert worden war.[7]

Der Hauptanteil der Reichsfinanzen wurde von der Rüstungspolitik aufgezehrt. Während die Friedenspräsenzstärke von 1880 bis 1913 um 87 Prozent stieg, wuchsen die Heeresausgaben um 360 Prozent. Wie schon 1875 beanspruchten sie bei stark anwachsenden Reichseinnahmen auch 1913 noch 75 Prozent des Gesamtbetrages. Die Pro-Kopf-Belastung stieg daher von 1875 = 9,86 M. (1890 = 11,06, 1900 = 14,96, 1910 = 19,56) auf 1913 = 32,97 M. an. Noch deutlicher kann man sich die Dominanz der Rüstungsinteressen vergegenwärtigen, wenn man den regulären Reichsetat auf den Nettobedarf und den absoluten Rüstungsaufwand hin überprüft und diesen wieder in Prozente des Nettobedarfs umrechnet. Es ergibt sich dann nach den von Gerloff ermittelten Zahlen (in Mill. M.) folgender Überblick:

	Nettobedarf	Absolute Rüstungsausgaben	% des Nettobedarfs
1876–80	481	485	100,8
1880–85	478	463	96,8
1886–90	700	656	93,8
1891–95	832	737	88,5
1896–1900	974	837	85,9
1901–1905	1200	1100	84,1
1906–1910	1800	1300	73,7
1911–1913	2200	1600	74,7

Hinzu kamen zahlreiche Anleihen, deren genaue Höhe sich zwar schwer bestimmen, aber an den Zinslasten ablesen läßt. Diese betrugen allein für die Heeresanleihen 1891–95 = 47 und 1906–10 = 68 Mill. M. jährlich. Mithin wurden drei Viertel des Reichsetats von 1913 für Rüstungszwecke ausgegeben, für alle anderen Zwecke (Verwaltung, Sozialversicherung, Bildung usw.) blieben nur 25 Prozent übrig. „Daß der Reichsfinanzbedarf", zusätzlich zu den ausgewiesenen und verschleierten Etatposten für Rüstung in den Budgets der Einzelstaaten, „vor dem Kriege ganz überwiegend durch den Rüstungsbedarf bestimmt war", läßt sich daher überhaupt nicht bestreiten. Hier konnte man die Prioritäten des großpreußischen Militärstaats hinter den einzelnen Etatposten überdeutlich erkennen, hier fand sich gewissermaßen auch der schlagendste Beweis für Adolph Wagners berühmt-gefürchtetes „Gesetz der wachsenden Staatsausgaben"![8]

Diesen allgemeinen Trend illustrieren die folgenden Zahlen in der Tat sehr deutlich: Die Reichsausgaben stiegen wie folgt an:

1872	= 0,4 Mrd. M.		
1880	= 0,5	2,6 % des Bruttosozialprodukts	12 M. p. c.
1890	= 1,0	3,3	21
1900	= 1,5	4,4	29
1907	= 2,5	5,4	40
1913	= 3,4	5,8	51

In der Anleihenpolitik erwies sich wiederum die Abhängigkeit der Regierung von den ökonomischen Trendperioden. Zwischen 1859 und 1873 bzw. 1896 und 1913 gelang es ihr nur selten, sich den Bedingungen des „Preußenkonsortiums" oder anderer Anleihen vermittelnder Syndikate der Großbanken zu entziehen. Von 1873 bis 1896 jedoch, als der Kapitalüberhang zu einem überaus liquiden Geldmarkt mit beispiellos niedrigen Zinssätzen führte, war es möglich, Anleihen billig und leicht plazieren zu können, was „das autoritäre Regieren leichter machte und den Einfluß der Parlamente" schwächte — kein Wunder also, daß zwischen 1880 und 1890 allein die preußische Staatsschuld um 3,9 Mrd. M. anstieg![9] Diese Entwicklung sollte man trotz den Klagen der Reichskanzler über Finanznot und knausrige Parlamente nicht übersehen.

4.2 Die Verteilung des Volkseinkommens

Ungeachtet aller statistischen Ungenauigkeiten im einzelnen läßt sich doch ein durchgehender Grundzug bei der Verteilung des Volkseinkommens herausschälen: Die „Disparität in der Entwicklung der Einkommensverteilung" bildete das Ergebnis einer zunehmenden Ungleichheit „zugunsten der höheren und höchsten Einkommen", was jeweils in den Perioden „des konjunkturellen Aufschwungs besonders deutlich in Erscheinung" trat.[10] Die globalen Ziffern über das bemerkenswerte Wachstum des deutschen Volkseinkommens geben daher hier nicht allzuviel her: Es stieg aber von der Schlußphase der deutschen Industriellen Revolution bis zum Ausbruch des Ersten Weltkrieges auf das Vierfache an:

	Bruttosozialprodukt
1. 1860–69 = 10,67 Mrd. M.	1. 1872 = 16,0 Mrd. M.
2. 1870–79 = 13,59	2. 1880 = 17,9
3. 1880–89 = 18,95	3. 1890 = 23,1
4. 1890–99 = 26,2	4. 1900 = 32,9
5. 1900–09 = 35,41	5. 1910 = 48,0
6. 1905–14 = 43,11	6. 1913 = 54,7

Dabei lassen sich die Konjunkturschwankungen deutlich verfolgen (z. B. im Industrieeinkommen: 1865–74 = 31,1 Prozent; 1875–84 = 26,7 Prozent; 1885–94 = 25 Prozent!) Die statistische Erfindung des durchschnittlichen Pro-Kopf-Einkommens, die selbstredend ein ungeheures Gefälle nivelliert, zeigt den Anstieg:

	Bruttosozialprodukt p. c.
1. 1860–69 = 272 M.	1. 1872 = 388,7 M.
2. 1870–79 = 320	2. 1880 = 397,5
3. 1880–89 = 406	3. 1890 = 469,7
4. 1890–99 = 505	4. 1900 = 587,7
5. 1900–09 = 592	5. 1910 = 743,3
6. 1905–14 = 662	6. 1913 = 845,1

Schlüsselt man jedoch diese Ziffern nach sozialen Klassen auf, dann erkennt man, daß sich der Anteil der Industriearbeiterschaft am Volkseinkommen von 1870 bis 1900 um 55 Prozent verringerte, obwohl bis zur Jahrhundertwende ein Drittel der reichsdeutschen Bevölkerung in der Industrie tätig war.[11] Der genaue Anteil der Lohnquote am Volkseinkommen läßt sich freilich über diesen langen Zeit-

raum hinweg nicht genau festlegen, jedoch sank er – bei gleichzeitigem Anstieg des konstanten Kapitals – von 1873 bis 1913 fast kontinuierlich (alle vier Jahre um einen Indexpunkt).
Prüft man die Verteilung des Arbeitseinkommens, so erkennt man auch hier, wie Deutschland zum Industrieland wurde, denn die Wachstumsraten betrugen von 1879 bis 1913 (in Prozenten) für die Landwirtschaft: 2,5, aber für den Bergbau: 5,8; Industrie und Handel: 4,3; Verkehr: 5,1; Handel: 4,9. In Mill. M. ausgedrückt fiel das Arbeitseinkommen der Landwirtschaft von 1875–79 = 37,2 auf 1895–99 = 25,5 und 1910–13 = 21,6, während es in den vier anderen Wirtschaftsbereichen von 1875–79 = 41,2 (2; 29,4; 2,8; 7) auf 1895–99 = 53,6 (2,8; 37,4; 4; 9,4) und 1910–13 = 59 (3,9; 38,6; 5; 11,4) anstieg. Auch beim Kapitaleinkommen kann man die strukturelle Gewichtsverlagerung klar erkennen. Es machte für die Landwirtschaft 1875–79 = 29,3 Prozent (von 2,8 Mrd. M.) aus (1860–64 waren es noch 48 Prozent gewesen!), 1895–99 = 23,5 (von 6,6 Mrd. M.), 1910–13 = 29 Prozent (von 13,1 Mrd. M.), d. h. es stagnierte bzw. sank leicht ab, während es im Gewerbe (einschließlich Eisenbahn und Post) anstieg: 1875–79 = 46,1; 1895–99 = 48,1; 1910–13 = 51,5 (zum Vergleich das Verhältnis in der BRD 1960: 11,2 : 83,2!).[12]

4.3 Die Zementierung der Ungleichheit

Aber alle diese globalen Zahlen verschaffen nur einen allgemeinen Eindruck des Trends. Innerhalb der großen Blöcke „Landwirtschaft", „Industrie" usw. könnte erst eine Feinanalyse zeigen, wie sich die Schere zwischen hohen und höchsten Einkommen einerseits, niedrigen und mittleren Einkommen andererseits ständig weiter öffnete. Auf einer anderen Ebene wiederholte sich hier ein Konzentrationsvorgang, den Marx frühzeitig als Zentralisation des Kapitals prognostiziert hatte. Ohne staatliche Intervention (z. B. im Bereich der Steuer-, Lohn- und Sozialpolitik) erzeugte die privatkapitalistische Industriewirtschaft, sofern sie ihren eigenen Markt- und Verteilungsmechanismen überlassen blieb, zunehmende Disparitäten auch in der Einkommensverteilung. Wenn man sich die angeführten Zahlen vergegenwärtigt und dazu ins Gedächtnis ruft, daß die Reallöhne der Arbeiter- und unteren Angestelltenschaft – durchweg ihre einzige Einkommensquelle – vom Ende der 80er Jahre bis 1914 im Jahresdurchschnitt um nicht mehr als 1 Prozent anwuchsen, während das Volkseinkommen von etwa 18 auf 50 Mrd. M. anstieg, dann gewinnt man einen Eindruck davon, wie die „Gesetze des Marktes" auf dem Magnetfeld der Einkommensverteilung und Vermögensbildung die Elemente extrem einseitig in eine Richtung wandern ließen und dort zusammenballten. Die Ungleichheit der Reichsbürger, durch ständische Traditionen und neue klassengesellschaftliche Schranken ohnehin schroff markiert, wurde dadurch, daß die Distributionsmechanismen von naturwüchsigen Wirtschafts- und Herrschaftsinteressen bestimmt wurden, jedenfalls überwiegend von wohlfahrtsstaatlicher Beeinflussung frei blieben, kontinuierlich auch materiell untermauert.

5. Rüstungspolitik

Der „großpreußische Annexionsverbund" von 1866/71 ist nicht nur aus drei siegreich beendeten Kriegen hervorgegangen, die das Prestige des Militärs enorm gestärkt haben, sondern er trug der dadurch ermöglichten konsequenten Fortsetzung absolutistischer Heerespolitik auch in seinem „Organisationsstatut" (Ridder) hinreichend Rechnung. Unabhängig vom Text der Reichsverfassung spielten hier jedoch reale Kräftekonfigurationen die entscheidende Rolle, und diese innere Machtfrage wurde bis 1918 ohnehin im Sinne des Königsheeres entschieden, das von der Kontrolle der Repräsentativorgane freigehalten wurde.

5.1 Das Heer

Nachdem der preußische Erfolg beim „eisernen Würfelspiel" von 1866 – wie Bismarck seine Risikopolitik selber charakterisierte[1] – die Bahn dazu freigemacht hatte, legte 1867 das „eiserne Heeresgesetz" zunächst bis zum Dezember 1871 fest, daß die Armeestärke jeweils einem Prozent der Bevölkerungszahl entsprechen sollte. Die jährliche Pauschale von 225 Talern pro Mann und andere Militärausgaben banden, wie gesagt, 95 Prozent des gesamten Haushaltsvolumens des Norddeutschen Bundes. Es ist bereits darauf hingewiesen worden, wie der im Herbst 1871 bevorstehende parlamentarische Konflikt in der Militärgesetzgebung dank dem auch hierfür rechtzeitig herbeigeführten dritten Krieg verschoben werden konnte: Das „eiserne" Gesetz wurde ohne viel Aufhebens um drei Jahre bis 1874 verlängert.
In der Reichsverfassung tauchte (Art. 60–62) die 1867 normierte Friedenspräsenzstärke mit dem Pauschquantum wortwörtlich wieder auf; freilich sollten sie für „die spätere Zeit . . . im Wege der Reichsgesetzgebung festgestellt" werden. Zu dieser Bestimmung stand jedoch der Art. 63,4 RV in eklatantem Widerspruch. Dem Kaiser, der seit 1867 als preußischer König in dem Dualismus von „Bundesfeldherr" und – dem der Kontrasignatur bedürfenden – „Bundespräsidium" lebte und nunmehr (Art. 63,1) als Oberster Befehlshaber die

„gesamte Landmacht des Reiches . . . in Krieg und Frieden" kommandierte, wobei allerdings Bayern und Württemberg Sonderrechte erhielten, wurde hier ohne Einschränkung zugebilligt, „den Präsenzstand . . . des Reichsheeres" zu bestimmen. Darin drückte sich die eigentliche Intention der Sieger im Verfassungskonflikt aus. „Ursprüngliche Absicht der Reichsverfassung sei gewesen", räumte daher auch Bismarck offen ein, „den Kaiser in den Bestimmungen über die Stärke der Armee . . . frei und unabhängig von Beschlüssen des Reichstags hinzustellen". Es lag demnach „eine Beschränkung dieser kaiserlichen Machtvollkommenheit darin", wenn es als Folge der Konzession an die „Reichsgesetzgebung" seit 1874 regelmäßig zu neuen Kraftproben kam, welche die absolutistische Abschottung der Armee in Frage stellten, die „einen Staat für sich" (Lucius) bildete.[2] Die Reichsregierung ging 1874 aufs Ganze: Sie forderte ein „Äternat", d. h. die Präsenzstärke sollte allein dem Kaiser überlassen, die parlamentarische Bewilligung zu einer automatischen gemacht und damit das Haushaltsrecht des Reichstags angesichts der Höhe des Militäretats praktisch eliminiert werden. Es kam zum beiderseits erwarteten Zusammenstoß. Sein Ergebnis befriedigte zwar nicht die Offizierskamarilla um Roon, aber da das sog. „Septennat" der Regierung sieben Jahre lang die gewünschte Präsenzstärke gab, hatte der Reichstag doch ganz wesentlich zurückstecken, auf jeden Fall seinen Nachfolger binden müssen. In den Debatten tauchten, verständlich genug, die Fronten des „Verfassungskonflikts" wieder auf. Für die Linksliberalen nannte Eugen Richter das Septennat einen „Vorbehalt des Absolutismus gegen das parlamentarische System in militärischen Angelegenheiten" und prophezeite, daß sich „ein solches Stück Absolutismus krebsartig weiterfressen" müsse. Der „Militarismus nimmt mehr und mehr Gestalt und Fleisch und Blut" an, so attackierte der Zentrumsabgeordnete Mallinckrodt das Gesetz. Und auch der nationalliberale Parteiführer v. Bennigsen formulierte eindringlich einen prinzipiellen Protest: „Die Kriegsverfassung, die Heereseinrichtung bilden . . . bis zu einem hohen Maß das Knochengerüst der Verfassung eines jeden Staates", resümierte er nach dem gescheiterten Anlauf, den Einfluß der Legislative zu stärken, „daß, wenn es nicht gelingt . . . die Heeresverfassung und Wehrverfassung einzufügen in die konstitutionelle Verfassung überhaupt, die Konstitution in einem solchen Lande noch keine Wahrheit geworden ist".[3] In diesem Sinne besaß das Kaiserreich in der Tat auch 40 Jahre später noch keine vollständige konstitutionelle Verfassung.

Das zweite Septennat von 1880 wurde nach dem konservativen Umschwung des Vorjahres schnell bewilligt. Unter der von Bismarck

fabrizierten Drohung einer „Kriegsgefahr" wurde auch das dritte Septennat 1887 durchgepeitscht. Da der Reichstag ab 1893 alle fünf Jahre neu gewählt wurde, tauchte die Forderung nach einem „Quinquennat" und zugleich nach der zwei- an Stelle der dreijährigen Dienstpflicht auf. Wenn die Regierung in beiden Punkten schließlich nachgab, so zeigte sie damit alles andere als Schwäche. Vielmehr trat gerade in ihrer Selbstsicherheit zutage, daß der Sieg des Königsheeres nunmehr als gesichert galt.
Mit den Militärgesetzen stieg die Friedenspräsenzstärke kontinuierlich an. So betrug die Sollstärke der Offziere und Mannschaften im Verhältnis zur Bevölkerungszahl:

1870	40,9 Mill.	rund 400 000 Mann.
1880	45,1	434 000
1890	49,2	509 000
1900	56,1	629 000
1913	67,0	864 000

Das heißt: sie erhöhte sich von 1880 bis 1913 um nahezu 100 Prozent, wobei die Ist-Stärke gewöhnlich etwas hinter den Soll-Zahlen zurückblieb. Gleichzeitig vermehrten sich, wie erwähnt, die Ausgaben um 360 Prozent und beanspruchten vor dem Krieg 75 Prozent des Reichsetats.
Das Kaiserreich behielt die preußische Unterscheidung zwischen dem Bereich der monarchischen Kommandogewalt und dem der Militärverwaltung bei, über die dem Reichstag gewisse Auskünfte vom preußischen Kriegsminister gegeben wurden. Der Streit ging seit dem Verfassungskonflikt darum, ob die Sphäre der kontrollfreien Kommandogewalt gegen parlamentarische Mitbestimmungsansprüche verteidigt bzw. sogar ausgedehnt werden konnte. In der Verfassungsrealität lief die Entscheidung darauf hinaus, daß die „Anordnungen des Kaisers in Kommandosachen von der ministeriellen Gegenzeichnung" freigestellt wurden, obgleich sowohl die Reichsverfassung als auch die preußische Verfassung die Gültigkeit solcher Akte formell von dieser Gegenzeichnung abhängig machte. Die Kommandogewalt blieb ein Kernstück spätabsolutistischer Herrschaft, folglich konnte sie auch im modernen, sprich: liberal-konstitutionellen Staatsrecht kaum definiert werden. Sie stellte ein zäh behauptetes Relikt aus einer feudalistischen Ordnung dar: Der König als geblütscharismatischer Führer des Heerbannes, dem die Krieger durch ein persönliches Loyalitätsverhältnis verpflichtet waren — das blieb auch im 19. und 20. Jahrhundert das Ideal des preußischen Herrschers als

„Oberstem Kriegsherrn", den Richter treffend einen „staatsrechtlich-mystischen Begriff" nannte.[4] Unterhalb dieser kriegsherrlichen Spitze bestand ein Geflecht von vor allem drei wichtigen Institutionen: Militärkabinett, Generalstab und Kriegsministerium. In die von der Verfassung nicht vorgesehene Lücke – die von parlamentarischer Aufsicht freigehaltene Domäne der Kommandogewalt – schob sich stillschweigend, aber zügig auch das Militärkabinett als Verwaltungsinstrument des Königs. Aus seiner Generaladjudantur hervorgegangen, 1824 selbständig aus dem Kriegsministerium ausgegliedert, seit 1850 in ständiger Rivalität mit ihm wirkend, erreichte es 1883, daß die Personalabteilung des Kriegsministeriums aufgelöst wurde und fortab die Personalangelegenheiten vom Militärkabinett selber bearbeitet wurden. Damit aber verfügte diese königliche Immediatbehörde über eine entscheidende Materie der Kommandogewalt und übte direkt oder als „graue Eminenz" unter den Ämtern einen weitreichenden Einfluß aus – getreu vor allem der Devise ihres langjährigen Chefs Wilhelm v. Hahncke (1888–1901), daß die Armee „ein abgesonderter Körper bleiben müsse, in den niemand mit kritischen Augen hineinsehen dürfe".[5] Nach dem Abgang des älteren Moltke setzte sich das Militärkabinett gewöhnlich auch gegenüber dem Generalstab durch.

Dieser war in Preußen 1816 nach den napoleonischen Kriegen entstanden, aber bis 1858, als Helmuth v. Moltke ihn zu leiten begann, völlig unbedeutend. Bis 1859 war sein Chef nicht einmal befugt, dem Kriegsminister direkt Vortrag zu halten. Im Juni 1866 wurde dann jedoch durch königliche Order verfügt, daß der Generalstab Truppen direkt instruieren dürfe, ohne das Kriegsministerium zwischenzuschalten. Der persönliche Erfolg Moltkes im deutschen Bürgerkrieg gab seiner Behörde gewaltigen Auftrieb. In dem bekannten Konflikt mit Bismarck während des Frankreichfeldzuges konnte Moltke im Januar 1871 sogar erklären, er habe bisher geglaubt, mit dem Kanzler „gleichberechtigt" vor dem König zu stehen, ehe dieser sein Gewicht in Bismarcks Waagschale legte. Die ersten Schlachtsiege überstrahlten den sich anschließenden deprimierenden Partisanenkrieg. Moltkes haßerfülltes Wort vom „Exterminationskrieg" gegen Frankreich drang nicht in die Öffentlichkeit,[6] und mit der Siegesparade in Berlin begann der Moltke-Mythos, von dem „großen Schweiger" selber sorgfältig kultiviert, sich vollends durchzusetzen. Freilich blieb die Kompetenzenabgrenzung zwischen Generalstab, Militärkabinett und Kriegsministerium weiterhin umstritten. Aber in einem geradezu klassischen Dschungelkrieg der Ämter wurde nach einem Dutzend Jahre die entscheidende Frage geklärt. Als ein sorgsam vorbereiteter Konflikt zwischen dem Militärkabinett, repräsentiert von v. Albe-

dyll, und dem Kriegsministerium, vertreten durch v. Kameke, zu dessen Entlassung führte, wurden seinem Nachfolger Paul Bronsart v. Schellendorf von v. Albedyll zwei Bedingungen auferlegt: 1. die Stärkung des Militärkabinetts auf Kosten des Ministeriums und 2. – als Dank für die Schützenhilfe und Minierarbeit des Generalstabs – das Recht des Immediatvortrags beim Kaiser für den Chef des Generalstabs ohne Anwesenheit des Kriegsministers. Bronsart stimmte zu. Das Ministerium blieb fortab als Machtfaktor fast bedeutungslos, während der Generalstab sich ruckartig verselbständigte. Auf wichtige Folgen, die dieses Ergebnis eines innerbürokratischen Machtkampfes bis aufs Messer hatte, ist sogleich im Zusammenhang mit dem Schlieffenplan einzugehen.
Zunächst aber gilt es festzuhalten, daß die neue Konstellation von 1883 auch den Absichten Bismarcks entsprach. Dieser hatte das Heer zwar bereitwillig als Instrument seiner Politik eingesetzt – vor den Düppeler Schanzen, im preußischen Sezessionskrieg und gegen den dritten Napoleon – immer aber für die großpreußische Expansion. Dafür verteidigte er die privilegierte Sonderstellung der Soldaten – im Zeichen dieser Defensive war er 1862 angetreten, auf sie blieb er festgelegt. Aber eine eigene politische Rolle zu spielen, verwehrte er, wo immer geboten und möglich, den Militärs durchaus. Schon deshalb konnte es in einer Verfassung, die allenthalben seine Handschrift zeigte, keinen Reichskriegsminister geben; denn die politische Konkurrenz mit einem potentiellen Rivalen, der die Traditionen des Militärstaats auf seine Seite ziehen konnte, hatte er mit Recht zu scheuen. Ein verantwortlicher Reichsminister „werde in fortwährender Kollision mit dem Reichskanzler stehen", so lauteten diese Überlegungen in nuce.[7] Dem Statthalter in Elsaß-Lothringen dagegen ließ sich eine mit dem Kanzler formell gleichberechtigte Stellung gegenüber dem Kaiser gefahrenlos einräumen. Trotz aller argwöhnischen Wachsamkeit Bismarcks übten die Militärs jedoch politischen Einfluß aus, und nach 1890 nahm dieser fraglos zu. So konnte etwa dank dem Institut der Militärattachés bzw. der traditionellen preußischen Flügeladjutanten in St. Petersburg der Kaiser direkt informiert und der Instanzenzug des Auswärtigen Amts mühelos umgangen werden.
Schwerer wogen die mehrfach auftauchenden Vorschläge hoher Militärs, einen Präventivkrieg zu führen. Moltke sah frühzeitig den Zweifrontenkrieg auf das Reich zukommen und drängte – ebenso wie Waldersee – öfters darauf, die Vorteile des Angreifers auszunutzen. Das Jahr 1887 brachte einen Höhepunkt solcher Pläne. Da angesichts der innerrussischen Schwäche „der Augenblick zum Losschlagen ein

günstiger für uns sei", während die chauvinistische Agitation in Frankreich auch Schlimmes verheiße, riet Moltke zum deutschen Winterfeldzug in Rußland, konnte sich aber gegen Bismarcks entschiedenen Widerstand wieder nicht durchsetzen.[8] Dieser entstammte keineswegs moralisch-ethischen Überzeugungen, die eine prinzipielle Verneinung des Prävenire geboten (wie die Bismarckorthodoxie glauben machen wollte), sondern er entsprang einem kühlen, von christlichen Lehren durchaus freien Interessenkalkül, das wegen schwerwiegender unbekannter Größen die Nachteile einer Kriegspolitik spätestens seit 1875 für zu gefährlich hielt. Eben diese Bändigung durch ein abwägendes gesamtpolitisches Urteil, das dank Bismarcks langjähriger Sonderstellung den Ausschlag gab, entfiel seit 1890, während sich im Generalstab die seit Moltke ausgebildete Neigung zum reinen militärischen Effizienz- und Opportunitätsdenken verstärkte.

Diese Anstrengungen der preußisch-deutschen Militärs, dem zukünftigen Krieg in einer Epoche rapiden Waffenwandels durch umfassende Vorausplanung zu begegnen, verkörperte geradezu der langjährige Chef des Generalstabs Alfred v. Schlieffen (1891– 1905). Die nach ihm benannten Operationspläne stellten das Ergebnis eines ganz technizistischen Perfektionsstrebens dar, das sich über den Clausewitzschen Primat der Politik stillschweigend hinwegsetzte. Der Schlieffenplan, der in mehreren Fassungen zwischen 1895 und 1906 ausgearbeitet wurde, sollte gewissermaßen die Wunderlösung für den bevorstehenden Zweifrontenkrieg bieten. Als erstes Hauptziel galt die Niederwerfung Frankreichs. Deshalb sollte der rechte Flügel der deutschen Truppen innerhalb von etwa sechs Wochen in einer großen Schwenkung durch Belgien und Nordfrankreich so massiv vordrängen, daß die französischen Streitkräfte eingekesselt werden konnten. Dafür wurde er schließlich siebenmal so stark wie der linke Flügel ausgestattet, um die totale Vernichtung des westlichen Gegners in einem modernen Cannae — Schlieffens bevorzugtem Vergleich — zu ermöglichen, ehe der Stoß nach Osten gerichtet wurde. Da die Endfassung des für schier untrüglich gehaltenen Siegespatents im Dezember 1905/Januar 1906 entstand, als das Zarenreich, durch seine erste Revolution geschwächt, darniederlag, wurden die deutschen Verbände schließlich im Verhältnis von 8 : 1 vorrangig im Westen eingeplant.

Längst ehe die Marneschlacht den Schock auslöste, daß der Schlieffenplan gescheitert sei, ließen sich drei gravierende Problemkomplexe erkennen, die diesen Erfolgsentwurf von vornherein in Frage stellten.

1. Das deutsche Heer war für eine erfolgreiche Riesenoperation dieses Stils nie stark genug. Schlieffen selber hat auch nicht anhaltend darauf gedrängt, die Truppenzahl entsprechend zu vermehren, obwohl der Generalstab schwerlich vergessen haben konnte, daß Moltkes Siege immer auch auf quantitativer Überlegenheit beruht hatten. Die Planung basierte daher auf einem utopischen, militärisch verantwortungslosen Wunderglauben, der sich mit dem vielgerühmten Realismus der Generalstäbler schwer in Einklang bringen läßt. Ohne beträchtliche Übermacht an Truppen konnte der rechte Flügel schlechthin nie für seine entscheidende Aufgabe vorbereitet werden. Mithin stellte der „große Schlieffenplan ... überhaupt kein sicheres Siegesrezept", zu dem ein „Überschuß an Erfolgschancen" gehört hätte, sondern „ein überkühnes Wagnis" dar.[9]

2. Es war von vornherein ein Irrglauben, daß ein Cannae im Westen den Zweifrontenkrieg definitiv entscheiden werde. Einmal blieb das riesige Ostreich, zumal nach der Allianz mit Frankreich von 1894, ein nicht zu unterschätzender Gegner, der wegen einer Niederlage des französischen Verbündeten kaum sogleich aufgeben würde. Zum anderen wurde der zu erwartende Partisanenkrieg in Frankreich mit all seinen unwägbaren Auswirkungen nicht berücksichtigt, obwohl ihn die meisten Planer als junge Offiziere noch miterlebt hatten. Und schließlich stand mit dem Einmarsch in Belgien der englische Kriegseintritt aller historischen Erfahrung nach so gut wie fest.

3. Seit 1897 wurde die Mißachtung der belgischen Neutralität vorgesehen und fortab bis 1914 an ihrem Bruch festgehalten. Schlieffen selber streifte dieses Riesenproblem, daß Großbritannien Frankreich sogleich zu Hilfe kommen werde, 1905 nur in einer Fußnote, empfahl aber nach seiner Entlassung sogar die planmäßige Anwendung von Terror gegen ein Widerstand leistendes Belgien (z. B. durch Bombardierung der Festungsstädte). Dazu glaubte er fest, auf den Einsatz deutscher Truppen gegen Rußland verzichten zu können, weil dieses durch die deutschen Siege im Westen abgeschreckt werden würde. Beides zeigte eine geradezu ridiküle Fehleinschätzung der Lage durch den höchste Autorität genießenden deutschen Chefplaner. Der jüngere Moltke sah von Schlieffens Platz aus 1913 ganz klar, daß der Überfall auf Belgien England zum Gegner des Reichs machen werde. Er wollte deshalb zumindest Belgiens Besitzstand und den Verzicht auf deutsche Annexionen garantieren. Aber auch er ließ es bei der fatalen Entscheidung bewenden, die nicht nur politisch unglaublich naiv, sondern auch militärisch blind blieb. Denn der Schlieffenplan ging mit seiner „ungeheuren Steigerung des rein

strategischen Prinzips an der Frage" vorbei, welche politischen und damit „schließlich auch militärisch die Lage umgestaltenden Folgen der Durchmarsch durch Belgien" haben mußte.[10]

Daß sich eine derart einseitige Entwicklung des militärtechnischen Denkens im großpreußischen Reich durchsetzen konnte, beruhte vor allem auf zwei Entwicklungen. (1) Die Militarisierung der preußischen Gesellschaft seit dem 18. Jahrhundert hatte das Militär an die Spitze der Prestigepyramide gestellt, militärische Normen, Verhaltens- und Denkweisen auch für die bürgerliche Gesellschaft zunehmend verbindlich gemacht. Mit einem hohen Vorschuß an Respekt wurde dadurch dem Sieg des engen militärischen Ressort- und Spezialistendenkens die Bahn geebnet. Die Kriegserfolge der 60er Jahre und die deutsche Hegemonialstellung in Mitteleuropa steigerten in der „Gründungszeit" erneut das Ansehen der Streitkräfte, und spätestens seit 1894 schien die Behauptung des Reichs im zukünftigen Zweifrontenkrieg mehr denn je von militärischer Stärke und Erfolgsplanung abzuhängen. Alle diese Bedingungen wurden von den Militärs, die zudem die Aureole mystifizierter Sachkenntnis umgab, weidlich ausgenutzt. Sie wirkten sich aber auch ohne ihr aktives Dazutun aus, ohne daß sie dabei auf ein starkes politisches Korrektiv stießen. (2) Denn parallel zu dieser Entwicklung vollzog sich seit Bismarcks Entlassung eine Kapitulation der Politiker vor der als Sachzwang verkleideten militärischen Argumentation. Schlieffen und Moltke d. J. konnten überzeugend dartun, daß weder Hohenlohe noch Bülow auf dem Primat der politischen Entscheidung bestanden hatten. Und der Bürokrat im Kanzleramt, Bethmann, brachte es noch nach dem Ersten Weltkrieg fertig, seinen Kritikern entgegenzuhalten: „Unmöglich konnte sich der militärische Laie anmaßen, militärische Möglichkeiten, geschweige denn militärische Notwendigkeiten zu beurteilen".[11] Das bedeutete die Abdankung vor den Militärs, den Verrat an der politischen Koordinationsaufgabe, den Verzicht auf die Durchsetzung politischer Prioritäten, die Bismarck und dem so oft bemühten Clausewitz als ureigenstes Recht der Staatsleitung erschienen waren.

Kein Wunder also, daß die politischen Optionschancen 1913 noch einmal insofern verengt wurden, als seit diesem Jahr der bisher mitgeplante Ostaufmarsch nicht mehr weiter bearbeitet wurde. Diese Entscheidung implizierte, daß ein künftiger deutscher Kriegserfolg in einem ganz fundamentalen Sinn von einem schnellen Präventivschlag gegen Frankreich abhing, das hieß aber auch gemäß der Schwerpunktbildung des Schlieffenplans: den Überfall Belgiens und dadurch den Kriegseintritt Großbritanniens erzwang. Damit erst wurde jene Quasi-Automatik geschaffen, die den Entscheidungsspielraum im Sommer 1914 zusätzlich schrumpfen ließ. Auch diese Weichenstellung läßt sich ohne die Berücksichtigung der inneren Machtverteilung zwischen Politik und Militär nicht erklären. Denn die großen strategischen Entschlüsse verbinden sich seit jeher nahezu fugenlos mit der politischen Planung, die militärischen Sachverstand keineswegs voraussetzt, sondern beratend einsetzen muß. Längst vor der Julikrise von 1914 war Berlin auf eine grundfalsche Konfliktstrategie festgelegt, die politisch die „unglücklichste aller Lösungen" darstellte,[12] da sie England den Kriegseintritt auf seiten der französisch-russischen Allianz aufzwang. Das Argument, der drohende französische Durchmarsch durch Belgien habe die deutsche Gegenaktion erzwungen oder doch legitimiert, fällt in sich zusammen, da Belgien seit 1906 zur Verteidigung seiner Neutralität fest entschlossen war und England derartigen französischen Überlegungen bis 1914 aus politischen Gründen seine Zustimmung schroff versagte. Das gesellschaftliche Kräfteparallelogramm in Deutschland, die „reale Verfassung" des Landes, das Schwergewicht historischer Traditionen — sie verwehrten eine politisch klügere Vorbereitung für den Ernstfall. Und daß die außenpolitische Konfiguration keineswegs Deutschland ihr Diktat aufzwang, sondern primär ein Ergebnis innerer politischer Entscheidungen darstellte, wird ohne moralisierenden und individuellen Schuldvorwurf noch darzutun sein (III. 7).

Eine militärische Entwicklung außerhalb der Reichsgrenzen muß hier jedoch noch erwähnt werden. Bereits im ersten Krieg des wilhelminischen Deutschland wurde eine Frühform des totalen Krieges praktiziert: bei der Niederschlagung des großen Herero-Aufstands von 1904/07 in der Kolonie Deutsch-Südwestafrika. Die Militärregierung, die dort anstelle des Verwaltungsgouverneurs das Regiment übernahm, unterdrückte die Erhebung mit brutalem Einsatz aller Mittel. Nicht mehr der Sieg, sondern die „Vernichtung", wie es in enthüllender Sprache hieß, wurde ihr Ziel. Sie führte daher bewußt einen „Kampf ohne Friedensmöglichkeit".[13] Fast die Hälfte der Eingeborenen wurde getötet, z. T. durch zielstrebige Vertreibung in die wasserlose Omaheke-Wüste; ein Viertel wurde deportiert und in den Gefangenenlagern einer durchaus planmäßigen Vernichtungspolitik ausgesetzt. Nachdem die direkten Ausgaben auf fast 590 Mill. Goldmark angestiegen waren, schuf die Schutztruppe „Ruhe und Ordnung" — in weiten Gebieten die Ruhe des Friedhofs, um den herum unter Schwarzen und Weißen Haß und Furcht regierten. Nur noch in der Schlußphase des amerikanischen Sezessionskrieges ist im 19. Jahrhundert die Kriegführung eines westlichen Staates in solchem Ausmaß radikalisiert worden. Dieser deutsche Kolonialkrieg bestätigte die schlimmen Befürchtungen, die erst von der liberalen, dann von der sozialistischen Kritik an den Folgen kolonialer Herrschaft gehegt worden waren. Die Gestalt des Krieges einer nahen Zukunft zeichnete sich hier deutlich ab.

5.2 Der Militarismus

Daß Militarismus im eigentlichen Sinne dort herrsche, „wo der Primat der politischen Führung über die militärische, des politischen Denkens über das Soldatische in Frage gestellt ist" (Ritter),[14] hat man seit langem als eine viel zu enge Definition kritisiert, und dieser Kritik wird man namentlich im Hinblick auf die preußisch-deutsche Geschichte zustimmen müssen. Denn hier liegt das zentrale Problem in der Militarisierung maßgeblicher Gruppen der Gesamtgesellschaft, nicht aber darin, daß — wie auch anderswo feststellbar ist — die politische Entscheidung zeitweilig vom militärischen Denken überwuchert wurde. Erst von diesem sozialen Militarismus her, demzufolge das Militär nicht nur an die Spitze der Prestigeskala rückte, sondern mit seinen Wert- und Ehrvorstellungen, seinen Denk- und Verhaltensweisen die ganze Gesellschaft durchdrang, kann man die eigentümliche Sonderstellung des Soldaten in der neueren deutschen Geschichte bis 1945 begreifen. Sozial- und verfassungsgeschichtlich wurde hierfür die preußische Entwicklung im 18. Jahrhundert entscheidend, durch die der Gutsherr zum Kompaniechef wurde und zugleich als Richter, oft genug auch als Unternehmer für die Landbevölkerung in allen Lebensbereichen Herrschaft schlechthin verkörperte. Die sog. Kompaniewirtschaft verfilzte sich aufs engste mit der Gutsherrschaft, als Inste und als Rekrut sah sich der Abhängige derselben Obrigkeit gegenüber. Auch die Reformen und die allgemeine Wehrpflicht lösten diesen Nexus auf dem Lande nicht auf, jedenfalls stellte der machtgewohnte Grundadel weiter die militärische Führungsschicht, unter der auch die Städter zu „dienen" hatten. Nach den Kraftproben von 1848 und 1862 besiegelte der Erfolg bis 1871 die Privilegienhierarchie, von deren Gipfel aus das Militär seinen Einfluß ausübte. Wenn sogar ein Historiker wie Gerhard Ritter als Folge von 1866/71 einen gesamteuropäischen Militarisierungsprozeß anerkannte,[15] so muß man angesichts der historischen Traditionen außer der Aufrüstung noch besonders massive Auswirkungen annehmen. Diese gab es in der Tat, man kann sie an aufschlußreichen Äußerlichkeiten ablesen: Alle deutschen Reichskanzler trugen im Reichstag Uniform; an der königlichen Tafel nahm der Reichskanzler Bethmann Hollweg als Major unterhalb der Obersten und Generäle Platz; der tüchtige preußische Finanzminister v. Scholz hielt es für den glücklichsten Augenblick seines Lebens, als er die Uniform eines Vizefeldwebels, zu dem er es als Bürgerlicher nur gebracht hatte, kraft königlicher

Huld mit der eines Leutnants vertauschen konnte. Am Institut des Reserveoffiziers ist einer der besonders folgenschweren Effekte aufgewiesen worden. Zugleich hielt gerade wegen der unablässigen Anfechtung durch die sozialökonomische Entwicklung die Absonderung des Offizierskorps als „staatstragender Stand" an, ja sie erstarrte bis hin zur Kastenbildung.

Abgesehen von dem allgemeinen Phänomen, daß sich vom Militär her normative Lebensideale und Verhaltensmuster über die Gesellschaft ausbreiteten und ein – bei Bethmann Hollweg typisch ausgebildetes – Unterlegenheitsgefühl des Zivilisten nährten; abgesehen davon, daß dieser Sozialmilitarismus im Vorrang des kleinsten Leutnants bei Hofe, im Ausweichen vor Offizieren auf dem Bürgersteig, im Postbeamten als Ex-Unteroffizier, im Turndrill der Gymnasien stets erkennbar blieb; und abgesehen davon, daß er im Sinn der herrschenden Klassen eine höchst erwünschte Disziplinierungsfunktion wahrnahm, sollen hier noch einige Aspekte besonders hervorgehoben werden.

5.2.1. Das Heer als Kampfinstrument nach Innen. Zweifellos wurde die Armee in erster Linie als Streitkraft für den Angriff bzw. die Verteidigung im Falle eines kriegerischen Konflikts verstanden. Daneben darf man jedoch nicht übersehen, daß die Armee zugleich „die bewaffnete Stütze, der Hauptpfeiler einer quasi-absolutistischen Regierung" sein sollte. „Zu diesem Zweck mußte die Waffenschule für die Bürger zu einer Schule blinden Gehorsams gegenüber den Vorgesetzten und der königstreuen Gesinnung werden". Deshalb auch sollte seit dem Verfassungskonflikt die lange Dienstzeit eine Gewähr dafür bieten, daß die Regierung „im Falle von inneren Revolutionen über eine zuverlässige Armee" verfügte.[16] In der internen Diskussion haben die hohen Militärs aus dieser Pazifizierungsaufgabe kein Hehl gemacht. „Eine tüchtige Armee", so formulierte das Roon während des Äternatskonflikts, „ist der einzig denkbare Schutz sowohl gegen das rote, als gegen das schwarze Gespenst. Ruinieren sie (die Parlamentarier) die Armee, dann ist das Ende da".[17] Dieser Gedanke übte fortab starken Einfluß aus, ja mit dem Aufstieg der Sozialdemokratie gewann diese Prätorianerkonzeption noch an Anziehungskraft. Deshalb wurde für manchen Berufsoffizier die allgemeine Wehrpflicht, die auch immer mehr Sozialdemokraten ins Heer zog, fragwürdig. In einer geheimen Denkschrift für Kriegsminister v. Gossler plädierte 1892 General v. Waldersee, kurz zuvor noch Chef des Generalstabs, für „kleine Berufsheere", die „bei guter Bezahlung vorwiegend gegen die internen Feinde Anwendung finden" würden. Was er unter „Anwendung" in Deutschland verstand, erläuterte er gleichzeitig dem Kaiser: den Präventivschlag gegen die SPD, da man ihren „Führern die Bestimmung des Zeitpunktes der großen Abrechnung" nicht überlassen dürfe, sondern „diesen nach Möglichkeit beschleunigen" müsse. Auf jeden Fall forderte Waldersee die Ausweisung exponierter Sozialisten, Beschränkung des Vereins- und Versammlungsrechts, Verbot mißliebiger Zeitungen und Zeitschriften und eine Veränderung des Reichstagswahlrechts — alles Maßnahmen, die nur auf die Armee gestützt durchzuführen seien.[18] 1907 wurde eine Studie der II. Kriegsgeschichtlichen Abteilung des Generalstabs über den „Kampf in insurgierten Städten" fertiggestellt, der unzweideutig die Situation eines Bürgerkriegs gegen die SPD zugrunde gelegt worden war.[19] Da für das Offizierskorps die Linke der „innere Feind des Vaterlands" blieb, erhielten diese Befürchtungen nach dem Wahlsieg von 1912 neuen Auftrieb, beeinflußten die Rüstungsdebatten und -pläne von 1912/13 und kamen vor 1914 nicht mehr zur Ruhe, obwohl sich in der SPD der Noske-Kurs längst gegen die Militarismuskritik des jüngeren Liebknecht durchgesetzt hatte.

5.2.2 Soziale Zusammensetzung und Verhaltenskontrolle. Dieses Gefühl der Bedrohung erst durch die liberal-bürgerliche, dann die sozialistisch-proletarische Gefahr hatte sich seit 1848 unter den Berufsoffizieren festgesetzt. Hier galt Roons Devise: „Das Heer, das ist jetzt unser Vaterland, denn hier allein sind die unreinen, gärenden Elemente ... noch nicht eingedrungen".[20] Von ihr blieb fortab die Personalpolitik bestimmt. Konsequent forderte daher Moltke im Verfassungskonflikt, bürgerliche Offiziersaspiranten abzuweisen, „weil sie die Gesinnung nicht mitbringen, die man in der Armee bewahren muß. Dabei muß es auch bleiben".[21] Als zuverlässig galt der adelige Nachwuchs, vor allem aus den Kadettenanstalten. Ihn galt es zu bevorzugen und gegen böse Einflüsse abzuschirmen. „Unsere Macht findet dort ihre Begrenzung", urteilte 1870 General v. Schweinitz, „wo unser Junkermaterial zur Besetzung der Offiziersstellen aufhört". Bismarck antwortete: „Das darf ich nicht sagen, aber ich habe danach gehandelt".[22]
Auf dieser Linie forderte dann auch v. Waldersee 1877, „daß der Kastengeist mehr bei uns entwickelt werden möchte und wir uns, d. h. der Offiziersstand sich mehr als für sich bestehender Stand von den übrigen abgrenzt". Denn nur durch „Fernhalten von den anderen Ständen, durch Bildung einer festen Gemeinschaft des Offizierstandes" könne man das Ziel erreichen, die Armee für den Kampf „der Besitzlosen gegen die Besitzenden" schlagkräftig zu erhalten. Schon damals forderte v. Waldersee den Verzicht auf das „System der

allgemeinen Dienstpflicht", da „nur eine Berufsarmee den totalen Zusammenbruch aller bestehenden gesellschaftlichen Zustände verhindern" könne – oder „kurz ausgedrückt... ohne Bedenken, sobald es verlangt wird, die Kanaille zusammenschießt. Hiermit hätten wir die Kriegerkaste".[23] Den Grundzügen dieses sozialen Exklusivitätsprinzips stimmte auch Schlieffen 1900 ausdrücklich zu, und 1903 bekräftigte Kriegsminister v. Einem, man könne „dem Mangel" an Offizieren nur durch „geringere Ansprüche an die Herkunft" abhelfen. „Dazu kann aber nicht geraten werden, weil wir es dann nicht verhindern können, in vermehrtem Umfange demokratische und sonstige Elemente aufzunehmen, die für den Stand nicht passen".[24]

Die Ergebnisse einer von solchen sozialdefensiven Leitvorstellungen bestimmten Personalpolitik bestätigen, wie intensiv sich die verschiedenen Institutionen der Heeresleitung um ein Übergewicht verläßlicher Junker bemühten. 1865 waren 65 Prozent aller preußischen Offiziere Adelige, 1913 immerhin noch 30 Prozent, die aber fast alle höheren Positionen innehatten. In diesem Jahr waren bei der Kavallerie 80 Prozent aller Offiziere adelig, bei der Infanterie 48 Prozent, bei der Feldartillerie 41 Prozent, und nur bei den typisch bürgerlich-technischen Pionieren bloß 6 Prozent. 62 Prozent aller preußischen Regimenter hatten mehr als 58 Prozent adeliger Offiziere, 16 Regimenter exklusiv adelige Offizierskorps. In den Gardeeinheiten gab es 1913 nicht mehr als 59 bürgerliche Offiziere (1908 sogar nur vier). 1900 waren 60 Prozent aller Ränge über dem Obersten mit Adeligen besetzt, 1913 immer noch 53 Prozent. Von 190 Infanteriegeneralen waren 1909 nur 39 bürgerlich, die Hälfte aller Majore adelig. Im Generalstab, dem 1888 239, 1914 aber 625 Offiziere angehörten, stellten die preußischen – meist adeligen – Offiziere mit drei Vierteln den Löwenanteil.[25] Bis 1913 dominierte in den entscheidenden Rängen des preußischen Heeres – und damit auch in der Zentrale des Reichsheeres – der Adel. Aber unverkennbar sank sein Anteil mit wachsender Präsenzstärke.

Deshalb spitzte sich die Debatte über die große Militärnovelle von 1913 auch sogleich zu einem Streit über die soziale Zusammensetzung des Offizierskorps zu. Gegen den Generalstab, in dem vor allem der bürgerliche Planungsexperte Ludendorff entsprechend den Erfordernissen des Schlieffenplans auf Vermehrung um drei Korps drängte, verteidigte der Kriegsminister v. Heeringen die traditionelle Adelsbastion. Wenn jetzt „eine Vergrößerung der preußischen Armee um fast ein Sechstel ihres Bestandes" gefordert werde, so müsse eine „so einschneidende Maßnahme... eingehend erwogen werden". Denn „ohne ein Hineingreifen in für die Ergänzung des Offizierskorps wenig geeignete Kreise, das... dadurch der Demokratisie-

rung ausgesetzt wäre", lasse sich der „außerordentlich erhöhte Bedarf nicht decken".[26] Vom aristokratischen Militärkabinett unterstützt, setzte sich der Kriegsminister mit seiner Ablehnung im wesentlichen durch. Genauso wie z. B. in der Rußlandpolitik (7.2) wurden auch bei der Aufrüstung nicht sog. militärische Notwendigkeiten verwirklicht; die Entscheidung bestimmte vielmehr der soziale Machtkampf im Inneren. Man hat geklagt, daß in der Marneschlacht das Fehlen dieser drei Korps den Ausschlag gegeben habe; die Ursache dieser fehlenden militärischen Schlagkraft ist nicht in einem Widerstand des — durchaus bewilligungsbereiten — Reichstags, sondern in der gesellschaftlichen Machtverteilung Preußen-Deutschlands und den dazugehörenden Befürchtungen und Unterlassungen zu suchen. Bürgerliche wurden mit höchstem Mißtrauen als Krypto-Demokraten betrachtet, jüdische Staatsbürger sogar absolut ferngehalten. Zwischen 1878 und 1910 gab es im preußischen Heer keinen jüdischen Berufsoffizier, 1911 ganze 21 jüdische Reserveoffiziere. Hier bestätigte sich Rathenaus Wort von den „Bürgern zweiter Klasse". Der offene oder latente, jedenfalls wirksam praktizierte Antisemitismus blieb ein Kennzeichen des kaiserlichen Offizierskorps. Auf diesem Gebiet brauchte der Nationalsozialismus später in der Wehrmacht nicht erst ein Tabu zu verletzen.
Nicht nur die Offizierspolitik wurde von eindeutigen Auswahlkriterien bestimmt. Die Armee versuchte sogar, bei der Rekrutierung der Unteroffiziere und Mannschaften nach verwandten Gesichtspunkten zu verfahren. 1911 z. B. lebten 42 Prozent der deutschen Bevölkerung auf dem Land, ungeachtet der allgemeinen Wehrpflicht aber stammten in diesem Jahr 64,1 Prozent aller Rekruten von daher und 22,3 Prozent aus den Kleinstädten, deren überwiegend ländlicher Charakter unbestreitbar war. Nur 6 Prozent kamen aus Großstädten, 7 Prozent aus mittelgroßen Städten.[27] Auch hier versuchte die Armee, auf die jahrhundertelang verinnerlichte Untertanenmentalität der Landbewohner bauend, die Quote der tendenziell „roten" Städter möglichst gering zu halten. Ihnen gegenüber konnten die traditionellen Methoden der Soldatenschinderei nur auf die Gefahr hin angewandt werden, daß ein sozialdemokratischer Abgeordneter sie der Öffentlichkeit bekannt machte. Der preußische Inste, der seit je an Fügsamkeit gegenüber einer Herrenschicht gewöhnt worden war, ließ sich dagegen als Rekrut ungleich bereitwilliger „einbrechen". Außerdem wurde er noch am ehesten von den Militärgeistlichen erreicht, die mit ihrer „Kriegstheologie" und ihren royalistischen Predigten das Autoritätsgefüge der militärischen Weltordnung vom König und Kaiser, Summepiskopus und Oberstem Kriegsherrn abwärts rechtfertigten.

Außer dieser Personalpolitik auf allen Ebenen sollten verschiedene Institutionen Verhaltenskontrolle im Sinne eines neofeudalistischen Ehrenkodex und Sozialgefälles gewährleisten. Duelle blieben bis 1918 eine informell vorgeschriebene Form der Konfliktregelung unter Offizieren. Ablehnung dieses archaischen Rituals zog Ausschluß aus der Armee nach sich. Ehrengerichte befaßten sich mit internen Streitfragen und forderten zum Zweikampf auf. Noch 1913 entschied das preußische Kriegsministerium, daß diese Ehrengerichte allein der königlichen Kommandogewalt unterstünden. Jeder Kompetenzanspruch des Reichstags wurde rigoros abgewehrt. Die eigentliche Militärgerichtsbarkeit blieb geheim und ein die Zivilgerichte ausschließendes Verfahren, bei dem Korpsgeist und Solidarität gegenüber Verfehlungen großgeschrieben wurden. Während die Verletzung von Dienstvorschriften durch Mannschaften harte Arreststrafen nach sich zog – in mehreren umstrittenen Fällen wurden sogar Landwehrleute mit Zuchthaus bestraft –, wurden Offiziere in prinzipieller Ungleichheit vor dem Gesetz von Arrest freigestellt. Wenn die sozialdemokratische Kritik, vor allem Karl Liebknecht, die zahlreichen Mißstände aufdeckte, so wurden diese „Angriffe auf des Königs Rock" erbittert abgewehrt, ihr Inhalt wider besseres Wissen bestritten, die undurchsichtige Barriere vor dem militärischen „Imperium in Imperio" abgedichtet.
Wie in einem Brennspiegel wurde diese Sonderstellung des Militärs kurz vor Kriegsausbruch in der Zabern-Affäre von 1913 eingefangen. Ein 20jähriger Leutnant hatte in der elsässischen Garnisonsstadt Zabern die einheimische Bevölkerung beschimpft und Rekruten zu Tätlichkeiten gegen diese aufgefordert. Der Vorfall gelangte in die Öffentlichkeit, erregte im ganzen Reich Aufsehen und führte als Folge wachsender Erregung zum Einsatz bewaffneter Militärstreifen, die willkürlich Zaberner Bürger festnahmen. Die Pressekampagne erreichte jetzt einen Höhepunkt wie vorher nur bei der Daily-Telegraph-Affäre. Scharfe Zusammenstöße im Reichstag, der ein Mißtrauensvotum gegen Bethmann Hollweg verabschiedete, zeigten ebenso offen wie viele Zeitungen die Enttäuschung über die völlige Ohnmacht der Zivilbehörden und im weiteren Sinn: des zivilen Bürgers gegenüber dem Militär an; sie wurde durch den Freispruch der verantwortlichen Offiziere nach einem skurrilen Militärgerichtsverfahren noch unterstrichen. Das „Menetekel von Zabern" enthüllte eine strukturelle Verfassungskrise des Kaiserreiches, in dem das Heer im Grenzfall ohne Rücksicht auf staatsrechtliche Sicherheit, geschweige denn auf die bare politische Vernunft eine Sonderstellung hochmütig verteidigen konnte. Weder im Reichsjustizamt noch im Kriegsministerium herrschten Zweifel darüber, daß es für das Vor-

gehen keine Rechtsbasis gab, aber Kriegsminister v. Falkenhayn vermochte den Reichskanzler dennoch auf die Verteidigung des Militärs festzulegen. Die Machtlosigkeit des Reichstags und der offene Übermut des Militärs, der schnelle Zusammenbruch der parlamentarischen Opposition und die Verteidigung der überkommenen Wehrverfassung – sie alle beleuchteten die Verfassungsrealität vor 1914 und die Folgen eines Sozialmilitarismus, der den bürgerlichen Protest entscheidend schwächte.[28] Auf dem Boden des „Reichslandes" zeigte der militärische Semiabsolutismus nur wenige Jahre vor dem Untergang des Kaiserreichs während der Zabernaffäre sein wahres Gesicht. In dieser Demaskierung liegt ihre eigentliche Bedeutung.

5.2.3 Die „Mobilisierung des kleinbürgerlichen Gesinnungsmilitarismus".[29] Das Heer wurde als „Schule der Nation" in Waffen aufgefaßt und wirkte zusätzlich zur Ausbildung und Indoktrination stets neuer Rekrutenjahrgänge auch über die Kasernen hinaus. Es beteiligte sich durchaus und auf vielfältige Weise an der politischen Sozialisation der Bürger, insofern wäre es sinnvoll, Militärdienst und Sozialmilitarismus auch im Zusammenhang der Erziehungsinstitutionen als weitere Mittel der Disziplinierung und Absicherung der Herrschaftsverhältnisse zu erörtern. Dabei ist jetzt nicht an den Lehrstoff der Schulen mit seiner Verherrlichung schlechthin alles Militärischen zu denken, sondern an eigene Institutionen. Auf lokaler Ebene etwa stellten die Kriegervereine, die prinzipiell alle „Gedienten" nach der Rückkehr ins Zivilleben zu organisieren versuchten, einen beachtenswerten Meinungsfaktor dar. 1910 gehörten allein den 16 500 preußischen Kriegervereinen 1,5 Mill. Mitglieder an. Der „Deutsche Kriegerbund", der 1873 mit 214 Vereinen und 27 500 Mitgliedern angefangen hatte, überschritt um 1900 die Millionengrenze und hatte 1910 sogar 1,7 Mill. Mitglieder. Im „Kyffhäuserbund" waren noch einmal 2,5 Mill. Männer organisiert. Zudem gehörten zahlreiche Vereine keiner Dachorganisation an. Gemeinsam war allen eine sorgsam genährte, militant antisozialdemokratische, oft auch antisemitische Grundhaltung. Bismarck hatte die Möglichkeit, diese Vereine zum innerpolitischen Agitationsinstrument umzufunktionieren, frühzeitig erkannt und ihre „kräftige Abwehr gegen staatsgefährliche Bestrebungen" ausgenutzt. In diesem spezifischen Vereinswesen behielt die Regierung stets eine „reichstreue" Stütze. Hinzu kamen dann noch paramilitärische Jugendverbände wie „Jungdeutschland" und „Jugendwehr", und wenn man die Anhänger des „Flottenvereins" und des „Wehrvereins" einbezieht – als „reichstreue" Gruppen auch für Wahlkämpfe mobilisiert –, dann erfaßte und erreichte die Armee vor 1914 einschließlich der eigentlichen Truppe mindestens fünf Millionen Deutsche, d. h. ein Sechstel aller Männer und Jungen.[30] Auch derartige Zahlen muß man sich klarmachen, den dahinter verborgenen Einfluß und die Kollektivmentalität sich vergegenwärtigen, wenn man die Bedeutung des Militärs in der reichsdeutschen Gesellschaft mit seinen weitverzweigten Wirkungsmöglichkeiten abschätzen will.

5.3 Die Flotte

In der zweiten Hälfte des Kaiserreichs stieg die deutsche Kriegsflotte zu einer vorher ungeahnten Bedeutung auf. Seither ist die deutsche Rüstungs- und Militärpolitik immer auch Flottenpolitik gewesen. Zwar waren schon seit den 70er Jahren deutsche Schiffe in Ostasien, im Pazifik und um Afrika herum eingesetzt worden, um die imperialistische Expansion abzuschirmen, aber es handelte sich dabei durchweg um kleine Kreuzer und Kanonenboote. Zwar war auch 1889 ein Reichsmarineamt, gleich anderen Reichsbehörden vorher, entstanden, aber es blieb ohne Gewicht im Berliner Entscheidungszentrum. Der Aufbau der deutschen Schlachtflotte seit 1898 bedeutete dann jedoch einen tiefen Einschnitt. Er war das Ergebnis mehrerer Bedingungen, die zu einer überaus folgenschweren Entwicklung beitrugen, durch die der Kurs der inneren und äußeren Reichspolitik bis 1914 tiefgreifend mitbestimmt wurde. Dabei fällt vielleicht zunächst die Persönlichkeit Alfred v. Tirpitz' auf, eine der großen Schlüsselfiguren der wilhelminischen Zeit. Zunächst für den Ausbau der Torpedobootswaffe verantwortlich, von 1892 bis 1895 Stabschef beim Oberkommando der Marine, engagiert-wachsamer Beobachter des Imperialismus insbesondere in Ostasien, wurde er 1897 zum neuen Staatssekretär des Reichsmarineamts ernannt. Es ist eine ganz irrige Annahme, er habe aus einer Art übertriebenen Ressortpatriotismus den Flottenbau vorangetrieben, um endlich zu den traditionsreichen Landstreitkräften aufzuschließen. Seine Überlegungen kreisten um andere Ziele, und die Praxis der Flottenpolitik führte ohnehin dazu, daß sogleich zwei Funktionen dominierend in den Vordergrund traten.

1. Der äußere Kampfauftrag gegen rivalisierende Staaten, vor allem gegen Großbritannien als damals stärkste Seemacht der Welt. Ihn sollte die später entwickelte Form des defensiven Risikogedankens etwas abschwächen. Dieser Abschreckungsstrategie zufolge hatte die deutsche Flotte selbst für den größten Gegner zu stark zu sein, um von ihm allein überwunden werden zu können. Ihrer offensiven Zielsetzung nach sollte die Flotte aber dazu dienen, als Machtmittel „in being“ oder im Einsatz Widerstand notfalls zu brechen, über-

seeische Märkte zu erschließen und offenzuhalten, um ökonomischen Gewinn zu gewährleisten.

2. Damit war von Anfang an aufs engste die Funktion eines innenpolitischen Kampfinstruments im Sinne des Sozialimperialismus (III. 6.) verbunden. Den Intentionen ihrer Promotoren nach, auch Tirpitz' und des Kaisers, sollte die Flotte sowohl materielle Interessen namentlich der Schwer- und Werftindustrie, aber auch der Arbeiterschaft befriedigen helfen, als auch — z. T. als Folge davon — politische Machtansprüche von Bürgertum und Proletariat hintanhalten und das traditionelle Machtgefüge stabilisieren. Ihre soziale Basis: eine Fusion vor allem von konkreten industriellen Interessen und bürgerlichem Flottenenthusiasmus war ungleich breiter als die des Bismarckschen Imperialismus der 80er Jahre. Konjunkturpolitisch wirkten die Flottenaufträge langfristig stabilisierend, zumindest ihrem psychologischen Effekt nach. Symbolisch verkörperte die Flotte deutsches Weltmachtstreben, band nationalistische Energien an sich und ermöglichte die Identifikation mit einem „nationalen" Auftrag auch im Sinne einer kompensatorischen Ablenkung von inneren Problemen. Kein Wunder, daß sich die cäsaristischen Tendenzen des Wilhelminismus aufs engste mit der Flotte verknüpften. „Ein plebiszitär untermauertes Flottenkaisertum als Gegengewicht gegen die gefürchtete Parlamentarisierung"[31] diente hinter der Außenseite modernster Waffentechnik der sozialdefensiven Verhinderung politischer und sozialer Modernisierung. Flottenpolitik war mithin immer auch Gesellschaftspolitik.

Nachdem das Prestige von 1870/71 aufgezehrt gewesen sei, so hat Tirpitz schon 1895 argumentiert, habe sich „ein gewisses Bedürfnis der Nation nach einem Ziel, nach einer vaterländischen Sammlungsparole" gezeigt. Dem suchte schon der Bismarcksche Imperialismus der 80er Jahre Rechnung zu tragen. Aber mit der sozial folgenschweren Industrialisierung, dem politischen Aufstieg der SPD nach 1890 wurde das Problem noch dringlicher. Durch die Flottenagitation sollte wieder „Schwung in die Erörterung nationalpolitischer Fragen" kommen, „der ein gesundes Gegengewicht gegen unfruchtbare sozialpolitische Utopien" schuf. Tirpitz schwebte eine innenpolitische Krisenstrategie vor, für die die Schlachtflotte das zentrale Instrument darstellte: mit ihrer Hilfe sollte „Weltpolitik" betrieben werden, denn von dieser „neuen, großen nationalen Aufgabe und dem damit verbundenen Wirtschaftsgewinn" erhoffte er sich, wie seine klassische Formulierung lautete, „ein starkes Palliativ gegen gebildete und ungebildete Sozialdemokraten".[32] Dabei galt die nationalideologisch integrierende Wirkung dieser Politik, ja schon allein der Flottenagitation an sich als ebenso wichtig wie der erhoffte konkrete Gewinn in Übersee, da sie eine Ablenkungshilfe gegenüber den inneren Machtkämpfen und dringenden Problemen der reichsdeutschen Klassengesellschaft darstellte. Für die Exponenten dieser Schlachtflottenpolitik bildete daher die Erhaltung der Klassenstruktur der bürgerlichen Gesellschaft im engeren Sinne ein Hauptziel, ihre entscheidende soziale Bezugsgruppe bildete das Besitz- und Bildungsbürgertum. Seine Stellung sollte gegen die politische und soziale Gefährdung „von unten" verteidigt werden, während zugleich die vorindustriellen Eliten, vor allem der ostelbische Landadel, nicht direkt, sondern indirekt durch kompensatorische Vorteile einer reaktionären Sammlungspolitik aus der „gräßlichen Flotte" Gewinn zogen. Die maßgebliche Resonanz fand die Flottenpolitik im Bürgertum, dem das Reichsmarineamt behilflich war, in der Flotte „seine" Waffengattung zu entdecken und damit auch Ersatz für die verbaute Gleichberechtigung im Heer zu finden.

Die Voraussetzung für diese beiden Aufgaben einer äußeren und inneren Verteidigung bildete der Übergang von einer Kreuzer- zur Schlachtschiff-Flotte. Dabei handelte es sich um eine durchaus internationale Entwicklung, die von Alfred T. Mahan, dem vielleicht einflußreichsten Propheten des neuen „Navalismus" in den angelsächsischen Ländern, historisch und ideologisch gerechtfertigt wurde. Mahans Bücher gehörten, auch auf ausdrücklichen Wunsch Wilhelms II., zur Pflichtlektüre der deutschen Marineoffiziere. Mahans „Influence of Seapower" galt als Tirpitz' „Marinebibel".[33] Zugrunde lag diesen programmatischen Umrüstungsforderungen die Annahme, die 1894/95 im japanisch-chinesischen Krieg erhärtet worden war, daß den schwergepanzerten, mit beispiellos hochkalibriger Artillerie ausgestatteten Schlachtschiffen im Gefecht auf offener See und bei der Bombardierung von Küstenstädten die Zukunft gehören müsse. Ungefähr gleichzeitig (innerhalb von einem Dutzend Jahren) begannen daher alle Seemächte einschließlich der USA, Deutschlands und Japans große Panzerkreuzer zu bauen. Als Tirpitz mit seinen Plänen dieser Strömung folgte, konnte er zu Recht argumentieren, daß sich das Reich damit an die Spitze moderner Flottenpolitik setze. Da sich der überaus kostspielige Aufbau einer neuen Schlachtflotte in Rivalität mit den Finanzbedürfnissen des Heeres vollziehen mußte, andererseits aber die Unterstützung durch erfolgreiche Traditionen fehlte, entwickelte das Reichsmarineamt einen ganz modernen Stil parlamentarisch-politischer Beeinflussung, massenwirksamer Propaganda und gezielter Öffentlichkeitsarbeit, um im Zusammenspiel mit der so mobilisierten öffentlichen Meinung im Reichstag die Bewilligung eines wachsenden Etats zu erreichen. In einem technischen Sinn ist

diese neuartige Kooperaton der „Public-Relations"-Abteilung des Reichsmarineamts mit dem „Flottenverein" und den agitationswilligen „Flottenprofessoren", mit Zeitungen und Zeitschriften, Parlamentariern und Parteien fraglos erfolgreich gewesen. Die enormen politischen Kosten traten freilich nur zu bald zutage.
Zunächst wurde im ersten Flottengesetz von 1898 ein Bauplan für sechs Jahre durchgesetzt, demzufolge zwei Geschwader zu je acht Schlachtschiffen entstehen sollten. Praktisch handelte es sich hier um eine stillschweigende, von Tirpitz aber zielstrebig verfolgte Äternisierung, da diese Schiffsstärke fortab kraft gesetzlich fixierter Fristen für eventuell notwendige Ersatzbauten – worüber die Marine entschied – auf modernem Stand gehalten werden sollte. Dabei erwies sich die politische und psychologische Geschicklichkeit von Tirpitz und seinen Mitarbeitern bei der Verfolgung ihrer angeblich begrenzten Ziele. Aber schon zwei Jahre später forderte die Novelle von 1900 unverhüllt den Vorstoß zur Weltmachtstellung zur See: Das Reichsmarineamt bestand auf vier Geschwadern zu je acht Schlachtschiffen, zwei Flaggschiffen, acht großen und 24 kleinen Kreuzern sowie einer Auslandskreuzerflotte von drei großen und zehn kleinen Kreuzern. Das war schon quantitativ und finanziell eine enorme Belastung, zumal der Reichstag außerdem auf ein Bauprogramm für 17 Jahre mit hohen Bewilligungen festgelegt wurde. Aber auch qualitativ bedeutete diese Konzeption der Jahrhundertwende einen neuartigen Faktor. Im Zusammenhang mit dieser forcierten Flottenpolitik wurde der „Risikogedanke" voll entwickelt, damit aber auch die nur notdürftig verschleierte aggressive Komponente des Schlachtschiffbaues erkennbar, und zugleich wurde die sozialimperialistische Seite sowohl in dem mehrere Jahrzehnte überspannenden „Tirpitz-Plan" als auch in der Agitation deutlich. Die Unterstützung der bürgerlichliberalen Parteien fiel ganz massiv aus: Bis hinüber zu den Linksliberalen wurde der Schlachtflottenbau von einer Welle der Zustimmung getragen. Friedrich Naumann, jene gescheiterte Gallionsfigur des deutschen Liberalismus, damals noch seinem protestantischen Pfarrberuf nah, steuerte eine besonders pittoreske Rechtfertigung bei: „Mir ist, als hörte ich Jesus sprechen", schrieb er in den 90er Jahren zur Verteidigung seiner „fröhlichen Tirpitzgläubigkeit" (Th. Heuss), „gehet hin, baut die Schiffe und bittet Gott, daß ihr sie nicht braucht".[34] Diese Rüstungsbigotterie gab bei der ersten Flottennovelle jedoch nicht den Ausschlag. Gewiß, die Flottenpropaganda lief auf Hochtouren, 15 Jahre später urteilte Bethmann Hollweg, diese „Politik der Ermutigung chauvinistischer Tendenzen" sei notwendig gewesen, um das Volk für den „Bau einer . . . Flotte zu gewinnen".[35] Aber die Agitation allein genügte nicht. Schon im März 1900 er-

kannte der amerikanische Marineattaché in Berlin, an krasser Interessenpolitik daheim geschult, auf Grund welcher Konstellation „die erhöhte Flottenvorlage durchgehen wird; die Agrarier benutzen ihre Unterstützung der Vorlage, um Konzessionen zum Schutz ihrer Interessen zu erlangen, womöglich einen Zolltarif auf die Einfuhr von Agrarprodukten zu erwirken, der in zukünftigen Handelsverträgen seinen Niederschlag finden wird".[36] Zu dieser Zeit liefen in den Ministerien schon jahrelang Vorbereitungsarbeiten für eine neue Verschärfung des Protektionismus, der dann im Bülowschen Zolltarif 1902 verwirklicht wurde. In der Tat bildeten Flottennovelle und Zolltarif ein Paket, das die Reichstagsmehrheit zusammengeschnürt hatte: Bürgertum und Schwerindustrie wurde der Flottenausbau, den Großagrariern ein verbessertes Schutzzollsystem gewährt. Gemeinsam besiegelten sie den Erfolg der Miquelschen Sammlungspolitik, die Flottenpolitik trug diese geradezu, gemeinsam stellten sie außenhandels- und rüstungspolitisch die Weichen bis 1914. Beide aber standen sie unter dem Primat innerer Systemstabilisierung im Dienste ganz spezifischer Interessen, die — an Bismarcksche Traditionen des „Kartells der schaffenden Stände" anknüpfend — mit nationaler Demagogie folgenreiche außenpolitische Entscheidungen zu innenpolitischen Kampfmaßnahmen instrumentalisierten.[37]

Die zweite Flottennovelle von 1906 bedeutete insofern einen tiefen Einschnitt, als das Reich jetzt zum Bau von Dreadnoughts überging. Durch diesen neuartigen Typ gewaltiger Großkampfschiffe (von etwa 25 000 BRT, mit einer Bestückung von 30—38-cm-Geschützen und hoher Fahrtgeschwindigkeit von 21 bis 28 Seemeilen), die englische Werften als Antwort auf den deutschen Flottenbau bis 1906 entwikkelt hatten, wurden alle bisherigen Panzerschiffe gewissermaßen deklassiert. Der Rüstungswettkampf verschärfte sich ungemein, da England letztlich nur mit Dreadnoughts seinen Vorsprung halten, Deutschland ihn nur mit ähnlichen Schiffen verringern konnte. Drei von Tirpitz' Prämissen erwiesen sich bereits zu dieser Zeit als falsch: England war durchaus imstande, das deutsche Bautempo mit noch moderneren Schiffen zu übertreffen; es überwand auch seine politische Isolierung, während die deutsche Finanzlage, gerade als die Dreadnoughts neue Anforderungen stellten, sich verschlechterte statt verbesserte und der außenpolitische Spielraum zugleich enger wurde. Aber bis hin zum Linksliberalismus bildete sich eine Mehrheit, die außer dem Bau von Dreadnoughts (als Ersatzschiffe für bisherige „Linienschiffe") drei neuen Schlachtschiffen und sechs großen Kreuzern zustimmte.

Die dritte Novelle von 1908 verkürzte dann das Lebensalter aller Linienschiffe auf 20 Jahre, wodurch die neuen Typen schneller in

Dienst gestellt werden konnten. Zugleich wurde das „Vierertempo" (jährlich vier Dreadnoughts bis 1912) eingeführt. Zwar konnte es nicht ganz eingehalten werden, aber von 1908 bis 1913 liefen immerhin 14 Schlachtschiffe und sechs große Kreuzer vom Stapel. Flottenverhandlungen mit England scheiterten 1912 wegen dieser relativen Erfolge am Marineressort. Tirpitz verschanzte sich hinter der Eigendynamik des Bauprogramms und vermeintlichen rüstungspolitischen Notwendigkeiten. Damit setzte er sich im entscheidenden Augenblick, als die englischen Konzessionen als unzureichend abgelehnt wurden, gegen Bethmann Hollweg durch, der, sogar mit Rücktrittsdrohungen, entschieden auf einen Ausgleich mit London im Sinne beiderseitiger Rüstungsbegrenzung hinarbeitete.
Die Reichsleitung beantwortete diesen Ausgang der Verhandlungen mit einer neuen, der vierten Flottennovelle. Drei neue Dreadnoughts und zwei Kleinkreuzer wurden ebenso vom Reichstag gebilligt wie die Umorganisierung mit dem Ziel, ein fünftes Geschwader aufstellen zu können. Wie bei der Heeresvorlage fand sich eine große Mehrheit, die dieses Auftrumpfen mitmachte: In den letzten Vorkriegsjahren flossen 60 Prozent des Rüstungsetats in den Flottenbau. 1914 standen sich daher die deutsche und die englische Kriegsflotte im Verhältnis von 10 : 16, also fast in der von Berlin gewünschten Relation von 2 : 3 gegenüber. Innenpolitisch erfüllte die Flotte zwar nicht die euphorischen Hoffnungen, die um die Jahrhundertwende in sie gesetzt worden waren, sie stützte jedoch die Sammlungspolitik ab, ohne den Klassenantagonismus entscheidend mildern zu können. Dieses Versagen aber bedeutete „den Bankrott des wilhelminischen Sozialimperialismus mit friedlichen Mitteln".[38] Außenpolitisch kann ihre Wirkung nur als fatal bezeichnet werden: Die Beziehungen zu Großbritannien, der einzigen europäischen Großmacht, mit der diejenige Verständigung möglich gewesen wäre, die mit Frankreich und Rußland nicht mehr zu erreichen war (III. 7), wurden schließlich heillos belastet. Abgesehen vom Schlieffenplan mußte die militant vertretene Flottenpolitik mit ihrer antienglischen Spitze London aufs höchste skeptisch stimmen und seine vitalen Interessen bedrohen. Militärisch erwies sich die Schlachtflotte als grandioser Fehlschlag, denn sie konnte den Kriegsverlauf zu keiner Zeit maßgeblich beeinflussen, geschweige denn zugunsten der Mittelmächte wenden. Während sich in der Flotte nach dem unentschiedenen Duell der Skagerrakschlacht eine Stimmung aufstaute, die sich im November 1918 entlud, tat der Großadmiral v. Tirpitz, militärisch ein gescheiterter Mann, nach dem Rücktritt im März 1916 einen innerhalb seiner gesellschaftspolitischen Konzeption konsequenten Schritt, indem er 1917 die frühfaschistische „Deutsche Vaterlandspartei" gründete.

6. Der Imperialismus

Der okzidentale Imperialismus, unter dem hier diejenige direkt-formelle oder indirekt-informelle Herrschaft verstanden wird, die von Industrieländern auf Grund ihrer sozialökonomisch-technologisch-militärischen Überlegenheit in unentwickelten Regionen ausgeübt wurde, ist ein komplexes Phänomen. Es setzt die universalhistorische Zäsur der Industrialisierung voraus, die trotz aller unleugbaren Kontinuität den Imperialismus vom alteuropäischen Kolonialismus trennt, und läßt sich am aufschlußreichsten innerhalb eines theoretischen Rahmens diskutieren, der auch hier — in der Einleitung wurde er bereits allgemein skizziert — die miteinander verschränkten zentralen Probleme zu analysieren gestattet.

1. Es muß heute erst recht als ungenügend empfunden werden, wenn der Imperialismus nur in einem ganz allgemeinen Sinn mit *der* Wirtschaft oder *der* Industrialisierung in Verbindung gebracht wird, denn das schreibt oder sagt sich leicht, bleibt aber in seiner Allgemeinheit zu vage, meist auch folgenlos. Vielmehr gilt es, möglichst konkret das industrie- und agrarwirtschaftliche Wachstum der expandierenden Staaten zu erfassen. Seiner historischen Natur nach verläuft es ungleichmäßig; der Säkulartrend der aufsteigenden permanenten Entwicklung enthüllt daher nur einen Aspekt. Die Wachstumsstörungen aber (Rezessionen, Depressionen, saisonale Fluktuationen), die zyklischen Schwankungen (der vierzigmonatigen „Kitchins", der zehn- bis elfjährigen „Juglars", der 20jährigen „Kuznets-Zyklen" oder gar die langen Wellen der „Kondratieffs"), kurzum: dieser unstete Rhythmus von Boom — Krise — Abschwung — Depression — Aufschwung ist für die Zeitgenossen, aber auch für den historischen Sozialwissenschaftler meist wichtiger als der anonyme, mathematisch-statistisch von allzu heftigen Oszillationen gereinigte Säkulartrend.[1]

2. Der soziale Wandel, der sowohl zu den Voraussetzungen als auch zu den in die Augen springenden Begleiterscheinungen und Folgen der ökonomischen Prozesse gehört, muß als je spezifische Sozialstruktur erfaßt werden. Vor allem der Wechsel der gesellschaftlichen Kräftekonstellationen und die Dauer der nationalen Klassenstrukturen, rücken dabei ins Zentrum der Untersuchung. Damit ist

3. der politische Kampf um die Erringung, Behauptung und Vermehrung von Machtchancen, d. h. aber auch die Analyse der inneren Dynamik des Herrschaftssystems verknüpft. Dabei kann man, insbesondere im Zusammenhang mit den Auseinandersetzungen, die unter dem Primat der Systemerhaltung oder -veränderung ausgetra-

gen werden, Imperialismus als Strategie und Mittel defensiver Herrschaftsstabilisierung herausarbeiten. Innen- und Außenpolitik werden dabei zu Facetten ein- und derselben Gesellschaftspolitik. In diesem Kontext läßt sich dann auch die Wirkung von Ideologien (z. B. des Sozialdarwinismus) bestimmen, die weder als quasi-autonome Faktoren aufgefaßt, noch durch ideengeschichtliche Studien hinreichend erfaßt werden können. Auf diese Weise läßt sich auch am ehesten die erstaunliche Gleichzeitigkeit und Gleichartigkeit der imperialistischen Expansion okzidentaler Mächte erfassen; denn reduzierte man die entscheidenden Antriebsmomente auf je spezifische nationale Impulse, so führte diese Dogmatisierung des historischen Individualitätsprinzips durchaus in die Irre, da sie eine komparative Analyse, die an den strukturellen Gemeinsamkeiten ihre Erklärungskraft beweisen kann, erschwert, wenn nicht gar verhindert.

6.1 *Ungleichmäßiges Wachstum und Herrschaftslegitimierung: Der Sozialimperialismus*

Wenn man den Imperialismus unter solchen Gesichtspunkten erörtert, dann gilt es hinsichtlich der ökonomischen Wachstumsprobleme vornehmlich zweierlei zu beachten. Die historisch beispiellose Dynamik der Industriewirtschaft setzte Antriebskräfte frei, die weithin als System immanenter Zwänge empfunden wurden. An sie paßte sich ein pragmatischer Expansionismus an, der zur Ausdehnung der entweder informell oder mittels kolonialer Gebietsherrschaft abgesicherten Märkte führte. Es geht dabei aber nicht an, einen Depressionsimperialismus (bis etwa 1895) von einem sich anschließenden Konjunkturimperialismus zu unterscheiden oder gar die Verbindung mit der Konjunkturentwicklung ganz abzustreiten. Denn empirisch ist die Genesis des modernen Imperialismus unauflöslich – und zwar subjektiv im Bewußtsein der damals Handelndenden, aber auch objektiv für die Imperialismusforschung von heute – mit den Konjunkturschwankungen verknüpft. Das trifft nicht nur für die deutsche, sondern ebenso für die amerikanische, französische, belgische und – mit diachronischer Phasenverschiebung – für die englische Expansion zu. Aber auch in der Periode der weltwirtschaftlichen Hochkonjunktur von 1896 bis 1913 blieb das Entscheidende und Gemeinsame beider Phasen die Erfahrung unregelmäßigen Wachstums, d. h. die gleichbleibende Erschwerung rationaler Vorauskalkulation von Gewinnchancen und deshalb das hohe Maß von Erwartungen, die sich an den Außenhandel hefteten, ja geradezu zu seiner Ideologisierung führten. Eine Hochkonjunkturperiode bedeutet ja nie ungebrochene Kontinuität des Booms – auch nach 1896 unterbrachen 1900/01, 1907/08 und 1913 Krisen, z. T. Depressionen, den Aufschwung und erinnerten schmerzhaft daran, daß es kein gleichmäßig ansteigendes Wachstum gab. Deshalb ist nicht nur das schon damals, erst recht heute berechenbare koloniale Verlustgeschäft oder die teils geringe, teils aber auch exorbitant hohe Gewinnmarge der parasitären Interessengruppen das historisch allein Aufschlußreiche, geschweige denn Ausschlaggebende; ebenso wichtig ist die Tatsache, daß für die am Entscheidungsprozeß Beteiligten die unentwickelten Regionen des Globus Absatz- und Investitionschancen, mithin Stabilisierungsmöglichkeiten für den einheimischen Wirtschaftsablauf zu bieten schienen. Der pragmatische Expansionismus bildete daher einen Teil derjenigen Aktionen, mit denen der heranwachsende Interventionsstaat, der auf der Suche nach wirtschaftlicher Dauerkonjunktur und ihrer Steuerung die ungleichmäßige Entwicklung einzugrenzen suchte, zu Frühformen einer antizyklischen Konjunkturpolitik fand. Die staatlich protegierte Exportoffensive und Gewinnung von Außenmärkten, die dann zu einem „Informal Empire" oder auch zu kolonialer Gebietsherrschaft führen konnte, zielte vor dem Hintergrund eines erst allmählich sich entfaltenden Binnenmarktes mit lange unterschätzten Aufnahmekapazitäten auf die Wiedergewinnung oder Erhaltung der wirtschaftlichen Prosperität. Die materielle Wohlfahrt des Landes wurde von erfolgreicher Expansion in ihren unterschiedlichen Formen (gewiß auch immer vom Handelsverkehr mit gleichentwickelten Staaten) abhängig gemacht. Ihr diente auch ein prophylaktischer Imperialismus, der z. B. auf dem Wege vorsorglicher Annexionen Zukunftschancen sicherzustellen strebte.

Stets aber bildete das wirtschaftliche Motivbündel, wie sehr es auch von ökonomistischen Theorien verabsolutiert werden mag, nur einen Teil der Antriebskräfte des Imperialismus. Vielmehr hat sich mit dieser Expansion durchweg auch die Hoffnung und dezidierte Absicht verbunden, den gesellschaftlichen Status quo und das politische Machtgefüge durch einen erfolgreichen Imperialismus zu legitimieren. Im Sinne eines solchen Sozialimperialismus bestand die Intention und Funktion namentlich der deutschen überseeischen Expansion auch darin, als konservative Ablenkungs- und Zähmungspolitik systemgefährdende Reformbestrebungen — wie sie die emanzipatorischen Kräfte des Liberalismus oder der organisierten sozialistischen Arbeiterbewegung verkörperten — nach außen abzulenken. Diese sozialdefensive Strategie mit der binnengesellschaftlichen Zielsetzung einer konservativen Utopie, der es inmitten unaufhörlichen Wandels um die starre Verteidigung traditioneller Strukturen mit modernen Methoden ging, sollte im großpreußischen Kaiserstaat sowohl der Erhaltung überkommener vorindustrieller Gesellschafts- und Machtstrukturen dienen, als auch dem Industrie- und Bildungsbürgertum Beistand gegen den Aufstieg des „Vierten Standes" leisten. Der Sozialimperialismus, der folglich an mehreren Fronten eingesetzt werden konnte, versprach entweder innenpolitisch ausmünzbaren realen Gewinn in Übersee oder doch Aktionsergebnisse — vielleicht nur Scheinerfolge eines schieren Aktionismus —, die eine sozialpsychisch wirksame Befriedigung nationalideologischen Prestiges herbeiführen konnten: Gerade dieses Kalkül machte ihn zu einer Integrationsideologie, die von oben zielstrebig gegen die Antagonismen der Klassengesellschaft eingesetzt werden konnte. Er lenkte die politische Aktivität des Bürgertums in einen „Ersatzraum" ab und wurde für dieses geradezu „das Feld, auf dem sich die Anpassung ... an den bestehenden Staat, seine Struktur und seine Bedürfnisse" vollzog,[2] während die weiterblickenden Großagrarier in einer sozialreaktionären Sammlungspolitik mit überseeischem Aktionsprogramm eine neue Gewähr für die Erhaltung ihrer sozialen und politischen Herrenstellung fanden.

Als Instrument der Herrschaftsstabilisierung und Herrschaftslegitimierung gehört der Wirtschafts- und Sozialimperialismus zur Genesis des modernen Interventionsstaats und damit in einen oben (II. 2) skizzierten Zusammenhang. Da im System des staatlich regulierten Kapitalismus politische Herrschaft mehr und mehr dadurch legitimiert wird, daß die Staatsleitung möglichst stetiges wirtschaftliches Wachstum zu gewährleisten, damit aber wichtige Stabilitätsbedingungen für die Gesamtgesellschaft selber zu erhalten versucht, hat eben diese Funktion zusammen mit der manipulatorischen Herrschaftstechnik sozialimperialistischer Politik auch kontinuierlich den Kern der deutschen Überseepolitik gebildet. Angesichts der angezweifelten charismatischen und traditionalen Autorität der Regierung sollte schon der Bismarcksche Wirtschafts- und Sozialimperialismus diese Stabilitätsbedingungen für die ökonomischen Interessengruppen und sozialen Alliierten des neokonservativen „Solidarprotektionismus" (H. Rosenberg) von 1879 verbessern, damit die seit 1873 wachsenden Konflikte um die Verteilung des Volkseinkommens entschärfen, politische und psychische Energien auf ferne, neue Ziele als Integrationspole hinlenken, folglich den Begriffen der nationalen Aufgabe und des nationalen Interesses neuen Glanz verleihen und im Gesamteffekt die Stellung der autoritären Staatsspitze mitsamt den sie tragenden privilegierten Gesellschaftsgruppen neu befestigen.

Die Probleme des ungleichmäßigen Wachstums und des Legitimationszwangs für das bonapartistische Regime Bismarcks trafen hier zusammen und haben — wie die Entwicklung zeigte — einen imperialistischen Kurs offenbar als unvermeidbar erscheinen lassen. Nachdem die sechsjährige Depression bis 1879 durch eine kurzfristige Erholung abgelöst worden war, bedeutete die neue Depression von 1882 bis 1886 auch in dieser Hinsicht eine traumatische Erfahrung (übrigens auch in den USA und in Frankreich). Ein breiter, seit Ende der 1870er Jahre entstehender ideologischer Konsensus, der sich quer durch Verbände und Publizistik, Reichstag und Bürokratie hinzog, vor allem aber in der „strategischen Clique" (Ludz) der Sammlungspolitiker von 1879 vorherrschte, vereinigte Forderungen nach forciertem Außenhandel mit solchen nach kolonialem Erwerb. Beide sollten aus der Wirtschaftskrise helfen, aber auch die Sozialkonflikte mildern. „Werden nicht ... für die Überproduktion der deutschen Arbeit regelmäßige, weite Abzugskanäle geschaffen", so lautete eine typische Prognose, dann „treiben wir mit Riesenschritten einer sozialistischen Revolution entgegen".[3] Von „Sicherheitsventilen" für den „überheizten Dampfkessel" der deutschen inneren Entwicklung sprach man mit Vorliebe. Der Präsident des 1882 gegründeten „Deutschen Kolonialvereins", Fürst Hermann zu Hohenlohe-Langenburg, war der „Überzeugung, daß wir in Deutschland die Gefahr ... des Sozialdemokratismus nicht wirksamer bekämpfen können" als durch Kolonien. Außer den direkten wirtschaftlichen Vorteilen versprach sich die intensiv geführte Kolonialagitation von überseeischen Erwerbungen auch „größere Sicherheit vor dem Kommunismus". Den Exponenten dieses ideologischen Konsensus blieb der Zusammenhang von wirtschaftlicher Prosperität und gesellschaftlicher Ruhelage als Leitbild stets präsent.

Dieser Zusammenhang schwebte auch Bismarck vor, als er, von der außenpolitischen Konstellation begünstigt, der Wirkung solcher Schritte angesichts der Wirtschaftslage und des ideologischen Konsensus gewiß, dazu der Reichstagswahlen von 1884 eingedenk, die seit Jahren intensivierte Außenhandelspolitik und die Methoden zur Stabilisierung der inneren Lage durch seine Kolonialpolitik ergänzte. In kurzer Zeit, zwischen 1884 und 1886, erwarb das Reich seine „Schutzgebiete" in Südwestafrika, Togo, Kamerun, Ostafrika und im Pazifik. Ursprünglich privaten Syndikaten unter staatlicher Protektion zugedacht, wurden sie fast alle schon bis 1889 Kronkolonien, da sich die Interessenten gegen die Kosten der anfänglichen Konzeption sträubten und vom Staat den teuren Ausbau der Infrastruktur und Schutz gegen ausländische Konkurrenz erwarteten, Aufstände überdies militärische Interventionen nach sich zogen. Bis 1889/99 ist im Pazifik und in China (Samoa und Kiautschou mit „Schutzgebiet"), später durch Kompensationsabtretungen in Afrika nur noch wenig hinzugekommen. Ohne die verschärfte Konkurrenz mit Rivalen, die auf Grund ähnlicher Antriebskräfte auf den Weltmarkt vorrückten, wäre es aber vermutlich auch in den 1880er Jahren nicht zu formeller

Kolonialherrschaft gekommen. Denn die Vorteile des „Informal Empire" blieben Bismarck zeitlebens gegenwärtig. Insofern entsprachen die „Kongo-Freihandelszone" und die „Offene Tür" in China am ehesten seinen Vorstellungen. Aber unter der Zangenbewegung des inneren Drucks und des internationalen Wettbewerbs entschloß er sich zu einer Protektoratspolitik, die dann bald zu Reichskolonien hinführte. Bismarck war auf Grund seiner Sonderstellung noch imstande, eine allzu gefährliche, d. h. den direkten Konflikt mit England oder Frankreich erzeugende Ausuferung des kolonialen Expansionsdrangs einzudämmen. Das zeigte z. B. ganz deutlich sein Verzicht auf einige Schutzgebiete oder sein Widerstand gegen ein mittelafrikanisches Großreich im Sinne von Carl Peters und seiner „Gesellschaft für deutsche Kolonisation". Damit schuf er sich jedoch auch mächtige innenpolitische Feinde, die die Koalition, von der seine Entlassung vorbereitet wurde, nachweisbar verstärkten. Seine Nachfolger konnten diese Dompteurrolle nicht weiterspielen, zumal sich auch die Dimension der klassengesellschaftlichen Antagonismen erweiterte und sie mit Problemen konfrontierte, für die das Wachstum der SPD ein äußeres Indiz darstellte.

6.2 Wilhelminische „Weltpolitik" als Innenpolitik

Nun erwies es sich, daß nicht nur der Wirtschaftsimperialismus der 80er Jahre die Bahn gewiesen, sondern auch die Herrschaftsmethodik des Sozialimperialismus die Weichen gestellt hatte. Auf ihn griff die Reichspolitik fortab bewußt und ständig zurück, sobald Caprivis Sisyphusarbeit einer partiellen Anpassung an die Realitäten des deutschen Industriestaats von den Agrariern zunichte gemacht worden war. Miquels Sammlungspolitik beruhte — wie er es selbst 1897 formulierte — auf der Ablenkung des „revolutionären Elements" in den Imperialismus, der die Nation „nach außen" wenden und ihre „Gefühle . . . auf einen gemeinsamen Boden" bringen solle. Dieser funktionelle Nutzen schwebte (übrigens seit den 80er Jahren) auch Holstein vor, als er zur selben Zeit argumentierte: „Die Regierung Kaiser Wilhelms II. braucht einen greifbaren Erfolg nach außen, der dann wieder nach innen zurückwirken würde. Dieser Erfolg ist nur zu erwarten entweder als Ergebnis eines europäischen Krieges, eines weltgeschichtlichen Hasardspiels oder aber einer außereuropäischen Erwerbung".[4] Die deutsche Chinapolitik von 1897 bis 1900 z. B. trug diesen strategischen Überlegungen ebenso Rechnung wie die entstehende Schlachtflotte. Auch bei den sog. liberalen Imperialisten des Kaiserreichs — Männern wie Friedrich Naumann und Max Weber, Tirpitz' Chefideologen Ernst v. Halle und dem Staatswissenschaftler Ernst Francke u. v. a. — traten solche Gedanken klar hervor. Entweder sollten Sozialpolitik und Parlamentarisierung durch Befriedigung der Arbeiterschaft eine kraftvolle „Weltpolitik" erst ermöglichen — dann wurde die innere Reform im Dienste des vorrangigen Imperialismus funktionalisiert und Klassenintegration zur Voraussetzung äußerer Stärke; oder die „Weltpolitik" sollte die Sozialpolitik materiell erst ermöglichen bzw. durch ihre Erfolge eine Art Stillhalteabkommen gewährleisten. Freilich trafen diese Liberalen zumeist keine Entscheidungen, sondern unterstützten einen vorweg in Berlin festgelegten Kurs fortgesetzter Expansionspolitik.

Der wilhelminischen „Weltpolitik" kann man offenbar nur unter dieser Perspektive des Sozialimperialismus ihren eigentlichen Sinn abgewinnen. Ihr sprungartiger Charakter darf nicht darüber hinwegtäuschen, daß ihr durchaus eine kühl kalkulierte Instrumentalisierung der Außenpolitik zu innenpolitischen Zwecken zugrunde lag. Dort, wo es an konkreten Interessen mangelte, trat das Prestigeelement ungleich stärker als früher hervor, denn — wie der Freiburger Rechtslehrer H. Rehm 1900 einsichtsvoll geltend machte — „nur die Idee deutscher Weltmacht ist imstande, die wirtschaftlichen Interessenkämpfe im Inneren zu bannen".[5] Freilich ging es nicht nur um die Überbrückung ökonomischer Konflikte im Stile der Sammlungspolitik, sondern mindestens ebensosehr um die politischen Partizipationsrechte und die soziale Gleichberechtigung der Industriearbeiterschaft, gegen deren politische Repräsentanten ein „reichsfreundlicher" Imperialismus seit 1884 leicht mobilisiert werden konnte. Angesichts der inneren Zerrissenheit der „Reichsnation" in eine Klassengesellschaft und der vehementen Spannungen zwischen Obrigkeitsstaat, landadeliger Führungsschicht, feudalisiertem Bürgertum einerseits, den voranrückenden Kräften der Parlamentarisierung und Demokratisierung andererseits scheint es im Erfahrungshorizont der Berliner Politiker, die aus ihrer Defensive heraus die Modernisierung von politischer und sozialer Verfassung weder im notwendigen Ausmaß wollten noch durchführen konnten, zur sozialimperialistischen Zähmung keine ähnlich erfolgversprechende Alternative gegeben zu haben. Das blieb das Entscheidende, aber auch das Fatale; denn es war keineswegs ganz in ihr Belieben gestellt (wie mancher seither gemeint hat), maßvolle Zurückhaltung im Sinne eines überseeischen Disengagements zu üben. Infolge der Spannungen in Politik und Gesellschaft blieb ein systemimmanenter Zwang bestehen, immer wieder auf das bewährte Instrumentarium des Sozialimperialismus zurückzugreifen. Insofern traf v. Waldersee, der sich von einer derartigen „äußeren Politik einen guten Einfluß auf unsere inneren Zustände" versprach, den Nervus rerum, als er es zugleich „für ein Zeichen der Ungesundheit" hielt, „daß wir uns nicht

von innen heraus helfen können". Insofern aber beharrte Bülow vom Entscheidungszentrum her auch beharrlich darauf, daß „nur eine erfolgreiche Außenpolitik ... helfen, versöhnen, beruhigen, sammeln, einigen" könne.[6]
Mit alledem wird nicht nur auf die objektive Funktion dieses ebenso hektischen wie riskanten Dabei-sein-wollens wilhelminischer „Weltpolitik" abgehoben, sondern auch die offen erklärte Absicht der „Decision-makers", mithin ihre bewußte Intention beschrieben. Mit unübertreffbarer Offenheit hat z. B. Bülow in seiner vielgelesenen „Deutschen Politik" noch kurz vor Kriegsausbruch diese „lebendige nationale Politik" als das „wahre Mittel gegen die Sozialdemokratie" ausführlich begründet und damit den Bankrott innerer Reformpolitik, zumindest den Verzicht auf die Einrichtung einer modernen Staatsbürgergesellschaft eingestanden.[7] Wie ein politisches Verhaltensmuster blieb der Sozialimperialismus in der deutschen Politik seit den 80er Jahren eingeschliffen, und mit dem abrupten Übergang vom bonapartistischen Regime zur wilhelminischen Polykratie „wuchs die Neigung", die überkommene „tiefe Diskrepanz zwischen gesellschaftlicher Struktur und politischer Ordnung, die die mit der Industriellen Revolution geänderte soziale Situation kaum berücksichtigte", durch „eine Ablenkung des Interessendruckes nach außen im Sinne eines Sozialimperialismus", der „die längst fällige Reform der inneren Struktur Deutschlands" mit verdeckte, „zu neutralisieren".[8] Wo bietet sich eine überzeugendere Interpretation an als diejenige, die gerade die deutsche „Weltpolitik" als Innenpolitik begreift, als Fortsetzung der inneren Verteidigung des Status quo in der globalen Arena?
Freilich gilt es hier, eins zu beachten: So sicher der Sozialimperialismus deutscher Provenienz in seinem funktionellen Kern konservative Antwort auf die Herausforderung klassengesellschaftlicher Probleme und anachronistischer Machtverteilung gewesen ist — völlig darf man ihn dennoch nicht auf das auffällige manipulatorische Moment reduzieren. Fast immer haben auch ökonomische Interessen im engeren Sinn ihre Rolle gespielt und den überseeischen Aktivismus glaubhaft zu machen versucht. Gewiß bot die Chinapolitik nach 1897 Gelegenheit zu vorzüglichen innenpolitischen Schachzügen, aber der Schantung-Vertrag, der mit der „Pacht" von Kiautschou verbunden wurde, sicherte eine der reichsten chinesischen Provinzen dem deutschen Wirtschaftseinfluß; er versprach dem daheim erschlafften Eisenbahnbau und damit der Schwerindustrie Beteiligung an der Erschließung des asiatischen Großmarktes. Gewiß sind die politischen Aspekte des Bagdadbahnbaus gar nicht zu übersehen, aber für spezifische Interessengruppen (und um diese handelte es sich bei solcher

Expansion durchweg) eröffneten sich damit verlockende Chancen. Wenn die Staatsleitung auch oft wirtschaftliche Interessen vorschob, ihr Gewicht übertrieb oder sie zum Engagement förmlich antrieb, so folgte ihnen, sobald sie draußen Gewicht und Einfluß erlangt hatten, doch auch die staatliche Macht. Spitzt man jedoch die Frage nach der Gewichtung der Antriebsfaktoren zu und versucht zugleich eine Quantifizierung der Entscheidungen, dann stellt sich allerdings heraus, daß das sozialimperialistische Element vor 1914 entweder dominiert oder neben dem ökonomischen Kalkül stets mindestens als gleichberechtigt erscheint. In der Schlußphase der Expansionspolitik des kaiserlichen Deutschland: in der Kriegszielpolitik des Ersten Weltkriegs gewann es dann offenbar noch einmal den Vorrang.

6.3 Sozialdarwinismus und Pangermanismus als imperialistische Ideologien

In seinen „Grundsätzen der Realpolitik", mit denen L. A. v. Rochau 1853 der nachrevolutionären Zeit die Anpassung an konkrete Interessenkonstellationen empfahl, verstand sich der Verfasser dennoch zu dem Eingeständnis, daß „die Ideen ... immer gerade so viel Macht" haben, „als ihnen die Menschen leihen, denen sie innewohnen. Daher ist die Idee, welche ... ein ganzes Volk oder Zeitalter erfüllt, die realste aller politischen Mächte".[9] Als eine der Ideen, die in der Epoche des okzidentalen Imperialismus eine derartige Macht besessen habe, hat man öfters den Sozialdarwinismus bezeichnet: die Übertragung der biologischen Theoreme Darwins von der „natürlichen Auslese" und dem „Sieg des Stärkeren" im „Kampf ums Dasein" auf das gesellschaftspolitisch-politische Leben. Unleugbar hat dieser Sozialdarwinismus sich seit den 70/80er Jahren in den westlichen Industrieländern ausgebreitet und nachweisbar beträchtlichen Einfluß ausgeübt, aber erst in der rassistischen Radikalisierung durch den Nationalsozialismus seinen Gipfel erreicht. Der Sozialdarwinismus bietet zugleich ein vorzügliches Beispiel für die unauflösliche Verschränkung einflußreicher Ideen mit der gesellschaftlichen Entwicklung, in die ihn eine ideologiekritische Analyse besonders gut einbetten kann.

Diesen Nexus haben Marx und Engels frühzeitig scharfsichtig erfaßt. „Es ist merkwürdig", wunderte sich Marx schon 1862, „wie Darwin unter Bestien und Pflanzen seine englische Gesellschaft mit ihrer Teilung der Arbeit, Konkurrenz, Aufschluß neuer Märkte, ‚Erfindungen' und Malthusschem ‚Kampf ums Dasein' wiedererkennt. Es ist Hobbes' bellum omnium contra omnes, und erinnert an Hegel in der ‚Phänomenologie', wo die bürgerliche Gesellschaft als ‚geistiges Tierreich', während bei Darwin das Tierreich als bürgerliche Gesellschaft figuriert". „Die ganze Darwinsche Lehre vom Kampf ums Dasein", so schrieb dann auch Engels Mitte der 70er Jahre, „ist einfach die Übertragung der Hobbesschen Lehre vom bellum omnium contra omnes und der bürgerlich-ökonomischen von der Konkurrenz sowie der Malthusschen Bevölkerungstheorie von der Gesellschaft in die belebte Natur. Nachdem man dieses Kunststück fertiggebracht ..., ist es sehr leicht, diese Lehre aus der Naturgeschichte wieder in die Geschichte der Gesellschaft zurückzuübertragen, und eine gar zu starke Naivität zu behaupten, man habe damit diese Behauptung als ewige Naturgesetze der Gesellescbaft nachgewiesen". Wie Nietzsche und Spengler nach ihnen erkannten beide Männer den Sozialdarwinismus als hervorragend geeignetes „Rechtfertigungssystem des bürgerlichen Kapitalismus" (Plessner).[10] Zugleich steckten sie für die Analyse einen Rahmen ab, dem sich auch heute wenig hinzufügen läßt.

Sowohl Darwin als auch der Biologe A. R. Wallace, dessen Untersuchungen Darwin zur Veröffentlichung seines „Origin of Species" bestimmten, wurden in einem forschungspsychologisch entscheidenden Augenblick durch die Lektüre von Malthus, der als Amateurnaturwissenschaftler seine Vorstellungen aus der Natur abzuleiten geglaubt hatte, zu ihrer Evolutionslehre angeregt. Von einer sog. wissenschaftsimmanenten Entwicklung kann bei ihnen gar keine Rede sein. Darwin, der Malthus derart auf den Kopf stellte, wurde dann selber gleichsam der erste Sozialdarwinist, als er den Aufstieg der „sog. arischen Rasse" in Europa, vor allem aber in den Vereinigten Staaten als schlüssige Beweise für die Gültigkeit seiner Theorie auch in der Menschenwelt hinstellte, ja explizit einer rassistischen Auslegung des Sozialdarwinismus den Boden bereitete.[11] Fraglos fand nach diesen ständigen Zirkelschlüssen von Malthus und Darwin bis hin zum vulgären Sozialdarwinismus diese Weltanschauung, die sich auf der Höhe der Wissenschaft glaubte, deshalb eine derartige Resonanz, weil sie bürgerliches Erwerbsleben und kapitalistischen Konkurrenzkampf, unternehmerischen Absolutismus und nationales Selbstbewußtsein zu legitimieren versprach. Als Verfallserscheinung des Positivismus verbannte sie die Hoffnung auf eine offene Gesellschaft und setzte eiserne Gesetze eines antiegalitären Sozialaristokratismus an deren Stelle. Seiner funktionellen Bedeutung nach konnte er den herrschenden Gruppen sowohl den Einklang mit dem Fortschritt als auch die Notwendigkeit des Status quo garantieren; zugleich erlaubt er, die Emanzipationswünsche der Arbeiterschaft — oder auch der Kolonialvölker — als nutzloses Aufbegehren der minderwertigen Unterlegenen im Kampf ums Dasein abzutun. Diese vielseitige Anwendbarkeit sicherte dem Sozialdarwinismus, den ja der Nimbus unwiderlegbarer naturwissenschaftlicher Erkenntnis umgab, seine Macht im konkreten und vermittelten Zusammenhang von Herrschaftsinteressen. Als Legitimationsideologie des Imperialismus eignete er sich geradezu ideal, und ein ganzer Rattenschwanz von Popularisatoren hielt ihn in den Metropolstaaten lebendig. Reißt man ihn aber aus dem Kontext einer bestimmten Gesellschaftsformation heraus, dann kann man ihn freilich als ideelle Größe verselbständigen, als Fehldeutung reiner Wissenschaft mißverstehen und damit gerade seine Durchschlagskraft verfehlen.

Ganz ähnlich läßt sich der Pangermanismus als eine zunehmend rassistisch aufgefüllte Variante derartiger Rechtfertigungs- und Expansionsbestrebungen verstehen. Auch eine Sumpfblüte wie er konnte sich nur in einer bestimmten sozialen Umwelt mit solcher Leuchtkraft entfalten. Der ökonomische Konzentrations- und der gesellschaftliche Polarisierungsprozeß spiegelten sich „in der bevorzugten Stellung, die der eigenen Nation zukommen muß", in gewisser Hinsicht wider. Wirtschaftlicher Aufstieg und Unterwerfung überseeischer Gebiete schienen den „besonderen natürlichen Eigenschaften" der Nation, „also ihren Rasseeigenschaften" zu verdanken zu sein. Auf jeden Fall ließen sich daraus massive Ansprüche herleiten. Im rassistischen Pangermanismus, an dessen Wesen die Welt genesen sollte, entstand eine pseudowissenschaftlich „verkleidete Begründung" anhaltender Expansion. Er verlangte Hingabe an das „höhere Allgemeininteresse" teutonischer Weltaufgaben. Der ursprünglich begrenzte nationale Gedanke wurde „als Triebkraft in den Dienst" dieser neuen Ziele gestellt, in deren vagen Umriß jeder — sei es der Bankier v. d. Heydt oder ein deutschtümelnder Oberlehrer, bramarbasierende Militärs und mittelständische Kolonialschwärmer — seine Wünsche hineinprojizieren konnte.[12] Obwohl sich direkte Einflüsse auf die Entscheidungen der Berliner Politik bisher nicht haben nachweisen lassen, stellt der Pangermanismus in der öffentlichen Meinung der „Reichsfreunde" einen Faktor dar, den die Regierung aus politischen Rücksichten viel zu selten kritisiert hat. Vor allem wucherte er in den meinungsbildenden Ober- und Mittelschichten und besaß in ihren militanten Organisationen wie dem „Alldeutschen Verband", dem „Flottenverein" und dem „Wehrverein" einen Rückhalt. Fraglos gehörte er zu den giftigen Ingredienzien jenes ideologischen Gemischs, das später die „Völkischen" vorantrieb und dessen Maßlosigkeit reale Unterlegenheit kompensieren sollte.

7. Außenpolitik

7.1 *Außenpolitik im Staatensystem*

Daß 1866/71 eine deutsche Großmacht in Mitteleuropa entstehen konnte, ist vom Zarenreich, aber auch von Großbritannien wohlwollend geduldet, ja geradezu mit ermöglicht worden. Das neue Reich nahm im Mächtesystem eine Stellung ein, auf die sich die anderen Staaten gemäß der traditionell antagonistischen Struktur dieses Systems mit Zug und Gegenzug einzustellen bemühten. Die einer Hegemonie zumindest nahekommende Position, die das kaiserliche Deutschland als Macht- und Wirtschaftsfaktor gewann, wurde durch die von Bismarck proklamierte Politik der „Saturiertheit" nicht grell unterstrichen, obwohl z. B. die Tatsache, daß Berlin nach einigen Jahren Ort der wichtigsten internationalen Konferenzen wurde, die Schwerpunktverlagerung deutlich enthüllte. Wie in einem System kommunizierender Röhren entsprach der sozialkonservativen Zähmungspolitik im Inneren nach 1871 zunächst eine konservative Beharrungspolitik auch auf der europäischen Bühne, um das Gewonnene abzusichern. Wenn der Bestand des Reichs nicht erneut durch eine militante äußere Risikopolitik wie die von 1864/71 aufs Spiel gesetzt werden sollte — und das verbat diese konservative Maxime der Systemerhaltung durchaus —, dann blieben für Berlin drei allgemeine Strategien möglichen Verhaltens übrig, solange es darum ging, sowohl „die bedrohlichen Folgen" der Reichsgründung „im internationalen Bereich" abzuwenden und die vorerst „labile Stellung im Mächtesystem auszubalancieren", als auch zugleich „die veraltete soziale Ordnung" zu bewahren.[1]

Erstens konnte man im Sinn des herkömmlichen Konvenienzprinzips auf die Abgrenzung von Interessensphären hinarbeiten, um Reibungen mit konkurrierenden Großstaaten zu vermeiden oder abzuschwächen. Zweitens blieb die prekäre Chance, die Interessen der Mächte gegeneinander auszuspielen, möglichst aber an die Peripherie des deutschen Einflußraums oder in die imperialistische Expansion abzulenken; und drittens ließen sich durch schnelle Präventivschläge potentielle Gegner zurückwerfen und denkbare Koalitionen im Keim zerstören. Damit konnte die Gefahr derartiger Allianzen aus Furcht vor einer bedrohlichen Zukunft freilich gerade heraufbeschworen werden. Auf die dritte Möglichkeit wurde daher von der Reichsleitung wegen der unüberschaubaren Risiken 43 Jahre lang verzichtet, obwohl die Militärs diesen Kurs seit Moltke mehrfach befürwortet haben. Die beiden anderen Konzeptionen haben je ihre Rolle gespielt. Bekanntlich hat Bismarck jahrelang versucht, seine Leitvorstellung von einer Ableitung rivalisierender Interessen an die Peripherie zu verwirklichen. Dieser Gedanke durchzieht wie ein roter Faden seine Unterstützung der französischen Kolonialpolitik in Nordafrika und Hinterindien, aber auch seine Einstellung zum ägyptischen Problem und zu den russisch-britischen Konflikten in Mittelasien. Diese optimale Taktik wurde aber von der Zeit ab riskant, als deutsche Interessen in Übersee ins Spiel kamen bzw. der sozialimperialistische Charakter wilhelminischer „Weltpolitik" die ständige Einmischung geradezu gebot. Da die deutsche Politik die von der Saturiertheitsmaxime vorausgesetzte Statik ziemlich schnell verlor, konnte es sich hier nur um eine temporäre Aushilfe handeln. Aber auch die dauerhafte Ausgrenzung von Interessenzonen wurde im wesentlichen durch innerdeutsche Kräfte vereitelt. Kaum war nämlich nach der Reichsgründung ein halbes Dutzend Jahre verstrichen, wurde immer deutlicher, daß der expandierende Industriekapitalismus alle Beschwörungen eines Sättigungszustandes der deutschen Politik gleichsam von innen her unterlief. Gewiß, es wurden offiziell keine neuen territorialen Ziele in Europa anvisiert, aber die industrielle Dynamik setzte sich souverän über nationale Grenzen hinweg, und die qualitative Veränderung deutscher Außenhandelsinteressen in der Zeit der Hochindustrialisierung führte einen Unruhefaktor in die Außenpolitik ein, den eine traditionelle staatenpolitische Denkschule in der Wilhelmstraße wahrscheinlich unterschätzt hatte. Bekanntlich kreisten die deutsch-österreichischen Verhandlungen von 1878/79, die schließlich im Oktober 1879 zu dem Minimalergebnis des Zweibundes führten, zuerst um das weit umfassendere Projekt einer Zollunion, die einen massiven mitteleuropäischen Block als Domäne der deutschen Industriewirtschaft geschaffen hätte. Die deutsch-russischen Wirtschaftsbeziehungen zeigten diese ökonomische Problematik bis zur Zäsur von 1887 ebenso wie das wachsende deutsche Engagement auf dem Balkan. Der frühe deutsche Imperialismus, die Schutzzölle, die Caprivischen Handelsverträge usw. demonstrierten alle auf ihre Weise eine unaufhaltsame Verflechtung in die internationale Wirtschaft und in den Weltmarkt. Gegenüber dieser Realität erwies sich die relativ statische Vorstellung deutscher Saturierheit bald als unangemessene Metapher.

Diese defensive Gesamtkonzeption sozialkonservativer Innen- und möglichst konfliktarmer Außenpolitik war mithin schon seit dem Ende der 1870er Jahre einer steten Erosion ausgesetzt; sie kann keineswegs in erster Linie auf andere Akteure im Staatensystem, geschweige denn auf individuelles Versagen zurückgeführt werden, sondern resultierte wohl konsequent — wie schon die letzten sechs Jahre der Bismarck-Ära zu beweisen scheinen — aus der sozialökonomischen Problematik im Reichsinneren und der damit verbundenen

Neudefinierung zentraler Interessen durch die Machteliten. Der frühe deutsche Imperialismus z. B. konnte, wie das oben skizziert worden ist, zwar einerseits als innenpolitische Verteidigungsstrategie verstanden werden, führte aber andererseits eine aggressive Komponente in die außenpolitischen Beziehungen ein. Diese Ambivalenz läßt sich häufig beobachten, ja die Janusköpfigkeit solcher Intentionen und Aktionen bildet geradezu eine Signatur der Zeit seit ewa 1879. Hinreichend erklärt werden kann sie nur durch eine Analyse dessen, was Kehr die „innere Front" jeder äußeren Politik genannt hat. Mit Verlegenheitsfloskeln wie „originärer Machtpolitik" bleibt man dagegen im Vorfeld stecken. Denn was wird damit schon klarer gemacht? Soll hier ein fragwürdiger Idealtypus politischen Verhaltens oder eine zweifelhafte sozialpsychische Konstante eingeführt werden, die Genuß und Ausübung von Macht, Hobbes' „rastlose Gier der Macht nach Macht", als „originären", sprich: quasi-anthropologischen Faktor bestimmt? Müssen nicht vielmehr schichtenspezifische Systeme gesellschaftlicher Werte und Normen, Prozesse der politischen Sozialisation, stereotype Sprachspiele, in deren Chiffren sich diese Überzeugungen und unbewußten Prämissen niederschlagen, untersucht werden, um je verschiedene Vorstellungen von Macht in bestimmten Gruppen enthüllen zu können? Muß „Macht" nicht so präzis wie möglich in ihrem gesellschaftlichen Kontext, in das Geflecht der Interessen und in den funktionalen Zusammenhang von Herrschaftsstrukturen eingebettet werden, damit diese ahistorisches Gleichmaß suggerierende „originäre Machtpolitik" so schnell wie möglich durch eine konkrete Situationsanalyse ersetzt und das heißt: der Begriff aufgegeben werden kann? Die Frage nach der ewigen Wiederkehr des Gleichen im Sinne „originärer" Machttriebe mag Verhaltensforscher reizen; gibt sich jedoch der Historiker mit derartigen Abkürzungen zufrieden, dann verbaut er sich sowohl die konkrete Untersuchung als auch den systematische Zugriff im Rahmen einer historischen Theorie. Daher gilt es hier, das Urteil eines Mannes ernst zu nehmen, dem Voreingenommenheit auf diesem Gebiet schwerlich unterstellt werden kann: „Man würde die Welt nicht kennen", meinte Ranke, „wenn man bloß die inneren Verhältnisse berücksichtigen wollte. Wir fassen die äußeren auch, jedoch nur als sekundäre, sie sind vorübergehend, jene bleibend."[2]

7.2 Außenpolitik unter dem „Primat der Innenpolitik"

Die labile Mechanik der Außenpolitik, die blutleere Bewegungsphysik von Aktion und Reaktion, die diplomatische Prozedur der Konfliktbereinigung oder -verschärfung – sie werden hier bewußt nicht verfolgt. Eine Flut von Literatur erwartet den, der z. B. das Bismarcksche Allianzsystem oder die wilhelminische Diplomatie näher kennenlernen möchte. Die Konstellationen, die ihnen jeweils zugrunde lagen, lenken einen jedoch durchweg auf die primären, die „bleibenden" Verhältnisse, auf den „Primat der Innenpolitik" zurück. Das zeigt ein Blick auf wichtige Probleme im Verhältnis Deutschlands zu drei Großmächten: Frankreich, Großbritannien und Rußland.

7.2.1 Frankreich. Die Entscheidung für die Annexion von Elsaß-Lothringen beruhte auf einem Bündel von Motiven, unter denen die im weiteren Sinne innenpolitischen Überlegungen zusammen mit militärischen Forderungen die allgemeinen Erwägungen einer Verbesserung des deutschen Machtgewichts und höherer äußerer Sicherheit gegenüber einem traditionell überlegenen Frankreich durchaus überwogen. Nachdem die Abtrennung dieser Gebiete gegen den Willen der überwältigenden Mehrheit der Bevölkerung einmal vollzogen worden war, blieben die deutsch-französischen Beziehungen dauerhaft gestört, in gewisser Hinsicht wurde noch im Ersten Weltkrieg auch um die Désannexion des „Reichslandes" gekämpft. Die verhängnisvollen außenpolitischen Folgen der Entscheidung von 1870/71 hätten durchaus ihre Revision geboten, aber innenpolitisch galt das in Deutschland als selbstmörderische Aufgabe. Diese Folgen sind übrigens sogleich erkannt worden. Als Vorwand für „schwachsinnige Leute" tat Marx im Herbst 1870 jede Begründung der Annexion mit der Notwendigkeit einer „materiellen Garantie" gegen künftige französische Überfälle ab. Militärisch habe der Feldzug von 1870 die Leichtigkeit gezeigt, aus Deutschland heraus Frankreich anzugreifen. Gerade die deutsche Geschichte nach dem Tilsiter Frieden zeige zudem, wie ein geschlagenes Volk auf territoriale Verstümmelung reagiere. Stelle es nicht überhaupt einen „Anachronismus" dar, fragte er, „wenn man militärische Rücksichten zu dem Prinzip erhebt, wonach die nationalen Grenzen bestimmt werden sollen?" Österreich könne dann Ansprüche auf die Mincio-, Frankreich auf die Rheinlinie geltend machen. „Wenn die Grenzen durch militärische Interessen bestimmt werden sollen, werden die Ansprüche nie ein Ende nehmen, weil jede militärische Linie notwendig fehlerhaft ist und durch Annexion von weiterem Gebiet verbessert werden kann, und überdies kann sie nie endgültig und gerecht bestimmt werden, weil sie immer dem Besiegten vom Sieger aufgezwungen wird und folglich schon den Keim eines neuen Krieges in sich führt". Durch den Raub Elsaß-Lothringens werde der Krieg geradezu in eine „europäische Institution" verwandelt, da Frankreich auch nach einem Scheinfrieden, der bestenfalls ein Waffenstillstand sein könne, die verlorenen Ostprovinzen wieder zurückverlangen werde. Das aber bedeute die Verewigung des Krieges zwischen zwei großen europäischen Nationen, ihren Ruin durch „wechselseitige Selbstzerfleischung". Bis dahin, fürchtete er, werde in Preußen-Deutschland der „Militärdespotismus" versteinern, um das westliche Polen behaupten zu können. Ausschlaggebend wurde für Marx die für „unvermeidlich" erachtete Ausweitung des Konflikts nach Osten, da „der Krieg von 1870 ganz so notwendig einen Krieg zwischen Deutschland und Rußland im Schoß trägt wie der Krieg von 1866 den von 1870". Zweifellos müsse sich dann Deutschland zur Verteidigung seiner Eroberung entweder als der „offenkundige Knecht russischer Vergrößerung" hergeben oder aber „nicht für einen jener neugebackenen ‚lokalisierten' Kriege" rüsten, „sondern zu einem Rassenkrieg gegen die verbündeten Rassen der Slawen und Romanen". Im Zweifrontenkrieg gegen eine solche französisch-russische Allianz werde das Deutsche Reich untergehen.[3]

Wenige Prognosen des hellsichtigen Kritikers im Londoner Exil sind vollständiger in Erfüllung gegangen. Außer ihm hat nur noch der baltendeutsche Publizist Julius v. Eckardt ähnlich skeptisch und derart frühzeitig die Assimilationsprobleme im „Reichsland", die Dauerfeindschaft hochgerüsteter Nachbarstaaten und das Menetekel eines französisch-russischen Kriegsbündnisses erkannt. Eine Zeitlang mochte sich der deutsche Kanzler entweder auf die ebenso brutale wie törichte Devise des „oderint dum metuant" verlassen oder danach die Direktive ausgeben: „Gegen Frankreich wünsche ich in allem, was nicht Elsaß ist, versöhnliches Auftreten."[4] Wiedergutmachen ließ sich der Riß dadurch nicht, und schon in den 80er Jahren wurde die Annexionskritik auch von hohen deutschen Militärs geteilt. Sie beklagten „die europäische Zwickmühle", in welche wir durch die Eroberung von Elsaß-Lothringen" geraten seien, diese habe „den permanenten Kriegszustand zwischen Deutschland und Frankreich" festgelegt. Moltke befürchtete den Zweifrontenkrieg bereits seit 1871, und fünf Jahre vor dem Abschluß der russisch-französischen Militärkonvention von 1892 räumte auch Bismarck dem preußischen Kriegsminister gegenüber ein, „daß wir in nicht zu ferner Zeit den Krieg gegen Frankreich und Rußland gleichzeitig zu bestehen haben werden". Dann aber werde es sich um den „Ausbruch des Existenzkrieges" handeln.[5] Siebzehn Jahre nach der Annexion und siebenundzwanzig Jahre vor Ausbruch des Weltkrieges beschrieb Bismarck damit fatale Fernwirkungen des Entschlusses von 1870.

Mehrfach ist von sehr verschiedenen Seiten der Vorschlag gemacht worden, Elsaß-Lothringen, das wie ein erratischer Block den Weg zu besseren Beziehungen zwischen Deutschland und Frankreich versperrte und damit den europäischen Frieden gefährdete, wenigstens zu neutralisieren. In der Publizistik, im Reichstag, wo Wilhelm Liebknecht den Gedanken aufgriff, sogar in einer diplomatischen Anregung Wiens von 1897 war davon die Rede. Aber im selben Maße, wie der französische Neonationalismus nach der Jahrhundertwende Kompromisse verwarf und auf „Heimkehr" bestand, wurde in Deutschland jede Infragestellung des Status quo tabuisiert. Dennoch entwickelte 1905, nach dem Höhepunkt der ersten Marokkokrise, Generalstabschef v. Schlieffen ganz nüchtern die Alternative, entweder gegen Frankreich einen Präventivkrieg zu führen oder endlich eine Neuregelung hinsichtlich Elsaß-Lothringens zu finden — anderes bleibe der Reichspolitik nicht mehr übrig![6] Da diese einen neuen Modus vivendi mit Frankreich jedoch nicht ernsthaft erstrebte, verengte sich im kritischen Augenblick die Alternative zur Einbahnstraße.

7.2.2 *Großbritannien.* Die zählebige Legende vom „perfiden Albion", das mit Argwohn und Quertreiberei die Entwicklung des Reiches seit 1871 verfolgt und schließlich die „Einkreisung" vollendet habe, hat lange die Tatsache vernebelt, daß von Berlin aus eine ernsthafte Kooperation erst abgelehnt, dann schier unmöglich gemacht wurde. Gewiß im 19. Jahrhundert galt der tief eingefressene Antagonismus zwischen dem englischen und dem russischen Weltreich, zwischen Walfisch und Bär, als konstante Größe, die jede deutsche Politik zunächst in Rechnung zu stellen hatte. Der Spielraum dehnte sich trotzdem beträchtlich weit aus, wie sich zwischen 1884 und 1889 verfolgen läßt. Wichtiger aber als dieser Gegensatz oder als geopolitische Erwägungen blieb bis 1890 die von Bismarck und der „strategischen Clique" um ihn herum empfundene Furcht vor der Liberalisierungswirkung, die von einer deutsch-englischen Zusammenarbeit ausgehen konnte. Es war nicht etwa die erst allmählich aufkommende Handelskonkurrenz, die hier die wichtigste Rolle spielte, sondern der Gegensatz der politischen Werte, der politischen Institutionen, des politischen Stils — mithin die Andersartigkeit der Geschichte, der politischen Kultur und der ihr zugrundeliegenden gesellschaftlichen Konstellationen. Die historische Alternative zur „bonapartistischen Halbdiktatur" in Deutschland und dem Regiment vorindustrieller Oligarchien bildete zunächst eine sei es von „nationalen" und/oder „fortschrittlichen" Liberalen bestimmte parlamentarische Monarchie. Der Verfassungskonflikt und die Stärke des Nationalliberalismus in den frühen 70er Jahren ließen, aller unübersehbaren Hemmnisse ungeachtet, den Übergang von der Möglichkeit zur Verwirklichung als noch nicht völlig ausgeschlossen erscheinen — und zwar weder für

Bismarck noch für die Liberalen, die im städtischen, im südlichen und westelbischen Deutschland, wie die Wahlergebnisse von 1881 und 1884 unterstrichen, auch nach 1879 noch auf Zustimmung rechnen konnten. Man braucht sich nur einige durchaus mögliche Folgen einer Regierungsübernahme Friedrichs nach den Anschlägen auf Wilhelm I. vorzustellen, wie das die späteren liberalen Sezessionisten recht konkret taten, um des relativ labilen Gleichgewichts in Berlin gewahr zu werden. Wie immer man solche kontrafaktischen Fragen auch beurteilen mag — Bismarck nahm den politischen Liberalismus als Gegner ernst, damit aber auch Imponderabilien, die sich zu dessen Gunsten auswirken konnten: z. B. die anglophilen Sympathien des Kronprinzen und seiner keineswegs an nationalen Minderwertigkeitsgefühlen leidenden englischen Frau, den anhaltenden Demonstrationseffekt des englischen parlamentarischen Lebens, aber auch der so andersartigen Symbiose von britischem Landadel und kommerziell-industriellem Bürgertum. Es waren das lauter Faktoren, die bei engerem Zusammengehen einen vorhersehbaren, aber ungemein schwer zu kontrollierenden Einfluß entfalten konnten. Anfang der 80er Jahre „war der Kronprinz noch nicht krank", soll Herbert v. Bismarck geäußert haben, „und wir mußten auf eine lange Regierungszeit gefaßt sein, während welcher der englische Einfluß" — die sogenannte „englische Intimität" dank Kronprinzessin Viktoria und drohendem „Kabinett Gladstone" in Berlin — „dominieren würde". Das aber habe Bismarck auch „im Hinblick auf unsere inneren Verhältnisse für bedenklich" gehalten.[7] Vom Kanzler selber wird ein Gespräch mit Botschafter v. Schweinitz berichtet, in dem er, ganz wie sein Sohn, gelegentliche außenpolitische Reibungen mit England für notwendig hielt, „um den deutschen Ärger gegen England zu nähren" und damit den „Einfluß britischer Ideen in Deutschland . . ., die den Konstitutionalismus und Liberalismus betreffen", zu hemmen.[8] Und an Gladstone haßte Bismarck nicht nur dessen Prinzipientreue und Vertrauen auf moralische Aufgaben der Politik, sondern er sah in ihm auch zu Recht den großen Gegenspieler eines volksnäheren, bürgerlichen Liberalismus, der sich im Einklang mit mächtigen Zeittendenzen befand. Über eine kühle Koexistenz hinaus, mit der begrenzte Konflikte vereinbar erschienen, ließ Bismarck daher das deutsch-englische Verhältnis nicht gedeihen. Und wenn ihn dabei auch die schiere Tatsache des russischen Großreichs an der Ostgrenze zu rechtfertigen schien, so dürfte doch mehr noch als dessen Machtpotential die antiliberale Affinität zur zaristischen Autokratie, der gemeinsame Konservativismus der Ostmonarchien seine Haltung bestimmt haben. Was daher die Legitimationswirkung politischer

Traditionen angeht, so verband sich mit der Bismarckzeit bewußte Distanz zu London, ja die Anglophobie der Kolonialgegensätze von 1884/89.

In den 90er Jahren nahm dann nicht nur die kommerzielle Rivalität auf dem Weltmarkt sprungartig zu, sondern mit dem Aufbau der Schlachtflotte entschied sich die deutsche Politik für eine Stoßrichtung gegen vitale englische Interessen. Seit der ersten Flottennovelle von 1900 ließen weder die deutschen Ziele mit ihrer entweder offen eingestandenen oder mühsam kaschierten Aggressivität Zweifel daran zu, noch herrschte in London die Neigung, dieser neuen Gefahr mit Vertrauensseligkeit zu begegnen. Zu unmißverständlich wurde die deutsche Flottenpolitik mit dem Bild des Feindes jenseits des Kanals verknüpft, als daß hier selbstbewußtes Abwarten genügt hätte. Vergegenwärtigt man sich noch einmal die innenpolitischen Dimensionen des „Tirpitz-Plans" und zum anderen die deutsche Entscheidung, nicht nur dem internationalen Trend zum Schlachtflottenbau nachzugeben, sondern ohne Nötigung durch die Londoner Politik derart forciert und in derartigem Umfang gegen England zu rüsten, dann sieht man, wie auch auf diesem Schachbrett deutsche Züge die Spielbedingungen bis 1914 festlegten.

7.2.3 *Rußland.* Abgesehen von den sozialen und ideologischen Gemeinsamkeiten des „monarchischen Prinzips" und von dem Kitt, der die Komplizen der polnischen Teilungen verband, geboten politische, militärische und wirtschaftliche Interessen einen vorsichtigen deutschen Kurs gegenüber dem riesigen östlichen Nachbarn. Nachdem die großpreußische Expansion von 1864 bis 1871 auch dank russischer Rückendeckung vonstatten gegangen war („daß die Russen uns Elsaß-Lothringen nehmen ließen", räumte Bismarck z. B. ein, sei direkt „persönliche Politik Alexanders II." gewesen[9]), verlangten in den 70er Jahren Exportrücksichten und Generalstabsplanung eine möglichst reibungslose Kooperation. Die Enttäuschung, die der Ausgang des Berliner Kongresses dann für die Petersburger Politik bedeutete, richtete sich vielleicht zu einseitig gegen den „ehrlichen Makler" in der Wilhelmstraße. Aber die ab Januar 1880 gültigen deutschen Agrarzölle trafen direkt die russische Getreideausfuhr, die seit dem Vordringen des amerikanischen Weizens ihren Löwenanteil am deutschen Import ohnehin mühsam verteidigen mußte. 1885 wurden die deutschen Zolltarife verdreifacht und im März 1887 noch einmal um fast das Doppelte angehoben. Dieser deutsche Agrarprotektionismus mit seiner unvermeidbaren, ja bewußt antirussischen Tendenz entsprach zwar dem sozialen Kräfteparallelogramm seit dem Ende der 70er Jahre und galt für die Reichsleitung als unabweisbare Notwen-

digkeit, wirkte aber in Rußland aus einem Grund besonders schmerzhaft: Die Ansätze zu einer Modernisierung des Zarenreichs nach dem Krimkriegdebakel waren zunehmend mit erfolgreicher Industrialisierung verknüpft worden, deren Finanzierung ganz entscheidend auf dem Erlös des Agrarexports beruhte. In dem Maße jedoch, in dem hohe Zollmauern den Zugang zum benachbarten und aufnahmefähigen deutschen Markt innerhalb weniger Jahre enorm erschwerten, geriet einer der Stützpfeiler der anvisierten Modernisierung — und damit all der Hoffnungen, die die zaristische Oligarchie innen- und außenpolitisch mit ihr verband — ins Wanken. Die wachsende Germanophobie, die deutschen Diplomaten jetzt auffiel, wurde von ihnen zutreffend auf die „Kornzollfrage" zurückgeführt; die innerdeutschen Machtverhältnisse aber schlossen trotz der außenpolitischen Sprengwirkung eine dauerhafte Remedur aus.
Darüber hinaus führte die Regierung Bismarck ein halbes Jahr nach der dritten Zollerhöhung einen folgenschweren Schlag auch noch gegen den zweiten Pfeiler der russischen Frühindustrialisierung, die mangels mobilem Eigenkapital wesentlich vom Kapitalimport abhing. Bis 1887 hatte der deutsche Geldmarkt eine Schlüsselstellung erlangt: zu einer Zeit, als alle Sparkasseneinlagen in Preußen nicht über 2,2 Mrd. Mark hinausgingen, befanden sich 2 bis 2,5 Mrd. sogenannter Russenwerte in deutscher Hand. Im November 1887 kam es jedoch praktisch zu einer Sperrung des Kapitalmarkts für russische Werte: Das Lombardverbot und die Weigerung, russische Papiere fortab noch als mündelsichere Anlagen zu betrachten, führten zu einer panikartigen Deroute an der Berliner Börse mit anschließendem Massenabfluß nach Paris, wo einige Banken den Großteil der russischen Staatspapiere übernahmen. Damit aber wurde das ökonomische Fundament der russisch-französischen Allianz von Berlin selber mitgebaut. Als zusätzlich zu den Agrarzöllen noch der Finanzkrieg eröffnet wurde, blieb Rußland unmittelbar vor dem Durchbruch seiner Industriellen Revolution (seit 1890) und das hieß: in einer Phase schier unbegrenzten Kapitalbedarfs nur der Weg nach Paris übrig, da ihm die Londoner City verschlossen war und Resignation nicht im Bereich des politisch Möglichen lag.
Unter den Motiven für diese rücksichtslos wirkende Außenhandels- und Kapitalpolitik lassen sich einige herausschälen, die man im konventionellen Sinn außenpolitische nennen kann. Der fraglos überschätzte, angeblich kriegslustige Panslawismus sollte durch diese Roßkur gedämpft, die frankophile Gruppe in St. Petersburg getroffen, die germanophile durch den drastischen Beweis des Nutzens der deutschen Freundschaft aufgewertet, die expansive, antiösterreichische Balkanpolitik entmutigt werden. Man müsse „konsequent" den „Kre-

dit Rußlands niedrig" halten, „um kalmierend auf die Kriegslust und wenn möglich retardierend zu wirken", so verteidigte der russophobe Staatsekretär des Auswärtigen Amts das harte Vorgehen.[10] Mehr jedoch wurde die Bereitschaft, die unleugbaren und unüberschaubaren Risiken dieser außenwirtschaftlichen „Brinkmanship" in Kauf zu nehmen, durch innenpolitische Faktoren bestimmt. Die massiven ökonomischen Interessen der ostelbischen Getreidewirtschaft und die mit ihr verbundenen sozialen und politischen Herrschaftsinteressen der Gutsbesitzerschicht forderten den Agrarprotektionismus, hielten aber auch den Ausschluß des Konkurrenten vom deutschen Geldmarkt für geboten, der die vom Militär nicht minder gefürchteten russischen Westbahnen finanzieren helfe. Die exportorientierte Industrie hatte eine Retorsion gegen die seit 1877 hochkletternden russischen Importzölle längst für überfällig erklärt, war doch zwischen 1880/1887 die deutsche Ausfuhr nach Rußland mehr als halbiert, von einem Anteil von 1875 = 24 Prozent auf 1885 = 5 Prozent des deutschen Außenhandels herabgeschraubt worden. Zwei vital wichtige Interessenblöcke der konservativen Sammlungspolitik konnten mit einem derartigen Coup noch einmal fester an die Regierung Bismarck gebunden werden. Gleichzeitig diente dieser Konflikt zusammen mit der fabrizierten französischen Kriegsgefahr parlamentspolitisch dazu, im Kartellreichstag die Heeresvermehrung vom November 1887 sicher durchzubringen. Und den Befürwortern eines präventiven deutschen Winterfeldzugs im Osten setzte Bismarck nicht nur seine kategorische Ablehnung einer „prophylaktischen Angriffsführung" entgegen — „wir können ... nur verlieren, nichts gewinnen" —, sondern der kalte Wirtschaftskrieg schwächte diese Forderungen auch durch begrenztes Entgegenkommen ab.[11] Die nach innen und außen defensive Gesamtkonzeption ist hier zu erkennen, ebenso die aggressive Konsequenz der Verteidigungsmaßnahmen. Denn darin äußerte sich die Dialektik jener konservativen Utopie: anachronistische Machtverhältnisse wurden so bedingungslos bewahrt, daß „selbst die Mittel, die Bismarck um des Friedens willen anwandte ..., zugunsten der Friedensbedrohung" umschlugen.[12] Gleichgültig, ob der Kanzler sich ursprünglich zugetraut haben mag, die Kollisionstaktik noch einmal zu korrigieren, oder ob er es für möglich hielt, Außenpolitik und Außenwirtschaft zu trennen — die Wirkungen blieben seit 1887 fatal. Statt dem Verlegenheitsmoratorium des Rückversicherungsvertrags die wegen der agrarpolitischen Intransigenz einzig mögliche solide ökonomische Basis zu verschaffen, nämlich die Verankerung auf dem deutschen Anleihemarkt, besiegelte Berlin den erfolgreichen Ausgang der russisch-französischen Allianzverhandlungen. Damit aber wurde die Gefahr des Zweifrontenkriegs durch die deutsche Politik nicht nur verschärft, sondern geradezu garantiert. 1887 wurden die Weichen für 1894 und 1914 gestellt, offenbar ohne daß der Primat der gesellschaftlichen und politischen Systemerhaltung, wie Berlin ihn definierte, eine wesentlich andere Richtung zugelassen hätte. Überdies wurde durch die Entscheidungen von 1887 und deren Folgen auch die Frage verneint, ob der russische Markt die große kontinentale Alternative zum überseeischen Imperialismus, besonders zum Waren- und Kapitalexport hätte werden können. Dieser Weg war seither verbaut.

8. Der Erste Weltkrieg: Die Flucht nach vorn

Ein Dutzend Jahre lang hat nach dem Ersten Weltkrieg eine leidenschaftliche Debatte angehalten, während der fast alle deutschen Historiker von Rang und Namen den moralisch-juristischen Schuldvorwurf in Artikel 231 des Versailler Vertrages zu widerlegen suchten. In der Julikrise von 1914, so hieß es, habe das Reich aus Notwehr, besonders gegenüber der heranrollenden russischen „Dampfwalze", gehandelt; später sei es ohne Verschulden seiner eigenen Kriegspolitik schließlich der feindlichen Übermacht erlegen. In den 30er Jahren setzte sich dann, namentlich auch in der angelsächsischen Forschung, die Auffassung von einem gleichmäßigen Versagen in allen Hauptstädten, mithin auch von einer Mitschuld Berlins, durch; in den voluminösen Darstellungen v. Wegerers, Fays, Renouvins u. a. wurde diese beruhigende, entlastende Meinung wirksam vertreten. Da unter dem Nationalsozialismus eine kritische Überprüfung unmöglich war und in der ersten Nachkriegszeit die Exzesse der braunen Herrschaft dringendere Probleme aufwarfen, blieb es dabei bis 1961, als das Buch des Hamburger Historikers Fritz Fischer über den deutschen „Griff nach der Weltmacht" erschien. Mit seiner massiven Kritik sowohl am Verhalten der Reichsleitung im Sommer 1914 als auch an der beharrlichen Kriegszielpolitik bis 1918 löste es eine erbitterte Diskussion aus. Obwohl Fischers Argumentation mit ihrer These von der deutschen Hauptschuld 1914 wie 1939 theoretisch und empirisch in der Tat manche Angriffsfläche bot, verriet die schrille, gehässige, nationalistische Tonart der Mehrzahl seiner Gegner, daß es höchste Zeit gewesen war, sich über die Tabus der Zwischenkriegszeit hinwegzusetzen. Nachdem sich die erste Erregung gelegt hatte, standen sich zwei Lager gegenüber: Während die eine Seite nicht nur auf den Globalvorwürfen im „Griff nach der Weltmacht" beharrte, sondern die bewußte Kriegsvorbereitung, ja, -planung in den Vorkriegsjahren, mithin die Kontinuität der offensiven Aggression des kaiserlichen Deutschland aufzuweisen versuchte, bestand die Gegenseite, die allmählich stillschweigend beträchtliche Konzessionen gemacht hat, auf dem Unterschied zwischen unverbindlicher Meinungsäußerung und verantwortlicher politischer Entscheidung, zwischen Überlegungen im Frieden und Plänen im Krieg, zwischen verbreiteten imperialistischen Zielen und fingierter monolithischer Geschlossenheit, in letzter Instanz auf dem defensiven Charakter der deutschen Entscheidungen.[1]

8.1 Aggressive Defensivpolitik

Beide — hier natürlich vereinfacht gegenübergestellten — Schulen vermögen indessen kein schlüssiges Erklärungsmodell anzubieten, das der eigentümlichen Mischung von aggressiven und defensiven Elementen in der deutschen Politik gerecht wird. An dem vom Bürgertum und den alten Führungsschichten geteilten „Willen zur Weltmacht", der seit den 80er Jahren immer deutlicher geworden war, kann kein ernsthafter Zweifel herrschen. Aber von der dezidierten Absicht, der Spitzengruppe des damals viel beschworenen Weltstaatensystems anzugehören, bis hin zur lange vorweg geplanten Kriegsauslösung ist ein weiter Schritt, und zudem bleibt es ein voreiliger Schluß, den die empirische Geschichtswissenschaft bisher nicht hat abstützen können. Was die Diskussion über die Ziele der deutschen Expansion von 1914 angeht, so muß man zuerst einmal den Wunsch nach formellem oder informellem Einfluß säuberlich auseinanderhalten. Das Engagement deutscher Firmen und Banken in der französischen Industrie z. B. bedingte zwar eine bestimmte Interessenkonstellation, hatte aber mit Annexionsabsichten unmittelbar nichts zu tun. Gewiß wurde hier und da über den Erwerb der französischen Erzlager, besonders bei Longwy-Briey, sanguinisch geredet, der Antwerpener Hafen für notwendig gehalten, die Angliederung des flämischen Teils von Belgien von pangermanistischen Stimmen verlangt, aber daß dafür zielbewußt der Krieg gefordert und vom Entscheidungszentrum deshalb herbeigeführt worden sei, ist eine Legende. Gewiß wurde vor 1914 ständig über die Aufteilung des Osmanischen Reiches geschrieben — eine cause célèbre übrigens spätestens seit dem Krimkrieg —, aber auch Berlin wollte sich nicht als erster an diesem heißen Eisen die Finger verbrennen. Gewiß gab es vage oder genauere Konzeptionen einer mitteleuropäischen Zollunion seit dem Ende der 70er Jahre, aber die Hoffnungen auf einen wettbewerbsfähigen europäischen Großmarkt unter deutscher Dominanz wurden noch von der Furcht übertroffen, in nationaler Isolierung der agrarischen und industriellen Konkurrenz der Giganten, der Vereinigten Staaten, des Britischen Empire, des Zarenreichs, zu unterliegen. Gewiß spekulierten die Fanatiker des „Ostmarkenvereins" auf Ausbreitung und Germanisierung im Osten, aber eine solche „Lunatic Fringe" besaß nicht nur das wilhelminische Deutschland. Kurzum, wo immer man die Kontinuität der Ziele prüft, muß man sich klarmachen, daß es vor 1914 unleugbar eine Fülle teils konkreter, teils bizarrer Erwägungen gab, eine gerade Linie zum politischen Entscheidungshandeln im Sommer 1914 aber nicht gezogen werden kann. Die fraglos beabsichtigte Ausdehnung des wirtschaftlichen Einflusses darf keineswegs mit territorialen Annexionszielen gleichgesetzt werden. Die recht allgemeinen, dazu dilettantischen Vorüberlegungen in einigen Berliner Ministerien, welche Vorbereitungen für den Kriegsfall getroffen werden könnten, und die wenigen Taten, die folgten, hat es auch in anderen Staaten gegeben; mit einer klaren wirtschaftlich-finanziellen Vorbereitung des Krieges zu einem fest gegebenen Zeitpunkt haben sie nirgendwo etwas zu tun gehabt. Die Konstruktion einer kurvenlosen Einbahnstraße, auf der die Reichspolitik jahrelang den großen Krieg bewußt ansteuerte, kann nicht überzeugen, sie bricht vielmehr bei der Konfrontation mit der Realität der Vorkriegsjahre zusammen. Überdies verkennen die Verfechter dieser Thesen, daß ein Krieg großen Ausmaßes neuartige Denkmöglichkeiten schafft. Für diese mag es gemäß dem genetischen Prinzip Vorbilder und Vorarbeiten geben, aber die spezifisch extreme Form etwa des megalomanischen deutschen Septemberprogramms von 1914, kann doch erst durch die Diskontinuität in Gestalt des Krieges verständlich gemacht werden.

Auf der anderen Seite darf jedoch heute als gesichert gelten, daß die reichsdeutsche Politik, als sie die Julikrise wissentlich verschärfte und Wien in die unheilschwangere Konfrontation trieb, unleugbar das Risiko eines nicht mehr lokalisierbaren kontinentaleuropäischen Krieges akzeptierte. Wenn aber die direkte Kontinuitätsthese weder theoretisch vertreten werden kann, da die von ihr vorausgesetzte Zielstrebigkeit die menschlichen und institutionellen Grenzen des Entscheidungshandelns mißachtet, noch empirisch haltbar ist, da Kriegszielrhetorik im Frieden nicht für die Gewichtung der Entscheidungsfaktoren im Sommer 1914 ausreicht – dann muß man den Kranz derjenigen Bedingungen, die zur Übernahme des Kriegsrisikos führten, anders bestimmen.

Dabei kann dem traditionellen Klischee von der alles überragenden Bedeutung der Außenpolitik, vor allem der Mechanik der Bündnisverpflichtungen, durchaus eine untergeordnete Rolle zugewiesen werden. Alle Akteure waren sich der Tatsache bewußt, daß Europa in zwei hochgerüstete Lager zerfiel. Alle wußten nur zu genau, daß jenseits einer gewissen Grenze der Konfliktsteigerung der kalte in den heißen Krieg umschlagen würde. Darin nahm Berlin keine Sonderstellung ein. Folglich mußten hier Motive ihr Gewicht geltend machen, die trotz der vorhersehbaren Reaktionen die Eskalation geboten. Ein Kolonialkonflikt, der – wie es die europäische Linke seit Jahren befürchtet hatte – die Welt in Brand stecken konnte, gehörte nicht zu diesen Ursachen: In Lateinamerika ging der ökonomische Konkurrenzkampf im Schatten der Monroe-Doktrin weiter; im Pazifik herrschte politische Windstille; in Ostasien hatten 1911/12 die Mandschu-Kaiser der Republik Platz gemacht, ohne daß die Desintegration zur Verschärfung der imperialistischen Konkurrenz geführt hätte; über die afrikanischen Kolonien war es – auch zwischen Berlin und London – unlängst zu Absprachen gekommen, die die Reibungen jedenfalls nicht erhöhten. Eher hatte der vorläufige Abschluß der „Aufteilung der Welt" die Wirkung, daß die traditionellen Konfliktfelder der europäischen Mächte und ihrer Klientelen gleichsam mit Spannung neu aufgeladen wurden. Seit der Bosnischen Krise von 1908, allerspätestens seit dem Zweiten Balkankrieg war jedem Einsichtigen klar, daß in dieser Gefahrenzone die Minen entschärft werden mußten. Die Ermordung des Erzherzogs Franz Ferdinand zu Serajewo und die Zäsur in den österreichisch-serbischen Beziehungen dienten daher der Berliner Politik, die davon nur vermittelt betroffen wurde, als Anlaß, eine riskante Krisenstrategie zu verfolgen. Warum es zu dieser fatalen „Brinkmanship" mit höchstem Einsatz kam, kann vor allem der Blick auf einen Komplex brisanter innerer Faktoren erklären.

Auf der Rückwirkung äußerer Erfolge, auf der sozialimperialistischen Ableitung innerer Antagonismen hatte die deutsche Politik jahrzehntelang zu einem wesentlichen Teil beruht. „Eine zupackende auswärtige Politik", so lautet auch Fischers Resümee, „sollte den gefährdeten gesellschaftlichen Status quo zementieren helfen. Großindustrie und Junkertum, mit der von konservativem Geist erfüllten Armee und der Staatsbürokratie ideologisch und gesellschaftlich-personell verzahnt, wurden die spezifischen und verläßlichen Träger einer „Staats-Idee", die Weltpolitik und nationale Machtpolitik wesentlich als Mittel betrachtete, die sozialen Spannungen im Inneren durch die Stoßrichtung nach außen zu entschärfen".[2] Deutsch- und Freikonservative hatten (ähnlich wie das Zentrum), nachdem sie den innenpolitischen Nutzen von Bismarcks Kolonialpolitik, wilhelminischer Weltpolitik und Tirpitzschem Flottenbau erkannt hatten, den Imperialismus als Mittel zur Förderung ihrer Eigeninteressen verfechten gelernt. Für die Nationalliberalen war er seit 1884 ein wichtiger Programmpunkt, seit 1907 geradezu „eine Art wahlpolitischen Rettungsankers" geworden. Es sei „doch ... gerade", schrieb Meinecke 1912 als einer von ihnen, „die imperialistische Idee, die unsere

Partei ... im Innersten heute zusammenhält und nicht nur unseren rechten und linken Flügel, sondern alle unsere Volksgenossen noch zusammenschließen muß in Not und Tod".[3] Daran sollte in der Tat bald kein Mangel herrschen. Auch unter den Linksliberalen waren Vorstellungen eines „liberalen Imperialismus" Naumann-Weberscher Provenienz weit verbreitet, und in den großen Interessen- und Agitationsverbänden spielte die deutsche Expansionspolitik oft eine zentrale Rolle. Allein die SPD blieb zu prinzipieller Kritik imstande, die manchmal freilich hinter pragmatischen Einwänden gegen die deutsche Kolonialpolitik zurücktrat. Wie sehr dieser deutsche Imperialismus sozialökonomisch-politischen Verhältnissen im Inneren des Reiches entsprang, ist oben mehrfach betont worden. Insgesamt schuf er besonders in den Machteliten eine offene oder latente Disposition, mangels Reformalternativen auf äußere Erfolge als bestes Mittel gegen innere Probleme zu bauen. Das hatte Bülow gerade noch einmal in seiner „Deutschen Politik" von 1913 mit unübertroffener Offenheit als die Grundlinie der Reichspolitik gekennzeichnet. Nach dem innenpolitischen Scheitern der Flottenkonzeption war der große Wahlsieg der Sozialdemokraten, die im Reichstag von 1912 mit der „Fortschrittlichen Volkspartei" den größten Block bildeten (152 von 397 Abgeordneten), zusammen mit den großen Streiks desselben Jahres ein grelles Gefahrensignal gewesen. Großindustrie und Großagrarier rückten zusammen, eine vaterländische Sammelpartei der Rechten wurde angestrebt, die Sozialpolitik eingefroren. Die politischen Lager verharrten in gegenseitiger Blockierung, die vor allem den Rechtsparteien und den ihnen nahestehenden Verbänden wenig Aussichten offen ließen. Hatte H. A. Bueck, jahrzehntelang Generalsekretär des ZdI, Ende 1910 erklärt, daß die „Niederwerfung und Zertrümmerung" der Sozialdemokratie die Hauptaufgabe der deutschen Industrie darstelle, so bezeichnete Matthias Erzberger, der Führer des linken Zentrumflügels, im Frühjahr 1914 die „Zertrümmerung der gewaltigen Macht der Sozialdemokratie" als die „Kernfrage des innerpolitischen Lebens". Die SPD dagegen baute seit 1912 erst recht darauf, daß der „Genosse Trend" bei den nächsten Reichstagswahlen zu einem noch stärkeren Anstieg der Zahl ihrer Mandate führen werde. Auch wurde nirgendwo eine Persönlichkeit sichtbar, die entweder dem Linksblock zu dynamischem Schwung und erhöhter Risikobereitschaft verholfen oder seinen Gegnern kraftvoll einen Ausweg gewiesen hätte, den Bethmann Hollwegs Politik der Diagonale – Probleme verwaltend, aber nur selten lösend – in einem kaum mehr regierbaren System eben nicht bedeutete. Die 1913 einsetzende, 1914 anhaltende Rezession verstärkte weniger durch ihre objektiven Schwierigkeiten als vielmehr durch die krisenpsychologische Ungewißheit den Eindruck, daß der Boden erneut brüchig werde. Auch der bemerkenswerte Kapitalmangel, der dem deutschen Finanzkapitalismus, besonders im Balkan- und Türkeigeschäft mit seiner hoch eingeschätzten langfristigen Bedeutung gerade jetzt spürbar zu schaffen machte, trug dazu bei. (Als Gruppe neigte die deutsche Hochfinanz — von wenigen, wenn auch nicht unwichtigen Ausnahmen abgesehen — allerdings zu einem vorsichtigen Kurs und der Bevorzugung informeller Einfluß- und Herrschaftsbereiche; im kritischen Augenblick blieb sie außerhalb der Arcana Imperii). Der Kapitalmangel stellte daher kein genuines Kriegsmotiv dar, verschärfte das Krisenbewußtsein aber zusätzlich. Seit 1912 schienen sich unübersehbare, gefährliche Entwicklungen zu häufen, die im Horizont der traditionellen Führungsgruppen den Gesamteindruck erzeugten, schier unaufhaltsam in die Ecke gedrängt zu werden. They felt cornered — so würde man diesen Zustand auf englisch beschreiben, und dementsprechend wuchs ihre Bereitschaft zu einem erbitterten Abwehrgefecht, verhärtete sich ihr Wille, nicht freiwillig auf anachronistische Privilegien zu verzichten (wie es die lernfähigere britische Elite früher mehrfach demonstriert hatte, ehe sie zur selben Zeit in der Frage der irischen „Home Rule" ähnlich starr und verantwortungslos reagierte!). Führungsgruppen, die sich derart mit dem Rücken zur Wand verteidigen, eignet in besonderem Maße die Einstellung, hohe Risiken einzugehen, um die Spitzenposition zu behaupten. Es scheint sich hier um ein allgemeineres Modell politischen Verhaltens zu handeln, das auch heute immer wieder beobachtet werden kann. Subjektiv schlägt sich das als Defensivhaltung nieder, die in Korrespondenzen, Tagebüchern, Akten ihren Ausdruck findet. Objektiv aber geht es um die Einsicht, daß die Defensive mit aggressiven Mitteln bis hin zum offenen Konflikt durchgefochten werden kann. Mit zielstrebiger Kriegsplanung hat dies Verhalten nichts zu tun, aber eine ebenso rücksichtslose wie desparate Verteidigung dieser Art scheut selbst vor dem extremen, weil nie völlig vorauskalkulierbaren Risiko des Krieges nicht zurück. In dieser Bereitschaft zur Fortsetzung der Defensive mit aggressiven Mitteln liegt der Schlüssel zur Reichspolitik im Sommer 1914.

Im entscheidenden Zeitpunkt wurde nun diese seit der Zweiten Marokkokrise zunehmend genährte Bereitschaft, die auf den anscheinend glänzenden Erfolg der Risikopolitik von 1864 bis 1870 zurückblicken konnte, durch die einflußreiche Gruppe der hohen Militärs unterstützt. Ihre Argumente fielen zusammen mit den „Unspoken Assumptions" der Machteliten schwer in die Waagschale der Entscheidung: Die neue Balkankrise als Hebel für einen spektakulären äußeren Erfolg mit heilsamer Rückwirkung nach innen zu benutzen und damit die Flucht nach vorn anzutreten, anstatt auf das sich abzeichnende, aber langwierige Krisenmanagement der Mächte zu vertrauen. Diesen Militärs stellte sich der Spielraum möglicher Entschlüsse als sehr eingeengt dar. Aus gesellschaftspolitischen Rücksichten auf zuverlässigen Offiziersnachwuchs war die Aufrüstung von ihnen gebremst worden; im Vertrauen auf den Schlieffenplan im Westen und wegen der noch immer unzureichenden Heeresvermehrung hatten sie den Ostaufmarsch zurückgestellt; der erhoffte Cannae-Effekt des rechten Flügels hing von planmäßiger Mobilmachung und schnellem Präventivschlag ab, die jüngsten Informationen schienen jedoch zu bestätigen, daß die russischen Rüstungsmaßnahmen bis 1916/17 eine eindeutige Überlegenheit des Zarenreiches herbeiführen und einen großen Teil der Streitkräfte an der deutschen Ostgrenze binden könnten, während der deutsche Vorsprung gegenüber Frankreich hin bis 1915 anhalten werde. Innerhalb dieses schrumpfenden Zeithorizonts wollten sie als Gefangene ihrer Planungs- und Aufmarschautomatik die Gelegenheit nicht ohne den Versuch vorübergehen lassen, mit der großen Kraftprobe zu drohen, zumal da aus politischen und sozioökonomischen Gründen eine erneute Steigerung des deutschen Rüstungstempos ausgeschlossen schien. Gelang der Bluff, so gewann das Reich eine längere Atempause. Brannte die Lunte bis zum Pulverfaß ab, so schien ihnen der frühere Zeitpunkt – je eher, desto besser – günstiger als die Verschiebung des Duells auf eine jedenfalls unvorteilhaftere spätere Zeit – „in zwei Jahren" sei die Niederlage „nicht mehr" zu vermeiden, urteilten „die Militärs" dem Reichskanzler gegenüber. Hier berührten sich ihre Überlegungen und Befürchtungen mit der Risikobereitschaft, die in den traditionellen Machteliten gewachsen war. Sie gehörte zu jenen meist unausgesprochenen Voraussetzungen, auf die „Decision-Makers" im Augenblick der Krise zurückfallen, wenn rationales Abwägen keine volle Gewißheit für die Entscheidung schaffen kann.

Dieses vielseitige Syndrom von Befürchtungen und Vorbelastungen ist hier schon mehrfach zu beschreiben versucht worden. Im Frühjahr 1914 eröffnete der Herzog von Ratibor dem französischen Botschafter Cambon, die „kommerziellen und bourgeoisen Klassen" seien „im Begriff, die Oberhand zu gewinnen, zum Schaden des Militärs und der agrarischen Klassen. Krieg sei darum geboten, um die Verhältnisse wieder in Ordnung zu bringen". Da auch die „Kriege von 64, 66 und 70 ... das Militär und die agrarischen Parteien konsolidiert" hätten, werde jetzt „ein Krieg notwendig, um die Dinge ins alte Gleis zurückzubringen". Stärker mit dem Blick auf die rote Gefahr erwarteten „Kreise im Reich", wie sich der bayrische Diplomat

v. Lerchenfeld nach einem Gespräch mit Bethmann notierte, von einem Krieg ganz so „eine Gesundung der inneren Verhältnisse ... im konservativen Sinne", wie ihn der preußische Altkonservative v. Heydebrand mit „einer Stärkung der patriarchalischen Ordnung und Gesinnung" verband.[4] Das entsprach einer Denkfigur der Konservativen, seitdem Bismarck den Verfassungskonflikt durch Kriege zu entscheiden begonnen hatte. Als nun die Krisenlage als vergleichbar bedrohlich aufgefaßt wurde, begann diese Neigung zu einem verzweifelten Vabanquespiel erneut an Boden. Auch in diesem Sinn kann man Bethmann Hollwegs rückblickende Äußerung von 1918 verstehen, daß der Krieg „in gewissem Sinne" ein Präventivkrieg gewesen sei.[5]

Dabei darf man freilich nicht übersehen, daß der Reichskanzler selber im Sommer 1914 gerade andere innenpolitische Wirkungen eines großen Krieges fürchtete: Anfang Juni äußerte er noch skeptisch, daß ein „Weltkrieg mit seinen gar nicht zu übersehenden Folgen die Macht der Sozialdemokratie, weil sie den Frieden predigt, gewaltig steigern und manche Throne stürzen könnte". Heydebrands Erwartungen bezeichnete er unverschnörkelt als „Unsinn" und erwartete „von einem Krieg, wie er auch ausgeht, eine Umwälzung alles Bestehenden".[6] Aber diese realistische Prognose vermochte doch nicht, sein Handeln entscheidend zu verändern. Oder anders gesagt: Der Bürokrat an der Spitze der kaiserlichen Beamtenregierung besaß im Geflecht der formellen und informellen Entscheidungsinstanzen weder das Gewicht noch die überragende persönliche Qualität, um seine Befürchtungen in eine seines Erachtens sozialkonservierende Friedenspolitik umsetzen zu können. Erneut zeigte sich in der Julikrise, daß auch dieser Reichskanzler die Reichspolitik nicht mehr mit einem klaren Koordinierungsstil führen konnte.

Angesichts der strukturellen Hemmnisse, die einer derartigen Koordination entgegenstanden, verfehlt ein individueller Schuldvorwurf die eigentliche Problematik, die „in tieferen Schichten der gesellschaftlichen Entwicklung" lokalisiert werden kann. Was Deutschland angeht, so bildete der Erste Weltkrieg – um es auf eine Kurzformel zu bringen – nicht das Ergebnis langjähriger Kriegsplanung, sondern einmal der „Unfähigkeit" seiner Führungsschichten, mit den wachsenden Problemen einer sich rasch demokratisierenden Welt fertig zu werden. Sodann wirkte sich die historisch geprägte Neigung fatal aus, auf diese inneren Schwierigkeiten mit einer aggressiven Verteidigung zu reagieren, die auf dem Felde der äußeren Politik, notfalls auch mit Hilfe eines Krieges, diese Probleme zum Schweigen bringen oder doch eine Atempause gewähren sollte, um weiter die „eigenen begrenzten Interessen zu fördern und den Aufstieg der Sozialdemokratie zu bremsen".[7] Da der deshalb von Berlin ermutigte Konflikt Österreich—Ungarns mit Serbien sofort das jeweilige Verbundsystem der Allianzen zur Aktion nötigte, scheiterte die Politik des „kalkulierten Risikos". Sie enthüllte sich im August 1914 als eine geradezu verzweifelte Krisenstrategie, die nicht nur mit dem großen Krieg als möglichem Ergebnis gespielt hatte, sondern ihn bewußt riskierte und direkt mit auszulösen half. „Wenn der gleiche Zweck", einen politisch-sozialen Machtverlust abzuwenden, „wiederum einen Krieg verlangt", hatte Burckhardt 1872 prophezeit, „so wird man wieder einen haben". Was das aber im 20. Jahrhundert bedeuten würde, hatte Engels schon 1887 klarsichtig vorausgesagt: Es werde „kein anderer Krieg für Preußen-Deutschland mehr möglich" sein, „als ein Weltkrieg, und zwar ein Weltkrieg von einer bisher nie gekannten Ausdehnung und Heftigkeit. Acht bis zehn Millionen Soldaten werden sich untereinander abwürgen und dabei ganz Europa so kahlfressen wie noch nie ein Heuschreckenschwarm. Die Verwüstungen des 30-jährigen Kriegs zusammengedrängt in drei bis vier Jahre und über den ganzen Kontinent verbreitet; Hungersnot, Seuchen, allgemeine, durch akute Not hervorgerufene Verwilderung der Heere wie der Volksmassen; rettungslose Verwirrung unseres künstlichen Getriebs in Handel, Industrie und Kredit, endend im allgemeinen Bankerott; Zusammenbruch der alten Staaten und ihrer traditionellen Staatsweisheit, derart, daß die Kronen zu Dutzenden über das Straßenpflaster rollen und niemand sich findet, der sie aufhebt". In dieser Katastrophe konnte dann ein Wunsch Bismarcks, den er 1897 geäußert haben soll, in Erfüllung gehen: „Er werde vielleicht noch seine Rache erleben, die in dem Untergang des von ihm begründeten Werkes läge".[8]

8.2 Kriegsfinanzierung und Kriegswirtschaft

Über den militärischen Verlauf des Ersten Weltkrieges und die diplomatischen Schachzüge, die mit ihm verbunden waren, gibt es knappe und ausführliche Darstellungen in großer Zahl. Hier sollen statt dieser Fragen einige Grundzüge der deutschen Kriegsfinanzierung und -wirtschaft hervorgehoben werden. Die Finanzierung des Krieges, der eben nicht — wie in manchen Ländern erhofft — ein duellartiger Schlagabtausch von wenigen Monaten wurde, wurde seit dem 4. August 1914 durch ein Ermächtigungsgesetz ermöglicht. Von den geschätzten direkten Kriegskosten in Höhe von 152 bis 155 Mrd. Mark, d. h. täglich 98 bis 100 Mill. Mark, wurden rund 60 Prozent durch neun langfristige Anleihen mit einem Nennbetrag von 99 (real 97) Mrd. Mark gedeckt, der Rest durch Schatzanweisungen (Ende November 1918 betrug ihr Bestand 51,2 Mrd. Mark) und durch

Steuereinkünfte; der berühmte Spandauer Kriegsschatz im Juliusturm, wo der Rest der französischen Reparationen gehortet worden war, betrug übrigens nur 205 Mill. Mark und reichte folglich gerade für zwei Kriegstage.[9] Das Grundprinzip blieb, wie im Krieg von 1870/71 den künftigen Unterlegenen das Hauptgewicht der deutschen Finanzlast aufzubürden. Demgemäß erläuterte Staatssekretär Helfferich dem Reichstag ganz offen, „daß wir an der Hoffnung festhalten, die Rechnung für den uns aufgezwungenen Krieg beim Friedensschluß unseren Gegnern präsentieren zu können".[10] Der Verzicht auf hohe Kriegssteuern, wie Großbritannien sie schließlich einführte, die aber vornehmlich die Besitzenden zu tragen gehabt hätten, implizierte daher zwangsläufig eine Vermehrung des Geldumlaufs, den dreizehn Notenemissionen besorgten, und dessen partielle Abschöpfung durch Anleihen. Da das neugeschaffene notale und girale Geld sich im Krieg der Koppelung mit der Güterseite der Wirtschaft weithin entzog, traten die Auswirkungen erst nach dem Zusammenbruch voll zutage. Mit Recht ist daher der Beginn der deutschen Nachkriegsinflation im August 1914 zu sehen.

Die Anleihen standen in der deutschen Kriegsfinanzpolitik durchaus im Vordergrund, dem Reich wurde ein gesetzliches Anleihemonopol verschafft, andere Kapitalaufnehmer wurden nicht mehr zugelassen. „Wäre es nach dem Willen der deutschen Staatsleitung gegangen, so wäre der Anteil der langfristigen Anleihen an der Gesamtverschuldung noch größer gewesen" (Lütge). Bis zur vierten Kriegsanleihe im März 1916 reichten die aufkommenden Beträge einigermaßen aus, um die schwebenden Schulden zu konsolidieren, danach aber, von der fünften bis neunten Anleihe, erwies sich das als unmöglich. Im November 1918 gab es daher einen nicht konsolidierten Schuldenüberschuß von 51,2 Mrd. Mark. Praktisch erfolgte die Umwandlung schwebender in langfristige Reichsschulden und das heißt die „Schaffung von ... Vermögenstiteln in den Händen zahlreicher Vermögensträger", die nicht selten ohnehin zu den materiell Privilegierten gehörten. Die faktische Reichsschuld von 156 Mrd. Mark im Jahre 1919 hätte bei einem Zinssatz von 5 Prozent zu einer laufenden Belastung des Reichshaushalts mit einem jährlichen Tilgungsdienst von 5 Mrd. Mark geführt.

Hohe Kriegssteuern, mit denen England, wo seit 1917 80 Prozent der Kriegsgewinne aller Kapitalgesellschaften weggesteuert wurden, immerhin 30 Prozent seiner Gesamtkosten deckte, hätten mehrere Vorteile geboten, die freilich gerade wegen der sozialen Machtverteilung im Reich nicht genutzt werden konnten. Sie hätten sofort Geld aus dem Verkehr gezogen, damit das Umlaufgeld der sinkenden Konsumgüterproduktion angepaßt und im Effekt die inflationäre Preis-

steigerung mit der Aufblähung der Lebenshaltungskosten zumindest abgeschwächt. Vor allem aber hätten die Kriegsgewinnler dem Reich nicht das an Rüstungsaufträgen verdiente Geld in derartigem Ausmaß leihen können mit der Aussicht, dafür später aus den Zinsen hohe Einkünfte zu beziehen. Eine Orientierung der Politik am Gemeinwohl hätte eine so einseitige Verschiebung des Sozialprodukts nicht zugelassen; die deutschen Machteliten erreichten jedoch nicht nur, daß bis 1918 an der Anleihenpolitik festgehalten wurde, sondern konnten bis 1916 sogar jede Kriegsgewinnsteuer verhindern. 1917 ergab diese dann 4,8, 1918 aber nurmehr 2,5 Mrd. Mark. Insgesamt wurden bis 1918 aus Steuern nur 16 Prozent der deutschen Kriegskosten gedeckt. Dem Kriegsende mußte infolge dieser Methoden ein beispielloser finanzieller Zusammenbruch folgen, der vor allem den bürgerlichen Mittelstand in seinem materiellen Kern schwer traf. Verblüffend bleibt noch immer, daß sich ein ähnlicher Vorgang 25 Jahre später wiederholte, ohne daß sich die Enttäuschung — damals oder früher — gegen die eigentlichen Schuldigen gerichtet hätte.
Grundtatsache der deutschen Kriegswirtschaft blieben über die vier Kampfjahre hinweg: die Abhängigkeit von eingeführten Rohstoffen und Nahrungsmitteln, der Arbeitskräftemangel und die zunehmende Effektivität der alliierten Blockade. 1913 wurden die benötigten Mengen Salpeter (für Munition), Mangan und Kautschuk vollständig importiert, Baumwolle, Wolle und Kupfer zu 90 Prozent, Leder zu 65 Prozent, Eisenerze zu 50 Prozent. Kohle war innerhalb des Reichsgebiets ausreichend vorhanden, bis zuletzt konnten auch die fehlenden Erze aus Schweden herantransportiert werden. Im übrigen aber drängte sich sogleich die dürre Notwendigkeit auf, die Rohstoffbeschaffung zentral zu organisieren und zu verwalten. AEG-Chef Walther Rathenau erreichte noch im August 1914 die Gründung einer Kriegsrohstoffabteilung beim Kriegsministerium, die er bis zum April 1915 selber leitete; anschließend tat das bis 1918 mit beträchtlichem Geschick ein militärischer Technokrat, der Major Koeth. Von diesem Amt und anderen Behörden wurde ein eingeschränkt planwirtschaftliches System aufgebaut, das aber privaten Kapitalbesitz, private Investitions- und Abschreibungsentscheidung, private Preisfestsetzung usw. trotz evidenter Hemmung der Kriegsanstrengungen zu keiner Zeit antastete. Rathenaus Pläne einer ausgedehnteren Kontrolle blieben Entwurf, wurden aber keine Realität.
Im Bereich der Agrarwirtschaft stand das Reich nur zum Teil autark da: 1913 mußten z. B. für 2 Mrd. Mark Nahrungsmittel eingeführt werden. Zwar wurden 90 Prozent des Brotgetreides in Deutschland produziert, aber während der Kriegsjahre fielen die Ernteerträge stetig ab, bis 1917 nurmehr die Hälfte von 1913 geerntet wurde. Da

von diesem Rückgang vor allem Getreide und Kartoffeln betroffen waren, erwies sich im Gefolge der Blockade der Hunger als wirksame alliierte Waffe. Importe aus benachbarten und neutralen Ländern gelangten nur in sehr begrenztem Umfang nach Deutschland. Dennoch kam es erst relativ spät zu Ansätzen einer Zwangswirtschaft. Der Gegendruck der Agrarier verhinderte bis 1916 Kontrollen, und die dann halbherzig durchgeführten Maßnahmen konnten den deprimierenden Rübenwinter von 1916/17 auch nicht verhindern. (Fraglos ist die Versorgung der deutschen Bevölkerung im Zweiten Weltkrieg bis Ende 1944 viel besser gewesen, da Vorplanungen bestanden, die besetzten Gebiete methodischer ausgeplündert und die Vorratslager besser organisiert wurden.)
Die Städte wurden durch diese Entwicklung eklatant benachteiligt. In ihnen bildeten sich Schwarzmärkte aus, deren exorbitante Preise wiederum die Wohlhabenden begünstigten. Es entstand ein schroffer Gegensatz zwischen Stadt und Land, zugleich vertiefte der wachsende Antagonismus zwischen Arm und Reich die Fronten namentlich der städtischen Klassengesellschaft. Als es im Frühjahr 1916 zu ersten Protestkundgebungen gegen die Versorgungsmisere kam, wurde im Mai zwar endlich das Vorhaben verwirklicht, ein Kriegsernährungsamt zu gründen, aber dessen Leistungen enttäuschten allgemein. Mehr als 170 Gramm Brot konnte es im Winter 1916/17, nachdem die Ernte besonders schlecht ausgefallen war, als individuelle Tagesration nicht garantieren. Die Kindersterblichkeit stieg seit 1913 um 50 Prozent an. Die Zahl von 700 000 Hungertoten während des Krieges scheint eher zu tief als zu hoch gegriffen zu sein. Das war die Realität der „kämpfenden Heimat", nicht aber jenes idealisierte Bild, das die Schriftsteller der politischen Rechten — wie Jünger, Beumelburg, Zöberlein u. v. a. — später von ihr gezeichnet haben.
Enthüllte die Kriegsernährungswirtschaft die von den agrarischen Interessenverbänden ad nauseam wiederholten bombastischen Floskeln vom leistungsfähigen, dem Gemeinwohl dienenden „Nährstand" als hohle Phrasen, so warf die Organisation der Arbeitskräfte ganz andere Probleme auf. Zu Kriegsanfang wurden etwa 5 Mill. Männer Soldaten, diese Zahl stieg allmählich auf 11 Mill. an (7,5 Prozent bzw. 16,5 Prozent der Gesamtbevölkerung). Das hieß aber: Anstelle der weithin befürchteten Arbeitslosigkeit stellte sich bald ein Arbeitskräftemangel ein. Die Bedürfnisse der Kriegswirtschaft, vor allem der Rüstungsindustrie, steigerten daher nicht nur die Unternehmermacht, sondern unübersehbar auch den Einfluß der Freien Gewerkschaften. Unter dem Kuratel der Militärbefehlshaber, die mit der Verhängung des Belagerungszustandes vom ersten Kriegstage an

in den Korpsbezirken die vollziehende Gehalt übernommen hatten, kam es zu einer zögernden Kooperation zwischen Arbeitgebern und Arbeitnehmern. Um ihre Hauptziele, Steigerung der Produktion und Vermeidung von Streiks, zu erreichen, mußten die Stellvertretenden Generalkommandos und Unternehmer sozialpolitische Konzessionen gewähren, die insgesamt dem Gewicht ihres Kontrahenten zugute kamen und schließlich zu einer Art informeller Tarifautonomie führten. Diese innen- und betriebspolitische Entwicklung verschärfte andererseits Konflikte, die in beiden Lagern ausgetragen wurden. In der SPD und innerhalb der Freien Gewerkschaften weitete sich die Kluft zwischen dem rechten Flügel, der die Kriegsanstrengungen nahezu vorbehaltlos unterstützte, und dem linken Flügel, der dank wachsendem Zulauf die Gegenposition immer unüberhörbarer verfechten konnte. Aber auch im Unternehmerlager, wo ZdI und BdI 1914 zum „Kriegsausschuß der deutschen Industrie" fusioniert hatten, gab es einen Gegensatz zwischen ungemildertem „Herr-im-Haus"-Standpunkt und begrenztem Entgegenkommen. Die ideologische Attrappe des „Burgfriedens" verdeckte auch hier die Probleme nur kurz. Da der Reichspolitik die spezifische Integrationswirkung fehlte, die von einem machtvollen Parlament und seinen Parteien ausgehen kann, und sie auch durch das dürftige Gebräu der „Ideen von 1914" nicht ersetzt werden konnte, nahm in den Kriegsjahren die Macht der Verbände weiter zu. Sie äußerte sich u. a. auch in der lahmen staatlichen Kriegszwangswirtschaft, die die Besitzenden immens bevorzugte und die Lebenshaltungskosten weit höher steigen ließ als die Reallöhne.

Den Charakter eines schwankenden Kompromisses, zu dem Kräfteverhältnisse und beiderseitige Machtchancen dennoch nötigten, besaß auch das Hindenburg-Programm von 1916: die forcierte Anstrengung, erstmals nach eigenen Plänen einen totalen Krieg führen zu können. Mit der bisher vorwaltenden ad-hoc-Improvisation brechend, wurde von der 3. Obersten Heeresleitung (OHL) unter Ludendorff und Hindenburg eine radikale Steigerung der Kriegsanstrengungen anvisiert: 1) Die Produktion von Rüstungsgütern sollte „um jeden Preis", wie es Ludendorffs rechte Hand, Oberst Bauer, ausdrückte, auf das Zwei- bis Dreifache des bisherigen Ausstoßes erhöht werden.[11] Die konkreten Anforderungen, die damit verknüpft wurden, erfüllten fast alle Wünsche der Schwerindustrie, mit der die OHL ihre Vorstellungen genau abgestimmt hatte. 2) Mit dem Produktionsprogramm verknüpft wurde das sog. Hilfsdienstgesetz, das tendenziell alle erwachsenen Staatsangehörigen für Kriegszwecke zu erfassen strebte. Ludendorff verlangte ursprünglich den allgemeinen Arbeitszwang (auch für Frauen), die Ausdehnung der Wehrpflicht bis ins fünfzigste Lebensjahr, vormilitärische Ausbildung für Jugendliche, Schließung der Universitäten und aller für die Kriegsführung unwichtigen Fabriken. Hier kündigte sich die volle Militarisierung der Gesamtgesellschaft an. Gegen diese umfassenden Ansprüche regte sich sogleich Widerstand der Politiker der Linken und der Mitte, besonders aber der Gewerkschaften, die für den zugemuteten Verzicht auf die Arbeitsfreiheit Konzessionen verlangten. Sie bestanden auf der Einrichtung von Arbeiterausschüssen sowie Schieds- und Schlichtungsgremien in allen Betrieben. In den Verhandlungen sprach sich der Chef der OHL-Eisenbahnabteilung, General Groener, Vertreter der Militärs, aber süddeutscher Herkunft und nicht ohne ein abstraktes Gerechtigkeitsideal, für derartige Konzessionen aus, während Staatssekretär Helfferich vom Reichsamt des Inneren, der unverhohlen als Interessenwalter der Großindustrie fungierte, hartnäckig opponierte; er setzte sich im Gesetzentwurf zunächst durch. Die Mehrheit des Reichstags unterzog diesen jedoch scharfer Kritik, die trotz der Abwehr der Regierung schließlich zu Modifikationen führte. Im Dezember 1916 wurde das Gesetz mit 235 zu 19 Stimmen angenommen. Es sah die Arbeitspflicht aller Sechzehn- bis Sechzigjährigen und Zwangsmittel zur Besetzung von Arbeitsplätzen in der Rüstungsindustrie vor. Ein Wechsel des Arbeitsplatzes mußte vor und von den betrieblichen Schiedsausschüssen begründet werden, sie übernahmen auch die innerbetriebliche Schlichtung. Zwar erreichte die Regierung, daß die Unternehmergewinne nicht limitiert wurden, aber auch der Anstieg der Nominallöhne wurde nicht kontrolliert. Hatte sich im Produktionsprogramm die Schwerindustrie durchgesetzt, so folgte aus dem Hilfsdienstgesetz eine unübersehbare Aufwertung der Gewerkschaften als formell mit den Unternehmern gleichberechtigtem Machtfaktor. Der Reichstag weigerte sich nicht nur, die Entwürfe durch quasi-plebiszitäre Akklamation gutzuheißen (wie es die OHL erstrebte), sondern er schuf institutionelle Regelungen, die als Präjudizierung der Austragung von Arbeitskonflikten in der Nachkriegszeit aufgefaßt werden konnten. Dafür fand sich erstmals eine Mehrheit (SPD, Linksliberale, Zentrum) zusammen, die später die „Friedensresolution“ vom Juli 1917 verabschiedete und eine Vorform der sog. Weimarer Koalition bildete. Obwohl diese Ergebnisse auf seiten der OHL, der Regierung und der Arbeitgeber tiefe Enttäuschung auslösten, hatten auch Parteipolitiker und Gewerkschaftler ihre ohnehin begrenzten Erfolge mit großen Belastungen erkaufen müssen. Zwar mochte man von einer fortschreitenden Integration der Arbeiterschaft und ihrer Organisationen in den Staat sprechen, aber konkret — und auch sozusagen atmosphärisch — bedeutete das die Anpassung an ein „chaotisches politisches System“ (Feldman) und die unveränderte Geltung der Kernbedingungen privatkapitalistischer Wirtschaft, allenfalls also eine Fortsetzung der „negativen Integration". Klarer als die anerkennungshungrigen gewerkschaftlichen Pragmatiker sahen das die wenigen dissentierenden Sozialdemokraten – und schon nach kurzer Zeit teilten ihre Meinung Hunderttausende in der USPD.

Das neugeschaffene Kriegsamt unter Groener verdrängte praktisch das Kriegsministerium, blieb aber ständig in lähmende Kompetenzkonflikte verwickelt. Schon im Winter 1916/17 erwies zudem das Debakel der Rohstoff-, Kohlen- und Transportkrise, daß das Hindenburg-Programm unerfüllbar war. Und das Hilfsdienstgesetz verschärfte die Auseinandersetzungen zwischen Gewerkschaften und Unternehmern, anstatt die totale Kriegsführung koordinieren zu helfen. Wenn auch die Löhne in der Rüstungsindustrie innerhalb von vier Jahren um rund 150 Prozent stiegen, so blieb das doch ein schlechthin kläglicher Zuwachs im Vergleich mit den Fabrikantenprofiten, da der Staat als Alleinabnehmer bis zuletzt jeden Preis zahlte. Im Verein mit den Ernährungsproblemen und der Stagnation an den Fronten erhöhte das die Labilität der inneren Verhältnisse.

Ein unübersehbares Indiz dafür bildeten die Streiks seit 1917. Ihre Zahl wuchs in diesem Jahr sprungartig auf 562 (1916 nur 240) mit 1,5 Mill. Teilnehmern an. Die Initialzündung für den ersten Großstreik im April wurde ebenso durch die russische Revolution wie durch die Kürzung der Brotrationen ausgelöst. Militär unterdrückte ihn, aber vor allem in Leipzig wurde die Stärke der USPD, die sich offen gegen Annexionsziele und Dreiklassenwahlrecht aussprach, klar erkennbar. Die Streikwelle lief weiter in den Sommer hinein, besonders heftig in Oberschlesien und in Köln, wo die Unternehmer ihre traditionell extrem gewerkschaftsfeindliche Position beibehalten hatten. Die gesellschaftliche und politische Polarisierung machte fortab schnelle Fortschritte. OHL, Arbeitgeber und Rechtsparteien forderten lauthals einen kompromißlosen Repressionskurs, der auch oft genug eingeschlagen wurde. Auf der anderen Seite drang die Linke – vor allem im Metallarbeiterverband – vor; den rechten Gewerkschaftsfunktionären fiel es – wie die „wilden" Streiks bewiesen – zunehmend schwerer, Stimmung und Aktionen unter Kontrolle zu halten. Wollten sie nicht zusehen, wie ihnen jeder maßgebliche Einfluß entglitt, mußten sie sich der Radikalisierung allmählich anpassen. Einen neuen Höhepunkt bildeten die Massenstreiks im Januar 1918, die in Berlin sofort eine halbe Million, im Reich mehr als eine Million Arbeiter in z. T. spontanem Protest erfaßten (bis zur Revolution gab es 1918 noch 499 Streiks!). Es ist symptomatisch, daß Groener, der nicht nur für Vermittlung, sondern auch für Beaufsichtigung der Gewinne und Erhöhung der Kriegsgewinnsteuern eintrat, schon im Sommer 1917 von OHL und Schwerindustrie aus seiner Position gedrängt worden war. Auf einen gewissen Ausgleich bedachte Männer wie er fanden sich kaum mehr in den entscheidenden Institutionen. Mit Beginn des letzten Kriegsjahres wurde die soziale und politische Konfrontation, verschärft durch Annexionsfanatismus und „Vaterlandspartei" einerseits, Kriegsmüdigkeit, Hunger und USPD andererseits, immer unversöhnlicher.

8.3 Kriegsziele und Klassengesellschaft

Dieser Fundamentalkonflikt in der deutschen Gesellschaft enthüllte sehr deutlich ihren Klassencharakter, wobei sich die Gegensätze dieser Klassengesellschaft während des Krieges ungemein verschärften. Ohne die Berücksichtigung dieser sozialstrukturellen, aber zugleich auch verfassungspolitischen Dimensionen läßt sich ein zentraler Aspekt der Kriegspolitik, nämlich Bedeutung und Funktion der deutschen Kriegsziele, nicht erfassen. Über sie ist im vergangenen Jahrzehnt viel geschrieben und diskutiert worden. Hier soll es nicht darum gehen, daß sich die Kriegsgegner mit ihrer Politik gegenseitig hochgeschaukelt hätten, daß alle in eine verhängnisvolle Verstrikkung von Forderung und Gegenforderung geraten seien oder daß im Sinne einer nebulosen Moral der Ausnahmesituation keiner dem anderen etwas vorzuwerfen habe. Hier interessiert die Kontinuität, ja Steigerung des reichsdeutschen Sozialimperialismus. Es kann jetzt mit ernst zu nehmenden Argumenten gar nicht mehr bestritten werden, daß sich von dem phantastischen Katalog deutscher Kriegsziele im sog. „Septemberprogramm" von 1914 bis hin zu den letzten Ausläufern dieser Planungschimären im Herbst 1918 mit den Kriegszielen immer auch ganz deutlich, und z. T. mit brutaler Offenheit Hoffnungen auf direkten Gewinn verbunden haben: sei er nun ökonomischer oder strategischer, siedlungs- oder nationalitätenpolitischer Natur. Ob es dabei um das französisch-lothringische Erzbecken bei Longwy-Briey, die belgischen Häfen, die russische „Kornkammer" und den polnischen „Grenzstreifen" ging — aus den konkreten, massiv materiellen Interessen der Vertreter formeller Annexion oder informeller Herrschaftssicherung wurde kein Hehl gemacht. Aber es wäre irreführend, die Kriegszielpolitik in diesen Interessen ganz aufgehen zu lassen und sich etwa im Stil eines modischen Ökonomismus allein mit dem Profitstreben der schwerindustriellen Expansionslobby zufrieden zu geben oder allein die Sicherung des sog. strategischen Vorfelds für das dominante Motiv zu halten; in den Hegemonialträumen mancher Politiker und der Machtideologie alldeutscher Professoren ist es erst recht nicht ausschließlich zu finden. Vielmehr heftete sich vom euphorischen Anfang bis zum desillusionierenden Ende an die Kriegsziele die Erwartung, noch einmal durch äußere Erfolge von der inneren Reformbedürftigkeit des Kaiserreichs ablenken und die traditionellen Herrschaftsverhältnisse mitsamt den privilegierten Machteliten erneut legitimieren zu können. Diese Krisenstrategie war seit Jahrzehnten zu einem festen Denk- und Verhaltensmuster der Berliner Politik geronnen, und die Kriegssituation setzte dafür beispiellos neue Möglichkeiten frei.

Wie ein roter Faden ziehen sich diese Motive durch die zahlreichen Denkschriften, Korrespondenzen, Eingaben, kurzum: durch jene Masse von Quellen, die dank der Debatte seit Fischers „Griff nach der Weltmacht" bekannt geworden sind. Das trifft nicht nur auf die Reichspolitik zu; gerade auch in der „Kriegszielpolitik der deutschen Bundesstaaten",[12] wo phantastische Entwürfe und ein grotesker Anachronismus jeden Realitätsbezug überwuchern, stehen diese Rettungsbemühungen zugunsten der alten Ordnung und ihrer Träger im Vordergrund. Endlose Kompensationsdebatten, von schrankenloser Phantasie belebte Projekte neudeutscher Vasallenstaaten im Baltikum, wechselnde Teilungspläne im Hinblick auf Elsaß-Lothringen, Flamen für Preußen, Litauen für Sachsen, ein Württemberger auf dem polnischen Thron — nichts war zu abstrus, als daß es nicht jahrelang von den Kabinetten und Beratern der Fürsten hitzig erörtert worden wäre. Gewiß spielte dynastischer Ehrgeiz in einem buchstäblich spätfeudalistischen Sinn seine Rolle, gewiß bildete das argwöhnische Schielen auf den erwarteten preußischen Machtzuwachs einen steten Ansporn, aber auch hier lag der eigentliche Sinn dieser Erwägungen und Manöver vor allem in den Stabilisierungsbedürfnissen einer überholten Welt adelig-monarchischer Traditionen. Hinter dem üppig wuchernden Rankenwerk der bizarren Kombinationen (um die pathologische Hektik der Pläneschmiede noch zurückhaltend zu umschreiben), bleibt die Status-quo-Verteidigung als harter Kern sichtbar. Deshalb zeigt die Kriegszieldebatte nicht nur den hohen Pegel der Großmannssucht und Weltmachtambitionen, nicht nur das bestürzende Ausmaß an zügelloser Rhetorik und fehlendem Realitätssinn an, sondern auch den geringen Spielraum und den engen Köcher an Maßnahmen, den die tiefreichende innere Veränderungen partout ausschließenden Führungsgruppen in ihrem Erwartungshorizont besaßen. Da sie die tödliche Gefährdung ihrer Stellung wachsen sahen — wie das Bethmann Hollweg im Juni 1914, Friedrich Engels aber schon 1887 prognostiziert hatten[13] — beschleunigten sie aus Furcht vor dem offenen oder dumpfen politischen und gesellschaftlichen Reformverlangen breiter Massen das Tempo auf dem vertrauten Kurs, um sich durch grandiose, die Phantasie in Bann schlagende Expansionserfolge über ihre Zeit hinweg retten zu können. Deshalb steckte in diesen Projekten auch ein Element der Zwangsläufigkeit – sozusagen rebus germanicis sic stantibus, wie die Machtkonstellation nun einmal war. Und deshalb ist nicht allein das aggressive Ausgreifenwollen das Entscheidende, sondern erneut wie seit dem Imperialismus der 1880er Jahre, jetzt aber in erhöhtem Maße die empfundene Nötigung zur Defensive mit äußeren Mitteln.

Dieser funktionelle Aspekt der Kriegszielpolitik kann kaum überschätzt werden. Fraglos wurde sie von den Machteliten als Integrationsklammer verstanden, und insofern spiegelten die Planungsexzesse genau die soziopolitische Zerklüftung der reichsdeutschen Gesellschaft wider. Darüber darf man freilich nicht übersehen, daß in der Definition konkreter Expansionsinteressen und Expansionsmaßnahmen seit dem Frühjahr 1918 ein Sprung zu qualitativ neuartigen Zielen zu beobachten ist. Auch ihretwegen läßt sich sagen, daß „die Vorgeschichte des Zweiten Weltkriegs ... bereits im Ersten Weltkrieg" beginnt.[14] Nach den russischen Revolutionen des Jahres 1917 war es der 3. OHL gelungen, die Sowjetregierung ultimativ unter das Joch des Diktatfriedens von Brest-Litowsk (3. 3. 1918) zu beugen. Fortab wurden Kriegszielpläne einige Monate lang in sehr gegenständliche Entscheidungen übersetzt, denn erstmals bot sich derart die Chance dazu. Nichts zeigt deutlicher, was ein siegreiches Deutschland seinen Gegnern auferlegt hätte, als diese wahrhaft karthagischen Friedensbedingungen mit ihrer territorialen Verstümmelung Rußlands (z. B. separatistische Selbständigkeit der Ukrainischen Volksrepublik, Finnlands, der baltischen Länder), ihren wirtschaftlichen Forderungen, ihrer Tendenz, nach einer Übergangszeit das Land westlich des Urals unter deutsche Botmäßigkeit zu bringen. Ein Großteil der Forderungen einer alldeutschen Denkschrift vom Dezember 1914, die die Zurückdrängung Rußlands auf die Grenzen Peters d. Gr. gefordert hatte und damals nicht gedruckt werden durfte, jetzt aber dank Ludendorffs Eingriff in hoher Auflage verbreitet werden konnte, war mehr als erfüllt. Während der Krieg im Westen stagnierte und der Kollaps der Balkanfront sich abzeichnete, fand seit dem März 1918 „in der deutschen Führung allgemein" die Konzeption Zustimmung, „ganz Rußland in den Griff zu bekommen und dieses Riesenreich in dauernder Abhängigkeit von Deutschland zu halten". Dieses „Axiom" stand in der Tat in „absolutem Gegensatz" zu der Überschätzung des Zarenreichs vor 1914! Brest-Litowsk schuf einige Voraussetzungen zur Verwirklichung dieses „Grand Design", die deutsch-russischen Zusatzverträge vom 3. 8. 1918 erhöhten den indirekten Reichseinfluß auf das nichtbesetzte Rußland. Deutsche

Truppen hielten eine Front von Narwa über Pleskau-Orscha-Mogilew bis Rostow, sie kontrollierten die Ukraine, Vorausabteilungen besetzten die Krim und standen in Transkaukasien. Der deutsche „Großraum“ im Osten hatte greifbare Gestalt angenommen. Weil hier gewaltige Kriegsziele endlich auf Dauer verwirklicht zu sein schienen, wirkte der deutsche Zusammenbruch im Herbst 1918 um so jäher und schockierender. Wie ein Spuk schien das östliche „Vorfeld“ verflogen zu sein. Wenn aber schon wenige Jahre später Hitlers „Fernziel, ein deutsches Ost-Imperium auf den Trümmern der Sowjetunion aufzubauen“ propagiert wurde, dann handelte es sich keineswegs nur um halluzinatorische Visionen eines Phantasten, sondern es gab genug „konkrete Anknüpfungspunkte in dem 1918 schon einmal Erreichten. Das deutsche Ost-Imperium war“, wenn auch nur kurze Zeit, „bereits einmal Wirklichkeit“ gewesen.[15]
Abgesehen von dem Effekt nach Innen und dem bitter nötigen direkten, obwohl dann nur minimal nutzbaren Zugang zu Getreidevorräten und Rohstoffquellen wirkten weitere, in dieser Massivität neue Motive auf das deutsche Entscheidungshandeln ein. Auch sie rechtfertigen es, von einer qualitativen Veränderung zu sprechen. 1. Nachdem die alliierte Blockade Deutschland fast vier Jahre lang vom Weltmarkt abgeschnürt hatte, die deutschen Handelsbeziehungen vernichtet und seit dem Frühjahr 1916 die Entente-Pläne einer wirtschaftlichen Aufteilung der Erde nach Kriegsende in Berlin bekannt waren, setzten sich Autarkiegedanken, weit über die ursprünglichen „Mitteleuropa“-Pläne hinaus, allgemein durch. In diesem Zusammenhang schien die Ausdehnung nach Rußland mit seinem riesigen Potential an Nahrungsmitteln und Bodenschätzen geboten zu sein, ja, geradezu die einzige Chance des Erfolgs zu bieten. Vor allem konnten hier die deutschen Autarkieverfechter nach dem Zusammenbruch des Zarismus handeln. 2. Bis dahin hatte sich auch in maßgeblichen Führungsgruppen die Auffassung durchgesetzt, daß der Weltkrieg nur als Auftakt für „künftige Großkriege“ zu gelten habe, in denen die Weltmächte ihre Herrschaftssphären in unablässigem Ringen immer aufs neue bestimmen würden. Dieser sozialdarwinistischen Variante der Lehre vom antagonistischen Staatensystem entsprach eine strategische Absicherung von so gigantischem Ausmaß, daß ganz Rußland wie eine verfügbare Konkursmasse behandelt wurde. 3. In dem neugewonnenen „Ostland“ visierten nicht nur „Alldeutscher Verband“ und „Ostmarkenverein“, sondern auch Ludendorff sowohl eine rücksichtslose Aussiedlung von Slawen, als auch komplementär eine „völkische Flurbereinigung“ der Zusammenführung aller deutschen Siedler aus Rußland an. Schon im Dezember 1915 hatte der eigentliche Herr der 3. OHL über Rußland geurteilt: „Hier ge-

winnen wir Zuchtstätten für Menschen, die für weitere Kämpfe nach Osten nötig sind. Diese werden kommen, unausweichlich".[16] Das Vokabular ist verräterisch, 1918 öffneten sich dann für eine rassistische Germanisierungspolitik die Türen. Auch diese mühelos zu erweiternde Motivanalyse zeigt mithin, wie wichtige Voraussetzungen für Programmatik und Praxis des Nationalsozialismus in dieser Zeit entstanden oder geschaffen wurden.

Außer der Kriegszielpolitik spielten andere Integrationsideologien zumindest zeitweilig eine wichtige Rolle. Der im August 1914 proklamierte „Burgfrieden" sollte die innenpolitischen Konflikte stilllegen. Eine fiktive Volksgemeinschaft wurde beschworen, um die Einheit der „kämpfenden Nation" zu gewährleisten. Im mittelständischen Bürgertum, wo das Ideal der konfliktlosen Gesellschaft weithin verbindlich war, aber auch unter den „vaterlandslosen Gesellen" der Sozialdemokratie, die am 4. August 1914 scheinbar in die Gesamtnation aufgenommen wurde, gewann die Phraseologie des „Burgfriedens" im ersten Kriegsjahr unstreitig einen nicht geringen Einfluß. Bis 1916 zerfiel das Gespinst der großen Worte dann allerdings.

Länger hielt die akademische Welt an den „Ideen von 1914" fest. Wenn sie schon keine Revolutionstradition besaß, wollte sie wenigstens eine Verteidigungsideologie gegen englische Krämerseelen, gallische Oberflächlichkeit und slawisches Barbarentum haben. Diese „Ideen" knüpften an alle bösen Phobien der Vorkriegszeit an: an Englandhaß und Antisemitismus, an Germanisierungsdünkel und romantisierende Deutschtümelei. Bedeutende Gelehrte geiferten in der Sprache der Gosse. Noch einmal wurde die Trennung von der geistigen und politischen Kultur Westeuropas besiegelt. Bewußt wurden die Verbindungsstränge durchschnitten, hochmütige Selbstgerechtigkeit pries die Isolierung des deutschen Wesens als Qualität, an der die Welt genesen sollte. Dazu strömte die Kriegstheologie beider Konfessionen in diesen giftigen Sud hinein, der in zahlreichen Broschüren, Kriegsreden, Feldpostbriefen usw. ausgegossen wurde. Hier breiteten sich auch die Vorstellungen vom totalen Krieg in einer unerträglich idealisierenden Form aus. Die totale Mobilmachung und Kriegführung war nicht nur eine Kompensation für die quantitative Unterlegenheit gegenüber der feindlichen Allianz, sondern verhieß auch eine Pseudolösung für Probleme der deutsche Klassengesellschaft. Der maßlos verklärten „Schützengrabengemeinschaft" wurden Vorteile zuerkannt, die der Kapitalismus im Frieden einer Mehrheit versagte. In einer beispiellosen Perversion der Hoffnungen wurden die abnormen Sozialbeziehungen, die in der Allgegenwart des Todes an der Front entstehen können, als Modell für eine heile Gesellschaft

hingestellt. In ihr sollte ein autoritär diszipliniertes, anachronistisches Gemeinschaftsleben herrschen. Vor der modernen Welt flüchteten die Ideologen des „Volkes in Waffen" in eine vom Militärleben und von sozialer Militarisierung mitgeprägte Sozialromantik. Klassengegensätze waren durch die überschaubare Kommandostruktur eines hierarchisch organisierten Kriegsstaates zu eliminieren. Hieran haben die rechtskonservativen Vertreter des „totalen Staates" bis 1933 — die Freyer, Jünger, Forsthoff und viele andere — ebenso bruchlos anknüpfen können wie der Nationalsozialismus selber.[17]
1918 überkam viele der propagandistischen Klopffechter jähe Bestürzung, nur wenige Ernüchterung — das politische Klima der Weimarer Republik zeugt davon. „Oft habe ich mir gedacht", urteilte jetzt Karl Kraus mit beißendem Spott, „daß keine größere Tortur für das gesamte Dichter- und Literatenpack der Zentralmächte ausgesonnen werden könnte, als wenn man heute Satz um Satz abdruckte, was es damals ... zusammengeschmiert hat, teils aus benebelter Dummheit, teils aus der Spekulation, durch die Anpreisung fremden Heldentodes sich den eigenen zu ersparen". Vielleicht wirke aber die Erinnerung daran „heilsam", „auf welche Methode sie alle jene, die nicht das Glück hatten, ihre Geistesverwirrung in Literatur umzusetzen, ins Verderben gejagt haben. Mein Vorschlag, nach Friedensschluß die Kriegsliteraten einzufangen und vor den Invaliden auszupeitschen, ist unerfüllt geblieben ...".[18]

8.4 Die letzte „Revolution von oben"

Die dichotomische Entwicklung in der deutschen Gesellschaft während des Krieges läßt sich an vielen Prozessen ablesen: am Verhältnis der industriellen Unternehmer zur Arbeiterschaft; an der wachsenden sozialen Distanz, die den „Mittelstand" von der Oberschicht trennte, und an der schrumpfenden Distanz, die ihn an das Proletariat heranrücken ließ; an den Beziehungen zwischen den Klassen und dem Staatsapparat; an Streiks, Repressionsmaßnahmen, Realeinkommen usw. Auch die politische Polarisierung steigerte sich seit 1916: Im März schied eine Minderheit in der SPD-Fraktion, die sich nach den ersten Debatten über die Kriegskredite stärker profiliert hatte, formell aus. Damit kündigte sich die offene Spaltung der deutschen Sozialdemokratie an. Im Januar hatten auch die „Spartakusbriefe" der „Gruppe Internationale", meist von Karl Liebknecht und Rosa Luxemburg verfaßt, zu erscheinen begonnen; aus dieser Gruppe ging im selben Jahr der „Spartakusbund" hervor. Er bildete einen winzigen linken Flügel der „Unabhängigen Sozialdemokratischen Partei Deutschlands", die im April 1917, wieder in Gotha, gegründet wurde und die Spaltung der organisierten Arbeiterschaft besiegelte.

Auf der anderen Seite wurde von der im August 1916 berufenen 3. OHL unter Ludendorff und Hindenburg der Rechtstrend in der deutschen Innenpolitik unterstützt. Ludendorff hielt sogleich eine „Diktatur" der OHL für „wohl möglich". Auch sein Intimus Bauer sprach sich im Herbst unverhohlen dafür aus. Im Dezember meinte er, man müsse „zu einer Militärdiktatur als einzigem Ausweg kommen", Ludendorff gehöre „auch nominell an die Spitze", denn nur die „absolute Militärdiktatur" könne noch weiter helfen. Der Sturz Bethmann Hollwegs im Juli 1917 signalisierte, daß sich diese OHL-Diktatur wenn schon nicht zielstrebig etabliert, so doch faktisch in einigen Gebieten herausgebildet hatte; angeblich wurde Ludendorff auch die Reichskanzlerschaft angetragen. Der Kaiser als nominell Oberster Kriegsherr wurde spätestens seit der erzwungenen Entlassung des Reichskanzlers „durch seine eigenen Generäle zu einer Art Schattenkaiser gemacht".[19] Zwar konnte die OHL-„Diktatur" innenpolitisch ihren Willen nicht immer voll durchsetzen (Hindenburg-Programm!), sie verlor auch seit Ende September 1918 ihre plebiszitäre Basis, aber bis dahin hatte sich doch eine solche Fülle von Machtchancen akkumuliert und realisieren lassen, daß man ihre Stellung im Gefüge der – z. T. völlig degradierten – Machtfaktoren als diktatorial bezeichnen kann. Diese Entwicklung entbehrte nicht einer gewissen Folgerichtigkeit. Das Machtvakuum an der Spitze des großpreußischen Kaiserreichs war seit den 1890er Jahren nicht mehr voll ausgefüllt worden. Der Kaiser hatte das nicht vermocht, Parlament und Parteien waren ferngehalten worden, die zivile Gewalt zeigte sich den Leitungsanforderungen nicht gewachsen. Und da das Militär die Staatsgründung von 1870/71 erst ermöglicht und seine Sonderstellung fortab zäh verteidigt hatte, machtbesitzende Rivalen sie ihm nach 1914 bis zum Herbst 1918 überdies kaum streitig machen konnten, trat im Augenblick der inneren und äußeren Krise das Grundgesetz hervor, unter dem das Reich angetreten war: Der Militarismus zeigte sein wahres Gesicht, die „Militärdiktatur" Ludendorffs eröffnete die Schlußphase des kaiserlichen Deutschland, wie Moltkes Armeen seinen Anfang bestimmt hatten, der Kreis begann sich zu schließen.

Hinter die 3. OHL stellte sich die im Sommer 1917 entstehende „Deutsche Vaterlandspartei", die ihrerseits von der OHL ebenso protegiert wurde, wie diese dem preußischen Landtag bei der Verteidigung des Dreiklassenwahlrechts Rückendeckung gab. Nachdem die Friedensresolution im Juli 1917 im Reichstag eine Mehrheit gefunden hatte, schufen der ostpreußische Generallandschaftsdirektor Wolfgang Kapp und der militärisch gescheiterte Großadmiral v. Tirpitz zusammen mit Interessen- und Agitationsverbänden die „Vaterlandspartei" als Sammelbecken für eine nationalistisch aufgeputschte, imperialistische Massenbewegung mit frühfaschistischen Zügen. Auf der Gründungsversammlung in Königsberg am 3. September wurden Kapp und Tirpitz zum 1. und 2. Vorsitzenden gewählt, der Vorstand mit weitreichenden Vollmachten ausgestattet und eine agitatorisch schlagkräftige Mitgliederwerbung angekurbelt. Die proklamierten Ziele der „Vaterlandspartei", die bis zum Juli 1918 auf 1,25 Mill. individuelle und korporative Mitglieder in 2536 Ortsgruppen gekommen sein will, blieben: ein ungeheures, alle bisherigen Kriegsziele noch einmal hochtreibendes Annexionsprogramm im Osten und Westen, Beherrschung der holländisch-belgischen Küste, aber auch eines mittelafrikanischen Kolonialreichs, ja Expansion durch Rußland und die Türkei „bis an den Stillen Ozean und an die Pforten Indiens".[20] Endlich konnte die Sammelpartei der Rechten, die 1913 angesteuert worden war und auf einer seit 1879—1887—1897 vorgezeichneten Linie der Sammlungspolitik lag, verwirklicht werden. Schwerindustrie (z. B. Stinnes, Kirdorf, Hugenberg, Roetger, Röchling), Elektro-, Chemie- und Maschinenbauindustrie (z. B. C. Duisberg, W. v. Siemens, E. v. Borsig), hanseatischer Großhandel und Werftbesitzer, BdI, ZdI, Reichsdeutscher Mittelstandsverband und Bauernvereine, „Alldeutscher Verband" und andere chauvinistische Vereinigungen — sie bildeten das breite institutionelle, gleichwohl morbide Fundament der „Vaterlandspartei". An Geld fehlte es genauso wenig wie an propagandistischer Geschicklichkeit, die selbst einen Goebbels hätte inspirieren können. Vorzügliche Beziehungen zur Staatsbürokratie und zu den Streitkräften, wo der von Ludendorff eingeführte „Vaterländische Unterricht" jetzt durch widergesetzliche, jedoch stillschweigend gebilligte Agitation der „Vaterlandspartei" ergänzt wurde, wurden weidlich ausgenützt. Massiver Meinungsdruck verband sich mit Mobilisierung der für solche Durchhalte- und Kriegszielparolen anfälligen Teile der Öffentlichkeit. Diese „Spottgeburt aus falsch verstandenem Interessenegoismus und falsch verstandenem Idealismus, einer der größten Gimpelfänge der deutschen Parteigeschichte", fand, wie selbst der eher zurückhaltende Meinecke im September 1918 schrieb, im „annexionistischen Nationalismus ein vorzügliches Mittel, um eine straffe Herrenpolitik nach innen und außen konsequent durchzuführen".[21] In einem letzten blindwütigen, trotz aller zur Schau getragenen Siegesgewißheit schon verzweifelt wirkenden Aufbäumen versuchten die in der „Vaterlandspartei" vereinigten Kräfte im letzten Kriegsjahr das Unmögliche: Alle autoritären Strukturen im Inneren zu erhalten und nach außen einen Siegfrieden zu ertrotzen, für den Brest-Litowsk nur als erste Etappe auf dem Weg zum deutschen Weltreich galt.

Kaum länger als ein Jahr währte diese Hybris, aber dem deutschen Radikalfaschismus wurde auch hier organisatorisch und propagandistisch der Weg vorgezeichnet; z. T. knüpfte er auch direkt an die „Vaterlandspartei" an: Anton Drexler als „Vaterlandspartei"-Obmann und NSDAP-Gründer symbolisiert diese Verbindung geradezu. Als Meinecke auf die Katastrophe des Zweiten Weltkriegs zurückblickte, schien es ihm evident zu sein, daß „Alldeutsche und Vaterlandspartei ein genaues Vorspiel für den Aufstieg Hitlers waren."[22]

Als die kurzlebige Geschichte der „Vaterlandspartei" im Frühjahr 1918 ihren fatalen Höhepunkt erreichte, zeichnete sich gleichzeitig – seit Ende April – das Scheitern des letzten deutschen Großangriffs im Westen ab, Mitte Juli brach diese „Michael"-Offensive zusammen, der alliierte Gegenstoß begann auf breiter Front. Am 14. August gestand die OHL im Hauptquartier zu Spa erstmals ein, daß die Lage ungeachtet der deutschen Ausbreitung im Osten nunmehr „aussichtslos" werde. Bis zum 29. September hatte sie – da das „deutsche Heer . . . am Ende" und „die endgültige Niederlage wohl unvermeidlich" sei – ihre Waffenstillstandsforderung formuliert, plötzlich unter Bezug auf das Friedensprogramm des amerikanischen Präsidenten Wilson, dessen vierzehn Punkte ihr freilich bis zum 5. Oktober nicht einmal genau bekannt waren. Geradezu ultimativ bestand sie darauf, daß der Reichskanzler dieses Angebot „ohne jeden Verzug" absende. Am 30. September wurden die Konservativen, am 2. Oktober die anderen Parteispitzen informiert: Abgrundtiefe Enttäuschung riß manchen aus seiner Kriegszielbegeisterung, Stresemann z. B. erlitt eine Art Nervenzusammenbruch. „Sklaverei auf hundert Jahre", schrieb Bethmanns Mitarbeiter Kurt Riezler am 1. Oktober. „Der Welttraum zu Ende auf immer. Das Ende jeder Hybris".[23] Das war in allem zu voreilig, gibt aber den Stimmungsumschwung wieder.

Seit 1917 war in der OHL über den „Dolchstoß" gesprochen worden, den vor allem die Linke von der Heimat aus der Front in den Rücken versetzt habe. Im Juli 1918 – längst vor der Revolution! – wurde die Dolchstoßlegende explizit entwickelt. Am 1. Oktober erklärte Ludendorff zynisch, die Politiker sollten „die Suppe jetzt essen, die sie uns eingebrockt haben", da es ihnen „in der Hauptsache zu danken" sei, daß „wir soweit gekommen sind". „Die Heeresleitung stellte sich" fortab, so faßte Groener seine Eindrücke zusammen, auf den Standpunkt, „die Verantwortung für den Waffenstillstand und alle späteren Schritte von sich zu weisen". Und tatsächlich ließ sich die politische Reichsleitung, die sich formell zu Recht einschalten mußte, das Odium aufbürden, das mit diesem überstürzten Vorgehen verbunden war. Gleichzeitig schlug der Vorsitzende des „Alldeutschen Verbandes", Heinrich Class, eine unheilschwangere Methode vor, als er den „rücksichtslosen Kampf gegen das Judentum" forderte, „auf das all der nur zu sehr berechtigte Unwille unseres guten und irregeleiteten Volkes abgelenkt werden muß".[24]

Während die Militärs sich selber schmählich aus der bislang beanspruchten Verantwortung entließen, veränderte sich ruckartig die politische Szenerie. Die OHL entwickelte als Strategie der Ausflucht die Forderung nach Parlamentarisierung der Reichsregierung, um den Mehrheitsparteien Zusammenbruch und Nachkriegsprobleme anlasten zu können. Admiral v. Hintze, neuerdings Staatssekretär des Auswärtigen Amts und in engstem Kontakt mit der OHL stehend, bezeichnete diese Verfassungsänderung als letzte „Revolution von oben", als das einzige „Mittel, der Revolution von unten vorzubeugen". Von der OHL „in Szene gesetzt, sollte sie einen Übergang bilden; die Umstellung von Sieg auf Niederlage tragbar zu machen ... das sollte ihre palliative Wirkung sein". Ein so vertrauter Kenner der Verhältnisse wie Groener sprach daher auch unverbrämt von der „von Hintze durchgeführten Parlamentarisierung". Freilich sollte hinter der Fassade dieses neuen Systems, das gegen den Umsturz und für die Alliierten gedacht war, soviel wie möglich von den Bastionen der Krone und der Streitkräfte erhalten bleiben, bis — wie Ludendorff es am 7. Oktober ausdrückte — man sich wieder in den Sattel schwingen und nach den alten Methoden regieren könne.[25]

Dagegen ist in der neuen Forschung die These entwickelt worden, diese Taktik der OHL habe sich mit einer kräftigen Initiative des Reichstags überschnitten. Das scheint jedoch aus dem Bedürfnis, die Ansätze des Weimarer Parlamentarismus möglichst weit zurückzuverfolgen, überzeichnet zu sein. Im Frühjahr 1918 noch hatten sich Plenum und Hauptausschuß des Reichstages aus Respekt vor Ludendorff und aus Rücksicht auf die Westoffensive bis zum Herbst, der Interfraktionelle Ausschuß auf zwei Monate vertagt. Sehr eindrucksvoll war dieser Kampf um die Parlamentarisierung nicht. Bis Ende September wurde zwar Reichskanzler v. Hertling als Strohmann der 3. OHL auch von Parteipolitikern zum Rücktritt gezwungen, aber zu dieser Zeit machte sich auch — um diesen Namen als Abkürzung zu gebrauchen — Hintzes Parlamentarisierungsdruck geltend. Alle in Frage kommenden Kandidaten der Mehrheitsparteien lehnten das Reichskanzleramt ab. Ein Zeichen selbstbewußter Parlamentarisierungskampagne, wenn auch unter den ungünstigsten Umständen? Von dem inzwischen lancierten Prinzen Max v. Baden war wenig bekannt: Immerhin hatte er die Friedensresolution mißbilligt, noch im

Frühjahr 1918 lehnte er sie ab, forderte eine maximale Ausnutzung militärischer Erfolge und Widerstand gegen eine parlamentarische Regierungsform. Geschickte Manipulatoren verhalfen ihm zur Reichskanzlerschaft, als sie seit 1871 am allerwenigsten von jemand begehrt wurde; auch das aber erst, als es hieß, „Hindenburg und Ludendorff ‚genehmigten' die Kandidatur".[26] Was wäre aus der Reichstagsinitiative geworden, wenn die seit dem 29. September zerbröckelnde Militärdiktatur den blassen, aber wohlmeinenden Kandidaten, der ihr — wie es aussah — jedenfalls nicht gefährlich werden konnte, abgelehnt hätte? Auf diese Weise wurde v. Baden am 3. Oktober ernannt, abends noch unterschrieb er das von der OHL aufgesetzte Telegramm an die Alliierten. „Dieser Schritt kam einer Kapitulation gleich", urteilte er danach, aber der zornige Nachsatz, daß für ihn „die OHL ebenso wie für seine Folgen die Verantwortung" trage, erwies sich als politischer Wunschtraum. Wegen der tiefen Fragwürdigkeit eines selbständigen Erfolgs der Parlamentarisierungsanläufe aus dem Reichstag heraus (so sehr es diese wie auch eine Art Gewöhnung an recht konstante, Einfluß gewinnende parlamentarische Gruppierungen jetzt gab), hat dann auch Arthur Rosenberg geurteilt: „Die Parlamentarisierung ist nicht vom Reichstag erkämpft, sondern von Ludendorff angeordnet worden. Diese Art von Revolution ist in der ganzen Weltgeschichte ohne Beispiel".[27]

Die Oktoberreformen brachten zwar u. a. am 28. 10., zwei Tage nach Ludendorffs Entlassung, das Gesetz über die Einführung der parlamentarischen Monarchie, aber von einer definitiven Änderung der Machtstruktur, geschweige denn von einem sicheren Fundament für eine parlamentarische Regierungsweise konnte keine Rede sein. Die Marineleitung entzog sich der neuen Regierung ganz — am 29. 10. gab sie der Hochseeflotte den Befehl zum Ankerlichten. Das bildete den letzten Anstoß zur Revolution. Am selben Tag floh der Kaiser ins Hauptquartier, sozusagen zurück zum Kern des preußischen Militärstaats. Die Kraftprobe zwischen den Kräften des alten Regimes und der neuen Ordung war keineswegs schon entschieden. Im Gegenteil: Die Indizien für einen seit Ende Oktober möglichen staatsstreichartigen konservativen Gegenschlag lassen sich nicht übersehen. Mit einer nicht standesüblichen Fairneß urteilte der Direktor der Marineschule Mürwik, es sei „nicht männlich und ... vor allem nicht vornehm, wenn man abgewirtschaftet hat (und das haben ‚wir') und hat abtreten müssen von der Bühne, den anderen, die noch dafür im Moment der Gefahr eingesprungen sind, dauernd Knüppel zwischen die Räder stecken zu wollen. Denn wir haben nun einmal abgewirtschaftet". Als sich herausstellte, daß die Reformen bedrohlich weit gingen und die parlamentarische Monarchie eine Realität werden könnte anstatt nur eine nützliche Täuschung Wilsons, die Rückkehr zum Status quo mithin verbaut zu werden schien, wurde die kampflose Aufgabe von Krone und Militär immer weniger wahrscheinlich.[28] Aber die parlamentarische Monarchie dauerte in Deutschland nur drei Tage, die Revolution kam allen Gegenaktionen zuvor. Der Widerstand der Matrosen dagegen, in einer militärisch völlig sinnlosen Prestigedemonstration aufgeopfert zu werden und allein der Harakirimentalität der Seekriegsleitung zuliebe die geplante Verzweiflungstat – lieber den Untergang aller Schiffe zu riskieren als zu kapitulieren – mit dem sicheren Massentod hinzunehmen, führte zwischen dem 28. Oktober und 3. November zum offenen Aufstand, der sofort von Kiel auf andere Städte übergriff. Am 7. 11. erreichte die Revolution München, am 9. 11. Berlin, Kaiser und Kronprinz entsagten der Krone, sie flüchteten überstürzt, der Sozialdemokrat Philipp Scheidemann rief die Republik aus. Am 10. November übernahm der revolutionäre „Rat der Volksbeauftragten“, der aus je drei SPD- und USPD-Mitgiliedern bestand, die Regierungsgeschäfte. Von ihm legitimiert, also nicht als unmittelbarer Nachfolger Max v. Badens, trat der Mehrheitssozialdemokrat Friedrich Ebert informell an die politische Spitze. Nicht einmal 48 Jahre lang hatte die Geschichte des Deutschen Kaiserreichs von 1871 gedauert.

8.5 Die deutsche Revolution: Soziale Demokratie oder konservative Republik?

Was besiegelte die Niederlage des Kaiserrreichs? Eine Meuterei oder eine Revolution? Welche historischen Entwicklungsmöglichkeiten bestanden zwischen Ende Oktober 1918 und Ende Januar 1919, als zwar alle deutschen Fürsten gestürzt, die relative Offenheit der Situation aber dahin war und der neuen Republik bestimmte Bahnen vorgezeichnet waren? Daß Deutschland, wenn auch für kurze Zeit eine Revolution erlebte, daran kann kein Zweifel herrschen. Lang aufgestaute strukturelle Probleme brachen im November/Dezember 1918 durch brüchige Barrieren, das alte Herrschaftssystem wurde hinweggefegt, Arbeiter- und Soldatenräte zogen die Macht an sich, zusammen mit einer umfassenden institutionellen Neuordnung schien sich eine Verlagerung der sozialen Kräftekonstellationen anzubahnen. Am 11. November beurteilte der linksliberale Publizist Theodor Wolff im „Berliner Tageblatt“ die Umwälzung als „die größte aller Revolutionen“, „weil niemals eine so fest gebaute, mit so soliden Mauern umgebene Bastion so in einem Anlauf genommen worden ist“. „Deutschland hat heute seine siegreiche Revolution“, schrieb Ende November auch Ernst Troeltsch, ein Wissenschaftler mit scharfem Blick für Gegenwartsprobleme, „wie einst England, Amerika und Frankreich hatten", allerdings „im unseligsten Moment des allgemeinen militärischen, wirtschaftlichen und nervösen Zusammenbruchs".[29] Nicht nur Hunger, Niederlage und Aufstand der Soldaten führten zur Revolution; vielmehr schufen tiefreichende sozialökonomische Spannungen im Verein mit einer lange verdeckten, durch den Autoritätsverlust während des Krieges enorm verschärften und letztlich entscheidenden politischen Fundamentalkrise ein Potential für Veränderungswünsche, die schließlich zu einer revolutionären Eruption führten.

Bis zum Ende der 1950er Jahre wurden die Entwicklungschancen gegen Kriegsende überwiegend in Form einer Alternative dargestellt: hier bolschewistische Rätediktatur, dort parlamentarische Republik von Weimar. Das Ergebnis der neuen Diskussion, die an einen kritischen Außenseiter wie Arthur Rosenberg angeknüpft und jedenfalls den Maßstab einer „solider fundamentierten demokratischen Republik" als der von Weimar zugrunde gelegt hat, ist — wieder auf eine Kurzformel gebracht — die Alternative zwischen konservativer Republik und sozialer Demokratie. Die bolschewistische Revolution gilt jetzt „bestenfalls" als „eine fiktive, aber keine reale" Möglichkeit.[30] Die Arbeiter- und Soldatenräte, die für beide Auffassungen eine zentrale Rolle spielten, entstanden unstreitig spontan, zum Teil nach russischem Vorbild von 1905/07 und 1917/18 als „provisorische Kampf- und Herrschaftsinstrumente" der aufbegehrenden Massenbewegung.[31] Sie formulierten auch ihre Ziele in der Sprache der marxistischen Arbeiterschaft, denn das war die einzige ihnen geläufige Sprache der Subkultur, aus der sie ausbrechen wollten. Aber die ganz überwältigende Mehrheit blieb bis zum Frühjahr 1919 antibolschewistisch eingestellt und verstand die Räte als improvisiertes Übergangssystem, aus dem sich nur einzelne Elemente in den institutionellen Neubau einer parlamentarischen Republik einbringen ließen. Während sich Lenin im November 1917 auf 250 000 Parteimitglieder und im 2. Allrussischen Sowjetkongreß auf eine absolute Mehrheit der Bolschewiki (60 Prozent) verlassen konnte, ja bei den Wahlen zur Verfassungsgebenden Versammlung, die Ende November aufgrund des allgemeinen Wahlrechts abgehalten wurden, 9 Millionen Stimmen (25 Prozent) und die Zusammenarbeit mit den Linken Sozialrevolutionären gewann, besaßen „Spartakus" bzw. KPD im Januar 1919 nur einige Tausend Mitglieder und im Berliner Rätekongreß allenfalls Einfluß auf 2,5 Prozent der Delegierten. Bei den Reichstagswahlen vom Juni 1920 erzielte die KPD 2,1 Prozent der Stimmen; hätte sie an den Wahlen zur Nationalversammlung im Januar 1919 teilgenommen, so wäre ihr nach der Schätzung A. Rosenbergs vielleicht 1 Prozent zugefallen. Die Mehrheit der Linken wirkte in der USPD, die jedoch als Sammelbecken militanter Sozialdemokraten und

Radikaldemokraten gelten muß; die gemeinsame Einsicht in die Notwendigkeit einer Zäsur führte dort übrigens auch die Kontrahenten des Revisionismusstreits, Kautsky und Bernstein, eine Zeitlang wieder zusammen. Größere KP-Kader für eine gewaltsame Machtergreifung fehlten ebenso wie eine zielbewußte Planung und Vorbereitung. Das zeigte der Januar-Aufstand ganz deutlich. Kurzum: „Spartakus" und KPD besaßen 1918 auf 1919 nicht einmal eine Minimalchance für einen Erfolg, auch wenn der „rote Terror" in der Phantasie des Klein- und Besitzbürgertums grotesk übertriebene Züge annahm. Die Aufgabe kommunistischer Parteien in der historischen Perspektive der letzten fünfzig Jahre, nämlich durch forcierte Industrialisierung die partielle Modernisierung von Entwicklungsländern voranzutreiben, stellte sich in Deutschland nicht mehr. Darin lag, damals wie heute, die eigentliche Funktionslosigkeit der KP in der deutschen Politik begründet, da sie im Kampf um sozialpolitische Partizipationsrechte und demokratische Kontrollen aufs Ganze gesehen unglaubwürdig blieb.
Drohte mithin von linksaußen keine gravierende Gefahr, so mußte doch nach dem Kollaps der Monarchie und dem Scheitern der Oktoberreformen zum einen der Hohlraum an der Spitze der Machtpyramide ausgefüllt werden. Zum andern konnte es als Auftrag der Revolution gelten, die alte Herrschaftsordnung in Politik, Gesellschaft und Wirtschaft grundlegend zu ändern. Über die „Unmöglichkeit, Ostelbien zu ändern", hatte Bethmann Hollweg 1916 elegische Reflektionen angestellt und geschlossen, es „muß gebrochen werden — untergehen". Auch Troeltsch hatte die skeptische Frage aufgeworfen, „ob diese sozialistische Revolution vermeidlich war oder nicht, ob die Ansätze der Regierung des Prinzen Max gegen den Widerstand der alten Herrenschichten wirklich durchführbar waren, einschließlich der zweifellos großen und durchgreifenden Reformen auch sozialer Art, oder ob ohne eine gänzliche Zerschlagung des alten Gefüges in der Tat nichts durchzusetzen war". Würden ohne die Eingriffe nicht über kurz oder lang, wie Gustav Mayer schon am 20. Oktober 1918 zu bedenken gab, die „deutschen Gewaltpolitiker . . . wieder . . . zur Herrschaft in Deutschland kommen"?[32]
An dieser historischen Aufgabe fundamentaler Reform und Demokratisierung der staatlichen und bürokratischen, gesellschaftlichen und wirtschaftlichen Institutionen ist die deutsche Revolution gescheitert. Warum? Obwohl Friedrich Ebert, seit 1917 Erster Vorsitzender der MSPD, sein Führungsmandat am 10. November von der Revolution, keineswegs vom Kaiserreich erhalten hatte, schloß er sofort ein informelles Bündnis mit General Groener als dem Ver-

treter der Armee, indirekt aber auch der traditionellen Führungsgruppen. Dieser Pakt, der der neuen Regierung möglichst viel Ordnung während der Übergangszeit, der Gegenseite die Zähmung der Massenbewegung als erste Voraussetzung jeder Verteidigung des Status quo verschaffen sollte, kann als Symbol für das Abblocken und Einfangen der Revolution gelten. Von leitenden Mehrheitssozialisten wurde er als unvermeidbar hingestellt. Die Kriegsniederlage vor Augen, in Erwartung tumultuarischer Verhältnisse während der Demobilisierung eines Millionenheeres und der Umstellung der Kriegswirtschaft unter Fortdauer der alliierten Blockade, links von USPD und Räten überholt, in denen sich ja vor allem auch eine Krise „der bestehenden Oppositionsformen", ein tiefes Mißtrauen gegenüber Partei- und Gewerkschaftsorganen ausdrückte, fürchteten sie ein Kerenski-Erlebnis in Deutschland: die Radikalisierung der Revolution bis hin zur perhorreszierten Bolschewisierung. Dabei handelte es sich jedoch weithin um eingebildete Gefahren, mit deren Beschwörung der Entscheidungsspielraum vorschnell eingeengt wurde. Auch die „Zentralarbeitsgemeinschaft", in der unter Stinnes' und Legiens Führung seit Mitte November, fast gleichzeitig mit dem Bündnis Ebert-Groener, Unternehmer und Gewerkschaften zur jeweiligen Verteidigung ihrer Positionen kooperierten, wirkte sich in der Umbruchsituation als Zähmung der organisierten Arbeitnehmer aus.[33]
Die insgesamt defensive Haltung der MSPD-Führung gegenüber der Revolution läßt sich aber nicht aus der unmittelbaren Situation von 1917/18, sondern nur dann verstehen, wenn man ihre historisch geprägte Mentalität, ihre Verhaltenstradition, ihr eigentümliches Verhältnis zu Theorie und Praxis als die offenbar übermächtigen Bedingungen erkennt, die einen kühnen Reformkurs ausgeschlossen haben. Von dieser Führung aber hingen wesentliche Entscheidungen ab, denn USPD und Räte drängten auf Veränderungen, sie wären einem solchen Kurs gefolgt. Aber auch die Massen einschließlich der MSPD-Anhänger „erfüllten alle Erwartungen, die man auf sie setzen konnte": Sie erhoben sich und stürzten das alte Regime, sie schufen die Voraussetzung für einen Neubeginn und zeigten sich bereit, aktiv die Errichtung einer genuin demokratischen Ordnung zu unterstützen — doch ihre politische Führung versagte.[34]
In der Subkultur der kaiserlichen Sozialdemokratie wird man schwerlich eine Pflanzstätte für Revolutionäre erkennen können. Die Organisationsanstrengungen, die der Verteidigung erworbener, dem Gewinn neuer Positionen galten, absorbierten fast alle Energien. Andererseits steigerten sich Diskriminierung und Schikane nicht zu jenem unerträglichen Druck, der revolutionäre Temperamente fördert. Auch deshalb konnte, vom persönlichen Charisma ganz abgesehen, ein

deutscher Lenin oder Trotzki schwerlich in Spitzenstellungen gelangen. Das Ergebnis der Massenstreikdebatte im Vorkriegsjahrzehnt ist da ebenso ernüchternd wie die Tatsache, daß trotz des Dreiklassenwahlrechts bis zum Oktober 1918 der politische Generalstreik nur von dem kleinen Häuflein der äußersten Linken diskutiert wurde. Die Revolutionsrhetorik des Kautskyanismus kaschierte praktische Reformpolitik, eher noch hatte sie einen deterministischen Immobilismus als eine stets risikoreiche Alternative begünstigt. Jahrzehntelang hatte die SPD-Führung die Reform des monarchischen Staats als Zukunftsaufgabe verstanden. Plötzlich aber sollte sie handeln, an verantwortlicher Stelle, im Zeichen einer Revolution, von ungewohnten Aufgaben umstellt. Und da erwies es sich, daß die MSPD-Führer aus dem Gehäuse ihrer Denk- und Handlungskonvention nicht ausbrechen konnten, obwohl diese — wie USPD-Führer, Rätepolitiker, „Revolutionäre Obleute" und Massenbewegung bewiesen — keineswegs notwendig zu denselben Reaktionen führen mußten. Gefangene einer mächtigen Kontinuität, empfanden sie die befreiende Diskontinuität der Revolution überwiegend als Bedrohung, nicht als Chance der Neugestaltung. Sie fühlten sich nicht als Bevollmächtigte der Revolution, sondern als Statthalter. Ihr Übergangsregime wurde von ihnen bewußt als kurzlebiges Zwischenspiel verstanden. Auch jetzt blieben sie der Illusion des Konsensus verhaftet, verlängerten sie von sich aus den „Burgfrieden", anstatt die Konflikte auszutragen. Die dramatisierte Gefahr von links erschien ihrer quietistischen Beharrungsmentalität ohnehin bedrohlicher als die Verwundbarkeit gegenüber der doch nur zeitweilig gelähmten Rechten. Als der Augenblick der Wahrheit gekommen war, wie ernst sie den Ruf nach Veränderung nahmen, zeigten sie sich der Herausforderung nicht gewachsen.

Subjektiv glaubten die MSPD-Führer, nicht anders handeln zu können. Das ist angesichts ihres Entwicklungsganges nicht einmal schwer zu verstehen. Aber wer auch auf die objektiven Auswirkungen abhebt, kann die folgenreichen Konsequenzen nicht übersehen (dazu gleich mehr). Jedenfalls verhinderte dieses Syndrom von Einstellungen jeden tatkräftig beschleunigten Wandel. Es verhinderte z. B. eine Heeresform, obwohl diese nicht nur von den Soldatenräten, sondern auch von vielen Offizieren erwartet wurde; z. B. eine Wirtschaftsreform, obwohl sie nicht nur von den Arbeiterräten, sondern bis weit hinein in die bürgerlich-liberalen Parteien und Schichten für unumgänglich gehalten wurde; z. B. eine Agrarreform, obwohl nur so dem machtgewohnten Grundadel das materielle Rückgrat gebrochen werden konnte; z. B. eine Reform von Justiz und Verwaltung, obwohl nur so das kaiserliche Beamtenregiment aufgehoben werden

konnte. Bei alledem galt es gewiß, den Preis einer zeitlich schwer abschätzbaren Funktionshemmung in Kauf zu nehmen. Dem stand nicht nur ein kleinbürgerliches Ordnungsdenken im Wege, sondern auch die Furcht vor einer zumindest bürgerkriegsähnlichen Situation. Nicht zuletzt dieser Angst entsprang das Bündnis Ebert-Groener, obwohl dann gerade die Militärpolitik das falsche Kalkül der MSPD-Vertreter im „Rat der Volksbeauftragten" erwies. Groener hatte zehn Divisionen zur Stabilisierung der inneren Lage versprochen. Ganze 1800 Mann kamen davon an, auch sie verschwanden bis zum 24. Dezember vor den revolutionären Matrosen. Das in voller Auflösung begriffene kaiserliche Heer folgte nicht mehr den Befehlen der OHL. Als am 6. Januar der Berliner Aufstand begann, besaß die Regierung noch immer keine Truppen, aber Hunderttausende von herbeigerufenen Arbeitern schützten die Reichskanzlei, retteten die Regierung und besetzten fast die ganze Hauptstadt, noch ehe am 11. Januar die Freikorps einrückten. Während die österreichischen Sozialdemokraten mit einer republikanischen Volkswehr Ordnung schufen, versäumte die MSPD-Führung zwei Monate lang die Chance, republikanische Milizen aufzubauen, obwohl Hunderttausende von Mitgliedern, auch Offiziere und Waffen vorhanden gewesen wären. Anstatt die sozialdemokratischen Massen zu bewaffnen und zu organisieren, spätestens der Menge am 6. Januar ihren Wunsch nach „Waffen. Waffen. Gebt uns Waffen" zu erfüllen, fürchtete die MSPD-Spitze ihre eigenen Anhänger und baute keine verläßlichen Streitkräfte auf; die OHL blieb im Amt, statt abgesetzt zu werden, und für die Freikorps wurde der Weg freigemacht.
Als die Wahlen zur Nationalversammlung begannen, zeichnete sich schon klar ab, daß „der ganze Herrschafts- und Geistesapparat des Kaiserreichs erhalten" blieb: „Verwaltung, Justiz, Universitäten, Kirchen, Wirtschaft, Generalität".[35] Erst daraufhin, nach der bürgerlich-demokratischen ersten Phase der Revolution bis dahin, kam es zum Umschlag in die sich radikalisierende Enttäuschung und damit während der zweiten Phase zu den schnell mißlingenden, blutig niedergeschlagenen proletarischen Protesterhebungen im Frühjahr 1919. Zwei Monate nach Revolutionsbeginn hatten sich die alten Machteliten, als nirgendwo schnell und effektiv genug gegen sie gehandelt wurde, „von der Willenslähmung der Umsturztage" politisch und militärisch zu erholen begonnen.[36] Die Wahlen und die Weimarer Koalition (von SPD, Zentrum und als DDP auftretenden Liberalen) bedeuteten dann eigentlich eine Rückkehr zur Regierung Max v. Badens. Die Revolution war dafür überflüssig, störendes Zwischenspiel. Bald wurde allgemein geleugnet, daß sie überhaupt eine echte Revolution gewesen sei. Die Weimarer Republik, die sich bezeich-

nenderweise weiter Deutsches Reich nannte, verkörperte, so konnte Troeltsch dann konstatieren, „im Grunde ein antirevolutionäres, ordnungsstiftendes ... Prinzip. Nur Kurzsichtige konnten triumphieren und meinen, das Ziel von 1848 sei jetzt erreicht. Nein, was 1848 ein kühnes Fortschrittsunternehmen war, das war jetzt eine konservative Retardierung und Bewältigung der Revolution, das Mittel, den Gegnern der Revolution legale Betätigung und steigenden Einfluß zu sichern".[37] Mit dieser erdrückenden Bürde eines Verzichts auf radikale personelle und institutionelle Änderung begann die kurze Geschichte der ersten Deutschen Republik.

Nur zwei Probleme sollen hier noch erörtert werden. 1. Ohne einen tiefgreifenden Umbau von Staatsapparat, Gesellschaft und Wirtschaft, so lautet die These, konnte nach 1918 keine dauerhaft funktionierende Demokratie in Deutschland entstehen. Dafür hätte das Reformreservoir, dessen Ausdruck auch die Rätebewegung bildete, entschlossen genutzt werden müssen. Damit soll indessen keineswegs — und das tat ja auch die Mehrheit der Räte selber lange nicht — argumentiert werden, daß ein Rätesystem eine institutionelle Dauerregelung hätte darstellen können. Dem stehen m. E. durchschlagende, hier nur zu skizzierende Einwände entgegen, die das Repräsentativprinzip zuungunsten der „direkten" Demokratie stützen.[38] Das Rätesystem basiert auf ständiger Teilnahme und Wachsamkeit, diese permanente Mobilisierung scheint aber gegen die anthropologische Konstante des Wechsels von Partizipation und Erholung kaum durchsetzbar zu sein. Ebensowenig läßt sich die beanspruchte Überparteilichkeit realisieren: Entweder kommt es sofort zur Fraktionsbildung oder zur Mediatisierung durch Parteien. Einer Bürokratie können auch Räte nicht entraten, für den „Vollzugsrat" arbeiteten bald 500 Beamte. Planung und Kontrolle einer hochdifferenzierten Wirtschaft sind ohne bürokratische Expertenstäbe ohnehin kaum denkbar. Hierarchien stellen sich ebenfalls her, da in der Stufenfolge der Räte die oberen Organe einen Informationsvorsprung gewinnen, an Dauerstellung interessiert und schwer ablösbar sind, die Kontrolle durch den Wahlbürger mithin keineswegs erleichtert wird. So problematisch die Gewaltenteilung in der Praxis auch sein mag, ihre institutionelle Aufhebung erhöht doch die Chance für ein Machtmonopol der oberen Räte und schmälert Freiheitsspielräume für einzelne und Gruppen. Historisch sind Räte vornehmlich von Arbeitern und Soldaten gebildet worden, — wie aber wird nach der Konfliktsituation den Minderheiten Schutz gewährleistet? Sollen Entrechtete stillschweigend dulden, oder wie ist Widerstand, falls er legitimiert wird, praktisch möglich? Das Ideal der Selbstregierung durch Räte setzt rationales Abwägen und Verhalten voraus. Entfällt diese Vorbedingung, so läßt sich mangels

„Checks and Balances" der Machtusurpation durch eine diktatorische Minorität schwerer denn je entgegenwirken. Grundsätzlich beruht die Rätetheorie zudem auf einer fiktiven Identität von Herrschenden und Beherrschten, sie impliziert daher das sozialromantische Wunschbild einer Gesellschaftsharmonie, die dem faktischen Interessenpluralismus komplexer Gesellschaften widerspricht, folglich auch nicht den Konflikt als strukturbedingten Motor der Entwicklung anerkennt und Minderheiten noch schlechter sichert als eine parlamentarische Demokratie. Trotz berechtigter Kritik an Bürokratien und Oligarchien in Staat und Wirtschaft und trotz der Dringlichkeit der verbesserten Kontrolle von Entscheidungen und politischen Mandatsträgern — als Institutionengefüge auf Dauer scheint ein Rätesystem in Industriestaaten extrem problematisch und den reformfähigen Repräsentativverfassungen unterlegen zu sein. Aber in einer historischen Umbruchsituation wie 1918/19 hätten die deutschen Räte für den Umbau eingesetzt werden können, sofern die politische Führung diesen entschieden vorangetrieben hätte. Denn der entscheidende Punkt bleibt, daß die allermeisten Räte monatelang Demokratisierung, aber keine bolschewistische Diktatur des Proletariats wollten. Wer diese Demokratisierung schaffen und damit in der Tat Zentralbedingungen der bisherigen Staats-, Gesellschafts- und Wirtschaftsverfassung aufheben wollte, für den gab es zur Veränderung mit Hilfe der Arbeiter- und Soldatenräte in Deutschland keine Alternative.

2. Bei vielen Fragen, die mit diesem Übergang vom Kaiserreich zur Weimarer Republik verknüpft sind, geht es natürlich um eine kontrafaktische Abwägung von Entwicklungsmöglichkeiten: Was wäre gewesen, wenn ... Dem eignet unstreitig ein artifizieller Charakter, aber dennoch kann und darf der Historiker auf die Beurteilung möglicher Alternativen nicht verzichten. In diesem Fall geht es um die sozialen Kosten, mit denen die Weimarer Republik erkauft wurde und die nur zu bald sichtbar wurden. Nun mag es hierzulande leichter sein, solche Kosten etwa im Hinblick auf Asien zu diskutieren: Hat Chinas revolutionärer Sprung in die sozialökonomische Modernisierung trotz blutiger Opfer weniger Leiden gekostet als Indiens evolutionärer Weg mit inzwischen weit mehr Opfern der heiligen Kühe und Ratten, der Überschwemmungs- und Hungerkatastrophen? Das sind komplizierte Fragen mit so vielen Variablen, daß sie im kritischen Diskurs nicht definitiv beantwortet werden können. Aber Redlichkeit und Vertrauen auf Lernfähigkeit gebieten es, die Frage nach den sozialen Kosten begangener und unterlassener Entscheidungen immer wieder aufzuwerfen. Kein Urteil über die Chancen von Weimar kommt daher um das Problem herum, daß nach wenig

mehr als einem Dutzend Jahre der Abstieg zu Brünings autoritärem Regiment begann und 1933 dem Nationalsozialismus seine „Machtergreifung" glückte. Gewiß war damit ein Knotenpunkt der deutschen Geschichte erreicht, zu dessen Erklärung man nicht nur auf die zahlreichen Probleme nach dem verlorenen Weltkrieg, sondern auf ein Bündel langfristig wirksamer historischer Belastungen zurückgreifen muß. Die Weichenstellung von 1918/19 behält dabei jedoch ihre unübersehbare Bedeutung. Muß man nicht den Preis, den ein Neubeginn im Jahr 1918 gekostet hätte – die Ausschaltung der alten Führungsgruppen, die Funktionsschwäche oder gar zeitweilige Funktionslähmung –, abwägen gegen die Opfer und Schrecken seit 1933? Wird nicht ein Ja zur Weimarer Lösung erkauft mit der Hinnahme ihres Endes? Wird damit aber nicht auch die Behauptung vom „Bruch" im Jahre 1933 noch fragwürdiger? Muß nicht das schnelle Resultat von Versäumnissen zumindest das Urteil über die Vieldimensionalität von Entscheidungssituation und Folgeproblemen schärfen? Daß Kontinuität in der Reichsbürokratie und im Heer, im Bildungs- und Parteiwesen, in Wirtschaft und Interessenverbänden usw. unleugbar überwog, bewirkte zumindest eines: Die traditionellen Machteliten konnten die Steigbügelhalter für Hitler stellen. Ob die Eigendynamik der NSDAP, die Radikalisierung des Mittelstandes, der Einbruch in die Landbevölkerung, die Schwächung der Arbeiterbewegung – ob all das die „Machtergreifung" der stärksten Partei unvermeidbar gemacht hätte, sei dahingestellt. In der konkreten Situation wäre ihr „Führer" ohne die Steigbügelhalter jedenfalls nicht in den Sattel gelangt. Unter solchen Aspekten begannen daher 1933 die Kosten der Entscheidungen von 1918/19 ungeahnte, schließlich die ganze Welt umfassende Dimensionen anzunehmen.

IV.

EINE BILANZ

„Dem Geist der Zeit entgegen wurde die stolze Burg des neuen deutschen Kaiserreichs erbaut", urteilte der liberale Historiker Johannes Ziekursch einige Jahre nach dessen Untergang, „durch List und Gewalt, in schwerem Ringen mit seinen Gegnern im Ausland wie im Inland, unter Verfassungsbruch und Bürgerkrieg, über den Kopf seines widerstrebenden Königs hinweg und gegen den Willen eines großen Teiles des deutschen Volkes, der Bismarcks Weg nicht wandeln wollte".[1] Daß deshalb schon in das Fundament des neuen Staates die Keime seines Verfalls eingesenkt worden seien, blieb freilich lange Zeit die Meinung heftig befehdeter Außenseiter. Auch hier ist zwar die Auffassung vertreten worden, daß die Konstellationen der „Gründungsjahre" von tiefreichendem Einfluß gewesen sind, daß seither tiefe Brüche angelegt waren. Aber damit ist in einem weiteren Zeithorizont keineswegs die Frage entschieden, ob der monarchisch-großpreußische Obrigkeitsstaat im Frieden nicht doch noch entwicklungsfähig gewesen wäre. Wäre eine soziopolitische Modernisierung ohne die Kriegsniederlage möglich gewesen, obwohl die alte Ordnung durch einen Sieg, ja schon durch die Behauptung des Status quo ante 1914 beispiellos legimitiert worden wäre? Oder muß man nicht früher ansetzen und das Scheitern des autoritären Regimes in Krieg und Revolution als Resultat seiner Politik und Gesamtverfassung verstehen? Kann man 1918 wirklich noch als blindes, aber revidierbares Faktum ansehen und auf der Reformfähigkeit des Reiches beharren, wie das eine ältere Generation weithin getan hat? Oder muß man nicht auf die bewußte Risikopolitik, die sie erzeugenden Konfigurationen der Kräfte, damit auf die historisch geprägte Starrheit der Institutionen, Interessen, Ideen hinweisen und in der Brüchigkeit den Beweis ihres Anachronismus sehen? Andere Monarchien haben ja Niederlagen überdauert. Die Schwierigkeiten eines kritischen Abwägens sind nicht zu leugnen. Dieses wird jedoch erzwungen durch Deutschlands Rolle bei der Auslösung zweier Weltkriege, ihrer Steigerung bis zum Totalen Krieg, der Ausbildung eines Radikalfaschismus — mit unübersehbaren Folgen bis in unsere Gegenwart hinein; es wird erleichtert dadurch, daß der Bann der normativen Verbindlichkeit des nationalen Einheitsstaats gebrochen zu sein

scheint; es wird möglich, wenn dabei diskutable und einleuchtende Kriterien zugrunde gelegt werden können.
Soweit ich zu sehen vermag, wird man hier vor allem von drei großen Komplexen ausgehen dürfen, wobei die aufgeworfenen Fragen oft Orientierungspunkte bleiben und nur zum Teil beantwortet werden können.

1. Wie umfassend und dauerhaft war politische, soziale und ökonomische Modernisierung möglich? Dazu gehört: Wie konnten die Gleichheits- und soziopolitischen Partizipationsrechte ausgedehnt werden? Wie weit setzte sich rechtliche, räumliche, soziale Mobilität durch? Wie wurden strukturelle Konflikte reguliert?

2. Wie verteilten sich die sozialen Gewinne und Kosten von erfolgreicher, verzögerter, blockierter Modernisierung? Wie hoch stiegen auf kurze und lange Sicht vor allem die Unkosten für bestimmte soziale Schichten oder die Gesamtgesellschaft?

3. Wie weit reichte die soziale, übersubjektive Lernfähigkeit angesichts eines zunehmend beschleunigten Wandels? Hier konvergiert ein legitimes Interesse der lerntheoretischen Systemlehren mit Fragen eines die Geschichte auch als Lernprozeß begreifenden Marxismus. Diese Lernkapazität muß besonders hinsichtlich der entscheidungsfällenden Machteliten geprüft werden. Dazu gehört auch, ob nationale oder schichtenspezifische Wertsysteme hemmend oder fördernd wirkten, Sonderinteressen begünstigten und folglich durch bestimmte Strukturen gestützt wurden.
Dabei drängt sich sofort die Frage auf, woraufhin denn modernisiert werden sollte, welche im Denkhorizont der Zeit möglichen Lernziele angestrebt werden sollten. Unseren Erörterungen darüber liegt — das ist schon in der Einleitung ausgeführt worden — eine Leitvorstellung zugrunde: Danach galt es in dieser Zeit, sozialökonomischen Wandel und Entwicklung der politischen Institutionen in der Richtung annähernd zu synchronisieren, Partizipationsrechte und demokratische Legitimation von Entscheidungen zu erweitern und formell abzusichern oder aber die Erzeugung eines gefährlichen Spannungspotentials, eine riskante Sprödigkeit der Verfassung in Kauf zu nehmen, in zu große „Lernpathologie" zu verfallen und damit vielleicht die Entwicklungsfähigkeit schon in Friedenszeiten in Frage zu stellen. Gewiß gehören Industrialisierung und Demokratisierung nicht notwendig zusammen. Das zeigt die Geschichte Deutschlands, Japans, Rußlands und der meisten Entwicklungsländer. Eher trifft es zu, daß Industrialisierung und Bürokratisierung in funktioneller Abhängigkeit gekoppelt sind. Insofern ist Demokratisierung kein un-

mittelbares Ergebnis von Industrialisierung — so oft Industrielle und Demokratische Revolution seit dem 18. Jahrhundert auch verbunden aufgetreten sind —, sondern das jeweils mühsam zu erringende Ergebnis politischer und sozialer Kämpfe, um die bisher angemessenste Verfassung für Industriestaaten zu entwickeln und zu erhalten. Denn eine demokratische Grundordnung scheint diesen Ländern am ehesten jene notwendige Elastizität der politischen Institutionen und jene tragfähige Legitimationsbasis beim Aufbau des modernen Sozialstaates zu geben, ohne die schwer lösbare fundamentale Krisen unvermeidbar wirken. Soziopolitische Modernisierung kann daher nicht von einer demokratischen Verfassungsrealität getrennt werden, und das Urteil über die soziale Lernfähigkeit wird sich danach bemessen können, inwieweit und wie schnell den sozialökonomischen Veränderungen in der industriellen Welt mit der Durchsetzung von Gleichheitsrechten, Transparenz von Entscheidungen, demokratischer Kontrolle von Machtträgern, adäquater Daseinsvorsorge usw., kurzum: mit der stufenweisen Verwirklichung eines demokratischen Sozialstaates begegnet wird. Dem liegt keine dogmatisierte Vorstellung eines Non-plus-ultra zugrunde, sondern die historische Erfahrung, daß diese Verfassung besser als andere die Annäherung an eine humane, offene Gesellschaft mit der Chance erleichterter Revision von Entscheidungen gestattet.

Daß ökonomischer Fortschritt im Sinne eines schnellen Ausbaus der Industrialisierung auch in einem anfangs noch weithin traditionalen Staatswesen wie Preußen-Deutschland möglich war, zeigt seine Wirtschaftsgeschichte seit 1850. Ja, es ist oben mehrfach darauf hingewiesen worden, daß gerade der unstreitig durchschlagende ökonomische Erfolg der deutschen Industriewirtschaft besondere Probleme aufwarf. Gewiß hat die agrarische Pressure Group bis zum Ende der Friedenszeit versucht, z. B. durch steuer-, finanz- und börsenpolitische Maßnahmen etwas Sand ins Getriebe der Industrieentwicklung zu streuen, aber daran, daß dieser säkulare Prozeß institutionell, politisch, ideell hinreichend unterstützt wurde, konnte sie längst nichts mehr ändern. Über alle Widerstände hinweg setzte sich der Aufstieg der Industriewirtschaft, allmählich auch in Form des Organisierten Kapitalismus fort.

Zwiespältig ist der Eindruck bei der sozialen Modernisierung. Die rechtliche und räumlich-vertikale Mobilisierung der Bevölkerung wurde schon bis 1871 formell ermöglicht; faktisch konnte sie seit den 1890er Jahren auch die Landbevölkerung in einer Binnenwanderung großen Ausmaßes nutzen. Aber die vertikale soziale Mobilität traf bis 1918 wegen der eigentümlichen spätständischen und dann zugleich klassengesellschaftlichen Zerklüftung der „Reichsnation" auf schwere Hemmnisse. Völlig verriegelt war der Aufstieg in die Oberschichten auch damals nicht, einige Erfolgsgeschichten verblüffender Karrieren gab es im kaiserlichen Deutschland ganz so wie im Amerika der Nachbürgerkriegszeit. Aber mehr noch als dort entschieden soziale Herkunft, Religion, Zugang zu Bildungseinrichtungen usw. frühzeitig und dauerhaft über soziale Mobilitätschancen. In den allermeisten Fällen scheint es mehrerer Generationen bedurft zu haben, um z. B. die Leiter vom Facharbeiter zum Volksschullehrer, dann zum höheren Beamten und Akademiker hinaufzuklettern. „Die Sonderung der Stände ist bei uns so scharf“, urteilte Walter Rathenau, dem personalpolitische Sachkunde schwer abzusprechen ist, noch 1917, „daß ich nur einmal in 30 Jahren den Fall erlebt habe, daß ein Arbeiter und Arbeitersohn zu einer hohen bürgerlichen Stellung aufstieg“.[2] Die sozialen Gleichheitsrechte wurden institutionell überhaupt nicht oder nur äußerst zögernd verankert. Das kann man im Bildungswesen besonders deutlich erkennen, aber auch am Vereinsrecht mit seiner eklatanten Benachteiligung der Arbeiterschaft, vor allem der Landarbeiter, ablesen; und das ideologische anti-egalitäre Gefälle suchten Staat- und Machteliten ohnehin nicht zu mildern, geschweige denn abzubauen.

Wegen der gesamtgesellschaftlichen Entscheidungskompetenz staatlicher Instanzen und politischer Vertretungskörperschaften fällt hier der Rückstau politischer Modernisierung besonders ins Gewicht. Als unrealistisch erwies sich bis 1871 Rochaus Prognose von 1862, daß mit Bismarcks Ernennung „der schärfste und letzte Bolzen der Reaktion von Gottes Gnaden“ verschossen und binnen kurzem der liberale Durchbruch zu erwarten sei.[3] Durch drei Kriege und die großpreußische Reichsgründung gelang vielmehr die Stabilisierung der alten Machtstruktur. Mit einem reichhaltigen Bündel konservierender Stützungsmaßnahmen wurden diese Bemühungen anschließend fortgesetzt. Zwar hat Bismarck in brillanten Formulierungen, die mancher schon deshalb für die Maximen seines Handelns gehalten hat, immer wieder die Anschauung ausgedrückt, daß Geschichte nicht machbar sei, „gewisse elementare Fragen sich ausleben müßten“, daß man „den Strom der Zeit nicht . . . lenken“ könne.[4] Dennoch hat er in entscheidenden inneren Fragen unbeirrbar das genaue Gegenteil getan und als Exponent der Führungsgruppen gegen Parlamentarisierung und Demokratisierung, gegen Gleichheitsrechte und Teilnahmechancen, mithin gegen elementare Strömungen der modernen Zeit Gegenkurs gehalten; die wilhelminische Polykratie folgte ihm darin nach. Auch deshalb traf Burckhardts Skepsis von 1871 zu, daß „über die weiteren inneren Entwicklungen, die das alles noch mit sich führen wird, . . . uns noch öfter die Augen übergehen“ dürften.[5]

Das Reichstagswahlrecht erfüllte zwar nicht die Hoffnungen seiner Urheber auf konservative Plebiszite – obwohl sein demokratischer Charakter für sie indirekt eine politische Pufferfunktion ausübte –, aber da es nicht mit parlamentarischem Regierungswechsel verknüpft wurde, bedeutete es bis zum Oktober 1918 nicht nur ein Stocken auf halbem Wege, sondern politische Opposition konnte weiter verketzert und ohnmächtig gehalten werden. Fraglos nahm die Bedeutung der Parteien vor der unübersteigbaren Schwelle zu den Arcana Imperii etwas zu, gesamtpolitische Verantwortung aber blieb ihnen vorenthalten. Damit verbaute sich das Regime indessen auch wichtige Loyalitätsgewinne unter dissentierenden Gruppen, die erleichterter Zugang zu legitimen politischen Entscheidungspositionen integrieren hilft. Im Hinblick darauf sagte sogar Meinecke 1910 von der „inneren Politik der Konservativen", daß sie „auf einen mit den Waffen des Polizeistaats geführten latenten Bürgerkrieg gegen die Sozialdemokratie hinausläuft".[6]

Verschärft wurde die Halbherzigkeit in der Behandlung der Reichslegislative durch die obstinate Verteidigung des mit öffentlicher Stimmabgabe verbundenen preußischen Dreiklassenwahlrechts, dem 1896 das oft übersehene neue sächsische Klassenwahlrecht zur Seite trat. Zusammen mit anderen Klassenwahlrechten (z. B. in den Hansestädten) bedeutete das einen steten Stachel für die große Mehrheit aller Wähler, die für bundesstaatliche Wahlen deklassiert wurden. Nicht nur konnten die Führungsgruppen dem Anpassungsdruck widerstehen, sondern sogar – wie im industriellen Sachsen – das Wahlrecht verschlechtern. Der Weltkrieg hat diesen brutalen Interessenegoismus erst recht unerträglich gemacht, ohne daß aus Einsicht eine Revision zustande gekommen wäre. Ahnungsvoll sprach Bethmann 1916 „von dem Alpdruck der Revolution nach dem Kriege", da „ungeheure Ansprüche der heimkehrenden Feldgrauen" zu erwarten seien. Was er für „ungeheuer" hielt, erfüllte in der Wahlrechtsfrage nach Max Webers Auffassung nur das „Mindestmaß von Schamgefühl und Anstandspflicht" – solle sich denn „die ganze Masse der heimkehrenden Krieger einflußlos in der untersten Klasse" wiederfinden, nachdem sie den Besitz der Vorzugswähler „mit ihrem Blut draußen verteidigt" hätten? In der Tat, nach Meinung der Konservativen, gleich welcher Parteicouleur, sollten sie. „Es muß immer wieder betont werden, daß das gleiche Wahlrecht Preußens, wie jedes Staates, Ende ist", schrieb z. B. Oberst Bauer im April 1918, „wozu eigentlich alle diese Opfer jetzt, um schließlich im Juden- und Proletentum zu ersticken"? Die Oktoberreform kam auch auf diesem Gebiet zu spät. Vergebens hatte also selbst der preußen- und staats-

treue Schmoller 1910 eine Revolution wie die französische von 1848 prophezeit, wenn nicht das preußische Wahlrecht ausgedehnt, geheim und direkt werde.[7]
Zwar wurde das Reichstagswahlrecht nicht rückgängig gemacht, wie das erst Liberalen, dann Militärs und Staatsstreichsympathisanten vorgeschwebt hatte, aber die Partizipationsrechte wurden auf der Ebene, auf der Entscheidungen von bundes- oder gesamtstaatlicher Relevanz fielen, auch nicht entschieden, sondern allenfalls — wie in Baden — informell ausgedehnt, manchmal sogar zurückgenommen. Die vielzitierte Mitwirkung von Arbeitervertretern in den Ortskrankenkassen der Sozialversicherung bedeutete da überhaupt keine Kompensation, schon gar nicht für den bis Mai 1918 gültigen Paragraphen 153 der Gewerbeordnung, der Koalitionszwang für strafbar erklärte, mithin die Streiksolidarität erschwerte; auch nicht für das Zusammenschlußverbot für „politische Vereine", so daß nationale gewerkschaftliche Organisationsformen erst seit 1899 allmählich möglich wurden; auch nicht für die Vorenthaltung des Klagerechts für Gewerkschaften bis zum Reichsvereinsgesetz von 1908; auch nicht für die bis 1916 verweigerte, zumindest punktuelle innerbetriebliche Mitbestimmung, so daß der konstitutionellen Monarchie nicht einmal die konstitutionelle Fabrik entsprach — eine Liste, die so bald kein Ende nimmt.
Auch auf anderen Gebieten wurde die Einrichtung von Kontrollen effektiv abgeblockt: Wer prüfte angesichts der praktischen Lähmung von Reichstag und Landtagen die Bürokratien? Wer konnte die spätabsolutistischen Sonderrechte des Militärs wirksam anfechten? Wer stand Landarbeitern gegen lokale Oligarchien ähnlich bei, wie Fabrikinspektoren und Gewerkschaftssekretäre das bei städtischen Arbeitnehmern konnten? Wer konnte gegenüber dem Gewicht der organisierten Produktionsinteressen auf erhöhter Durchsichtigkeit der legislativen Entscheidungen insistieren? Überhaupt ist es fraglich, wenn auch schwer zu messen, ob die Öffentlichkeit der Diskussionsentscheidungen zunahm. Keiner sollte die liberale Publizistik der 1860er Jahre unterschätzen und die schleichende Liberalisierung vor 1914 überschätzen.
Vorindustrielle Wertsysteme von unverändert großem Einfluß haben die Defensive des kaiserlichen Establishments unterstützt. Die deutsche Staatsideologie mystifizierte weiter Interessenpolitik als Überparteilichkeit, nährte falsche Vorbehalte gegen Parteien, schirmte die Bürokratie gegen Kritik ab. Die Sozialromantik von Mittelstand und Wandervogel, Neothomismus und völkischen Radikalen lenkte von Konflikten ab, die als unnatürlich denunziert, statt offen und politisch ausgetragen wurden. Der Borussismus rechtfertigte die Auswüchse

preußischer Politik als erquickliche Beweise für die Lebenskraft der Militärmonarchie. Sie alle verstellten den Blick auf die Realität, begünstigten aber mächtige Interessen, die sie von Katheder und Kanzel, in Lehrbuch und Presse energisch und geschickt für Deutschlands „wahre Werte" wirken ließen. Ein Blick auf die Lehrpläne für die „gesinnungsbildenden" Fächer der Volksschulen und Gymnasien zeigt, wie sehr die dort herrschenden Gedanken die Gedanken der Herrschenden widerspiegelten.

Es bleibt daher der Gesamteindruck, daß die soziopolitische Machtstruktur des Kaiserreichs mitsamt den sie stützenden Ideologien stabil genug blieb, um ihre restriktiven Bedingungen der deutschen Gesellschaft bis zum Herbst 1918 auferlegen zu können, jedoch um den Preis wachsender politischer und sozialer Disparitäten, denen das Krisenmanagement immer weniger mit dauerhaften Lösungen begegnen konnte.

Greift man hier einmal auf einige Theoreme der modernen sozialwissenschaftlichen Analyse von Entwicklungsländern zurück, wonach diese Gesellschaften vor allem auf sechs Krisen zu reagieren haben,[8] dann kann man in dem neuen deutschen Staat mit seiner in mancher Hinsicht vergleichbaren Gründungssituation feststellen, daß die Expansion und Differenzierung der Staatsverwaltung nur in der Zeit des „Kulturkampfs" eine echte Penetrationskrise auslöste. Fortab drang staatlicher Einfluß immer weiter in das gesellschaftliche Leben vor, ohne derartige Spannungen noch einmal aufzuwerfen. Mit der Integrationskrise wurden Reichsnationalismus und Wirtschaftskonjunktur, Bildungs- und Militärwesen — um nur einige der wichtigen Faktoren zu nennen — im Hinblick auf einige soziale Schichten schnell fertig, aber trotz der Nationalisierung der Arbeiterschaft blieb doch bis zuletzt die schwärende Diskriminierung der Sozialdemokratie als sichtbares Signal unvollendeter Integration erhalten. Zu einer wirklichen Identitätskrise ist es dagegen nicht gekommen. Gemeinsame Hochsprache, kulturelle und politische Traditionen, verbindende Erfahrungen im Zeitalter des Nationalstaats haben sie nicht aufkommen lassen. Unsicherheit in der Bestimmung des Verhältnisses zu den Nachbarvölkern oder der Rolle im Staatensystem wurde dadurch jedoch alles andere als ausgeschlossen. Die Distributionskrise wurde nicht gelöst, das wurde sie bisher nirgendwo, aber in Reichsdeutschland nahm sie vor 1914 gerade wegen der Gewöhnung an den im allgemeinen steigenden, aber völlig ungleichmäßig verteilten Wohlstand der Industriegesellschaft an Schärfe zu. Ähnliches gilt für die anhaltende Partizipationskrise und die Legitimationskrise eines zentrale Bedürfnisse ignorierenden, teilweise schon anachronistischen Herrschaftssystems.

Zweierlei hat dabei noch erschwerend auf diese Krisenprobleme eingewirkt. Konflikte als Bewegungskräfte einer antagonistischen Gesellschaft wurden bis zuletzt nicht voll anerkannt. Erst unter Kriegsbedingungen wurden erste Ansätze zu einer Autonomie der Tarifparteien vom Staat sanktioniert. Im Parlament als Forum der Konfliktaustragung sah sich auch die Mehrheit von 1912 unverändert der Folgenlosigkeit ihres Gewichts gegenüber. Noch 1913 konnte Bethmann Hollweg zwei Mißtrauensvoten (Polenenteignung, Zabernaffäre) mühelos ignorieren, da ihm die kaiserliche Unterstützung gewiß blieb. Gegen Klassenspannungen und Interessengegensätze wurden ein harmonisierendes Gemeinschaftsideal, vermeintliche nationale Interessen, schließlich der Mummenschanz des „Burgfriedens" bemüht, alles durchschaubare Anti-Ideologien, gewiß, aber Ausdruck der Bemühungen des Obrigkeitsstaats, seinen Untertanen die Anerkennung von Konflikten, damit jedoch auch ihre institutionalisierte Einhegung und vergleichsweise rational gebändigte Austragung möglichst lange vorzuenthalten. Welchen tief verwurzelten historischen Traditionen diese Konfliktscheu entsprang, ist oben angedeutet worden. Jedenfalls führte sie letztlich nur zur Steigerung der Gegensätze und als ein Ursachenfaktor auf die Revolution hin. Die Kosten verzögerter sozialer und politischer Modernisierung – aber auch ökonomischer, etwa im Bereich der ostelbischen Großlandwirtschaft – wurden manchmal formell der Gesamtgesellschaft aufgelastet, z. B. durch Reichsgesetze über Schutzzölle und Steuern, praktisch aber wirkte sich diese Bürde mit ungeheuren schichtenspezifischen Unterschieden aus. Ein Großagrarier konnte auf die Verteuerung importierter Grundnahrungsmittel durch die von ihm befürworteten Agrarzölle ungleich gelassener reagieren als die lohnabhängigen Massen der Industriestädte. Ein Großindustrieller mochte die kümmerlichen Progressionsraten der Einkommenssteuer, ohne sie zu spüren, als Diebstahl angreifen, aber die hohen indirekten Steuern verteuerten vor allem die Lebenshaltungskosten in Millionen ohnehin kärglich ausgestatteten Haushalten. Die relative Wehrlosigkeit der Mehrheit der unselbständig arbeitenden Konsumenten, die jahrzehntelang nur über eine diskriminierte Partei ihren Protest äußern konnten, kontrastierte eklatant mit der „Liebesgabenpolitik" gegenüber den Agrariern, der pfleglichen Behandlung der Schwerindustrie oder der aus politischen Herrschaftsinteressen durchgesetzten Bevorzugung mittelständischer Schichten. Indem z. B. mit der Handwerksgesetzgebung oder der Angestelltenversicherung materielle Ansprüche und zugleich gruppenideologische, präservatistische Bedürfnisse weithin erfüllt wurden, wurde ein systemstabilisierender

Effekt auf Kosten der Mehrheit erkauft. Generell entsprach der wachsenden Disparität der Vermögensverteilung zugunsten der Starken die Ungleichheit der Kostenumwälzung auf die Schwachen.

Auch in einem subtileren Sinn wurden soziale Gewinne und Kosten ungleich verteilt. Das bildungsaristokratische Schul- und Hochschulsystem spottete allen formellen Gleichheitschancen, setzte die Privilegierung schmaler Gesellschaftssegmente fort und fesselte in einer Zeit, in der außer geburtsständischen Vorteilen und günstiger Stellung im Produktionsprozeß zunehmend spezielle Fachkenntnisse über den sozialen Aufstieg entschieden, die Majorität durch Verweigerung qualifizierten Sachwissens und allgemeiner „Bildung" an die Zufallsbedingungen ihrer Herkunft. An der Entwicklung der bildungspolitischen Vorstellung von SPD und USPD läßt sich ablesen, wie die Mobilitätshemmung auf Grund des Ausbildungstraditionalismus allmählich erkannt wurde und aufgelockert werden sollte. Aber auch damit ist die deutsche Linke zwischen 1918 und 1933 so gut wie völlig gescheitert, und die pseudoegalitären Versprechungen nationalsozialistischer Volksgemeinschaft scheinen auch wegen der unverändert konservierten, schroff gezeigten und schmerzhaft empfundenen Bildungsunterschiede anziehend gewirkt zu haben.

Der Charakter des Bildungswesens kann vielleicht als symptomatisch für ein allgemeineres Problem angesehen werden. Die übersubjektive Lernfähigkeit von Individuen, Gruppen oder ganzen Gesellschaften scheint in hohem Maße von der relativen Offenheit oder Geschlossenheit sozialer Beziehungen abzuhängen. Auch hier laufen in Deutschland viele Linien auf das Ausbleiben einer bürgerlichen Revolution, damit auf das fehlende In-Frage-Stellen, Aufbrechen oder doch Auflockern überkommener Strukturen zurück. Die ungebrochenen Herrschaftstraditionen vorindustrieller Machteliten, die Verlängerung des Absolutismus im Militärwesen, die Schwäche des Liberalismus und die sehr frühzeitig einsetzende Entliberalisierung, die Barrieren gegen soziale Mobilität, der eigentümliche Überhang an ständischen Unterschieden und Normen, der geistesaristokratische Grundzug des Bildungswesens, der aus politischen Schwächen und Niederlagen des Bürgertums im 19. Jahrhundert resultierte, oberflächlich Entpolitisierung bedeutete, aber damit in tieferen Schichten den Status quo begünstigte — all solche nur als Beispiele genannten Faktoren hatten schon in einer Entwicklungsgeschichte ohne Revolution ihr Schwergewicht gewonnen, als sie durch die Legitimierungserfolge der Bismarckschen Politik noch einmal gestärkt wurden. Das schloß weder partielle Modernisierung z. B. der Wirtschaft aus, zumal da sich die Strategie der „Revolution von oben" gerade nach 1848 auf diesem Feld zunächst systemkräftigend auswirkte, noch machte es andere

Leistungen unmöglich. So wurde das technische Bildungswesen gegen Widerstände doch so organisiert, daß der Zufluß wissenschaftlich-technologischer Innovationen ziemlich früh einsetzte und anhielt; so profitierten viele große Städte sowohl vom Rückzug der liberalen Führungskräfte auf die Kommunalebene als auch von den bürokratischen Traditionen. Nicht zufällig galt dem amerikanischen „Progressivismus" seit den 1890er Jahren die deutsche Stadtverwaltung einschließlich der kommunalen Versorgungsbetriebe als Vorbild. Gewiß wußten 1895 mehr als 170 000 wegen Teilnahme an Streiks bestrafte Männer, was Klassenjustiz bedeutete, aber in den Städten und Landbezirken wurde doch ein hohes Maß an physischer Sicherheit gewährleistet, auch für Arbeiter, auch für Angehörige der nationalen Minderheiten. Wer angelsächsische Parteidemokratie hoch schätzt, muß auch einmal auf die Dunkelseite des Alltagslebens dort sehen, z. B. auf den Dschungel der Einwandererviertel von New York oder die Lynchjustiz in den amerikanischen Südstaaten, der nach dem Bürgerkrieg jahrzehntelang jeden Tag mindestens ein Neger zum Opfer fiel. Parteipolitik, Lynchjustiz und Großstadtleben mögen inkommensurable Größen darstellen, aber jeder Vergleich hat es unstreitig mit schwer vergleichbaren Vor- und Nachteilen zu tun. Im Kaiserreich sorgten jedenfalls nicht nur Disziplinierung und Repression — so unleugbar sie, grob oder sublimiert, ihre Wirkung ausübten — für Kohärenz, sondern auch Lebensumstände, die eine Mehrheit trotz aller Proteste nicht als so drückend empfand, daß die Krisen noch im Frieden in eine revolutionäre Situation umgeschlagen wären.

Im Hinblick auf das soziale Lernverhalten der Eliten ist daher noch einmal nach den Ursachen der relativen Stabilität zu fragen, auf deren traditionelle Grundlagen oben mehrfach hingewiesen worden ist. In einigen Bereichen wird man (in der Sprache moderner Theorie) nur von „pathologischem Lernen" sprechen können. Die Beibehaltung oder Einführung des Klassenwahlrechts, die Reaktion auf fundamentale Sozialkonflikte oder der Ausbau der Einkommenssteuer, die Zabern-Affäre von 1913 oder die Aufhebung des Sprachenparagraphen im Reichsvereinsgesetz erst im April 1917 — sie enthüllten, auch wenn man alles nur an einem ganz egoistischen Interesse an Systemerhaltung mißt, eine solche Borniertheit, daß dadurch Bethmanns Urteil bestätigt wird: die Geschichte werde „die Unbildung, Dummheit des Militarismus und die Morschheit der ganzen chauvinistisch gerichteten Oberschicht enthüllen".[9] Hier wurde der revolutionären Krise von 1918 direkt vorgearbeitet. Anderswo überwogen bei dem Beharren auf ererbten Machtpositionen Erfolge das Risiko. Fraglos erzeugte etwa das Verbundsystem zwischen Adel,

Ministerialbürokratie, Provinzialbehörden und Landräten – eine wahre Säule der Stabilität im agrarischen Ostelbien – politische Spannungen, aber der Mythos der neutralen Verwaltung und die Patina der Überlieferung hielten sie im Verein mit effektiver Berücksichtigung mächtiger Interessenten lange unter der roten Gefahrenmarke. Fraglos erzeugte auch die Verkoppelung von Militärdienst mit Sozialmilitarismus im Alltag, in Schulfächern, in Verbänden provozierende Reibungsflächen, aber die Stabilitätsgewinne blieben bis in die ersten Kriegsjahre hinein höher. In beiden Fällen enthüllte eigentlich erst der November 1918 das wahre Ausmaß der Aversion gegen Bürokratie und Militär.

Am wirksamsten waren vielleicht jene, auch auf Lernprozessen beruhenden Strategien, die Anpassung an moderne Formen mit zäher Verteidigung der überkommenen Machtstellung verknüpften. Die unheilige Trinität von Sozialimperialismus, Sozialprotektionismus und Sozialmilitarismus bietet dafür genügend Beispiele. Im Sozialimperialismus wurde die Reaktion auf die Industrialisierung mit dem Nutzeffekt zugunsten der soziopolitischen Privilegienhierarchie verbunden; im Sozialprotektionismus wurden zukunftsträchtige Einrichtungen wie die staatliche Versicherungsgesetzgebung mit ebenfalls nicht liberalen, sondern rückwärtsgewandten Schutzmaßnahmen und Sonderrechten verquickt, solange sie das Lager der „Reichsfreunde" vermehrten; im intensiv geförderten Sozialmilitarismus wurden tradierte Statusvorrechte mit modernen Agitationsformen und bewußt konzipierten Ausbildungszielen verteidigt. Ähnliches gilt für den Charakter des frühen Interventionsstaats, und auch ein moderner Interessenverband wie der BdL zeigte ganz deutlich, wie sich diese Anpassung an zeitgemäße Organisation und Propaganda durchaus mit der Behauptung alter Interessen vertrug. Überhaupt lehrt der ganze Prozeß, den Hans Rosenberg als „Pseudodemokratisierung" der alten Agrarelite beschrieben hat,[10] die oft erstaunlich elastische Bereitschaft, äußerlich mit der Zeit zu gehen, aber hinter dieser Fassade um so rücksichtsloser auf der Defensive zu beharren.

Alle diese Maßnahmen, Strategien und Prozesse pathologischen oder ingeniösen Lernens griffen ineinander. Daher und durch die Mischung von Traditionalismus und partieller Modernisierung erhielten sie einerseits erstaunlich lange die Stabilität einer historisch überlebten Machtstruktur. Sie erzielten auch immer wieder die notwendige Pazifizierung der Gegensätze. Andererseits erzeugten sie aber, vor allem auf längere Sicht, unübersehbar eine wachsende Belastung, da die derart geschützten Interessen und Traditionen den zunehmenden Ansprüchen auf Gleichheitsrechte, Teilnahmechancen und Emanzipation von fragwürdiger Überlieferung je länger, desto schwerer versöhnbar gegenüberstanden. Wie der ökonomische Erfolg der deutschen Industrialisierung enorme soziale und politische Probleme aufwarf, so forderte auch der Erfolg der Verteidigung traditioneller Machtverhältnisse in Politik, Gesellschaft und Wirtschaft seinen Preis, spät zwar, dann jedoch um so höher und länger. Der Stau an ungelösten Fragen, die schließlich anstanden; die Petrifizierung überlebter Institutionen, die der Regeneration bedurften; das starrsinnige Beharren auf Vorrechten, die längst nicht mehr Domänen weniger Privilegierter hätten sein sollen; die Permanenz der Ausflüchte und Ablenkung von inneren Reformen; die Entscheidung, lieber das Kriegsrisiko zu wählen als Konzessionen zu machen — sie sprechen das Urteil über die Lernbereitschaft der Machteliten, die sich weder willens noch fähig zeigten, rechtzeitig den Übergang zu modernen politischen und sozialen Verhältnissen einzuleiten. Denn hier handelt es sich nicht um theoretische Spekulationen, sondern um Prozesse, die in den revolutionären Bruch und Untergang des alten Regimes mündeten. Diese Zäsur gehört zur nicht wegdiskutierbaren Faktizität der Geschichte, sie bedeutete die Rechnung für die Unfähigkeit zur produktiven Anpassung.

Daß dieser Einschnitt nicht tief genug reichte und überall die Folgen der erfolgreichen Behauptung unzeitgemäßer Traditionen weiter spürbar blieben, macht die Schärfe des Kontinuitätsproblems in der deutschen Geschichte des 20. Jahrhunderts aus. Statt in durchsichtiger Apologetik „die Deformation des Urteils durch die Kategorie der Kontinuität" zu beklagen,[11] gilt es — in Übereinstimmung mit unverzichtbaren Traditionen jeder historischen Sozialwissenschaft — sich den Kontinuitätsproblemen zu stellen und sie zu differenzieren, statt zum Eskapismus zu raten. Dabei geht es selbstredend nicht um eine in der Tat oberflächliche Personalisierung (von Bismarck über Wilhelm II. und Hindenburg zu Hitler), sondern sowohl um soziale, ökonomische, politische, psychische Strukturen, die, wie Matrizen wirkend, lange Zeit dieselben oder ähnlichen Konfigurationen aufzubauen imstande waren, als auch um die Faktoren, die Abweichung und Diskontinuität unterstützten. Vor dem Hintergrund solcher Strukturen muß dann allerdings die Frage nach den spezifischen Voraussetzungen, die charismatische Politiker in Deutschland begünstigten, erneut gestellt werden.

Bis 1945, ja in manchen Bereichen darüber hinaus, wirkte sich, durch ältere historische Traditionen und neue Erfahrungen begünstigt, der fatale Erfolg der kaiserlichen Machteliten aus: In der Anfälligkeit für autoritäre Politik; der Demokratiefeindschaft im Bildungs- und Parteiwesen; im Einfluß vorindustrieller Führungsgruppen, Normen,

Wunschbilder; in der Zähigkeit der deutschen Staatsideologie; im Mythos der Bürokratie, in der Überlagerung von ständischem Gefälle und Klassengegensätzen; in der Manipulation des politischen Antisemitismus – so beginnt ein langer Katalog schwerer historischer Belastungen. Schon deshalb bleibt die Kenntnis der Geschichte des Deutschen Kaiserreiches von 1871 bis 1918 unabdingbare Voraussetzung für ein Verständnis der deutschen Geschichte in den letzten fünfzig Jahren.

V.

ANHANG

1. Abkürzungsverzeichnis

AA	=	Auswärtiges Amt
AHR	=	American Historical Review
BA	=	Bundesarchiv Koblenz
BdL	=	Bund der Landwirte
DZA	=	Deutsches Zentralarchiv, I: Potsdam
GW	=	O. v. Bismarck, Gesammelte Werke, 19 Bde, 1924/35
Fs.	=	Festschrift
GStA	=	Geheimes Staatsarchiv
Hg.	=	Herausgeber
HZ	=	Historische Zeitschrift
IESS	=	International Encyclopaedia of the Social Sciences,17 Bde, 1968
JCH	=	Journal of Contemporary History
JMH	=	Journal of Modern History
Jh.	=	Jahrhundert
MEW	=	Marx-Engels, Werke, 41 Bde, 1957/66
MS	=	Maschinenschriftliches Manuskript
Nl.	=	Nachlaß
PA	=	Politisches Archiv des AA Bonn
PVS	=	Politische Vierteljahresschrift
RB	=	O. v. Bismarck, Reden, 14 Bde, 1892/1905
RT	=	Stenographische Berichte über die Verhandlungen des Deutschen Reichstags
RV	=	Reichsverfassung
ZfG	=	Zeitschrift für Geschichtswissenschaft
ZGS	=	Zeitschrift für die Gesamte Staatswissenschaft
ZdI	=	Zentralverband deutscher Industrieller

2. Anmerkungen

Anmerkungen zu Seite 13–29

1 K. Marx, Einleitung zur Kritik der Politischen Ökonomie (1857). MEW (s. Verzeichnis der Abkürzungen S. 240) 13. 1961, 632. – Belegt werden im allgemeinen nur Zitate. Die Bibliographie im Anhang V. 3 gibt in der Reihenfolge der numerierten Abschnitte einen knappen Überblick über die wichtigste Literatur.

2 E. Rosenstock-Huessy, Die europäischen Revolutionen u. der Charakter der Nationen. Stuttgart [3]1962, 526.

3 B. Moore, Soziale Ursprünge von Diktatur u. Demokratie. Frankfurt [2]1971; H. Rosenberg, Probleme der deutschen Sozialgeschichte. Frankfurt 1969; ders., Große Depression u. Bismarckzeit. Berlin 1967.

4 E. Engels an Danielson, 18. 6. 1892. MEW 38. 1968, 365.

5 R. Dahrendorf, Demokratie u. Sozialstruktur in Deutschland, in: ders., Gesellschaft u. Freiheit. München 1961, 262.

6 Vgl. dazu H.-U. Wehler, Krisenherde des Kaiserreichs 1871–1918. Göttingen 1970, 12f.

7 K. F. Werner, NS-Geschichtsbild u. Geschichtswissenschaft. Stuttgart 1967, 97.

8 F. Engels, 1887/88. MEW 21. 1962, 454; A. Rosenberg, Entstehung u. Geschichte der Weimarer Republik. Frankfurt [13]1971, 95.

I. Teil

1 T. Veblen, Imperial Germany and the Industrial Revolution (1915). Ann Arbor 1966, s. auch Marx (MEW 23, 12f. – 50 Jahre vorher!); A. Gerschenkron, Economic Backwardness in Historical Perspective. Cambridge/Mass. 1962 ([2]1965), 5–30.

2 G. Schmoller, Charakterbilder. München 1913, 49.

3 G. Ipsen, Die preußische Bauernbefreiung als Landesausbau, Zeitschrift für Agrargeschichte 2. 1954, 47; F. Lütge, Geschichte der deutschen Agrarverfassung vom frühen Mittelalter bis zum 19. Jh. Stuttgart 1963 ([2]1967), 228.

4 Die letzten Zitate: H. Rosenberg, Die Pseudodemokratisierung der Rittergutsbesitzerklasse, in: ders., Probleme, 33, 12, 16f.

5 Gerschenkron, 62.

6 T. Hamerow, Restauration, Revolution, Reaction. Economics and Politics in Germany 1815–71. Princeton 1958, 207, 210; A. Desai, Real Wages in Germany, 1871–1913. Oxford 1968, 108, 117; I. Åkerman, Theory of Industrialism. Lund 1960, 305, 307, 309, 311, 331–80. Die wirtschafts- u. sozialstatistischen Daten, wenn nicht anders vermerkt, nach: W. G. Hoffmann u. a., Das Wachstum der deutschen Wirtschaft. Heidelberg 1965. Die folgenden Streikzahlen: W. Steglich, Eine Streiktabelle für Deutschland, 1864–80, Jahrbuch für Wirtschaftsgeschichte 1960/II, 235–83.

7 Chargé de Rumigny, 4. 4. 1829, nach: P. Benaerts, Les origines de la grande industrie allemande. Paris 1933, 15; Metternichs Denkschrift für

Kaiser Franz, Juni 1833, in: A. v. Klinkowström Hg., Aus Metternichs Nachgelassenen Papieren. V, Wien 1882, 505, 509.

[8] MEW 13. 639, 642. – Klasse wird in diesem Abschnitt als analytische Kategorie verstanden.

[9] Stenographische Berichte über die Verhandlungen des Preußischen Hauses der Abgeordneten, 1855/56, II, 462 (20. 2. 1856).

[10] E. N. Anderson, The Social and Political Conflict in Prussia, 1858–64. Lincoln 1954, 441; M. Messerschmidt, Die Armee in Staat u. Gesellschaft, in: Das Kaiserliche Deutschland. Hg. M. Stürmer. Düsseldorf 1970, 95.

[11] O. v. Bismarck, GW XV, 165, vgl. 114; H. Oncken, R. v. Bennigsen. II, Stuttgart 1910, 45; G. Ritter, Die preußischen Konservativen und Bismarcks deutsche Politik, 1858–76. Heidelberg 1913, 74.

[12] G. A. Craig, Die preußisch-deutsche Armee, 1640–1954. Düsseldorf 1960, 214; F. Lassalle, Ges. Reden u. Schriften. Hg. E. Bernstein. IV, Berlin 1919, 307f.

[13] Rosenberg (Probleme, 52) im Anschluß an C. Schmitt, Verfassungslehre (1928), Berlin [2]1957, 31 f. 118.

[14] H. Rothfels, Probleme einer Bismarck-Biographie, Deutsche Beiträge 1948/II, 170 (umgestellt). Typisch abgeschwächt in: ders., Bismarck. Stuttgart 1970, 20.

[15] G. Mann, Deutsche Geschichte des 19. Jhs. Frankfurt 1958, 383.

[16] Burckhardt an Preen, 12. 10., 17. 3. 1871, in: J. Burckhardt, Briefe. Hg. M. Burckhardt. V, Basel 1963, 139, 152; ebenso: Scrutator (M. McColl), Who is Responsible for the War? London 1870, 95, 102.

[17] R. Stadelmann, Moltke u. der Staat. Krefeld 1950, 145; J. Becker, Zum Problem der Bismarckschen Politik in der spanischen Thronfrage, HZ 212. 1971, 603; ders., Der Krieg mit Frankreich als Problem der kleindeutschen Einigungspolitik Bismarcks 1866—70, in: Das Kaiserliche Deutschland, 83. Clausewitz: Wehler, 110—12.

[18] W. Sauer, Die politische Geschichte der deutschen Armee u. das Problem des Militarismus, PVS 6. 1965, 349. Zum folg. ders., Das Problem des deutschen Nationalstaats, in: H.-U. Wehler Hg., Moderne deutsche Sozialgeschichte. Köln [4]1973, 407–36.

[19] GW V, 514f.; Otto an Talleyrand, 13. 8. 1799, in: P. Bailleu, Preußen u. Frankreich, 1795—1807. Diplomatische Correspondenzen. Leipzig 1881, 505; K. Schwartz, Leben des Gen. C. v. Clausewitz. I, Berlin 1878, 234 (21. 5. 1809); K. Griewank Hg., Gneisenau. Ein Leben in Briefen. Leipzig 1939, 379 f. (9., 14. 8. 1830); GW VIII, 459.

[20] Freytag (Sept. 1871) nach: H. Kohn, Wege u. Irrwege. Vom Geist des deutschen Bürgertums. Düsseldorf 1962, 178; A. v. Villers, Briefe eines Unbekannten. II, Leipzig [5]1910, 44f. (an A. v. Warsberg, 24. 7. 1870); G. G. Gervinus, Hinterlassene Schriften. Wien 1872, 21–23 (1. Denkschrift zum Frieden, Anfang 1871); Marx, Kritik des Gothaer Programms (1875). MEW 19. 1962, 29.

[21] R. Stadelmann, Deutschland u. die westeuropäischen Revolutionen, in: ders., Deutschland u. Westeuropa. Laupheim 1948, 14, 27f., 31.

II. Teil

[1] J. Habermas, Technik u. Wissenschaft als „Ideologie". Frankfurt 1968, 68.
[2] R. Höhn Hg., Die vaterlandslosen Gesellen, 1878–1914. I, Köln 1964, 29; MEW 6. 1959, 405; Desai, 108. Die genaue Datierung bis 1914 nach A. F. Burns, Business Cycles, IESS 2. 1968, 231 Tab. 1. Ausführlicher: Rosenberg, Depression; H.-U. Wehler, Bismarck u. der Imperialismus. Köln [3]1972, 39–111.
[3] MEW 23, 28 (1873).
[4] Höhn, I, 29; W. Mommsen Hg., Deutsche Parteiprogramme. München 1960, 790.
[5] Rosenberg, Depression, 187; ders., Probleme, 72; Tarifsätze: H.-H. Herlemann, Vom Ursprung des deutschen Agrarprotektionismus, in: Agrarwirtschaft u. Agrarpolitik, Hg. E. Gerhardt u. P. Kuhlmann. Köln 1969, 189; Motive: K. W. Hardach, Die Bedeutung wirtschaftlicher Faktoren bei der Wiedereinführung der Eisen- u. Getreidezölle in Deutschland 1879. Berlin 1967, 30–49.
[6] A. Gerschenkron, Bread and Democracy in Germany (1943). N. Y. [2]1966, 67.
[7] Statistisches Bundesamt Hg., Statistisches Jahrbuch 1963. Stuttgart 1963, 57.
[8] J. A. Schumpeter, Theorie der wirtschaftlichen Entwicklung (1911). Berlin [6]1964, 102.
[9] F. Kleinwächter, Die Kartelle. Innsbruck 1883, 143.
[10] R. Calwer Hg., Handel u. Wandel 1900. Berlin 1901, 27.
[11] Außer Hoffmann s. P.-C. Witt, Die Finanzpolitik des Deutschen Reiches, 1903–13. Lübeck 1970, 382–85; A. Feiler, Die Konjunkturperiode 1907–13. Jena 1914, 171f., 86, Tab. 177–204. Konzentration: Wehler, Krisenherde, 308f., Lit. 428f.
[12] F. Grumbach u. H. König, Beschäftigung u. Löhne der deutschen Industriewirtschaft 1888–1954, Weltwirtschaftliches Archiv 79. 1957/II, 153; T. Orsagh, Löhne in Deutschland, 1871–1913, ZGS 125. 1969, 476–83.
[13] F. Naumann, Demokratie u. Kaisertum. Berlin 1900, 92f.; K. Kitzel, Die Herrfurthsche Landgemeindeordnung. Stuttgart 1957, 13–65, Zit. 18; M. Weber, Gesammelte Aufsätze zur Sozial- u. Wirtschaftsgeschichte. Tübingen 1924, 503.
[14] L. Bamberger, Erinnerungen. Berlin 1899, 501–517; Deutscher Ökonomist 12. 6. 1909, 387f.
[15] L. Bamberger, Bismarcks Großes Spiel. Die Geheimen Tagebücher. Frankfurt 1932, 339 (6. 6. 1887). Vgl. T. Fontane, Briefe an Friedländer, Hg. K. Schreinert. Heidelberg 1954, 305, auch allg. Betrieb: z. B. G. Briefs, Betriebsführung u. Betriebsleben in der Industrie. Stuttgart 1934, 120.
[16] M. Weber, Gesammelte Politische Schriften. Tübingen [2]1958, 19.
[17] L. Brentano, Die deutschen Getreidezölle. (1911), Stuttgart [3]1925, 25–32.
[18] F. Beckmann, Die Entwicklung des deutsch-russischen Getreideverkehrs unter den Handelsverträgen von 1894 u. 1904, Jahrbücher für National-

ökonomie u. Statistik 101. 1913, 145—71; G. Schmoller, Einige Worte zum Antrag Kanitz, Schmollers Jahrbuch 19. 1895, 617; Gerschenkron, Bread, 53f., 64, 69, 74f., 79f.; Rosenberg, Probleme, 67—80.
[19] H. Heller, Staatslehre. Leiden [3]1963, 113.
[20] H. v. Friedberg an Kronprinz Friedrich, 4. 5. 1879, Nl. O. v. Richthofen, 1/1.2, PA, AA Bonn; T. W. Adorno, Einleitung, in: ders. Hg., Spätkapitalismus oder Industriegesellschaft? Stuttgart 1969, 23f.
[21] Habermas, 76f., 84, 92.
[22] Vgl. Hardach, 70–72
[23] A. Bebel, Zum 1. Oktober, Neue Zeit 9. 1891/II, 7.

III/1.

[1] A. Rosenberg, 15; Bismarck an Bülow, 21. 12. 1877, GW VI, 103.
[2] Weber, Polit. Schriften, 233. Bismarck nach: R. v. Friesen, Erinnerungen aus meinem Leben. III, Dresden 1910, 11f.
[3] G. Anschütz, Der deutsche Föderalismus, in: Veröffentlichungen der Vereinigung der Deutschen Staatsrechtslehrer. I, Berlin 1924, 14f.; T. Hobbes, Leviathan, Hg. I. Fetscher. Neuwied 1966, 206 (II, Kap. 26, Abs. 6).
[4] E. R. Huber, Deutsche Verfassungsgeschichte nach 1789. III, Stuttgart 1963, 11; folg. Zit. 18.
[5] Marx an Ruge, 5. 3. 1842, MEW 27, 397.
[6] K. D. Bracher, Die Auflösung der Weimarer Republik. Villingen [5]1971, 11.
[7] Lassalle, II, 60 (Über Verfassungswesen, 1862).
[8] Roggenbach an Bamberger, 11. 2. 1879, Nl. Bamberger, DZA I, 173/4–5. Bei W. P. Fuchs (Hg., Großherzog Friedrich v. Baden u. die Reichspolitik, 1871—1907. I, Stuttgart 1968) findet sich ein Dutzend Diktatvorwürfe.
[9] F. Meinecke, Reich u. Nation von 1871–1914, in: ders., Staat u. Persönlichkeit. Berlin 1933, 167.
[10] L. v. Schweinitz, Denkwürdigkeiten. II, Berlin 1927, 83 (18. 11. 1879) 270 (Apr. 1884), vgl. 307; ders., Briefwechsel. Berlin 1928, 214 (Mai 1886); Bosse nach J. Röhl, Deutschland ohne Bismarck. Tübingen 1969, 26; K. Oldenburg, Aus Bismarcks Bundesrat, 1878–85. Berlin 1929, 10, 38, 55; J. Hansen, G. v. Mevissen. I, Berlin 1906, 843 (1884); Kapp an Cohen, 23. 8. 1879 u. 9. 7. 1881, in: F. Kapp, Vom radikalen Frühsozialisten des Vormärz zum liberalen Parteipolitiker des Bismarckreichs. Briefe 1848–1884, Hg. H.-U. Wehler. Frankfurt 1969, 122, 133. – Ampthill an Granville, 11. 3. 1882, in: P. Knaplund Hg., Letters from the Berlin Embassy. Washington 1944, 256; Kasson an Bayard, 30. 4. 1885, in: O. Stolberg-Wernigerode, Deutschland u. die Vereinigten Staaten im Zeitalter Bismarcks. Berlin 1933, 327, 329.
[11] L. Bamberger, Bismarck Posthumus. Berlin 1899, 8; GW VIc, 156 (4. 2. 1879); GW VIII, 532.
[12] Der 18. Brumaire des Louis Bonaparte (1852), MEW 8, 115–207.
[13] L. Bamberger, Charakteristiken. Berlin 1894, 84; Engels an Marx, 13. 4. 1866, MEW 31, 208.

[14] Bamberger, Posthumus, 58, 25; Burckhardt an Preen, 26. 9. 1890, in: Burckhardt, Briefe, Hg. F. Kaphahn. Leipzig 1935, 490; Die Geheimen Papiere F. v. Holsteins. II, Göttingen 1957, 181 (17. 11. 1884).
[15] H. Gollwitzer, Der Cäsarismus Napoleons III. im Widerhall der öffentlichen Meinung Deutschlands, HZ 173. 1952, 65; s. F. Mehring, Weltkrach u. Weltmarkt. Berlin 1900, 34; S. Hellmann, Die großen europäischen Revolutionen. München [2]1919, 15–17.
[16] L. Bamberger, Zum Jahrestag der Entlassung Bismarcks (1891), in: ders., Ges. Schriften. V, Berlin 1897, 340. Vgl. die Klage der Kronprinzessin Viktoria: Mann, 430f.
[17] H. Rothfels, 170; ähnlich K. Griewank (Das Problem des christlichen Staatsmannes bei Bismarck. Berlin 1953, 55: „Anstoß und Vorbild für Entartungserscheinungen").
[18] A. v. Deines an H. Deines, 20. 3. 1890, Militärarchiv Freiburg, N 32/11; Burckhardt an Preen, 13. 4. 1877, Briefe, VI, 1966, 124; Mommsen nach: Kohn, 198, 201.
[19] GW XV, 640.
[20] Bismarck an Wilhelm I., Okt. 1879, Nl. Bismarck, 13. Schloß Friedrichsruh; dazu H. Pachnicke, Führende Männer im alten u. im neuen Reich. Berlin 1930, 63.
[21] M. Stürmer, Einleitung, in: ders. Hg., Das Kaiserliche Deutschland, 20f.
[22] GW XIV, 1475, 27. 11. 1872. Klassische Entwicklungsgeschichte: H. Rosenberg, Bureaucracy, Aristocracy, Autocracy. The Prussian Experience 1660—1815. Cambridge/Mass. 1958 u. ö., dt. bis 1848 geführt: Göttingen (demn.).
[23] K. Heinig, Das Budget. I, Tübingen 1949, 388. Allg. E. Kehr, Das soziale System der Reaktion in Preußen unter dem Ministerium Puttkamer, in: ders., Der Primat der Innenpolitik, Hg. H.-U. Wehler. Berlin [2]1970, 64–86, u. die Lit. III. 1. 4.
[24] C. zu Hohenlohe-Schillingsfürst, Denkwürdigkeiten aus der Reichskanzlerzeit. Stuttgart 1931, 290; P. Molt, Der Reichstag vor der improvisierten Revolution. Köln 1963, 142f.; P. Rassow u. K. E. Born Hg., Akten zur staatlichen Sozialpolitik in Deutschland, 1890—1914. Wiesbaden 1959, 146.
[25] E. N. u. P. R. Anderson, Political Institutions and Social Change in Continental Europe in the 19th Century. Berkeley 1967, 167, 166—237; O. Hintze, Der Beamtenstand, in: ders., Soziologie u. Geschichte. Göttingen [2]1964, 68, 66–125. Eingehender über die Zeit bis 1918: J. Kocka, Klassengesellschaft im Krieg. Deutsche Sozialgeschichte 1914—1918. Göttingen 1973, Kap. III, 67–85.
[26] Von M. Weber z. B.: Wirtschaft u. Gesellschaft. I, Tübingen [4]1956, 125–30; II, 823–876; ders., Polit. Schriften, 294—431. Überblick: A. Lotz, Geschichte des deutschen Beamtentums. Berlin 1909.
[27] Anderson, 195; Molt, 143; L. Muncy, The Junker in the Prussian Administration, 1888—1914. Providence 1944, 189f.; R. Lewinsohn, Das Geld in der Politik. Berlin 1930, 20f.; W. Runge, Politik u. Beamtentum im Par-

teienstaat. Stuttgart 1965, 170—74, 181; R. Morsey, Die Oberste Reichsverwaltung unter Bismarck, 1867–90. Münster 1957, 246.

28 C. Schmitt, H. Preuss in der deutschen Staatsrechtslehre, Neue Rundschau 41. 1930, 290; Runge, 173; J. Röhl, Beamtenpolitik im Wilhelminischen Deutschland, in: Das Kaiserliche Deutschland, 295.

29 J. Kocka, Vorindustrielle Faktoren in der deutschen Industrialisierung, in: Das Kaiserliche Deutschland, 265—86; ausführlicher ders., Unternehmensverwaltung u. Angestelltenschaft, Siemens 1847–1914. Stuttgart 1969.

III/2

1 T. Heuss, Das Bismarck-Bild im Wandel, in: L. Gall Hg., Das Bismarck-Problem. Köln 1971, 264.

2 Das Folgende mehrfach nach Gesichtspunkten von M. R. Lepsius (Parteiensystem u. Sozialstruktur: Zum Problem der Demokratisierung der deutschen Gesellschaft, in: Fs. F. Lütge. Stuttgart 1966, 371–93; Extremer Nationalismus. Stuttgart 1966; Demokratie in Deutschland als historisch-soziologisches Problem, in: Spätkapitalismus?, 197—213) u. T. Nipperdey (Über einige Grundzüge der deutschen Parteigeschichte, in: Fs. H. C. Nipperdey. II, München 1965, 815–41).

3 T. H. Marshall, Citizenship and Social Class, in: ders., Class, Citizenship, and Social Development. N. Y. 1965, 71–134.

4 G. Mayer, Die Trennung der proletarischen von der bürgerlichen Demokratie in Deutschland, 1863–70 (1912), in: ders., Radikalismus, Sozialismus u. bürgerliche Demokratie, Hg. H.-U. Wehler. Frankfurt ²1969, 108–78.

5 F. J. Stahl, Die gegenwärtigen Parteien in Staat u. Kirche. Berlin 1863, 73.

6 Kapp an Cohen, 5. 1. 1875, Briefe, 107f.; Hammacher an seine Frau, 28. 5. 1879, Nl. Hammacher 20/36f., DZA I.

7 Bamberger, Erinnerungen, 501.

8 Grundlegend dazu H.-J. Puhle, Agrarische Interessenpolitik u. preußischer Konservatismus im wilhelminischen Reich, 1893–1914. Hannover 1966.

9 H. Boldt, Deutscher Konstitutionalismus u. Bismarckreich, in: Das Kaiserliche Deutschland, 127.

10 Innenminister v. Puttkamer, 5. 12. 1883 im Abg. Haus, nach: H. v. Gerlach, Die Geschichte des preußischen Wahlrechts. Berlin 1908, 37.

11 A. Schäffle, Die Quintessenz des Sozialismus. Gotha ³1878, 1.

12 W. Andreas Hg., Gespräche Bismarcks mit dem badischen Finanzminister M. Ellstätter, Zeitschrift für die Geschichte des Oberrheins 82. 1930, 449 (1. 2. 1877); ähnlich H. v. Poschinger, Stunden bei Bismarck. Wien 1910, 98; RB VI, 346f.; VII, 287.

13 Rosenberg, Depression, 82—88. Zur politischen Programmatik: Mommsen, Parteiprogramme, 294—403; zur politischen Aktivität: die Lit. III, 2.1.4.

14 Schmoller, 52; Griewank, 47.

[15] E. Bernstein, Rez., Dokumente des Sozialismus 1. 1902, 473; s. F. Naumann. Die Politischen Parteien. Berlin 1910, 96.
[16] Mommsen (Nation 13. 12. 1902), nach: L. M. Hartmann, T. Mommsen. Gotha 1908, 258.
[17] G. Mayer, Erinnerungen. München 1949, 179.
[18] Rosenberg, Probleme, 34f.
[19] W. Hennis, Verfassungsordnung u. Verbandseinfluß, PVS 2. 1961, 23–35.
[20] E. Kehr, Soziale u. finanzielle Grundlagen der Tirpitzschen Flottenpropaganda, in: Primat, 130–48; ders., Schlachtflottenbau u. Parteipolitik, 1894–1901. Berlin 1930 ([2]1966), 169f.; W. Marienfeld, Wissenschaft u. Schlachtflottenbau in Deutschland 1897–1906. Berlin 1957, 83; H. A. Bueck, Der Zentralverband Deutscher Industrieller. I, Berlin 1902, 291f.
[21] K. v. d. Heydt an Hammacher, 30. 6. 1886, Nl. Hammacher 57; K. Lamprecht, Deutsche Geschichte. Zur jüngsten deutschen Vergangenheit (1903). II/2, Berlin [4]1921, 737.
[22] G. Radbruch, Die politischen Parteien im System des deutschen Verfassungsrechts, in: G. Anschütz u. R. Thoma Hg., Handbuch des deutschen Staatsrechts. I, Tübingen 1930, 289.
[23] W. Liebknecht, 9. 12. 1870, Norddt. RT 1:2:154.
[24] Sybel an Baumgarten, 27. 1. 1871, in: J. Heyderhoff u. P. Wentzke Hg., Deutscher Liberalismus im Zeitalter Bismarcks. I, Osnabrück [2]1967, 494; R. Stadelmann, Moltke u. das 19. Jh., HZ 166. 1942, 309.
[25] Sauer, Problem, 428–36. — NB. für historische Neotraditionalisten: Solche Techniken brauchen keinen schriftlichen Niederschlag zu finden (so daß direkte Quellen fehlen mögen), aber dennoch sind sie aus der in die politischen Verhaltensweisen gleichsam eingebauten Rationalität des Herrschaftsinteresses erschließbar; sie können sich über die Köpfe der Beteiligten hinweg als „Response" auf einen „Challenge" durchsetzen und sind dennoch im nachhinein in der Form strategischer Bedürfnisse wie intentionales Handeln interpretierbar.
[26] O. Pfülf, Bischof v. Ketteler. III, Mainz 1899, 166.
[27] RB 12, 305; GW VIII, 419; XIV/II, 910; H. Hofmann, Fürst Bismarck. III, Stuttgart 1914, 154; GW XIV/II, 955.
[28] Vgl. dazu die ausführlichere Diskussion über den politischen Antisemitismus, unten III. 3. 3.
[29] GW VIc, 350 (24. 12. 1886).
[30] R. Lucius v. Ballhausen, Bismarck-Erinnerungen. Stuttgart 1921, 304 (25. 10. 1884); E. Foerster, A. Falk. Gotha 1927, 430 (29., 30. 8. 1878); M. Stürmer Hg., Bismarck u. die preußisch-deutsche Politik. München 1970, 131, 127; ausführlich ders., Staatsstreichgedanken im Bismarckreich, HZ 209. 1969, 566–615.
[31] Marx nach: H.-U. Wehler, Sozialdemokratie u. Nationalstaat, Nationalitätenfragen in Deutschland, 1840–1914. Göttingen [2]1971, 57; Burckhardt an Preen, 26. 4. 1872, Briefe. V, 160.
[32] Bismarck an Puttkamer, 3. 3. 1883, BA, P 135/6348 (gedr. in: Stürmer Hg., Bismarck, 195).

[33] Pourtalès an Bethmann, 15. 10. 1853, in: A. v. Mutius Hg., Graf A. Pourtalès. Berlin 1933, 73; Mann, 443.
[34] Rosenberg, Probleme, 33.
[35] Schmoller, 41; Bismarck an Mittnacht, Herbst 1878 (Entwurf), Nl. Bismarck XLVII; GW VIII, 298 (18. 2. 1879); Kronratsprotokoll, 5. 6. 1878, in: Stürmer Hg., 125; C. v. Tiedemann, Aus 7 Jahrzehnten. II: 6 Jahre Chef der Reichskanzlei. Leipzig 1909, 258; J. M. v. Radowitz, Aufzeichnungen u. Erinnerungen, 1839–90, Hg. H. Holborn. II, Stuttgart 1925; Wehler, Bismarck u. der Imperialismus, 189–91.
[36] Entwurf, Anm. 35; GW VIII, 492; H. v. Bismarck an Rantzau, 29. 10. 1881, Nl. Bismarck 41 (auch W. Bussmann Hg., Staatssekretär Graf H. v. Bismarck. Aus seiner politischen Privatkorrespondenz. Göttingen 1964, 108); 30. 10. 1881, ebda, Protokoll der Staatsministeriumssitzung v. 8. 12. 1884, in: Stürmer Hg., 207; GW XV, 288, 393, 398, 449, 465.
[37] Hofmann, I, 132 (s. GW, VIII/304; RB X, 130); II, 406–8 (11. 3. 1897); D. Stegmann, Die Erben Bismarcks, 1897–1918. Köln 1970, 67; E. Kehr, Englandhaß u. Weltpolitik, in: Primat, 164; ders., Schlachtflottenbau, 265. Vgl. Berghahn: III/5.3.1, u. H. A. Winkler, Mittelstand, Demokratie u. Nationalsozialismus. Köln 1972, 40–64.
[38] Hofmann, I, 130 (RB X, 56); GW VIc, 121; O. Hintze, Das monarchische Prinzip u. die konstitutionelle Verfassung, in: ders., Staat u. Verfassung. Göttingen [3]1970, 378.
[39] Naumann, Demokratie, 139.
[40] H.-G. Zmarzlik, Bethmann Hollweg als Reichskanzler, 1909–14. Düsseldorf 1957, 50; Der Weltkrieg, Hg. Reichsarchiv. Kriegsrüstung u. Kriegswirtschaft. Anlagen I, Berlin 1930. 122f.; Stegmann, 216f., 288, 404–499.
[41] W. Rathenau, An Deutschlands Jugend. Berlin 1918, 100.

III/3

[1] J. Heyderhoff Hg., Im Ring der Gegner Bismarcks, 1865–1896. Leipzig 1943, 223 (Roggenbach an Stosch, 7. 11. 1883).
[2] L. Bamberger, Die Nachfolge Bismarcks. Berlin [2]1889, 41.
[3] GW VIb, 486 (12. 9. 1870).
[4] GW VIII, 79 (21. 4. 1873), 441 (12. 12. 1881, Bennigsen).
[5] Nach R. Hilferdings (Das Finanzkapital [1910]. Berlin 1947, 504f.) und O. Bauers (Die Nationalitätenfrage u. die Sozialdemokratie. Wien [2]1924, 491ff.) hervorragender Erörterung.
[6] W. Rathenau, Ges. Schriften. I., Berlin 1925, 188f. (im Orig. Präsens).
[7] E. Bernstein, Geschichte der Berliner Arbeiterbewegung. II, Berlin 1907, 59.
[8] Th. Mommsen an Anon., 13. 8. 1882, Nl. Bamberger 151/4, DZA I; Bamberger an Hillebrand, 17. 12. 1882, ebda, 91/72; Bleichröder (1880) nach W. Frank, Hofprediger A. Stoecker u. die christlichsoziale Bewegung. Hamburg [2]1935, 86.
[9] Wahlaufruf der Deutschkonservativen: Nl. Goldschmidt, PA.
[10] Mommsen, Parteiprogramme, 84.

[11] Foerster, Falk, 485 (10. 3. 1878, Lasker); Bamberger, Posthumus, 35 (Friedenthal).
[12] Frank, 110; H. v. Bismarck an Rantzau, 2. 11. 1881, Nl. H. v. Bismarck 41.
[13] W. v. Bismarck an Rantzau, 23. 5. 1884, Nl. Rottenburg 4/203, GStA Berlin-Dahlem.
[14] H. v. Bismarck an Rottenburg, 8. 8. 1882 (Bleichröder), Nl. Rottenburg 3; 25. 9. 1887 (AA), ebda, 3; an Münster, 20. 4. 1885 (Meade), Nl. Münster, 5, Schloß Derneburg.
[15] Bamberger an Hillebrand, 7. 12. 1880, Nl. Bamberger 91/33; Mommsen an H. Bahr, nach: P. W. Massing, Vorgeschichte des politischen Antisemitismus. Frankfurt 1959, 177.
[16] GW XIV/1, 568 (Bismarck an seine Schwester, 26. 3. 1861).
[17] Rantzau an Rottenburg, 12. 12. 1886, Nl. Rottenburg 5/237 u. Nl. O. v. Bismarck; Holstein an H. v. Bismarck, 13. 12. 1884, Nl. Bismarck 44.
[18] Wehler, Krisenherde, 188; über die Polenpolitik: 181–99 (mit Zahlen); Elsaß-Lothringen: 51—56; Nordschleswig: ders., Sozialdemokratie, 86—102.
[19] Papiere Holsteins. III, 1961, 214 (Bülow an Holstein, 10. 12. 1887); Schieder nach: Wehler, Krisenherde, 194.
[20] F. Meinecke, Ausgewählter Briefwechsel, Hg. L. Dehio u. P. Classen. Stuttgart 1962, 59 (an Goetz, 6. 5. 1915).
[21] Weber, Wirtschaft u. Gesellschaft. II, 683f., 698f.
[22] Ministerialblatt für die gesamte innere Verwaltung 37. 1876, Berlin 1877, 44.
[23] A. de Tocqueville, Über die Demokratie in Amerika. I, Stuttgart 1959, 343.
[24] Zit. nach H.-U. Wehler Hg., Geschichte u. Psychoanalyse. Köln 1971, 28f. (Litt, Adorno, Hartmann).
[25] Lepsius, Demokratie, 204.
[26] Weber, Polit. Schriften, 235f.
[27] R. Dahrendorf, Soziale Klassen u. Klassenkonflikt in der industriellen Gesellschaft. Stuttgart 1957, 64.
[28] G. W. F. Hegel, Briefe, Hg. J. Hoffmeister. I, Hamburg 1953, 253 (an Niethammer, 28. 10. 1808).
[29] T. Nipperdey, Volksschule u. Revolution im Vormärz, in: Fs. Schieder. München 1968, 117 (F. W. IV.), 141f.
[30] Die folgenden Angaben nach: F. Ringer, Higher Education in Germany in the 19th Century, JCH 2. 1967, 123–38; W. Zorn, Hochschule u. höhere Schule in der deutschen Sozialgeschichte der Neuzeit, in: Fs. M. Braubach. Münster 1964, 321–39.
[31] C. v. Ferber, Die Entwicklung des Lehrkörpers der deutschen Universitäten u. Hochschulen, 1864—1954. Göttingen 1956, 176f.
[32] Der Preußische Landtag. Handbuch für sozialdemokratische Wähler. Berlin 1908, 505.
[33] R. Michels, Umschichtungen der herrschenden Klassen nach dem Kriege. Stuttgart 1934, 68.

[34] T. Eschenburg, Ämterpatronage. Stuttgart 1961, 20, vgl. 33–41.
[35] Eine persönliche Reminiszenz: Noch 1953 wurde während einer Diskussion die Konzession des Vorsitzenden des früher hochfeudalen Bonner Corps „Borussia", man habe sogar zwei Bürgerliche aufgenommen, unter dem Pfeifen von Burschenschaftlern von Korpsstudenten mit einem „Pfui Deibel" quittiert.
[36] R. Schmidt, Die Zeit, 13. 10. 1967, 29.
[37] E. Fraenkel, Zur Soziologie der Klassenjustiz. Berlin 1927 (Darmstadt 1968), 41.
[38] Weber, Wirtschaft u. Gesellschaft. II, 660; A. Einstein – H. u. M. Born, Briefwechsel, 1916—55. München 1969, 39 (9. 12. 1919).
[39] O. Hintze, Die Industrialisierungspolitik Friedrich d. Gr., in: ders., Historische u. Politische Aufsätze. II, Berlin [2]o. J., 132 (vorher, 131: „Eine Wirkung friderizianischer Gedanken in der inneren Verwaltung wie in der äußeren Politik"!).
[40] Nach H. Dietzel, Bismarck, Handwörterbuch der Staatswissenschaften. III, Jena [3]1909, 65.
[41] Interpellation Stumm u. a., RT 4:3:3, Anl. I, 17; H. Herzfeld, J. v. Miquel, II, Detmold 1938, 33; Wehler, Bismarck u. d. Imperialismus, 459—64.
[42] Schmoller, Charakterbilder, 41, 59.
[43] Stolbergs Votum im Preuß. Staatsministerium, 11. 9. 1878, in: Stürmer Hg., 133; B. Croce, Geschichte Europas im 19. Jh. Frankfurt [3]1968, 266.
[44] RB XII, 639f.
[45] GW VIc, 230; VIII, 396; H. Rothfels, T. Lohmann, 1871–1905. Berlin 1927, 63f.
[46] H. v. Lerchenfeld-Koefering, Erinnerungen u. Denkwürdigkeiten, 1848—1925. Berlin [2]1935, 297 (1890); Briefe u. sozialpolitische Aufsätze von Dr. Rodbertus-Jagetzow, Hg. R. Meyer. I, Berlin 1882, 136 (Rodbertus an Meyer, 29. 11. 1871).
[47] H. Delbrück, Polit. Korrespondenz, Preußische Jahrbücher 57. 1886, 312; Zahlen: Deutsche Wirtschaftskunde. Berlin 1930, 337—42; S. Andić u. J. Veverka, The Growth of Government Expenditures in Germany Since the Unification, Finanzarchiv 23. 1963/64, 247. Ausgaben p. c.:

1885:	59 M.	
1891:	158 M.	5,1 % d. Reichshaushalts
1901:	424 M.	8,7 %
1907:	686 M.	9,6 %
1913:	994 M.	10,3 %

[48] K. E. Born, Staat u. Sozialpolitik nach Bismarcks Sturz, 1890–1914. Wiesbaden 1957, 98, 104f., 178, 183, 214, 218, 223, 101, 90, 96, 246.

III/4

[1] R. Goldscheid, Staat, öffentlicher Haushalt u. Gesellschaft, in: Handbuch der Finanzwissenschaft, Hg. W. Gerloff. I, Tübingen 1926, 171; ders., Staatssozialismus oder Staatskapitalismus. Wien 1917.

[2] W. Gerloff, Der Staatshaushalt u. das Finanzsystem Deutschlands, 1820–1927, in: ders. Hg., III, 1929, 9; diesem unübertroffenen Abriß (1–69) folge ich hier, das nächste Zitat: ebda, 10.
[3] GW VI c, 406 (22. 1. 1889). Folg. Zitat: Rosenberg, Probleme, 69, 19.
[4] F. Hartung, Deutsche Geschichte, 1871–1919. Stuttgart [6]1952, 232.
[5] Gerloff, 28.
[6] Witt, 275; zur Entwicklung vorher: 139ff., vgl. 292ff.
[7] Provinzial-Korrespondenz 12. 10. 1881.
[8] Gerloff, 19f., 23, 28; A. Wagner, Grundlegung der politischen Ökonomie. Leipzig [3]1892, 895. Allg. Andić/Veverka, 243–78.
[9] Rosenberg, Depression, 45. Zahlen: A. Spiethoff, Die wirtschaftlichen Wechsellagen. II, Tübingen 1955, 2; H. Stuebel, Staat u. Banken im preußischen Anleihewesen, 1871—1913. Berlin 1935, 22, 43.
[10] W. Fischer u. P. Czada, Die soziale Verteilung von mobilem Vermögen in Deutschland seit dem Spätmittelalter, in: 3. International Conference of Economic History. II, Paris 1968, 287. Zahlen: W. G. Hoffmann u. J. H. Müller, Das deutsche Volkseinkommen, 1851—1955, Tübingen 1959; P. Jostock, The Long-term Growth of National Income in Germany, in: Income and Wealth. V, Hg. S. Kuznets. London 1955, 79–122; Andić/Veverka, 241.
[11] P. N. Stearns, European Society in Upheaval. Social History since 1800. N. Y. 1967, 206.
[12] Hoffmann, Wachstum, 86f., 95, 100.

III/5

[1] GW X, 324 (11. 3. 1867).
[2] Stürmer Hg., 221 (9. 1. 1887); Lucius, 51.
[3] Richter: E. Eyck, Bismarck. III, Zürich 1944, 76; Mallinckrodt: A. Wahl, Deutsche Geschichte von der Reichsgründung bis zum Ausbruch des Weltkrieges. I, Stuttgart 1926, 114; Bennigsen: RT 2:1:2:754.
[4] R. Schmidt-Bückeburg, Das Militärkabinett der preußischen Könige u. deutschen Kaiser, 1787—1918. Berlin 1933, 78.
[5] Hohenlohe-Schillingsfürst, Reichskanzlerzeit, 116 (2. 11. 1895).
[6] Friedrich III., Das Kriegstagebuch von 1870/71, Hg. H. O Meisner. Berlin 1926, 325.
[7] Großherzog F. v. Baden, 93 (12. 4. 1875).
[8] Wehler, Krisenherde, 174f.
[9] G. Ritter, Der Schlieffenplan. München 1956, 68f.; zum Folg. 27, 71f., 79, 81, 35.
[10] F. Meinecke, Die deutsche Katastrophe (1946), in: ders. Autobiographische Schriften. Stuttgart 1969, 367.
[11] T. v. Bethmann Hollweg, Betrachtungen zum Weltkriege. II, Berlin 1919, 9.
[12] Ritter, Schlieffenplan, 95, 83, 91.
[13] H. Bley, Kolonialherrschaft u. Sozialstruktur in Deutsch-Südwestafrika, 1894—1914. Hamburg 1968, 203f.

[14] G. Ritter, Staatskunst u. Kriegshandwerk. I, München 1954, 32.
[15] Ebda. II, 1960, 115.
[16] MEW 17, 106 (Engels, 17. 9. 1870).
[17] A. v. Roon, Denkwürdigkeiten. III, Berlin [5]1905, 390 (4. 2. 1874).
[18] W. an v. Gossler, 20. 2. 1897 Nl. Bülow, 22, 85–91, BA. A. v. Waldersee, Denkwürdigkeiten, Hg. H. O. Meisner. II, Stuttgart 1923, 388 (an Wilh. II, 27. 1. 1897).
[19] W. Deist, Die Armee in Staat u. Gesellschaft, 1890–1914, in: Das Kaiserliche Deutschland, 318, 329.
[20] Roon, I, 154 (25. 3. 1848).
[21] Stadelmann, Moltke, 407 (6. 12. 1861).
[22] Schweinitz, Denkwürdigkeiten. I, 259 (26. 5. 1870).
[23] Waldersee an Manteuffel. 8. 2. 1877, nach: Ritter, II, 360f.
[24] Der Weltkrieg, Anlagen II, 91 (Nr. 26, 19. 4. 1904).
[25] M. Kitchen, The German Officercorps 1890–1914. Oxford 1968, 5, 22, 24; Deist, 322; Kehr, Primat, 58.
[26] Der Weltkrieg, II, 180 (Nr. 56, 20. 1. 1913); vorher: H. Herzfeld, Die deutsche Rüstungspolitik vor dem Weltkrieg. Bonn 1923, 63.
[27] Kitchen, 148; Antisemitismus: 22–48; Ehrengerichte: 51.
[28] Wehler, Krisenherde, 65–83.
[29] Messerschmidt, 110.
[30] Kitchen, 132, 141f.; K. Saul, Der „Deutsche Kriegerbund", Militärgeschichtliche Mitteilungen 1969/II, 159.
[31] V. Berghahn, Der Tirpitz-Plan. Düsseldorf 1971.
[32] A. v. Tirpitz, Erinnerungen. Leipzig [2]1920, 98, 96, 52.
[33] Kehr, Schlachtflottenbau, 45, 107; A. T. Mahan, The Influence of Sea Power Upon History, Boston 1890; vgl. ders., Die weiße Rasse u. die Seeherrschaft. Leipzig 1909.
[34] T. Heuss, F. Naumann. Stuttgart 1937, 138.
[35] Bethmann an Valentini, 9. 12. 1915, nach Stegmann, 456.
[36] Beehler an State Dept., 31. 3. 1900, Record Group 59, National Archives, Washington, D. C.
[37] Dazu Kehr u. Berghahn.
[38] Berghahn, 392.

III/6

[1] Wehler, Bismarck, 41f.; ders., Krisenherde, 306f.
[2] Nipperdey, Grundzüge, 832f.
[3] E. v. Weber, 4 Jahre in Afrika. II, Leipzig 1878, 564; zum Folg.: Wehler, Bismarck, 112—93, spez. 121, 163.
[4] Miquel nach: H. Böhme, Deutschlands Weg zur Großmacht. Köln [2]1972, 316; Holstein an Kiderlen, 30. 4. 1897, Nl. Kiderlen (Kopie Böhme); ähnlich an Eulenberg, 4. 12. 1894, in: J. Haller Hg., Aus dem Leben des Fürsten P. zu Eulenburg. Berlin 1924, 173.

[5] In: A. Kirchhoff Hg., Deutsche Universitätslehrer über die Flottenvorlage. Berlin 1900, 21.
[6] Tagebuch 31. 12. 1895, in: H. Mohs Hg., A. Graf v. Waldersee in seinem militärischen Wirken. II, Berlin 1929, 383; Bülow an Eulenburg, 26. 12. 1897, in: Röhl, Deutschland, 229.
[7] B. v. Bülow, Deutsche Politik, in: Deutschland unter Kaiser Wilhelm II., Hg. S. Körte u. a. I, Berlin 1914, 97 f.
[8] K. D. Bracher, Deutschland zwischen Demokratie u. Diktatur. München 1964, 155.
[9] A. L. v. Rochau, Grundsätze der Realpolitik. Stuttgart 1853, 28 (Hg. H.-U. Wehler, Berlin 1972, 40).
[10] MEW 30, 249 (18. 6. 1862); 20, 565 (Dialektik der Natur); an Lawrow, 12./17. 11. 1875, ebda, 34, 170; H. Plessner, Zur Soziologie der modernen Forschung, in: Versuche zu einer Soziologie des Wissens. München 1924, 423.
[11] G. Himmelfarb, Darwin and the Darwinian Revolution. N. Y. 1959, 157—61, 235f.; 393–96; R. M. Young, Malthus and the Evolutionists: The Common Context of Biological and Social Theory, Past & Present 43. 1969, 109—45; H.-U. Wehler, Sozialdarwinismus im expandierenden Industriestaat, in: Fs. F. Fischer, Düsseldorf 1973, 133—42; C. Darwin, The Descent of Man. I, N. Y. 1871, 154, 173 f.; ders., Life and Letters, Hg. F. Darwin. I, London 1887, 69, 316.
[12] Hilferding, 504–6; ähnlich Bauer, 491–507.

III/7

[1] Nach A. Hillgruber, Entwicklung, Wandlung u. Zerstörung des deutschen Nationalstaats, 1871–1945; in: 1871. Fragen an die Deutsche Geschichte. (Berlin 1971), 171–203.
[2] Ranke nach: E. Kessel, Rankes Auffassung der amerikanischen Geschichte, Jahrbuch für Amerikastudien 7. 1962, 31 (aus dem Nachlaß).
[3] MEW 17. 1964, 268–79; hierzu Wehler, Krisenherde, 22f.; Wilhelms I. Urteil: ebda, 331, Anm. 16.
[4] Bismarck an Arnim, 2. 2. 1873, GP I, Nr. 96; Wehler, Bismarck, 316.
[5] A. v. Waldersee, Aus dem Briefwechsel, Hg. H. O. Meisner. I., Berlin 1928, 36, 57, 69; K. E. Jeismann, Das Problem des Präventivkriegs. Freiburg 1957, 109ff.; Bismarck an Bronsart, 31. 12. 1887, GW 6c, 378f.
[6] Wehler, Krisenherde, 334f., Anm. 31; GP XII, 279 (22. 1. 1897); Schlieffen: Kitchen, 105.
[7] B. v. Bülow, Denkwürdigkeiten. I, Berlin 1930, 429; Schweinitz, Briefwechsel, 193.
[8] F. Ponsonby Hg., Briefe der Kaiserin Friederich. Berlin 1929, 471; Queen Victoria, Letters. 2. S., III, London 1928, 505f.; Holstein, II, 167; GW 8, 381, 383.
[9] Holstein, I, 123. Das Folgende nach: Wehler, Krisenherde, 163—80.

[10] R. Wittram, Bismarcks Rußlandpolitik nach der Reichsgründung, in: H. Hallmann Hg., Zur Geschichte und Problematik des deutsch-russischen Rückversicherungsvertrags von 1887. Darmstadt 1968, 469.
[11] Bismarck an Reuss, 15. 12. 1887, GP VI, 1163; Stürmer Hg., 245; Wehler, Krisenherde, 175.
[12] H. Oncken, Das alte u. das neue Mitteleuropa. Gotha 1917, 56.

III/8

[1] F. Fischer, Griff nach der Weltmacht, Düsseldorf 1961; ders., Krieg der Illusionen. Die deutsche Politik 1911—14. Düsseldorf 1969.
[2] Fischer, Krieg, 366.
[3] F. Meinecke, Werke II, Darmstadt 1958, 62 (22. 5. 1912); W. J. Mommsen, Neue Politische Literatur 1971, 485.
[4] Bueck und Erzberger werden zitiert in: Fischer, Krieg der Illusionen, 53, 47. Vgl. D. Groh, Negative Integration u. revolutionärer Attentismus, Die deutsche Sozialdemokratie 1909–1914. Berlin 1973, Kap. 4; ders., Je eher, desto besser. Innenpolitische Faktoren für die Präventivkriegsbereitschaft des Deutschen Reiches 1913/14, PVS 13. 1972, 501–21; Gespräch Ratibors mit Cambon: The Diary of Lord Bertie of Thame, 1914–1918, Hg. L. A. G. Lennox. I, London 1924, 352, 355 (1./2. 6. 1916, von Cambon); Lerchenfeld: P. Dirr Hg., Bayerische Dokumente zum Kriegsausbruch. München [3]1925, 113 (4. 6. 1914); Heydebrand: K. Riezler, Tagebücher, Hg. K. D. Erdmann. Göttingen 1972, 183 (7. 7. 1914).
[5] Gespräch Bethmanns mit Haussmann, 24. 1. 1918, nach: W. Steglich, Die Friedenspolitik der Mittelmächte. I, Wiesbaden 1964, 418 (dort auch „in 2 Jahren").
[6] Nach Lerchenfeld u. Riezler, Anm. 4.
[7] Mommsen, 493.
[8] Burckhardt Briefe, V, 160; MEW 21, 350f.; F. X. Kraus, Tagebücher, Hg. H. Schiel. Köln 1957, 684 (21. 3. 1897, von Jolly nach Besuch in Friedrichsruh).
[9] Dies und das Folgende nach F. Lütge, Die deutsche Kriegsfinanzierung im 1. und 2. Weltkrieg, in: Fs. R. Stucken. Göttingen 1953, 243–57, Zit. 249f.; R. Andexel (Imperialismus, Staatsfinanzen, Rüstung, Krieg. Berlin 1968, 15–59) schätzt 150–170 Mrd., täglich 85–95 Mill. M.: England: 105, Frankreich: 74, alle: 485 Mrd. M.
[10] Nach G. Keiser, Die Erschütterung der Kreditwirtschaft zu Beginn des Krieges 1914/18, Bankarchiv 39. 1939, 505.
[11] G. D. Feldman, Army, Industry and Labor in Germany, 1914–18. Princeton 1966, 149—249; neben der zu III. 8 ständig heranzuziehenden Analyse von Kocka (Klassengesellschaft) die beste Arbeit hierzu.
[12] So der Untertitel der vorzüglichen Studie von: K.-H. Janssen, Macht u. Verblendung. Göttingen 1963. Die Lit. über die Kriegsziele in: W. Schieder Hg., Erster Weltkrieg. Köln 1969.
[13] S. Anm. 4 u. MEW 21, 351.

[14] A. Hillgruber, Deutschlands Rolle in der Vorgeschichte der beiden Weltkriege. Göttingen 1967, 58.
[15] Zitate: ebda, 64, 66, vgl. 60–67; Zit. unten: 63. Die Verträge: H. Stoecker Hg., Handbuch der Verträge, 1871–1964. Berlin 1968, 171–75.
[16] Ludendorff an H. Delbrück, 29. 12. 1915, nach: E. Zechlin, Ludendorff im Jahre 1915, HZ 211. 1970, 352.
[17] Dazu Wehler, Krisenherde, 98–109.
[18] K. Kraus, Unsterblicher Witz. München 1961, 318, 329.
[19] H. Delbrück: Das Werk des Untersuchungsausschusses der Verfassungsgebenden Deutschen Nationalversammlung u. des Deutschen Reichstags, Reihe IV, 4, 156, vgl. 2, 173; 7, 261. Bauer: W. Deist Hg., Militär u. Innenpolitik im Weltkrieg, 1914–18. II, Düsseldorf 1970, 651f. (Nr. 246), dort in der Einl. zu Bd. I Argumente gegen die OHL-Diktatur-These; vgl. auch v. Thaer (u. Anm. 23), 151, 198. – W. J. Mommsen, Die deutsche öffentliche Meinung u. der Zusammenbruch des Regierungssystems Bethmann Hollweg, Geschichte in Wissenschaft u. Unterricht 20. 1969, 657, Anm. 4; Wehler, Krisenherde, 364, Anm. 37.
[20] Nach: Stegmann, 501 (3. 8. 1918), vgl. 497–519.
[21] Meinecke, Werke II, 251, vgl. 222.
[22] Ders., Autobiogr. Schriften, 354 (Deutsche Katastrophe, 1946).
[23] A. v. Thaer, Generalstabsdienst an der Front u. in der Obersten Heeresleitung, Hg. S. A. Kaehler. Göttingen 1958, 234f. Riezler, 480.
[24] Thaer, 236, W. Groener, Lebenserinnerungen, Hg. F. Hiller v. Gaertringen. Göttingen 1957, 466; Stegmann, 515.
[25] Werk des Untersuchungsausschusses, IV, 2, 401; Illustrierte Geschichte der Deutschen Revolution. Berlin 1929, 169; Feldman, 516, vgl. 363, 502–7; Groener, 450.
[26] E. Matthias u. R. Morsey, Die Bildung der Regierung des Prinzen M. v. Baden, in: Vom Kaiserreich zur Weimarer Republik, Hg. E. Kolb. Köln 1972, 76, Anm. 68 (nach P. Scheidemann, Memoiren eines Sozialdemokraten. II, Dresden 1928, 187); dort z. B. die erwähnte These.
[27] A. Rosenberg, 218; E. Matthias u. R. Morsey Hg., Die Regierung des Prinzen M. v. Baden. Düsseldorf 1962, 216 (16. 10. 1918).
[28] Deist, II, 1316, Anm. 8; ders., Die Politik der Seekriegsleitung u. die Rebellion der Flotte Ende Oktober 1918, Vierteljahrshefte für Zeitgeschichte 14. 1966, 341–68; W. Sauer, Das Scheitern der parlamentarischen Monarchie, in: Kolb Hg., 77–99.
[29] E. Troeltsch, Spektator-Briefe. Tübingen 1924, 19 (30. 11. 1918). Das folgende im Anschluß an R. Rürup (Probleme der Revolution in Deutschland 1918/19. Wiesbaden 1968), E. Kolb Hg. und die dort resümierte neue Lit. (v. Oertzen, Kolb, Tormin u. a.).
[30] Kolb, 25, u. H. Grebing, ebda, 386–403. Die alte Version: K. D. Erdmann, Das Zeitalter der Weltkriege (Gebhardt IV). Stuttgart [8]1959, 77–92.
[31] Rürup, 20.
[32] Riezler, 359 (14. 6. 1916); Troeltsch, 302f.; Mayer, Erinnerungen, 314.

[33] G. D. Feldman u. a., Die Massenbewegungen der Arbeiterschaft in Deutschland am Ende des Ersten Weltkrieges (1917–1920), PVS 13. 1972, 85 (Zit.); ders., The Origins of the Stinnes-Legien Agreement, in: Fs. Rosenberg, Berlin 1970, 312—41.
[34] R. N. Hunt, F. Ebert u. die deutsche Revolution von 1918, in: Kolb Hg., 135 (danach unten über die Militärpolitik).
[35] G. Mann, Deutsche Geschichte des 19. u. 20. Jhs. Frankfurt 1958, 670.
[36] Feldman u. a., 97.
[37] Troeltsch, 15.
[38] Nach Gesichtspunkten von G. A. Ritter, ‚Direkte Demokratie' u. Rätewesen in Geschichte u. Theorie, in: E. K. Scheuch Hg., Die Widertäufer in der Wohlstandsgesellschaft. Köln 1969, 188–216.

IV. Teil

[1] J. Ziekursch, Politische Geschichte des Neuen Deutschen Kaiserreichs. I, Frankfurt 1925, 3f.
[2] W. Rathenau, Briefe. I, 250 (an E. Norlind, 1. 4. 1917).
[3] Rochau, Hg. Wehler, 9.
[4] GW 8, 340; RB 13, 105; vgl. 4, 192; 12, 380; 13, 130.
[5] Burckhardt, V, 130 (12. 10. 1871).
[6] Meinecke, Werke II, 41.
[7] Riezler, 359; Weber, Polit. Schriften, 235; Stegmann, 502; G. Schmoller, Die preußische Wahlrechtsreform von 1910, Schmollers Jahrbuch 33. 1910, 357, 361–64.
[8] Vgl. Committee on Comparative Politics Hg., Studies in Political Development. 7 Bde, Princeton 1963–71, vor allem L. Binder Hg., Crises, 1971.
[9] Riezler, 426 (13. 4. 1917).
[10] Rosenberg, Probleme, 7—49.
[11] P. Kielmansegg, Von den Schwierigkeiten, deutsche Geschichte zu schreiben, Merkur 276. 1971, 366–79.

3. Bibliographie

Die folgenden Literaturhinweise stellen eine äußerst knappe Auswahl dar, für die zwei Gesichtspunkte maßgebend waren: Einmal soll auf allgemein wichtige Studien (möglichst mit weiterführenden bibliographischen Angaben), dann auf besonders anregende Untersuchungen aufmerksam gemacht werden.

Quellen- u. Literaturverzeichnisse: Dahlmann-Waitz, Quellenkunde der deutschen Geschichte, Hg. H. Heimpel. Stuttgart seit [10]1969. – Knapp: W. Baumgart Hg., Bücherverzeichnis zur deutschen Geschichte. Berlin 1971.

Literaturübersichten zur

A. *Allgemeinen und politischen Geschichte:* Th. Schieder Hg., Handbuch der Europäischen Geschichte. VI, Stuttgart 1968, XV—230. — H. Grundmann Hg., Gebhardt-Handbuch der Deutschen Geschichte. III, Stuttgart [9]1970, 140–375; IV/1, [9]1974. – E. Büssem u. M. Neher Hg., Repetitorium der deutschen Geschichte, Neuzeit 3:1871–1914. München 1972.

B. *Verfassungsgeschichte:* E. R. Huber, Deutsche Verfassungsgeschichte seit 1789. III–V, Stuttgart 1973/77. – E.-W. Böckenförde u. R. Wahl Hg., Moderne Deutsche Verfassungsgeschichte, 1815–1918. Köln 1972, 471–92.

C. *Sozialgeschichte:* H.-U. Wehler Hg., Moderne Deutsche Sozialgeschichte. Köln [5]1976, 565–640. – W. Köllmann u. P. Marschalck Hg., Bevölkerungsgeschichte. Köln 1972, 391—400.

D. *Wirtschaftsgeschichte:* H.-U. Wehler, Probleme der modernen deutschen Wirtschaftsgeschichte, in: ders., Krisenherde des Kaiserreichs, 1871—1918. Göttingen 1970, 408—30. – D. S. Landes, Technological Change and Development in Western Europe, 1750–1914, in: The Cambridge Economic History of Europe. VI/ 2. 1965, 943–1007. – Vgl. auch jeweils die Artikel in der IESS, im Handwörterbuch der Sozialwissenschaften (1953–68) und im Handwörterbuch der Staatswissenschaften ([3]1909 u. [4]1924).

Zur Geschichtsschreibung: Deutsche Historiker, Hg. H.-U. Wehler. 5 Bde, Göttingen 1971/72, in 1 Bd. 1973. — J. Streisand Hg., Studien über die deutsche Geschichtswissenschaft. 2 Bde, Berlin 1963/65. – G. Iggers, Deutsche Geschichtswissenschaft. München [2]1972. – Theoriefragen: H.-U. Wehler, Geschichte als Historische Sozialwissenschaft. Frankfurt [2]1977.

Einige *allgemeine Darstellungen*, die von unterschiedlichen Positionen aus geschrieben wurden: G. Mann, Deutsche Geschichte des 19. u. 20. Jhs. Frankfurt 1958 u. ö. — A. Rosenberg, Entstehung u. Geschichte der Weimarer Republik. Frankfurt 1955 u. ö., 17–319. — K. Buchheim, Das Deutsche Kaiserreich, 1871—1918. München 1969. – J. Ziekursch, Politische Geschichte des Neuen Deutschen Kaiserreiches. 3 Bde, Frankfurt 1925/30. – E. Engelberg, Deutschland 1871—1897. Berlin 1965; F. Klein, Deutschland 1897—1917. Berlin [4]1977. – E. Eyck, Bismarck. 3 Bde, Zürich 1941/44; ders., Das persönliche Regiment Wilhelms II. Zürich 1948. – The New Cambridge Modern History, XI: 1870—98. 1962; XII: 1898—1945. 1960 u. neu 1968. Vgl. auch: R. Dahrendorf, Gesellschaft u. Demokratie in Deutschland. München 1965 u. ö.; G. Barraclough, Tendenzen der Geschichte im 20. Jh. München [2]1970; A. Mayer, Dynamics of Counterrevolution in Europe 1870–1956. N. Y. 1971.

Neuere *Arbeitsbücher und Sammelbände:* Das Kaiserliche Deutschland, Hg. M. Stürmer. Düsseldorf ²1977; Probleme der Reichsgründungszeit, 1848–79, Hg. H. Böhme. Köln ²1973; Wehler, Krisenherde; Die großpreußisch-militaristische Reichsgründung, Hg. H. Bartel u. E. Engelberg. 2 Bde, Berlin 1971.
Fortab folgt die Bibliographie der Gliederung des Textes nach Sachgesichtspunkten:
I. 1: Zur Agrargeschichte vgl. II. 1. Zum Landadel: H. Rosenberg, Probleme der deutschen Sozialgeschichte. Frankfurt 1969; F. Tönnies, Deutscher Adel im 19. Jh., Neue Rundschau 23. 1912/II, 1041–63; R. Meyer, Adelsstand u. Junkerklasse, Neue Deutsche Rundschau 10. 1899, 1078–90; H. Preuss, Die Junkerfrage. Berlin 1897. Ein sozialhistorisches Kollektivporträt fehlt. Vgl. die Lit. oben C.
I. 2: Zur Industrialisierungsgeschichte vgl. II. 1, sowie W. G. Hoffmann, The Take-Off in Germany, in: W. W. Rostow Hg., The Economics of Take-Off into Sustained Growth. London ²1968, 95–118; H. Böhme, Deutschlands Weg zur Großmacht, 1848–81. Köln ²1972; T. S. Hamerow, Restoration, Revolution, Reaction. Economics and Politics in Germany, 1815–71. Princeton 1958; ders., The Social Foundations of German Unification, 1858–71. 2 Bde, Princeton 1969/73; H. Rosenberg, Die Weltwirtschaftskrisis 1857–59. Stuttgart 1934, Neudr. Göttingen 1974.
I. 3: E. N. Anderson, The Social and Political Conflict in Prussia, 1858–64. Lincoln 1954; zuletzt: R. Wahl, Der preußische Verfassungskonflikt u. das konstitutionelle System des Kaiserreichs, in: Böckenförde u. Wahl, 171–94; G. Mayer, Radikalismus, Sozialismus u. bürgerliche Demokratie, Hg. H.-U. Wehler. Frankfurt ²1969, mit Lit. über Liberalismus u. Arbeiterbewegung in den 1860er Jahren.
I. 4: Zur Kriegspolitik (mit der wichtigsten Lit.): J. Becker, Der Krieg mit Frankreich als Problem der kleindeutschen Einigungspolitik Bismarcks 1866 bis 1870, in: Das Kaiserliche Deutschland, 75–88; ders., Zum Problem der Bismarckschen Politik in der spanischen Thronfrage 1870, HZ 212. 1971, 529–607, wo gegen die unhaltbare Enlastung der preußischen Politik bei E. Kolb (Der Kriegsausbruch 1870. Göttingen 1970) überzeugend argumentiert wird.
II. 1: Nützliche Datensammlungen: W. G. Hoffmann u. a., Das Wachstum der deutschen Wirtschaft. Heidelberg 1965; A. Spiethoff, Die wirtschaftlichen Wechsellagen. 2 Bde, Tübingen 1955, vor allem die Tafeln in II. – K. Borchardt, The Industrial Revolution in Germany. London 1972, dt. München 1972; D. André, Indikatoren des technischen Fortschritts. Eine Analyse der Wirtschaftsentwicklung in Deutschland 1850–1913. Göttingen 1971. Anregend vor allem: H. Rosenberg, Große Depression u. Bismarckzeit. Berlin ²1976. Überblick: H.-U. Wehler, Bismarck u. der Imperialismus. dtv, ⁴1976, 39–111. Speziell zu 1873–79: H. Mottek, Die Gründerkrise, Jahrbuch für Wirtschaftsgeschichte 1966/I, 51–128. Eine moderne wirtschaftshistorische Gesamtdarstellung fehlt. — Zur Agrarwirtschaft: H. Rosenberg, Probleme; ders., Große Depression; W. Abel, Agrarkrisen u. Agrarkonjunktur. Berlin ³1978; H. W. Finck v. Finckenstein, Die Entwicklung der

Landwirtschaft, 1800—1930. Würzburg 1960; S. v. Ciriacy-Wantrup, Agrarkrisen u. Stockungsspannen. Berlin 1936. Eine moderne Gesamtdarstellung fehlt auch hier. – Zur Bevölkerungsentwicklung bis 1918: Köllmanns Studien, in: Mod. Deutsche Sozialgeschichte, 613 f.; F. Zahn, Die Entwicklung der räumlichen, beruflichen u. sozialen Gliederung des deutschen Volkes seit dem Aufkommen der industriell-kapitalistischen Wirtschaftsweise, in: B. Harms Hg., Volk u. Reich der Deutschen. I, Berlin 1929, 220–79; G. Neuhaus, Die berufliche u. soziale Gliederung der Bevölkerung im Zeitalter des Kapitalismus; ders., Die Bewegung der Bevölkerung im Zeitalter des modernen Kapitalismus, beides in: Grundriß der Sozialökonomik. IX. 1, Tübingen 1926, 360–505.

II. 2: Eine mit H. Rosenbergs Buch vergleichbare Studie gibt es hierzu noch nicht. Man kann ausgehen von: E. W. Axe u. H. M. Flinn, An Index of General Business Conditions for Germany, 1898–1914, Review of Economic Statistics 7. 1925, 263—87; W. Paretti u. G. Bloch, Industrial Production in Western Europe and the United States, 1901—1955, Banca Nazionale del Lavoro Quarterly Review 9. 1956, 186–234; A. Feiler, Die Konjunkturperiode 1907—13. Jena 1914; P.-C. Witt, Die Finanzpolitik des Deutschen Reiches, 1903—13. Lübeck 1970. Zur Agrargeschichte s. II. 1. — Über den Organisierten Kapitalismus und die Anfänge des Interventionsstaats in dieser Zeit setzt jetzt erst die Diskussion ein, z. B.: Organisierter Kapitalismus, Hg. H. A. Winkler, Göttingen 1974 (darin H.-U. Wehler, Der Aufstieg des Organisierten Kapitalismus u. Interventionsstaats in Deutschland, und J. Kockas Beitrag). S. hierzu noch: S. Andić u. J. Veverka, The Growth of Government Expenditure in Germany Since the Unification, Finanzarchiv 23. 1963, 169–278; H. Timm, Das Gesetz der wachsenden Staatsausgaben, ebda 21. 1961, 201–47; J. P. Cullity, The Growth of Governmental Employment in Germany 1882–1950, ZGS 123. 1967, 201–17; J. A. Schumpeter, Die Krise des Steuerstaats, in: ders., Aufsätze zur Soziologie. Tübingen 1953, 1–71; F. Neumark, Wirtschafts- u. Finanzprobleme des Interventionsstaats. Tübingen 1961; F. Facius, Wirtschaft u. Staat. Die Entwicklung der staatlichen Wirtschaftsverwaltung in Deutschland bis 1945. Boppard 1959.

III. 1.1: Allgemeine Einführung: E.-W. Böckenförde, Der Verfassungstyp der deutschen konstitutionellen Monarchie im 19. Jh., in: ders. u. Wahl, 146 bis 70; H. Boldt, Deutscher Konstitutionalismus u. Bismarckreich, in: Das Kaiserliche Deutschland, 119—42; E. Kehr, Der Primat der Innenpolitik, Hg. H.-U. Wehler. Berlin ³1976.

III. 1.2: Spezielle und vergleichende Studien fehlen noch. Vorerst: E. Engelberg, Zur Entstehung u. historischen Stellung des preußisch-deutschen Bonapartismus, in: Fs. A. Meusel. Berlin 1956, 236–51; H. Gollwitzer, Der Cäsarismus Napoleons III. im Widerhall der öffentlichen Meinung Deutschlands, HZ 173. 1952, 23—75; R. Griepenburg u. K. H. Tjaden, Faschismus u. Bonapartismus, Das Argument 8. 1966 (41), 461—72; auch R. C. Tucker, The Theory of Charismatic Leadership, Daedalus 97. 1968, 731—56.

III. 1.3: Informativ, aber personalistisch zugespitzt und die strukturellen Antriebskräfte verfehlend: J. Röhl, Deutschland ohne Bismarck, 1890—1900. Tübingen 1969. Vgl. damit Eyck, Das persönliche Regiment, u. J. A.

Nichols, Germany after Bismarck, 1890–94. Cambridge/Mass. 1958, vor allem: G. U. Scheideler, Parlament, Parteien u. Regierung im wilhelminischen Deutschland 1890–1914, Aus Politik u. Zeitgeschichte B 12/71, 16–24, u. D. Stegmann, Die Erben Bismarcks, Parteien u. Verbände in der Spätphase des wilhelminischen Deutschlands. Sammlungspolitik 1897–1918. Köln 1970. — Zum Reichstag u. den -wahlen: J. J. Sheehan, Political Leadership in the German Reichstag, 1871–1918, AHR 74. 1968, 511–28, dt. in: G. A. Ritter Hg., Deutsche Parteien vor 1918. Köln 1973; C. G. Crothers, The German Elections of 1907. N. Y. 1941; D. Fricke, Der deutsche Imperialismus u. die Reichstagswahlen 1907, ZfG 9. 1961, 538—76; J. Bertram, Die Wahlen zum Deutschen Reichstag vom Jahre 1912. Düsseldorf 1964. M. Stürmer, Regierung u. Reichstag im Bismarckstaat 1871–1880. Düsseldorf 1974.

III. 1.4: Zur Bürokratie vor allem E. Kehr, Das soziale System der Reaktion in Preußen unter dem Ministerium Puttkamer, in: Primat, 64—86; R. Morsey, Die Oberste Reichsverwaltung unter Bismarck, 1867–90. Münster 1957; L. W. Muncy, The Junker in the Prussian Administration, 1888–1914. N. Y. ^{2}1970; J. Röhl, Beamtenpolitik im Wilhelminischen Deutschland, in: Das Kaiserliche Deutschland, 287–311. Weitere wichtige Lit. in: Mod. Deutsche Sozialgeschichte, 587 ff. Kritik der Mißstände u. Korruption: P.-C. Witt, Der preußische Landrat als Steuerbeamter 1891–1918, in: Fs. F. Fischer. Düsseldorf ^{2}1974, 205–19; L. Schücking, Die Reaktion in der inneren Verwaltung Preußens. Berlin 1908. Allg. Bürokratieproblem u. Industrie: J. Kocka, Vorindustrielle Faktoren in der deutschen Industrialisierung, in: Das Kaiserliche Deutschland, 265—86; ders., Unternehmensverwaltung u. Angestelltenschaft, Siemens 1847—1914. Stuttgart 1969; seine weiteren Arbeiten in: Mod. Deutsche Sozialgeschichte, 613; R. Mayntz Hg., Bürokratische Organisation. Köln 1968; R. K. Merton u. a. Hg., Bureaucracy. N. Y. 1952 u. ö. Vorzüglich ist: H.-J. Puhle, Vom Wohlfahrtsausschuß zum Wohlfahrtsstaat, in: G. A. Ritter Hg., dass., Köln 1973, 29–68 u. W. Schluchter, Aspekte bürokratischer Herrschaft, München 1972.

III. 2.1: Allgemein zur Parteiengeschichte: L. Bergsträsser u. W. Mommsen, Geschichte der politischen Parteien in Deutschland. München ^{11}1965; W. Tormin, Geschichte der deutschen Parteien seit 1848. Stuttgart ^{3}1970; D. Fricke Hg., Die bürgerlichen Parteien in Deutschland, 1830–1945. 2 Bde, Leipzig 1968/70; W. Mommsen Hg., Deutsche Parteiprogramme. München 1960 u. ö. — T. Nipperdey, Über einige Grundzüge der deutschen Parteigeschichte, in: Moderne Deutsche Verfassungsgeschichte, 237—57; R. Lepsius, Parteiensystem u. Sozialstruktur in: Fs. Lütge. Stuttgart 1966, 371–93; ders., Extremer Nationalismus. Stuttgart 1966; ders., Demokratie in Deutschland als historisch-soziologisches Problem, in: Spätkapitalismus oder Industriegesellschaft?, Hg. T. W. Adorno. Stuttgart 1969, 197–213; E. Pikart, Die Rolle der Parteien im deutschen konstitutionellen System vor 1914, in: Böckenförde u. Wahl, 258–81; D. Grosser, Vom monarchischen Konstitutionalismus zur parlamentarischen Demokratie. Den Haag 1970.

III. 2.1.1: Eine moderne Geschichte der Nationalliberalen steht noch aus, die ältere Lit. findet man aber in Frickes Handbuch und in den folgenden Arbeiten: G. Seeber, Zwischen Bebel u. Bismarck. Zur Geschichte des Linksliberalismus in Deutschland 1871–1893. Berlin 1965; L. Elm, Zwischen Fortschritt u. Reaktion. Geschichte der Parteien der liberalen Bourgeoisie in Deutschland 1893–1918. Berlin 1968; G. R. Mork, Bismarck and the „Capitulation" of German Liberalism, JMH 43. 1971, 59—75; J. J. Sheehan, Liberalism and the City in 19th Century Germany, Past & Present 51. 1971, 116—37.

III. 2.1.2: Eine bis 1917 führende Darstellung fehlt. Gute Überblicke: R. Morsey, Die deutschen Katholiken u. der Nationalstaat zwischen Kulturkampf u. dem I. Weltkrieg, Historisches Jahrbuch 90. 1970, 31–64; H. Maier, Katholizismus, nationale Bewegung u. nationale Demokratie in Deutschland, Hochland 57. 1965, 318—33. Noch immer nicht ersetzt: K. Bachem, Vorgeschichte, Geschichte u. Politik der deutschen Zentrumspartei, 1814–1914. 8 Bde, Köln 1927/32, Aalen ^{2}1965.

III. 2.1.3: Moderne Parteigeschichten der verschiedenen konservativen Parteien fehlen noch immer. Zur Einführung: S. Neumann, Die Stufen des preußischen Konservativismus. Berlin 1930; R. M. Berdahl, Conservative Politics and Aristocratic Landholders in Bismarckian Germany, JMH 44. 1972, 1–20; H. Booms, Die Deutsch-Konservative Partei. Düsseldorf 1954; H.-J. Puhle, Agrarische Interessenpolitik u. preußischer Konservatismus im wilhelminischen Reich 1893–1914. Hannover 1966 (^{2}1975); Stegmann.

III. 2.1.4: Am stärksten ist die Forschung zur Geschichte der Sozialdemokratie in Bewegung geraten. Als Auswahl: G. Roth, Social Democrats in Imperial Germany. Totowa 1963; V. L. Lidtke, The Outlawed Party, 1878–1890. Princeton 1966; G. A. Ritter, Die Arbeiterbewegung im wilhelminischen Reich, 1890–1900. Berlin ^{2}1963; H. J. Steinberg, Sozialismus u. deutsche Sozialdemokratie. Bonn ^{3}1972; H.-C. Schröder, Sozialismus u. Imperialismus. I, Hannover ^{2}1975. C. E. Schorske, German Social Democracy, 1905–1917. London ^{2}1973; D. Groh, Negative Integration u. revolutionärer Attentismus, 1909–14. Berlin 1973; H.-U. Wehler, Sozialdemokratie u. Nationalstaat, 1840–1914. Göttingen ^{2}1971.

III. 2.2: Wichtig zur Information: Frickes Handbuch. Allg. H. J. Puhle, Parlament, Parteien u. Interessenverbände, 1890–1914, in: Das Kaiserliche Deutschland, 340—37; ders., Von der Agrarkrise zum Präfaschismus. Wiesbaden 1972; H. A. Winkler, Pluralismus oder Protektionismus? Verfassungspolitische Probleme des Verbandswesens im Deutschen Kaiserreich. Wiesbaden 1972; W. Fischer, Staatsverwaltung u. Interessenverbände im Deutschen Reich 1871–1914, in: ders., Wirtschaft u. Gesellschaft im Zeitalter der Industrialisierung. Göttingen 1972, 194—213; T. Nipperdey, Interessenverbände u. Parteien in Deutschland vor dem I. Weltkrieg, in: Moderne Deutsche Sozialgeschichte, 369—88; Interessenverbände in Deutschland, Hg. H. J. Varain. Köln 1973. — Speziell: Puhle, Agrarische Interessenpolitik; ders., Der BdL im wilhelminischen Reich, in: W. Ruegg u. O. Neuloh Hg., Zur soziologischen Theorie u. Analyse des 19. Jhs. Göttingen 1971, 145—62. — H. Kaelble, Industrielle Interessenpolitik in der wilhelminischen Gesellschaft, 1894—1914. Berlin 1967; ders., Industrielle Interessenverbände vor 1914, in: Ruegg/Neuloh, 180–92. — S. Mielke, Der „Hansa-Bund". 1912–1914. Gött. 1976. — H. A. Winkler, Der rückversicherte Mittelstand: Die Interessenverbände von Handwerk u. Kleinhandel im Deutschen Kaiserreich, in: Ruegg/Neuloh, 163–79. – Über Flottenverein und Wehrverein gibt es keine neueren Monographien. – A. Galos u. a., Die Hakatisten. Der Deutsche Ostmarkenverein 1894–1934, Berlin 1966. – Eine Geschichte der Kolonialverbände fehlt, vgl. aber Wehler, Bismarck u. der Imperialismus, 158–68, auch in: Varain Hg. – A. Kruck, Geschichte des Alldeutschen Verbandes, 1890–1939. Wiesbaden 1954; E. Hartwig, Zur Politik u. Entwicklung des Alldeutschen Verbandes, 1891–1914. phil. Diss. Jena 1966, MS. – Gewerkschaften: D. Fricke Hg., Die deutsche Arbeiterbewegung 1869–90; Zur Organisation u. Tätigkeit der deutschen Arbeiterbewegung 1890–1914. Leipzig 1964/62; H. Wachenheim, Die deutsche Arbeiterbewegung 1844–1914. Frankfurt ²1971, Lit.: 641–69, u. in: Ritter, 2. 1. 4.

III. 2.3: Hierzu: W. Sauer, Das Problem des Deutschen Nationalstaats, in: Moderne Deutsche Sozialgeschichte, 407–36.

III. 2.4: Vgl. hierzu die Diskussion in: Stegmann; Böhme; Wehler, Bismarck u. der Imperialismus; Winkler; Puhle u. Berghahn: 5.3.

III. 3 u. 3.1: In erster Linie das brillante Buch von L. Krieger, The German Idea of Freedom. Chicago ²1972; daneben H. Lübbe, Politische Philosophie in Deutschland. München ²1974; Aufsätze von K. D. Bracher, Das Deutsche Dilemma. München 1971, 11–40; F. Stern, The Failure of Illiberalism. N. Y. 1972, XI–XLIV, 3–25, dt. in: Das Kaiserliche Deutschland, 168–86; R. Dahrendorf, Gesellschaft u. Freiheit. München 1961. Allg. hierzu: W. Gottschalch u. a., Geschichte der sozialen Ideen in Deutschland. München 1969; L. W. Pye u. S. Verba Hg., Political Culture and Political Development. Princeton 1965, 3–26, 130–170, 512–60.

III. 3.2: Aus der riesigen Literatur nur: R. M. Berdahl, New Thoughts on German Nationalism, AHR 77. 1972, 65–80; E. Kehr, Englandhaß u. Weltpolitik, in: ders., Primat, 149–75; P. R. Anderson, The Background of Anti-English Feeling in Germany 1890–1902. N. Y. ²1969; H. Plessner, Die verspätete Nation. Stuttgart ³1959; T. Schieder, Das deutsche Kaiserreich von 1871 als Nationalstaat. Köln 1961. Weiterführend: K. W. Deutsch, Nationalism and Social Communication. Cambridge/Mass. ²1966; fast klassischer Überblick: H. Kohn, Die Idee des Nationalismus. Heidelberg 1950 u. ö.

III. 3.3: R. Rürup u. T. Nipperdey, Antisemitismus, in: Geschichtliche Grundbegriffe. I, Stuttgart 1972, 129–53; A. A. Rogow, Anti-Semitism, IESS 1. 1968, 345–49; A. Bein, Die Judenfrage in der Literatur des modernen Antisemitismus, Bulletin L. Baeck Institute 6. 1963, 4–51; W. Boehlich Hg., Der Berliner Antisemitismus-Streit. Frankfurt 1965; H. M. Klinkenberg, Zwischen Liberalismus u. Nationalismus im dt. Kaiserreich 1870–1918, in: Monumenta Judaica. Köln 1963, 309–84; P. W. Massing, Vorgeschichte des politischen Antisemitismus. Frankfurt 1959; P. Pulzer, Die Entwicklung des politischen Antisemitismus in Deutschland u. Österreich 1867–1914. Gütersloh 1966. – Nationalitätenpolitik: H.-U. Wehler, Polenpolitik im Deutschen Kaiserreich, 1871–1918, in: ders., Krisenherde, 181–200; ders., Sozialdemokratie u. Nationalstaat; M. Broszat, 200 Jahre deutsche Polenpolitik. Frankfurt ²1972; O. Hauser, Polen u. Dänen im Deutschen Reich, in: Reichsgründung 1870/71. Stuttgart 1970, 291–318; D. P. Silverman, Reluctant Union. Alsace-Lorraine and Imperial Germany, 1871–1918. London 1972; H.-U. Wehler, Das „Reichsland" Elsaß-Lothringen 1870–1918, in: ders., Krisenherde, 17–63.

III. 3.4: Zur allgemeinen Problematik die Artikel in „Religion in Geschichte u. Gegenwart", bzw. im „Staatslexikon". Hier vor allem: K. Hammer, Deutsche Kriegstheologie 1870–1918. München 1971; H. Missalla, „Gott mit uns". Die deutsche katholische Kriegspredigt 1914–18. München 1968; W. Pressel, Die Kriegspredigt 1914–18 in der evangelischen Kirche Deutschlands. Göttingen 1967.

III. 3.5.1: Zu diesem weithin unerforschten Bereich der Sozialgeschichte des Alltags: M. Horkheimer Hg., Studien über Autorität u. Familie. Paris 1936; allg. U. Oevermann, Sprache u. soziale Herkunft. Frankfurt 1972.

III. 3.5.2–4: E. N. Anderson, The Prussian Volksschule in the 19th Century, in: Fs. H. Rosenberg. Berlin 1970, 261–79; W. C. Langsam, Nationalism and History in the Prussian Elementary Schools, in: Fs. C. Hayes. N. Y. 1950, 241–60; H. Schallenberger, Untersuchungen zum Geschichtsbild der Wilhelminischen Ära u. der Weimarer Republik. Ratingen 1964; D. Hoffmann, Politische Bildung, 1890–1933. Hannover 1971; trotz starker Vorbehalte auch: K.-H. Günther u. a., Geschichte der Erziehung. Berlin ^{7}1966; H. König, Imperialistische u. militaristische Erziehung in den Hörsälen u. Schulstuben Deutschlands, 1870–1960. Berlin 1962. — W. Lexis Hg., Das Unterrichtswesen im Deutschen Reich. 4 Bde, Berlin 1904; F. Paulsen, Geschichte des gelehrten Unterrichts. 2 Bde, Berlin ^{3}1919/21; F. Ringer, The Decline of the German Mandarins, 1890–1933. Cambridge/Mass. 1969; ders., Higher Education in Germany in the 19th Century, ICH 2. 1967, 123–38; W. Zorn, Hochschule u. höhere Schule in der deutschen Sozialgeschichte der Neuzeit, in: Fs. M. Braubach. Münster 1964, 321–39; D. Fricke, Zur Militarisierung des deutschen Geisteslebens im wilhelminischen Kaiserreich, Der Fall L. Arons, ZfG 8. 1960, 1069–1107. — W. Z. Laqueur, Die deutsche Jugendbewegung. Köln 1962; H. Pross, Jugend, Eros, Politik. Bern 1964; W. Kindt Hg., Die Wandervogelzeit, 1896–1919. Düsseldorf 1968; J. Müller, Die Jugendbewegung als deutsche Hauptrichtung neukonservativer Reform. Zürich 1971.

III. 3.5.5: Kritische Darstellungen des studentischen Verbindungswesens im Kaiserreich fehlen noch. Über den Reserveoffizier: E. Kehr, Zur Genesis des Kgl. Preuss. Reserveoffiziers, in: ders., Primat, 53–63.

III. 3.6: Auch hierzu vor allem ältere Studien: E. Kehr, Das soziale System der Reaktion in Preußen unter dem Ministerium Puttkamer, in: ders., Primat, 64–86; E. Fraenkel, Zur Soziologie der Klassenjustiz. Berlin 1927 (Darmstadt ^{2}1968). Überblick: Fricke, Organisation, 272–75. – L. Cecil, The Creation of Nobles in Prussia 1871–1918, AHR 75. 1970, 757–95.

III. 3.7: Aus den Quellen: W. Vogel, Bismarcks Arbeiterversicherung. Braunschweig 1951; knapp auch: Wehler, Bismarck, 459–64. Die Phase nach 1890 muß ganz neu bearbeitet werden; zu staatsgläubig und unreflektiert: K. E. Born, Staat u. Sozialpolitik seit Bismarcks Sturz, 1890–1914. Wiesbaden 1957. Übersicht: F. Syrup u. O. Neuloh, 100 Jahre staatliche Sozialpolitik 1839–1939. Stuttgart 1957.

III. 4.1: Noch immer W. Gerloff, Der Staatshaushalt u. das Finanzsystem

Deutschlands 1820—1927, in: ders. Hg., Handbuch der Finanzwissenschaft. III, Tübingen 1929, 1—69; F. Terhalle, Geschichte der deutschen öffentlichen Finanzwirtschaft 1800—1945, ebda, I, ²1952, 274—326. Neuerdings Witt, Finanzpolitik.

III. 4.2–3: Grundlegend hierzu: W. G. Hoffmann u. a., Das deutsche Volkseinkommen, 1851—1955. Tübingen 1959; H. J. Müller u. S. Geisenberger, Die Einkommensstruktur in verschiedenen deutschen Ländern 1874—1913. Berlin 1972; W. Fischer u. P. Czada, Die soziale Verteilung von mobilem Vermögen in Deutschland seit dem Spätmittelalter, in: 3. International Conference of Economic History. Paris 1968, 253—304; H. Stuebel, Staat u. Banken im preußischen Anleihewesen 1871—1913. Berlin 1935; Spiethoff, II, T. 11 u. 12.

III. 5.1: M. Messerschmidt, Die Armee in Staat u. Gesellschaft. Die Bismarckzeit, in: Das Kaiserliche Deutschland, 89—118; W. Deist, dass., 1890—1914, ebda, 312—39; G. A. Craig, Die preußisch-deutsche Armee, 1640—1945. Düsseldorf 1960; Handbuch zur deutschen Militärgeschichte, 1648—1939, 3. Lief. Frankfurt 1968; K. Demeter, Das Deutsche Offizierskorps in Gesellschaft u. Staat, 1650—1945. Frankfurt ⁴1965; M. Kitchen, The German Officercorps, 1890—1914. Oxford 1968; K. E. Jeismann, Das Problem des Präventivkriegs. Freiburg 1957; R. Höhn, Sozialismus u. Heer. 3 Bde, Berlin 1959/69; Kehr, Primat, 87—197; G. Ritter, Staatskunst u. Kriegshandwerk. I u. II, München 1954/60 u. ö., dazu W. Sauer, PVS 6. 1965, 341—53; G. Ritter, Der Schlieffenplan. München 1956; Ostaufmarsch: Gasser und Groh: 8.1.

III. 5.2: J. Erickson u. H. Mommsen, Militarismus, Sowjetsystem u. Demokratische Gesellschaft 4. 1971, 528—68; K. Buchheim, Militarismus u. ziviler Geist. München 1964; V. Berghahn Hg., Militarismus, Köln 1975; zur Genesis: O. Büsch, Militärsystem u. Sozialleben im alten Preußen. Berlin 1962; anschaulich aus der Zeit: L. Quidde, Der Militarismus im heutigen deutschen Reich (1893), in: H.-U. Wehler Hg., Quidde, Caligula. Frankfurt 1977, 81–130.

III. 5.3: Hier ist nach den bahnbrechenden Studien von Kehr (Schlachtflottenbau u. Parteipolitik 1894—1901. Berlin 1930, ²1966; Primat, 111—48) die Flottenapologetik à la Hallmann und Hubatsch endgültig durch kritische Analysen verdrängt worden: V. Berghahn, Der Tirpitz-Plan. Düsseldorf 1971; ders., Flottenrüstung u. Machtgefüge, in: Das Kaiserliche Deutschland, 378—96; ders., Zu den Zielen des deutschen Flottenbaus unter Wilhelm II., HZ 210. 1970, 34—100; H. Schottelius u. W. Deist Hg., Marine u. Marinepolitik im kaiserlichen Deutschland, 1871—1914. Düsseldorf 1972; J. Steinberg, Yesterday's Deterrent. Tirpitz and the Birth of the German Battle Fleet. London 1965; W. Marienfeld, Wissenschaft u. Schlachtflottenbau in Deutschland, 1897—1906. Berlin 1957. Vergleichende Arbeiten fehlen leider noch immer.

III. 6.1 u. 2: Die Lit. ist verzeichnet in: H.-U. Wehler Hg., Imperialismus. Königstein ⁴1979; ders., Bismarck u. der Imperialismus, 511–14, 520—66. Vgl. auch W. J. Mommsen Hg., Der moderne Imperialismus. Stuttgart 1971; Kehrs Arbeiten; Berghahn, Tirpitz-Plan.

III. 6.3: Zum Pangermanismus s. IV. 2. 2 u. K. Schilling, Beiträge zu einer Geschichte des radikalen Nationalismus, 1890—1909, phil. Diss. Köln 1968. — H.-U. Wehler, Sozialdarwinismus im expandierenden Industriestaat, in: Fs. F. Fischer, Düsseldorf ²1974, 133—42, mit der Lit.

III. 7: Ausführliche Verweise in den Handbüchern, oben A. Hier vor allem: A. Hillgruber, Entwicklung, Wandlung u. Zerstörung des deutschen Nationalstaats, 1871–1945, in: 1871 – Fragen an die deutsche Geschichte. Berlin 1971, 171–203; ders., Bismarcks Außenpolitik. Freiburg 1972; ders., Die ‚Krieg-in-Sicht'-Krise 1875, in: Fs. M. Göhring. Wiesbaden 1968, 239—53; W. J. Mommsen, Die latente Krise des Deutschen Reiches 1909–14. Frankfurt 1972.

III. 7.2.1–3: Wehler, Krisenherde, 17–84; ders., Bismarck, 416; ders., Krisenherde, 163—80.

III. 8.1: Aus der anschwellenden Lit.: F. Fischer, Griff nach der Weltmacht. Düsseldorf ⁴1967; ders., Krieg der Illusionen. Düsseldorf ²1971; in dieser Frage klarer: L. Burchardt, Friedenswirtschaft u. Kriegsvorsorge. Deutschlands wirtschaftliche Rüstungsbestrebungen vor 1914. Boppard 1968. Zur Vorgeschichte: G. Schmidt, Innenpolitische Blockbildungen in Deutschland am Vorabend des 1. Weltkriegs, Aus Politik u. Zeitgeschichte B 20/72, 3—32; D. Groh, Innenpolitische Faktoren für die Präventivkriegsbereitschaft des Deutschen Reiches 1913/14, PVS 13. 1972, 501—21; A. Gasser, Deutschlands Entschluß zum Präventivkrieg 1913/14, in: Fs. E. Bonjour. I, Basel 1968, 173–224; F. Stern, Bethmann Hollweg u. der Krieg. Tübingen 1968; J. Joll, 1914 – The Unspoken Assumptions. London 1968. Kritische Synthese: V. Berghahn, Germany and the Approach of War in 1914. London 1973. Zur Diskussion u. Lit.: W. J. Mommsen, Die deutsche Kriegszielpolitik 1914—18, in: Kriegsausbruch 1914. München ²1972, 60–100; W. Schieder Hg., Erster Weltkrieg. Köln 1969; I. Geiss Hg., Juli 1914. München 1965 (mit der erwähnten älteren Lit.). Darstellungen: F. Klein u. a., Deutschland im 1. Weltkrieg. 3 Bde, Berlin 1968/70; P. Kielmansegg, Deutschland u. der 1. Weltkrieg. Frankfurt 1968; K. Jarausch, The Enigmatic Chancellor: Bethmann Hollweg. New Haven 1973. Fortab sowohl theoretisch als auch empirisch unentbehrlich: J. Kocka, Klassengesellschaft im Krieg. Deutsche Sozialgeschichte 1914—1918. Göttingen ²1978. – Allg. E. B. Haas u. A. S. Whiting, Dynamics of International Relations. N. Y. 1956, 62–64; R. N. Rosecrance, Action and Reaction in World Politics. Boston 1963, 304f.

III. 8.2: F. Lütge, Die deutsche Kriegsfinanzierung im 1. u. 2. Weltkrieg, in: Fs. R. Stucken. Göttingen 1953, 243—57; M. Lanter, Die Finanzierung des Krieges. Luzern 1950; R. Andexel, Imperialismus-Staatsfinanzen-Rüstung-Krieg. Berlin 1968. — G. F. Feldman, Army, Industry and Labor in Germany 1914—18. Princeton 1966; die drei Bände von F. Klein u. a.; noch nicht überholt: J. T. Shotwell, Wirtschafts- u. Sozialgeschichte des Weltkriegs. 11 Bde, Stuttgart 1927/32. – Inflationsbeginn: W. Fischer, Deutsche Wirtschaftspolitik 1918—45. Opladen ³1968, 9–19.

III. 8.3: Hierzu die Arbeiten von F. Fischer u. die Lit. in: W. Schieder Hg. u. F. Klein u. a.; auch: M. L. Edwards, Stresemann and the Greater Germany, 1914–18. N. Y. 1963. – Ideen von 1914: Ringer, Decline; W. J. Mommsen, M. Weber u. die deutsche Politik, 1890–1920. Tübingen ²1974, 206–304; K. Schwabe, Wissenschaft u. Kriegsmoral, 1914–18. Göttingen 1969; F. Klein, Die deutschen Historiker im 1. Weltkrieg, in: Streisand Hg., II, 227–48; H. Lebovics, Social Conservatism and the Middle Classes in Germany 1914–33. Princeton 1969, dazu E. Johann, Innenansicht eines Krieges, 1914–18. Frankfurt 1968 u. IV. 3. 4. Entwicklung auf der Linken: Schorske; J. W. Mishark, The Road to Revolution, German Marxism and World War I. Detroit 1967; G. F. Feldman u. a., Die Massenbewegungen der Arbeiterschaft in Deutschland am Ende des 1. Weltkriegs, 1917–20, PVS 13. 1972, 84–105; auf der Rechten: Fricke Hg., I, 620–28; Stegmann; M. Weber, Gesammelte Politische Schriften, Tübingen ³1971, 217–20.

III. 8.4–5: Vorzügliche Bibliographie in: E. Kolb Hg., Vom Kaiserreich zur Weimarer Republik. Köln 1972, 406–25; in diesem Band vor allem die Beiträge von Sauer, Hunt, Kolb, Rürup, Grebing. Außerdem: PVS, Sonderheft 2, 1970; R. Rürup, Probleme der Revolution in Deutschland 1918/19. Wiesbaden 1968; E. Kolb, Die Arbeiterräte in der deutschen Innenpolitik, 1918/19. Düsseldorf 1962; P. v. Oertzen, Betriebsräte in der Novemberrevolution. Düsseldorf 1963; U. Kluge, Soldatenräte u. Revolution. Studien zur Militärpolitik in Deutschland 1918/19. Göttingen 1975; W. Elben, Das Problem der Kontinuität in der deutschen Revolution. Düsseldorf 1965; K. L. Ay, Die Entstehung einer Revolution. Bayern 1918/19. Berlin 1968. Die wichtigen neuen Quelleneditionen sind bei Kolb Hg. verzeichnet.

IV. Zum Kontinuitätsproblem: A. Hillgruber, Kontinuität u. Diskontinuität in der deutschen Außenpolitik von Bismarck bis Hitler. Düsseldorf 1969 u. ö.; K. Hildebrand, Deutsche Außenpolitik 1933–45. Stuttgart ²1973; W. Alff, Thesen zum Kontinuitätsproblem der deutschen Geschichte, Das Argument 70. 1972, 117–24; A. Lüdtke, Zur Kontinuitätsfrage, ebda, 105–16; Stern, Illiberalism, u. Wehler, Krisenherde.

Ergänzungen 1980 zur Bibliographie

Quellen- und Literaturverzeichnisse

J.-P. Halstead u. S. Porcari, Modern European Imperialism: A Bibliography of Books and Articles, 2 Bde. Boston 1974; H.-U. Wehler, Bibliographie zum Imperialismus. Göttingen 1977; ders., Bibliographie zur modernen deutschen Sozialgeschichte, 18–20. Jh., ebd. 1976; ders., Bibliographie zur modernen deutschen Wirtschaftsgeschichte, 18.–20. Jh., ebd. 1976; G. P. Meyer, Bibliographie zur Revolution von 1918, ebd. 1977; H. Berding, Bibliographie zur Geschichtstheorie, ebd. 1977; H.-P. Ullmann, Bibliographie zur Geschichte der deutschen Parteien u. Interessenverbände, ebd. 1978; H. A. Winkler u. T. Schnabel, Bibliographie zum Nationalismus, ebd. 1979; H. J. Steinberg, Die deutsche sozialistische Arbeiterbewegung bis 1914. Eine bibliographische Einführung. Frankfurt 1979.

A. Allgemeine und politische Geschichte

T. Schieder, Staatensysteme als Vormacht der Welt 1848–1918. Berlin 1977; ders., Europa im Zeitalter der Weltmächte, in: ders. Hg., Handbuch der europäischen Geschichte, Bd. VII/1. Stuttgart 1979, 1–137; C. Stern u. H. A. Winkler Hg., Wendepunkte deutscher Geschichte 1848–1945. Frankfurt 1979.

C. Sozialgeschichte

J. Kocka Hg., Soziale Schichtung u. Mobilität in Deutschland im 19. u. 20. Jahrhundert = Geschichte u. Gesellschaft 1. 1975/H. 1; ders., Sozialgeschichte. Göttingen 1977; H.-U. Wehler Hg., Analyse von sozialen Strukturen = Geschichte u. Gesellschaft 3. 1977/H. 4; ders. Hg., Klassen in der europäischen Sozialgeschichte. Göttingen 1979 (Deutschland: J. Kocka u. M. R. Lepsius); H. Kaelble, Social Stratification in Germany in the 19th and 20th Centuries, in: Journal of Social History 10. 1976, 144–65.

Zur Geschichtsschreibung

G. G. Iggers, Neue Geschichtswissenschaft. Vom Historismus zur Historischen Sozialwissenschaft. München 1978; J. Kocka, Sozialgeschichte. Göttingen 1977; H.-U. Wehler Hg., Die moderne deutsche Geschichte in der internationalen Forschung 1945–1975, ebd. 1978 (= So. Heft 4, Geschichte u. Gesellschaft); ders., Geschichtswissenschaft heute (1949–1979), in: J. Habermas Hg., Stichworte zur geistigen Situation der Zeit, II. Frankfurt 1979, 709–53; ders., Krisenherde des Kaiserreichs. Göttingen ²1979; ders., Modernisierungstheorie u. Geschichte, ebd. 1975; E. Schulin, Traditionskritik u. Rekonstruktionsversuch, ebd. 1979.

Neuere Arbeitsbücher u. Sammelbände

G. A. Ritter Hg., Das Kaiserreich 1871–1914. Ein historisches Lesebuch. Göttingen ³1977; ders. u. J. Kocka Hg., Deutsche Sozialgeschichte 1870–1914. München 1974; S. Pollard u. C. Holmes Hg., Documents of European Economic History, III: Industrial Power and National Rivalry, 1870–1914. London 1972; H. M. Enzensberger u. a. Hg., Klassenbuch 2: Ein Lesebuch zu den Klassenkämpfen in Deutschland 1850–1919. Neuwied 1972 u. ö.; W. Kröber u. R. Nitsche Hg., Grundbuch der bürgerlichen Gesellschaft, I u. II, ebd. 1979.

I. 1

H. Rosenberg, Machteliten u. Wirtschaftskonjunkturen. Göttingen 1978; H. Reif, Westfälischer Adel 1770–1860, ebd. 1979.

I. 2

R. Spree, Die Wachstumszyklen der deutschen Wirtschaft 1840–1880. Berlin 1977; ders., Wachstumstrends u. Konjunkturzyklen in der deutschen Wirtschaft

1820–1913. Göttingen 1978; ders. u. J. Bergmann, Die konjunkturelle Entwicklung der deutschen Wirtschaft 1840–1864, in: Sozialgeschichte Heute. Fs. H. Rosenberg, Hg. H.-U. Wehler, ebd. 1974, 289–325; R. Fremdling, Eisenbahnen u. deutsches Wirtschaftswachstum. 1840–1879. Dortmund 1975; T. Pierenkemper, Die westfälischen Schwerindustriellen 1851–1913. Göttingen 1979; R. H. Tilly Hg., Deutsche Frühindustrialisierung = Geschichte u. Gesellschaft 5. 1979/H. 2.

I. 3

M. Gugel, Industrieller Aufstieg u. bürgerliche Herrschaft. Sozioökonomische Interessen u. politische Ziele des liberalen Bürgertums z. Zt. des Verfassungskonflikts 1857–1867. Köln 1975; H. A. Winkler, Liberalismus u. Antiliberalismus. Göttingen 1979; K. H. Börner, Die Krise der preußischen Monarchie 1858–1962. Berlin 1976.

II. 1

Statistisches Bundesamt Hg., Bevölkerung u. Wirtschaft 1872–1972. Stuttgart 1972; G. Hohorst u. a., Sozialgeschichtliches Arbeitsbuch. Materialien zur Statistik des Kaiserreichs 1870–1914. München [2]1978; D. Petzina u. a., Sozialgeschichtliches Arbeitsbuch III: 1914–1945, ebd. 1978; W. Zorn Hg., Handbuch der deutschen Wirtschafts- u. Sozialgeschichte. II: 1800–1970. Stuttgart 1976; D. S. Landes, Der entfesselte Prometheus. Technologischer Wandel u. industrielle Entwicklung in Westeuropa von 1750 bis zur Gegenwart. Köln 1973; H. Nussbaum u. L. Zumpe Hg., Wirtschaft u. Staat in Deutschland, I: bis 1918/19. Berlin 1978; R. H. Tilly, Kapital, Staat u. sozialer Protest in der deutschen Industrialisierung. Göttingen 1980; S. Pollard Hg., Region u. Industrialisierung, ebd. 1980; H. Mottek u. a., Wirtschaftsgeschichte Deutschlands, III: 1871–1945. Berlin 1974; W. O. Henderson, The Rise of German Industrial Power 1834–1914. London 1976; F.-W. Henning, Die Industrialisierung Deutschlands, 1800–1914. Paderborn [3]1976; ders., Das industrialisierte Deutschland, 1914–1976, ebd. [4]1978; E. Barth, Entwicklungslinien der deutschen Maschinenbauindustrie 1870–1914. Berlin 1973; F.-W. Henning, Landwirtschaft u. ländliche Gesellschaft in Deutschland, II: 1750–1976. Paderborn 1978; E. Klein, Geschichte der deutschen Landwirtschaft im Industriezeitalter. Wiesbaden 1973; W. Köllmann, Bevölkerung in der industriellen Revolution. Göttingen 1974; P. Marschalck, Deutsche Überseewanderung im 19. Jh. Stuttgart 1973; H. Kaelble, Sozialer Aufstieg in Deutschland 1850–1914, in: Vierteljahrsschrift für Sozial- u. Wirtschaftsgeschichte 60. 1973, 41–71; ders., Geschichte der sozialen Mobilität 1900–1960, in: ders. u. a. Hg., Probleme der Modernisierung in Deutschland. Opladen 1978, 235–327; ders., Historische Mobilitätsforschung. Darmstadt 1978; ders., Geschichte der sozialen Mobilität seit der industriellen Revolution. Königstein 1978; D. Blackbourn, The Mittelstand in German Society and Politics 1871–1914, in: Social History 4. 1977, 409–33; J. Kocka, Angestellte zwischen Faschismus u. Demokratie. Göttingen 1977.

II. 2

K. W. Hardach, Wirtschaftsgeschichte Deutschlands im 20. Jh. Göttingen ²1979; H. Daems u. H. v. d. Wee Hg., The Rise of Managerial Capitalism. Den Haag 1974; M. Geyer u. A. Lüdtke, Krisenmanagement, Herrschaft u. Protest im organisierten Monopol-Kapitalismus (1890–1939), in: Sozialwissenschaftliche Informationen 4. 1975, 12–23; N. Horn u. J. Kocka Hg., Recht u. Entwicklung der Großunternehmen im 19. u. frühen 20. Jh. Göttingen 1979; G. Brüggemeier, Entwicklung des Rechts im organisierten Kapitalismus, I. Frankfurt 1977; E. Lederer, Kapitalismus, Klassenstruktur u. Probleme der Demokratie in Deutschland 1910–1940, Hg. J. Kocka. Göttingen 1979; H. Neuburger, German Banks and German Economic Growth 1871–1914. N. Y. 1977; G. Kirchhain, Das Wachstum der deutschen Baumwollindustrie im 19. Jh. N. Y. 1977; G. Hohorst, Wirtschaftswachstum u. Bevölkerungsentwicklung in Preußen 1816–1914. N. Y. 1977; R. Rürup Hg., Technik u. Gesellschaft im 19. u. 20. Jh. = Geschichte u. Gesellschaft 4. 1978/H. 2.

III. 1.2

F. Stern, Gold u. Eisen. Bismarck u. sein Bankier Bleichröder. Berlin 1978; K. Hammer u. P. C. Hartmann Hg., Der Bonapartismus. München 1977; L. Gall, Bismarck u. der Bonapartismus, in: HZ 223. 1976, 618–32; G. Seeber u. a., Bismarcks Sturz. Berlin 1977; ders. u. H. Wolter, Die Krise der bonapartistischen Diktatur Bismarcks 1885/86, in: Fs. E. Engelberg, II, ebd. 1976, 499–540; ders., Preußisch-deutscher Bonapartismus u. Bourgeoisie, in: Jb. f. Geschichte 16. 1977, 71–118; H.-W. Wetzel, Presseinnenpolitik im Bismarckreich 1874–1890. Frankfurt 1975.

III. 1.3

E. T. Wilke, Political Decadence in Imperial Germany. 1894–1897. Urbana/Ill. 1976; R. Gellately, The Politics of Economic Despair. Shopkeepers and German Politics 1890–1914. London 1974; K. Saul, Staat, Industrie u. Arbeiterbewegung im Kaiserreich. Zur Innen- u. Sozialpolitik des Wilhelminischen Deutschland 1903–1914. Düsseldorf 1974; B. Heckart, From Bassermann to Bebel. The Grand Bloc's Quest for Reform in the Kaiserreich 1900–1914. New Haven 1974; B. Vogel u. a., Wahlen in Deutschland 1848–1970. Berlin 1971; G. A. Ritter Hg., Gesellschaft, Parlament u. Regierung. Zur Geschichte des Parlamentarismus in Deutschland. Düsseldorf 1974; R. R. Tannenbaum, 1900: The Generation Before the Great War. N. Y. 1977.

III. 1.4

L. Cecil, The German Diplomatic Service, 1871–1914. Princeton 1976; L. W. Muncy, The Prussian Landräte in the Last Years of the Monarchy, 1890–

1918, in: Central European History 6. 1973, 299–338; P.G. Lauren, Diplomats and Bureaucrats. The First Institutional Response to 20th Century Diplomacy in France and German. Stanford 1976; G. Martin, Die bürgerlichen Exzellenzen. Zur Sozialgeschichte der preußischen Generalität 1812–1918. Düsseldorf 1978.

III. 2.1

N. Diederich u.a. Hg., Wahlstatistik in Deutschland. Bibliographie 1848–1975. München 1976; O. Büsch, Parteien u. Wahlen in Deutschland bis zum Ersten Weltkrieg, in: Abhandlungen aus der Pädagogischen Hochschule Berlin, I. Berlin 1974, 178–264; ders. u.a. Hg., Wählerbewegung in der deutschen Geschichte 1871–1933, ebd. 1978; P. Steinbach, Partizipationsforschung, in: H. Kaelble u.a. Hg., Probleme der Modernisierung in Deutschland. Opladen 1978, 171–234; T. Nipperdey, Gesellschaft, Kultur, Theorie. Göttingen 1976.

III. 2.1.1

J. J. Sheehan, German Liberalism in the 19th Century. Chicago 1978; H. A. Winkler, Liberalismus u. Antiliberalismus. Göttingen 1979; V. Valentin, Von Bismarck zur Weimarer Republik, Hg. H.-U. Wehler. Köln 1979; J. Thiel, Die Großblockpolitik der Nationalliberalen Partei Badens 1905–1914. Stuttgart 1976; W. J. Mommsen Hg., Liberalismus im aufsteigenden Industriestaat = Geschichte u. Gesellschaft 4. 1978/H. 1; D. S. White, The Splintered Party: National Liberalism in Hessen and the Reich 1867–1918. Cambridge/Mass. 1976; K. Holl u. G. List Hg., Liberalismus u. imperialistischer Staat. Der Imperialismus als Problem liberaler Parteien 1890–1914. Göttingen 1975; J. C. Hunt, The People's Party in Württemberg and Southern Germany 1890–1914. Stuttgart 1975; S. Zucker, L. Bamberger, 1823–1899. Pittsburgh 1975; A. Milatz, Die linksliberalen Parteien u. Gruppen in den Reichstagswahlen 1871–1912, in: Archiv für Sozialgeschichte 12. 1972, 273–93.

III. 2.1.2

R. J. Ross, Beleaguered Tower: The Dilemma of Political Catholicism in Wilhelmian germany. Notre Dame 1976; J. K. Zeender, The German Center Party 1880–1906. Philadelphia 1976; D. Blackbourn, The Political Alignment of the Centre Party in Wilhelmine Germany, in: Historical Journal 18. 1975, 821–50; ders., Class and Politics in Wilhelmine Germany: The Centre Party and the Social Democrats in Württemberg, in: Central European History 9. 1976, 220–49; ders., The Problem of Democratisation: German Catholics and the Role of the Centre Party, in: Society and Politics in Wilhelmine Germany, Hg. R. J. Evans. London 1978, 160–85.

III. 2.1.3

A. J. Peck, Radicals and Reactionaries: The Crisis of Conservatism in Wilhelmine Germany. Washington D.C. 1978; G. Eley, The Wilhelmine Right: How It Changed, in: Society and Politics in Wilhelmine Germany, Hg. R. J. Evans. London 1978, 112–35; ders., Reshaping the Right, in: Historical Journal 21. 1978, 327–54; ders., Reshaping the German Right. New Haven 1980.

III. 2.1.4

G. A. Ritter, Arbeiterbewegung, Parteien u. Parlamentarismus. Göttingen 1976; H. Mommsen, Arbeiterbewegung u. Nationale Frage, ebd. 1979; H. Grebing, Der Revisionismus. München 1977; J. Kocka Hg., Arbeiterkultur im 19. Jh. = Geschichte u. Gesellschaft 5. 1979/H. 1; G. A. Ritter Hg., Arbeiterkultur. Königstein 1979; D. Fricke, Die deutsche Arbeiterbewegung 1869–1914. Berlin 1976.

III. 2.2

H.-J. Puhle, Politische Agrarbewegungen in kapitalistischen Industriegesellschaften. Göttingen 1976; P. Ullmann, Der Bund der Industriellen, ebd. 1976; F. Blaich, Staat u. Verbände in Deutschland 1871–1945. Wiesbaden 1979; H.-U. Wehler, Zur Funktion u. Struktur nationaler Kampfverbände im Kaiserreich, in: K. Zernack Hg., Modernisierung u. nationale Gesellschaft im ausgehenden 18. u. 19. Jh. Berlin 1979, 113–24.

III. 2.3

G. A. Ritter u. K. Tenfelde, Der Durchbruch der Freien Gewerkschaften zur Massenbewegung im letzten Viertel des 19. Jh., in: G. A. Ritter, Arbeiterbewegung, Parteien u. Parlamentarismus. Göttingen 1976, 55–101; H. Kaelble u. H. Volkmann, Konjunktur u. Streik während des Übergangs zum Organisierten Kapitalismus in Deutschland, in: Zeitschrift für Wirtschafts- u. Sozialwissenschaften 92. 1972, 513–44; R. H. Tilly Hg., Sozialer Protest = Geschichte u. Gesellschaft 3. 1977/H. 2.

III. 2.4

D. Stegmann, Wirtschaft u. Politik nach Bismarcks Sturz. Zur Genesis der Miquelschen Sammlungspolitik 1890–1897, in: Fs. F. Fischer. Düsseldorf ^{2}1974, 161–84.

III. 3.2

H. A. Winkler Hg., Nationalismus. Königstein 1978; T. Schieder u. a. Hg., Nationale Bewegung u. soziale Organisation, I. München 1978; ders. u. P. Burian Hg., Sozialstruktur u. Organisation europäischer Nationalbewegungen, ebd. 1971; dies. Hg., Staatsgründung u. Nationalitätsprinzip, ebd. 1974; H. K. Rosenthal, German and Pole. National Conflict and Modern Myth. Gainsville 1975.

III. 3.3

U. Tal, Christians and Jews in Germany 1870–1914. Ithaca 1974; R. Rürup, Emanzipation u. Antisemitismus. Studien zur Judenfrage der bürgerlichen Gesellschaft. Göttingen 1975; ders., Emanzipation u. Krise. Zur Geschichte der „Judenfrage" in Deutschland vor 1890, in: Juden im wilhelminischen Deutschland, 1890–1914. Tübingen 1976, 1–56; ders. Hg., Antisemitismus u. Judentum = Geschichte u. Gesellschaft 5. 1979/H. 4; R. Lill, Zu den Anfängen des Antisemitismus im Bismarck-Reich, in: Saeculum 26. 1975, 214–31; R. Gutteridge, The German Evangelical Church and the Jews 1879–1950. N. Y. 1976; W. Mosse Hg., Die Juden im wilhelminischen Deutschland. Tübingen 1976; R. S. Levy, The Downfall of the Anti-Semitic Political Parties in Imperial Germany. New Haven 1975; W. T. Angress, Prussia's Army and the Jewish Reserve Officer Controversy Before World War One, in: J. J. Sheehan Hg., Imperial Germany. N. Y. 1975, 93–128; allg. M. Richarz Hg., Jüdisches Leben in Deutschland, II: 1871–1918. Stuttgart 1979.

III. 3.4

K. Hammer, Der deutsche Protestantismus u. der Erste Weltkrieg, in: Francia 2. 1975, 398–414; R. van Dülmen, der deutsche Katholizismus u. der Erste Weltkrieg, ebd., 347–76.

III. 3.5.1

H.-U. Wehler Hg., Historische Familienforschung u. Demographie = Geschichte u. Gesellschaft 1. 1975/H. 2 u. 3; W. Conze Hg., Sozialgeschichte der Familie in der Neuzeit Europas. Stuttgart 1976; M. Mitterauer u. R. Sieder, Vom Patriarchat zur Partnerschaft. Zum Strukturwandel der Familie. München 1977; J. R. Gillis, Youth and History 1770 to the Present. N. Y. 1974.

III. 3.5.2–4

P. Lundgreen, Sozialgeschichte der deutschen Schule im Überblick. Teil I: 1770–1918. Göttingen 1980; F. Ringer, Education and Society in Modern Europe. Bloomington 1979; ders., Bildung, Wirtschaft u. Gesellschaft in Deutschland 1800–1960, in: Geschichte u. Gesellschaft 6. 1980, 5–35; K. H. Hartmann u. a.

Hg., Schule u. Staat im 18. u. 19. Jh. Frankfurt 1974; F. Meyer, Schule der Untertanen. Preußen 1848–1900. Hamburg 1976; D. K. Müller, Sozialstruktur u. Schulsystem. Göttingen 1977; H.-W. Prahl, Sozialgeschichte des Hochschulwesens. München 1978; R. Riese, Die Hochschule auf dem Weg zum wissenschaftlichen Großbetrieb (Heidelberg 1860–1914). Stuttgart 1977; M. Schlenke Hg., Staat u. Bildung in Preußen u. im deutschen Kaiserreich. Stuttgart 1979; F. Pfetsch, Zur Entwicklung der Wissenschaftspolitik in Deutschland 1750–1914. Berlin 1974; L. Burchardt, Wissenschaftspolitik im wilhelminischen Deutschland. Göttingen 1975; P. Borscheid, Entwicklung der Naturwissenschaften u. wissenschaftlich-technischen Revolution (Baden 1848–1913). Stuttgart 1976.

III. 3.7

A. Gladen, Geschichte der deutschen Sozialpolitik bis zur Gegenwart. Wiesbaden 1974; F. Tennstedt, Sozialgeschichte der Sozialversicherung, in: Handbuch der Sozialmedizin, Hg. M. Blohmke u. a., III. Stuttgart 1976, 385–492; V. Hentschel, Das System der sozialen Sicherung in historischer Sicht 1800–1975, in: Archiv für Sozialgeschichte 18. 1978, 307–52; M. Stolleis, Die Sozialversicherung Bismarcks, in: H. F. Zacher Hg., Bedingungen für die Entstehung u. Entwicklung von Sozialversicherung. Berlin 1979, 387–410; A. Berger-Thimme, Wohnungsfrage u. Sozialstaat 1873–1918. Frankfurt 1976.

III. 4.1

P.-C. Witt, Finanzpolitik u. sozialer Wandel. Wachstum u. Funktionswandel der Staatsausgaben in Deutschland, 1871–1933, in: Sozialgeschichte Heute. Fs. H. Rosenberg, Hg. H.-U. Wehler. Göttingen 1974, 565–74; ders., Reichsfinanzen u. Rüstungspolitik 1898–1914, in: Marine u. Marinepolitik im kaiserlichen Deutschland 1871–1914, Hg. H. Schottelius u. W. Deist. Düsseldorf 1972, 146–77.

III. 4.2

A. Jeck, Wachstum u. Verteilung des Volkseinkommens in Deutschland 1870–1913. Tübingen 1970.

III. 5.1

Handbuch der deutschen Militärgeschichte, IV/1 u. 2: 1814–1890. München 1975/76; M. Kitchen, A Military of Germany From the 18th Century to the Present. Bloomington 1975; M. Messerschmidt, Militär u. Politik in der Bismarckzeit u. im wilhelminischen Deutschland. Darmstadt 1975; M. Stürmer, Militärkonflikt u. Bismarckstaat. Zur Bedeutung der Reichsmilitärgesetze 1874–1890, in: Gesellschaft, Parlament u. Regierung, Hg. G. A. Ritter. Düsseldorf 1974, 225–48; B.-F. Schulte, Die Deutsche Armee 1900–1914, ebd. 1977; W. Deist, Armee u. Arbeiterschaft, 1905–1918, in: Francia 2. 1975, 458–81; H. Rumschöttel, Das bayerische Offizierskorps 1868–1914. Berlin 1973; H. Herwig, The German Naval Officer Corps. 1890–1918. Oxford 1973, dt. Das Elite-Korps des Kaisers, Hamburg 1977.

III. 6

R. v. Albertini u. A. Wirz, Europäische Kolonialherrschaft 1880–1940. Zürich 1976; R. F. Betts, The False Dawn. European Imperialism in the 19th Century. Minneapolis 1976; P. Hampe, Die ökonomische Imperialismustheorie. München 1976; W. J. Mommsen, Imperialismustheorien. Göttingen [2]1980; ders. Hg., Imperialismus. Hamburg 1977; ders., Der europäische Imperialismus. Göttingen 1979; W. D. Smith, The German Colonial Empire. N. Y. 1978; H.-U. Wehler, Deutscher Imperialismus in der Bismarckzeit, in: ders., Krisenherde des Kaiserreichs. Göttingen [2]1979, 309–36, 518–25.

III. 6.1 u. 2

G. Ziebura, Sozialökonomische Grundfragen des deutschen Imperialismus vor 1914, in: Sozialgeschichte Heute. Fs. H. Rosenberg, Hg. H.-U. Wehler. Göttingen 1974, 495–524; K. J. Bade, F. Fabri u. der Imperialismus in der Bismarckzeit. Zürich 1975; A. J. Knoll, Togo Under Imperial Rule 1884–1914. Stanford 1978; A. Wirz, Die deutschen Kolonien in Afrika, in: R. v. Albertini, Europäische Kolonialherrschaft 1880–1940. Zürich 1976, 302–27; G. Eley, Social Imperialism in Germany, in: Fs. G. W. F. Hallgarten. München 1976, 71–86; ders., Defining Social Imperialism: Use and Abuse of an Idea, in: Social History 1. 1976, 265–90; W. J. Mommsen Hg., Imperialismus im Nahen u. Mittleren Osten = Geschichte u. Gesellschaft 1. 1975/H. 4.

III. 7

I. Geiss, German Foreign Policy 1871–1914. London 1976; A. Vagts, Bilanzen u. Balancen. Aufsätze zur internationalen Finanz u. internationalen Politik, Hg. H.-U. Wehler. Frankfurt 1979; H.-U. Wehler, Moderne Politikgeschichte oder „Große Politik der Kabinette"?, in: ders., Krisenherde des Kaiserreichs. Göttingen [2]1979, 383–403, 532–37; A. Hillgruber, Die gescheiterte Großmacht. 1871–1945. Düsseldorf 1980.

III. 7.2.3

H. Müller-Link, Industrialisierung u. Außenpolitik. Preußen-Deutschland u. das Zarenreich 1860–1890. Göttingen 1977.

III. 8.1

K. v. See, Die Ideen von 1789 u. 1914. Völkisches Denken in Deutschland. Frankfurt 1975; E. Zechlin, Krieg u. Kriegsrisiko 1914–1918. Düsseldorf 1979.

III. 8.2

A. Marwick, War and Social Change in the 20th Century. A Comparative Study of Britain, France, Germany, Russia, and the United States. London 1974; G. D. Feldman u. H. Homburg, Industrie u. Inflation, 1916–1923. Hamburg 1977; ders., Iron and Steel in the German Inflation 1916–1923. Princeton 1977; F. Zunkel, Industrie u. Staatssozialismus. Der Kampf um die Wirtschaftsordnung in Deutschland 1914–1918. Tübingen 1974.

III. 8.3

S. Miller, Burgfrieden u. Klassenkampf. Die deutsche Sozialdemokratie im Ersten Weltkrieg. Düsseldorf 1974. G. Schramm, Militarisierung u. Demokratisierung: Typen der Massenintegration im 1. Weltkrieg, in Francia 3. 1976, 475–97; M. Rauh, Die Parlamentarisierung des Deutschen Reiches. Düsseldorf 1977.

III. 8.5

H. A. Winkler, Die Sozialdemokratie u. die Revolution von 1918/19. Berlin 1979; ders. Hg., Sozialgeschichtliche Aspekte europäischer Revolutionen = Geschichte u. Gesellschaft 4. 1978/H. 3; S. Miller, Die Bürde der Macht. Die deutsche Sozialdemokratie 1918/20. Düsseldorf 1978; C. Bertrand Hg., Revolutionary Situations in Europe 1917–1922. Montreal 1977; F. L. Carsten, Revolution in Mitteleuropa, 1918–1919. Köln 1973; V. Rittberger, Revolution and Pseudo-Democratization: The Foundation of the Weimar Republic, in: G. Almond u. a. Hg., Crisis, Choice, and Change. Boston 1973, 285–391; R. Rürup Hg., Arbeiter- u. Soldatenräte im rheinisch-westfälischen Industriegebiet. Studien zur Geschichte der Revolution 1918/19. Wuppertal 1975; K. R. Calkins, H. Haase. Berlin 1976; C. Geyer, Die revolutionäre Illusion, Hg. W. Benz u. H. Graml. Stuttgart 1976; A. Decker, Die Novemberrevolution u. die Geschichtswissenschaft in der DDR, in: Internationale Wissenschaftliche Korrespondenz zur Geschichte der deutschen Arbeiterbewegung 10. 1974, 269–94; L. Haupts, Deutsche Friedenspolitik 1918/19. Düsseldorf 1976.

IV.

F. Fischer, Zum Problem der Kontinuität in der deutschen Geschichte von Bismarck zu Hitler, in: Studia Historica Slavo-Germanica, 1. Posen 1973, 115–27; ders., Bündnis der Eliten. Zur Kontinuität der Machtstrukturen in Deutschland 1871–1945. Düsseldorf 1979; B. Loewenstein, Zur Problematik des deutschen Antidemokratismus, in: Historica 11. 1965, 121–76; H. Wereszycki, From Bismarck to Hitler. The Problems of Continuity, in: Polish Western Affairs 14. 1973, 19–32; W. Alff, Materialien zum Kontinuitätsproblem der deutschen Geschichte, Frankfurt 1976; T. Nipperdey, 1933 u. die Kontinuität der deutschen Geschichte, in: HZ 227. 1978, 86–111; ders., Probleme der Modernisierung in Deutschland, in: Saeculum 30. 1979, 292–303.

Kritik an diesem Buch

T. Nipperdey, Wehlers „Kaiserreich". Eine kritische Auseinandersetzung = Geschichte u. Gesellschaft 1. 1975, 539–60; ausführlicher in: Nipperdey, Gesellschaft, Kultur, Theorie. Göttingen 1976, 360–89; H.-G. Zmarzlik, Das Kaiserreich in neuer Sicht? in: HZ 222. 1976, 105–26; V. Hentschel, Wirtschaft u. Wirtschaftspolitik im wilhelminischen Deutschland. Organisierter Kapitalismus u. Interventionsstaat?, Stuttgart 1978; E. Nolte, Deutscher Scheinkonstitutionalismus? in: ders., Was ist bürgerlich?, ebd. 1979, 179–208; D. Langewiesche, Das Deutsche Kaiserreich – Bemerkungen zur Diskussion über Parlamentarisierung u. Demokratisierung Deutschlands, in: Archiv für Sozialgeschichte 19. 1979, 628–42.
Meine vorläufige Antwort: Kritik u. kritische Antikritik, in: HZ 225. 1977, 347–84; Krisenherde des Kaiserreichs. Göttingen ²1979, 404–26, 537–45.

4. Nachwort

Dieser Versuch, eine Geschichte des Kaiserreichs unter Sachgesichtspunkten zu schreiben, beruht auf Notizen für Vorlesungen und Seminare, die ich seit 1968 in Köln, Berlin, Bielefeld und Cambridge/Mass. gehalten habe. Für kritische Ratschläge, nachdem sie das Manuskript gelesen hatten, danke ich sehr herzlich: Winfried Hellmann, Klaus Hildebrand, Joachim Leuschner, Georg Meyer, Hans Rosenberg, Reinhard Rürup, Hanna und Jakob Schissler, Hans-Christoph Schröder und James J. Sheehan. Wo immer es mir einleuchtete und ich mich dazu imstande fühlte, habe ich ihre Einwände und Anregungen berücksichtigt.

Nicht nur die Entscheidung für eine Analyse nach Sachgesichtspunkten, sondern auch didaktische Erwägungen haben dazu geführt, das Buch in thematische Abschnitte zu untergliedern. Sie sollen überschaubare Lernziele und Lernschritte angeben. Zugleich sollte es möglich gemacht werden, einzelne Abschnitte oder Kapitel zur Vorbereitung einer Seminarsitzung oder Vorlesungsdiskussion zu lesen. Daher sind diese Teile in sich ziemlich abgeschlossen, wofür es aber einige Wiederholungen in Kauf zu nehmen gilt. Das Buch insgesamt soll einen selbständigen Band darstellen, gleichzeitig jedoch auch einen Teilband einer *Deutschen Geschichte* bilden.

Beträchtliche Lücken der Analyse lassen sich unschwer erkennen. Weithin konzentriert sich z. B. das Interesse auf Preußen, die anderen deutschen Länder (auch Regionen wie das Ruhrgebiet oder Oberschlesien) erscheinen nur am Rande, obwohl ihre divergierenden historischen Traditionen die institutionelle und politische Fragmentierung des Reiches besser zu verstehen helfen. Abgesehen von begrenzten Kenntnissen schien es aber sowohl der knappe Raum als auch die zentrale Rolle zu gebieten, den Hegemonialstaat in den Mittelpunkt zu stellen. Es fehlt der Bereich des kulturellen Lebens, wo ich mich einer Problemskizze nicht gewachsen fühle. Am schwersten aber wiegt m. E., daß der ursprünglich vorgesehene Teil über Sozialstruktur und gesellschaftliche Entwicklung nicht aufgenommen werden konnte. Einen Entwurf fand ich wegen der zahlreichen unbefriedigend behandelten wichtigen Fragen zu problematisch. Das lag zum Teil an den schwierigen theoretischen Aufgaben einer Schichtungs- und Klassenanalyse des 19. und frühen 20. Jahrhunderts, aber auch an den ungenügenden empirischen Vorarbeiten. Außerdem geht aber meine Meinung zunehmend dahin, daß zumindest die sozialen und ökonomischen Probleme — dem realhistorischen Zusammenhang entsprechend — verklammert werden müssen. Das ist hier teilweise versucht worden, ersetzt aber nicht eine ausführlichere Gesellschaftsanalyse.

Betonen möchte ich, daß Formulierungen und Urteile oft bewußt zugespitzt worden sind. Manchmal handelt es sich dabei jedoch um noch nicht ausreichend abgesicherte Interpretationen, um Hypothesen, die noch erst zu erhärten sind. Überhaupt tritt hier mit Absicht im allgemeinen die Informationsvermittlung hinter einer diskursiven Erörterung von Problemen zurück. Das bietet Vorteile, weist aber auch Nachteile auf, deren ich mir sehr bewußt bin. Immerhin verbindet sich mit den Vorteilen — wie immer sie auch genutzt worden sein mögen — die vielleicht zu hoch gespannte Hoffnung, etwas von der Totalität des Kaiserreichs, seiner Gesellschaft, Wirtschaft und Politik zu vermitteln. Wie ungleichmäßiges Wachstum und gesellschaftliche Polarisierung, Bildungswesen, Militär und politische Entscheidungen usw. miteinander verzahnt waren, sollte trotz aller unübersehbaren Lücken durch die Problemanalyse klarer, damit zugleich auch die Chance, aus dieser Periode der deutschen Geschichte paradigmatisch etwas zu lernen, erhöht werden.

Abschließend sei noch eine persönliche Bemerkung gestattet. Mit diesem Band möchte ich mich für geraume Zeit von der deutschen Geschichte von 1871 bis 1918 abwenden. Nachdem die Arbeiten, mit denen ich mich in den vergangenen fünfzehn Jahren beschäftigt habe, alle abgeschlossen sind, werde ich mich fortab einem seit längerem verfolgten Projekt widmen, das auch noch viel Zeit in Anspruch nehmen wird: einem „Grundriß der deutschen Gesellschaftsgeschichte" vom ausgehenden 18. Jahrhundert bis zur Gegewart.

Bielefeld, 1. III. 1973 H.-U. W.

In der 4. Auflage sind Fehler, die mir noch bekannt geworden sind, korrigiert sowie Neuauflagen und Nachdrucke berücksichtigt. Der Text bleibt weiterhin unverändert, denn eine Überarbeitung hätte bedeutet, das Buch streckenweise neu zu schreiben. Einen Teil der Kritik hoffe ich, in dem o. a. „Grundriß der deutschen Gesellschaftsgeschichte" berücksichtigen zu können. Neue bibliographische Hinweise sind, der Gliederung der Bibliographie folgend, als „Ergänzungen 1979" hinzugefügt worden, damit der Leser die m. E. wesentlichen Neuerscheinungen seit Abschluß des Manuskripts hier finden kann.

Bielefeld 1. XI. 1979 H.-U. W.

5. Personenregister